CPIM 총론

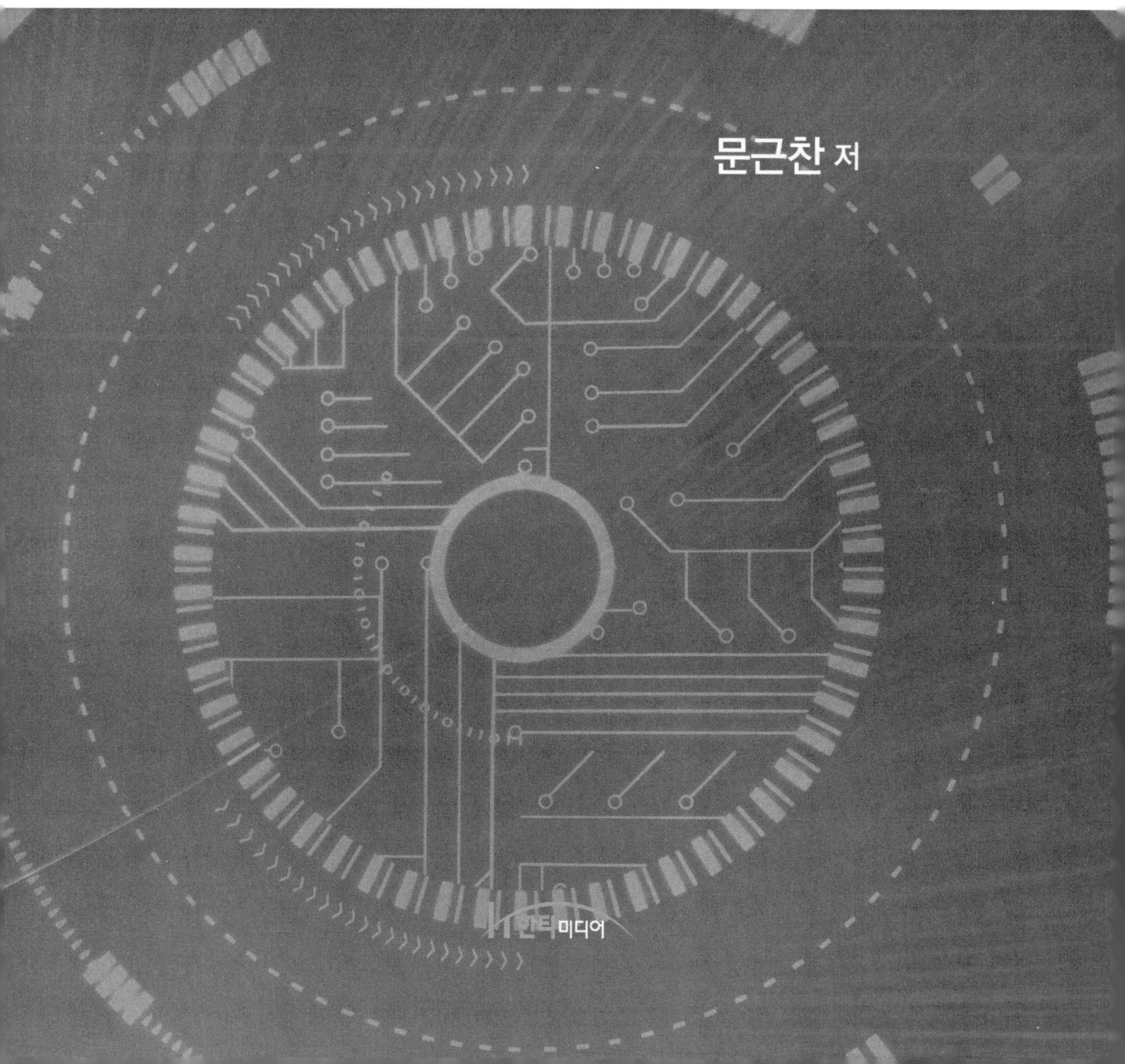

문근찬 저

한티미디어

머리말

이 책은 CPIM 지식체계를 바탕으로 기술되었다. CPIM은 미국 APICS에서 주관하는 국제 공인자격으로 공급망관리 기초(BSCM), 주 계획과정(MPR), 상세일정수립과 계획(DSP), 생산의 실행과 통제(ECO), 전략적 자원관리(SMR)의 5개 영역으로 구성되어 있다. 이들 영역은 제조기업의 계획과 통제를 중심으로 하면서, 여기에 더하여 공급자로부터 고객에 이르는 공급망 관리 전반, 그리고 생산 부문에 대한 전략적 경영까지를 커버한다. 따라서 CPIM은 생산분야의 경영관리 전반에 대해 포괄적인 지식을 갖추었음을 인증하는 자격인 셈이다.

이 책은 앞 서 출판된 'CPIM 개론'의 심화과정으로 설계되었으며, 총 4부 20 장으로 구성되어 있다. 제 1 부 '자원에 대한 주 계획 과정(MPR)'은 생산계획과 통제의 전체 계층구조, 수요예측의 실제, 판매 및 생산계획, 기준생산일정 등, 제조 기업의 상위 경영자의 참여 하에 상위 수준의 중장기 계획을 결정하는 부분이다. 제 2 부 '상세 일정계획과 계획수립(DSP)'은 자재소요량계획, 생산능력의 계획, 재고관리, 구매 및 공급자 관계의 관리, 계획과 현장관리의 연결 등의 주제로서, 이 부분은 위 단계에서 결정된 기준생산일정을 차질 없이 수행하기 위한 생산관리부서의 구체적인 계획과 관리에 관한 내용이다. 제 3 부 '생산의 실행과 통제(ECO)'는 현장수준에서 작업일정을 지키기 위한 통제, 공정과 레이아웃에 따른 차별화된 통제 방법으로서 JIT 기반의 생산시스템과 제약자원이론, 그리고 품질경영 등을 내용으로 이루어져 있다. 마지막 제 4 부 '자원의 전략적 관리(SMR)'는 사업전략의 개발, 생산전략의 개발, 하부구조 시스템과 변화관리, 유통시스템, 그리고 제조기업의 성과측정에 대해 서술하고 있다.

이 책에서는 전문용어의 표기에 있어서 가능하면 한글용어와 함께 그에 해당하는 영문 용어를 병기했으며, 매 장 별로 첫 부분에 용어를 설명하는 '용어 사전'을 배치했다. 이는 CPIM 지식체계에서 요구되는 생산 분야의 용어를 충실히 익힐 수 있도록 하기 위함이다. 그리고 매 장의 뒤 부분에는 전체 내용의 이해도를 점검하기 위한 '도전 Quiz'와 상세한 해설을 덧붙였다.

이 책의 부수적인 목적은 CPIM 자격을 준비하는 독자를 위한 것이지만, 일차적인 목적은 기업체의 경영관리자 및 실무자, 그리고 대학의 경영학도들에게 기업자원관리 분야의 통합된 지식체계를 전달하기 위한 것이다. 이 책을 통하여, 독자로 하여금 생산운영관리 및 공급망 관리 분야의 전문가가 되는 데 기여할 수 있기를 기대한다.

2015년 12월
문 근 찬

목 차

제1부

자원에대한 주계획과정(MPR)

Master Planning of Resources

제1장

MPC개요와 수요관리

생산계획과 통제(MPC) 개요

수요관리(Demand Management) 개요

수요관리와 MPC환경

수요관리에서 정보의 사용

제 1 장 MPC개요와 수요관리

용어 사전

생산계획과 통제(MPC – manufacturing planning and control)
MPC 시스템은 공급자, 내부 설비, 간혹 고객에 대한 대응을 활용하여, 경영자로 하여금 자재의 흐름, 작업자와 장비의 관리, 그리고 고객의 요구에 대한 응답을 효율적으로 하도록 정보와 지원을 제공하는 시스템이다.

수요관리(DM - demand management)
DM은 고객의 요구와 MPC 시스템과의 연결을 관장한다. DM의 활동에는 수요 결정, 고객오더의 납품약속, 공급과 수요의 균형 등이 포함된다.

고객주문 분리점(customer order decoupling point)
고객주문 분리점(customer order decoupling point) 또는 오더 침투점(order penetration point)은 독립수요가 종속수요로 변하는 시점을 말한다.

협력적 계획, 예측, 보충(CPFR - collaborative planning, forecasting, and replenishment) CPFR은 공급자와 소매상 간의 커뮤니케이션을 통하여 공급체인 경쟁력을 높이도록 하는 것이다.

학습목표

- ✧ MPC 시스템의 구성, 그리고 이것이 제조환경과 어떻게 관련되는지 설명할 수 있다.
- ✧ 수요관리(DM)의 기능에 대해서 설명할 수 있다.
- ✧ 제조환경 별로 수요관리에 어떤 차이를 보이는가 설명할 수 있다.
- ✧ 수요관리를 보다 효율적으로 운영하기 위해 요구되는 데이터 수집의 문제를 파악할 수 있다.
- ✧ CPFR의 절차를 설명할 수 있다.

생산계획과 통제(MPC) 개요

생산계획과 통제(MPC) 정의

생산계획수립과 통제(MPC: manufacturing planning and control) 시스템은 제조기업의 생산 프로세스를 통과하는 물자의 흐름을 계획하고 통제하는 일을 수행한다. 즉 MPC는 공급자, 내부 설비, 그리고 고객에 대한 대응 정보를 활용하여, 경영자로 하여금 자재의 흐름, 작업자와 장비의 관리, 그리고 고객의 요구에 대한 응답을 효율적으로 하도록 지원한다.
MPC 는 대개 ERP 시스템의 모듈들로 구성되며 그 형태는 그림과 같다.

주 계획 과정(MPR)
전체적인 방향을 계획하는 활동으로서 판매 및 생산계획(S&OP), 기준생산일정(MPS), 수요관리(demand management), 자원계획(resource planning) 등으로 구성된다.

상세계획(Engine)
상세 자재 및 생산능력계획이 이루어지는 영역으로 MRP, CRP 등으로 구성된다.

통제(실행)
실행 시스템으로 작업현장관리, 공급자 관리 시스템으로 구성된다.

MPC 시스템의 분류도

그림은 세로축에 사용되는 부품의 종류로 본 생산시스템의 복잡성, 그리고 가로축에 제품 한 단위를 생산하는 데 걸리는 시간으로 본 생산의 반복성을 축으로 하여 MPC 시스템의 접근방법(유형)을 도식화한 것이다.

흐름생산(Flow: 연속생산, continuous production-예, 화학공장, 음료 등) - 화학 플랜트, 식음료 등의 경우는 제품이 하나의 연속적인 흐름으로 이루어지므로 MPR 부분은 주로 흐름속도(flow rate) 방식의 MPS가 된다. 상세계획 부분은 사실 상 별 필요가 없어지며, 통제부분은 원재료를 어떻게 조달하느냐의 문제와 함께 수송비용의 관리가 중요해진다.

반복생산(Repetitive: 생산주기는 긴 편–예, 자동차) – 자동차, 컴퓨터, 의약 등 반복생산에 있어서 자재에 대한 상세계획은 필요하지만 주로 상위 MPS의 흐름속도(flow rate)이나 조립속도(assembly rate)에 맞추어 조정되므로 매번 비슷한 방식으로 상세계획과 통제가 이루어진다.

적시생산시스템(Just-in-Time: 생산주기는 짧은 편–예, TVs, PC 등) – 원래 잡샵(job shop) 형태의 생산으로 시작했을 품목을 점차 반복 생산 형태에 가깝게 개선한 형태이다.

자재소요량 계획(MRP: 복잡한 부품들로 이루어지는 제품의 관리–예, airplanes) – MRP는 부품 수가 많고 복잡한 생산환경에서 적합하다. 하지만 MRP는 대개 ERP시스템의 기반구조로 이용된다. 즉, 우선 MRP 방식의 운영을 정착시킨 바탕 하에 JIT, 반복 생산 등을 병행 이용하게 된다.

프로젝트(Project: 예, 조선, 건축 등) – 프로젝트 관리의 주된 관심사는 완공까지의 시간관리가 된다.

MPC 분류도

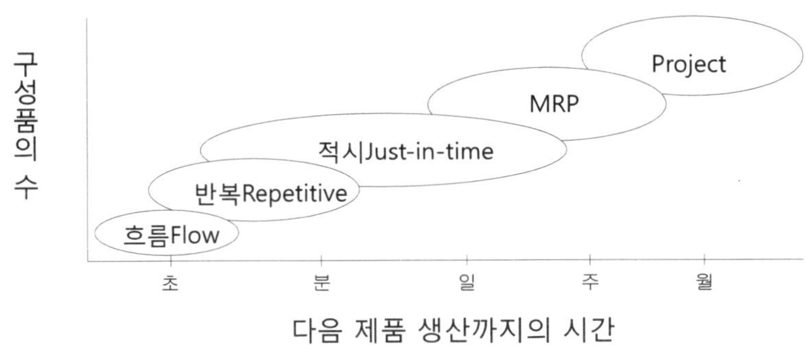

수요관리(Demand Management) 개요

수요관리의 역할

수요관리는 고객의 수요와 공장의 생산활동을 연결시켜 제조활동을 동기화하는 기능을 한다. 이 연결이 원활해야만 고객에 대한 서비스 수준을 향상하고 고객과의 장기적인 관계를 유지할 수 있다. 기업은 수요관리를 통하여 생산능력의 한계 내에서 고객으로부터의 잠재수요를 취합하고 조정한다. 수요에 대응하는 적절한 계획의 수립은 생산능력의 효과적인 활용으로 이어지고, 또한 고객에게 서비스 수준에 부응하는 납기를 제시할 수 있게 하고 유통활동을 효율적으로 이루어지게 한다. 수요관리는 예측, 주문입력, 공급일자 약속, 주문에 대한 서비스, 물적 유통, 그리고 고객접점 활동의 관리를 두루 포괄하는 활동이다. 수요관리는 생산활동의 계획과 통제를 시장과 연결해주는 통로의 역할을 한다. 고객으로부터의 수요는 수요관리에서 접수된 후, 생산의 계획과 통제 기능을 거쳐 고객에 인도되는 과정 속에서 생산능력과 자재를 소요하게 된다.

요약: 수요관리의 기능(Demand management functions)

- 정보수집(Information gathering) - 고객으로부터의 수요를 예측, 고객 오더의 입력, 특정 제품수요의 파악
- 고객과의 커뮤니케이션(Communicating with customers) - 납기약속, 오더 상태의 확인, 변경의 커뮤니케이션
- 수요의 모든 원천 확인(Identifying all sources of demand) - 서비스 부품 수요, 사내 소요량, 기타 유통재고 및 판촉용 재고의 필요량 확인

MPC 시스템과 수요관리

수요관리는 고객에 관한 정보 고객으로부터의 정보를 통합해서 MPC에 전달하는 기능을 수행한다. 따라서 수요관리에는 고객의 요구와 MPC 시

스템과의 연결을 관장하며, 그 기능에는 수요예측과 결정, 고객오더의 주문이행과 납품약속, MPC와의 인터페이스를 통한 공급과 수요의 균형 등의 기능이 포함된다. 수요관리를 통해 고객의 니드와 생산능력 간의 통합이 이루어지고, 보다 신뢰할 수 있는 주문약속이 이루어질 수 있으므로, 잘 운영되는 수요관리 기능을 갖고 있음으로 해서 회사는 보유하는 생산능력을 더 효과적으로 사용할 수 있게 되고 물적공급과 유통 업무가 개선될 수 있다.

수요관리(DM)는 MPC에서 문지기 역할을 하는 모듈이므로, 시장, 자매공장, 창고, 기타 내·외부의 고객에 연결고리를 제공하는 정보들을 필요로 한다. DM을 통하여 시장으로부터 온 정보 혹은 시장에 관한 정보, 예를 들면 고객수요에 대한 예측, 고객 주문의 입력, 특정 제품에 대한 소요량 등이 취합된다. 또한 DM을 통하여 고객에게 납기 약속을 하고, 오더 상태를 확인하며, 변화에 대해 커뮤니케이션 한다.

수요의 원천은 시장뿐 아니라 회사 내 자매 공장 간 수요, 서비스 부품, 관측을 위한 재고 등 내, 외부 고객으로부터의 필요를 포함한다.

MPC System 내에서 수요관리의 위치

DM은 그림과 같이 MPC의 전단부(front end)에 위치하며 시장과의 연결 기능을 제공하는 것이 핵심 기능이다. 내부 정보시스템과 시장과의 연결 기능은 고객에 정보를 제공하고, 시장 정보를 시스템이 입력하는 방식으로 이루어진다는 점에서 그림과 같이 양방향 화살표로 표시할 수 있다. S&OP는 DM의 정보를 이용하여 제품집단 수준의 총량으로 1년 내지 그 이상의 기간에 걸쳐 판매 및 생산계획이 수립된다. 실제 수요와 수요예측 정보는 MPS 모듈로 전달되어 단기에 걸친 제품 수준의 생산 계획이 수립되며, MPS는 고객 주문과 납품약속에 대한 정보를 제공하게 된다.

MPC 시스템과 수요관리(DM)

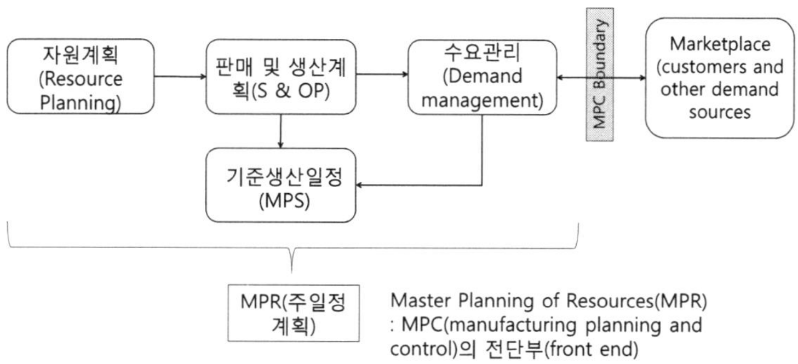

MPC 시스템 내 계획과 통제

계획은 미래 요구되는 제품 수요를 충족시키기 위해서 생산능력을 어떻게 맞추어 낼 것인가에 관한 것이다. 계획기능은 주로 S&OP부분에서 이루어진다.

회사는 실제 주문이 확정되면 계획을 실행(execute)하게 되며, 이 때 예측 오류나 기타 불가피하게 발생하는 변경에 대응하여 계획을 수정해 나가는 기능이 통제(control) 기능이다. 통제 기능은 주로 MPS를 통해 이루어진다.

수요관리의 수단은 크게 세 가지로 파악된다. 첫째, '수요통제'는 생산량보다 수요가 적으면 판매촉진을 하고, 수요가 넘치면 가격을 인상하는 식의 생산자 중심의 활동이다. 이 활동은 고객중심적이라기 보다는 생산자 중심의 '밀어내기(push)'에 속한다. 둘째, '준비에 의한 완충'은 재고를 미리 확보해 두거나, 충분한 생산능력을 보유하여, 증가하는 수요에 대응할 수 있는 준비를 해 주는 것이다. 이 방법 역시 수요가 적은 시기에는 과잉 생산능력이나 재고로 인하여 비효율을 야기한다. 셋째, 수요예측은 여러 가지 정보에 근거하여 수요의 양, 시기, 유형을 미리 파악해 보는 것이다.

MPC 시스템에서 제품재고를 계획하기 위해서는 생산계획을 필요로 하며, 생산계획을 위해서는 수요예측을 필요로 한다. 이 때 예측과 계획(Forecast versus Plan) 간에는 다음과 같은 차이가 있다.

"예측은 시장에서 일어날 일에 대한 추정이다. 계획은 회사가 예측에 대해서 어떻게 대응할 것인가를 명시한 것이다. 고용, 설비 생산능력 등의 고려에 따른 결과로서 '계획'은 예측과 많은 차이를 보일 수 있다. 경영진은 예측 오류에 대해 책임을 질 수는 없지만 계획을 이행하지 못한 것에는 책임을 져야 한다."

여기서 '예측이 필요한 수요'와 '예측이 필요 없는 수요', 즉 '계산되어야 할 수요'를 구별할 필요가 있는데, 이를 독립수요와 종속수요(Independent versus Dependent Demand)로 구분한다. 제품을 사고 안 사고 하는 결정은 회사가 광고 등으로 간접적인 영향을 줄 수는 있지만 '결정은 고객이 하는 것'이다. 그래서 이런 수요를 독립수요라 한다. 고객의 수요에 맞추기 위해서 어떤 제품에 대해 생산계획을 수립하게 되면 그 계획으로부터 구성품의 수요, 창고의 보충 수요 등이 결정된다. 이렇게 계획에 의해 '계산될 수 있는 수요'를 종속수요라 한다.

수요관리와 MPC환경

고객주문 분리점

수요관리는 회사의 전략, 생산능력, 고객의 요구 등에 부합해야 한다. 이들 요소에 따라 'MPC 환경'이 결정된다. 예를 들어 특수한 기계를 자신이 요구하는 사양에 따라 주문하는 고객은 주문 후 일정 기간을 기다릴 수 있다고 생각한다. 또한 고객의 리드타임에 대한 기대에 대해 어떻게 대응할 수 있는지는 회사의 공정 유형과 생산능력에 관계가 있다. MPC 환경이 결정되는 데 핵심적인 요소가 고객주문 분리점(customer order decoupling point) 또는 오더 침투점(order penetration point)이라 하는 시점으로서 이는 독립수요가 종속수요로 변하는 시점을 말한다. 즉 전체 생산 리드타임(p-time) 중에서 인도 리드타임(d-time)이 시작되는 시점을 말한다.

MPC 환경

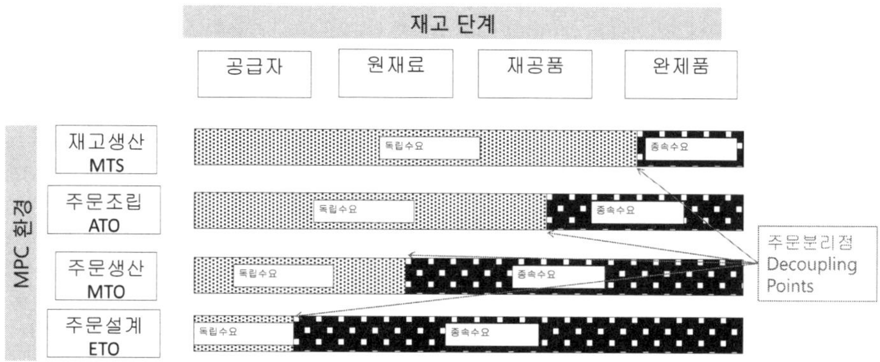

이 시점에 해당하는 재고부터는 수요예측이 필요하다. 즉 그림에서 보면 스톡 생산(make-to-stock) 환경에서는 제품에 대한 수요예측이 필요하며 그 이전에 발생하는 원재료나 재공품(반제품)에 대한 예측은 필요하지 않음을 알 수 있다.

각 MPC 환경의 유형은 아래와 같다.

Make-to-Stock(MTS): 고객의 수요는 완제품 재고로부터 충당된다. 수요관리의 핵심은 완제품 재고를 유지하는 문제, 그리고 물적 유통을 관리하는 일이 된다. (예: 화장품, 일용잡화)

Assemble-to-Order(ATO): 고객의 요구는 표준 옵션(option)으로부터 구성되어 충당된다. 수요관리의 주 과제는 고객의 주문으로부터 구성품 및 옵션을 도출하는 것이다. (예: PC, 패스트 푸드)

Make-to-Order(MTO): 품목들은 원자재로부터 시작하여 고객의 선택 사양에 따라 제작된다. 수요관리의 핵심은 고객필요와 생산을 연결, 조정하는 일이다. (예: 항공기)

Engineer-to-Order(ETO): 회사는 제품을 설계하는 일부터 고객과 함께 일하여 원재료로부터 생산을 시작한다. (예: 조선, 다리 건설) ETO에서 수요관리의 핵심은 고객 필요에 대한 정보를 확보하여 이를 설계와 생산에 보내어 조정하는 일이다.

제조환경에 따른 관리 상의 과제

제조환경에 따라 정보제공의 측면, 계획과 통제의 측면에서 어떤 차이가 있는지 다음 표에 의해 살펴볼 수 있다. 예를 들어 MTS 환경에서 핵심적 수요관리 과제는 정보제공의 측면에서는 예측정보의 제공, 계획 기능을 위해서는 기간 별 재고수준의 추정(project inventory level), 통제 기능을 위해서는 고객 서비스 수준의 모니터링과 요구되는 수준의 확보 등이다.

이런 식으로 아래 표를 바탕으로 ATO환경, MTO/ETO환경에서 핵심적 과제가 무엇인지 확인해 볼 수 있다.

과제	Make-to-Stock	Assemble-to-Order	Make-to-Order/Engineer-to-Order
정보제공	예측의 제공	구성(configuration) 관리	제품 사양 관리
계획	기간 별 재고수준의 추정	납기일 결정	설계 능력의 제공
통제	고객 서비스수준의 확보	납기 맞추기	고객 필요에 따른 생산능력 조정

수요관리에서 요구되는 커뮤니케이션 활동들

어떤 제조환경이든 수요관리는 내부적으로 또는 고객에 대해 커뮤니케이션을 하는 일이 중요한 활동 영역이다. 예를 들어 수요예측 정보는 판매 및 생산계획(S&OP)에 제공되어야 하며, 상세한 실제 수주 정보는 MPS에 제공되어야 한다. 그리고 제품의 가용성에 관한 정보는 고객에 제공되어야 한다. 각 제조환경 별로 요구되는 커뮤니케이션 활동들이 다음 표에 제시되어 있다.

예를 들어 MTS환경에서 S&OP에 수요예측 정보가 제공되어야 하며, MPS에는 실제 수주정보를 제공해야 한다. 고객에게는 언제 재고보충이 되어 주문된 제품이 가용하게 되는지의 정보가 제공되어야 한다. 이런 식으로 아래 표를 바탕으로 ATO환경, MTO/ETO환경에서 핵심적 과제가 무엇인지 확인해 볼 수 있다.

모듈	Make-to-Stock	Assemble-to-Order	Make-to-Order/Engineer-to-Order
S&OP	수요예측정보 (Demand forecasts)	수요예측정보 제품집단 믹스 정보 (product family mix)	수요예측정보, 설계 정보
MPS	실제 수요정보(수주)	믹스에 대한 예측, 실제 수요	최종 구성(Final configuration)
고객	차기 재고 보충(Next inventory replenishment)	구성(Configuration)에 관한 이슈, 납기일	설계 상황, 납기일

예를 들어 고객과의 상호작용을 보면, 수요관리는 고객의 주문을 변환하여 상세한 MPC활동이 되게 하는데, Make-to-Stock에서는 고객 주문에 대해 재고 가용성을 체크하고 보충계획을 세우게 되며, Assemble-to-

Order에서는 고객 요구를 납품 약속일자로 변환해야 한다. 그리고 Make(Engineer)-to-Order에서는 고객요구를 받은 후 이를 분석하여 제품 사양과 납품 약속일자로 변환해야 한다.

수요관리에서 정보의 사용

수요관리의 기본 개념은 생산능력의 '파이프'가 있고, 이를 가까운 장래에 대해서는 고객의 주문(order)이 채우고, 먼 장래에는 예측(forecast)이 채운다고 보는 것이다. 이런 상황에서 공급체인 파트너 간의 파트너십(EDI, 정보 공유 등)은 공급체인 전체의 경쟁력을 높일 수 있게 된다.

협력적 계획, 예측, 보충(Collaborative Planning, Forecasting, and Replenishment, CPFR)은 공급과 수요간의 변동을 줄이기 위해 공급자와 소매상 간의 커뮤니케이션을 통하여 공급체인 경쟁력을 높이도록 하는 것이다. CPFR은 협력관계를 구축하여 통합된 판매예측을 수립하고, 이후 예측과 실제의 차이와 예외를 분석하여 그 차이에 대한 해결에 협력하는 식으로 파트너십을 발전시키는 것으로서 일부 업무 프로세스의 재설계가 필요할 수 있다.

이런 목적으로 사용되는 정보 채널을 통해 고객이 언제 주문을 하는지 알 수 있게 되어, 계획수립에 있어서 오직 수요예측에만 의존하는 것에서 벗어날 수 있게 한다. 이를 '지식에 따른 생산(make-to-knowledge)'이라 한다.

수요 데이터는 실제 고객수요를 포착해야 하며, 다음 두 범주에서 수요 정보를 필요로 한다.

S&OP 에 요구되는 전반적 시장 데이터

S&OP가 고객의 주문을 반영하여 기준생산일정으로 변환되는 것과 관련된 구체적인 제품 믹스 데이터

가능하면 데이터는 실제 수요 데이터(actual demand data)를 포착하지 않고 출하(shipping) 실적을 포착하여 이를 수요(demand)인 것처럼 인식

하면 유통재고 보유에 따른 수량만큼 오류가 발생할 수 있다.

고객관계관리(Customer Relationship Management)는 개별 고객의 주문정보 등을 축적하여 수요의 분석 등에 이용하는 활동이다. 스톡생산(MTS)에서 고객 별 수요를 파악할 수 있다면 총 수요와 개별 믹스 간의 구성에 대해 더 많은 정보를 알 수 있게 된다. ATO, MTO에서도 고객 정보는 설계와 제품믹스의 선호에 관한 정보를 파악할 수 있게 해 준다.

수요관리 기능의 정보를 이용하여 아웃바운드 제품 흐름(Outbound Product Flow) 즉 물류 계획을 수립하는 데도 이용할 수 있다. 고객에 대한 납기일 약속정보, 재고 보충 정보, 공장 간 출하 정보 등은 단기 수송일정을 수립하는 데 이용될 수 있다.

DM을 효과적으로 운영하기 위해서는 다음과 같은 요소가 고려되어야 한다.

- 조직 – DM 활동에 관한 책임이 전 조직에 분포되도록 해야 한다. 회사의 조직문화에 따라 어느 부문이 더 밀접한 역할을 하는지가 달라질 수 있으며, 융통성이 필요하다.
- 모니터링 – 데이터는 정확하고, 시의 적절해야 하며, 적합해야 한다. 입출력 데이터가 변경될 때 즉시 커뮤니케이션 되어야 한다.
- 수요와 공급의 균형 – 계획변경 시 실제 조건에 대한 정보를 알면 유용하다.

협력적 계획, 예측, 보충(Collaborative Planning, Forecasting, and Replenishment (CPFR))

도전 Quiz

※ 문제 1.
다음 중 수요관리에 포함되지 않는 활동은?

1. Forecasting

2. Product shipping

3. Entering customer orders

4. Delivery promising

답: 2. Product shipping

해설: 수요관리 기능
Information gathering - 고객으로부터의 수요를 예측, 고객 오더의 입력, 특정 제품수요의 파악
Communicating with customers - 납기약속, 오더 상태의 확인, 변경의 커뮤니케이션
Identifying all sources of demand - 서비스 부품 수요, 사내 소요량, 기타 유통재고 및 판촉용 재고의 필요량 확인

※ 문제 2.
다음 중 주문조립 환경 하에서 고객주문 분리점이 나타나는 지점으로서 가장 가능성이 큰 것은?

1. Suppliers
2. Raw materials
3. Work-in-process
4. Finished goods

답: 3. Work-in-Process
해설: 앞 'MPC 환경' 그림 참조

※ 문제 3.
판매 및 생산계획은 다음 중 어떤 수준에서 수립될 수 있는가?

A. Product Family
B. Region

C. Organizational Unit

1. A only
2. A & B only
3. All
4. A& C only

답: 3. All
해설: S&OP 는 금액단위로 수립할 수도 있고, 제품 집단 별로 수립하기도 한다. 또한 조직 전체 혹은 지역을 커버하는 범위가 될 수 있다.

핵심정리

Demand Management 개요: 수요관리(DM)는 MPC에서 문지기 모듈의 역할로서, 시장, 다른 자매공장, 창고, 기타 내부/외부의 고객에 연결고리를 제공한다.

수요관리와 MPC환경(Demand Management and MPC environment): 고객주문 분리점(customer order decoupling point) 또는 오더 침투점(order penetration point)이라 하는 시점으로서 이는 독립수요가 종속수요로 변하는 시점을 말한다.

수요관리에서 정보의 사용: 정보 채널을 통해 고객이 언제 주문을 해야 하는지 알 수 있게 하는 협력관계를 '지식에 따른 생산(Make-to-Knowledge)'이라 한다.

협력적 계획, 예측, 보충(collaborate planning, forecasting, and replenishment(CPFR)): CPFR은 공급자와 소매상 간의 커뮤니케이션을 통하여 공급체인 경쟁력을 높이도록 하는 것이다.

제2장

수요예측

용도에 따른 수요예측

수요예측 기법

시계열 분해

단기 예측기법

예측의 평가

총괄적 예측

제 2 장 수요예측

용어 사전

시계열 분해(time series decomposition)
시계열 자료에는 경향(trend), 계절성(seasonality), 경기순환(cyclical), 자기상관(autocorrelation), 임의(random) 등의 요소가 하나 또는 다수 포함된다. 이들 요소를 분리해야만 보다 정확한 시계열 예측을 할 수 있다.

총괄적 예측(aggregate forecasts)
개별 제품 단위로 예측을 하지 않고 제품집단 별로 총괄하여 예측하는 것을 말함

학습목표

- ✧ 예측의 목적에 따라 요구되는 예측 정보와 기법이 어떻게 달라지는지 설명할 수 있다.
- ✧ 최소자승법에 의한 회귀식을 구하는 방법을 이해하고 적용할 수 있다.
- ✧ 시계열 자료에 포함되어 있는 경향(trend), 계절성(seasonality), 경기순환(cyclical), 자기상관(autocorrelation), 임의(random) 등의 요소를 분리해내는 방법을 설명할 수 있다.
- ✧ 예측치가 너무 높은지 낮은지, 예측 오류의 크기를 평가하는 척도에 대해 설명할 수 있다.
- ✧ 예측을 총괄 또는 분해하는 방법으로서 피라미드 예측의 사용법을 설명할 수 있다.

용도에 따른 수요예측

예측(forecasting)은 단지 미래 수요를 추정하는 것만은 아니다. 예측에서 추가로 고려해야 할 사항은 예측의 사용 목적, 예측 시 총괄(aggregating)과 분해(disaggregating) 방법의 고려, 그리고 미래 조건 변화 등에 대해 고려해야 한다.

예측 정보와 기법은 그 예측이 사용되는 계획의 용도에 맞게 이루어져야 한다. 예를 들어 시장 확대 등 생산능력을 키우기 위한 전략적 의사결정을 위해서는 매우 총괄화 된 예측이 필요하다. 계획의 총괄수준에 따라 예측의 대상이 되는 제품의 수준이 다르다.

사업계획을 위한 예측은 금액, 중량, 시간 등 총량화 된 단위로 이루어진다. 여기에는 경영자의 직관이 중요하며, 최고경영자가 깊숙이 참여한다. 사업계획을 위한 예측은 일반적으로 연간 단위로 준비되며 수 년을 커버한다.

S&OP를 위한 예측의 총량화는 주로 제품 집단 수준에서 이루어지며 간혹 금액 척도가 사용되기도 한다. 제품집단 수준의 총량은 개별 제품의 예측을 합한 수량이 된다. S&OP에서 경영진은 총괄된 값을 조정하는 데에 주로 참여한다. S&OP예측은 대개 연간 여러 번 이루어지며, 수 개월을 커버하는 기간에 대해 이루어진다.

기준생산일정(MPS)을 위한 예측은 개별 제품의 개(단위)로 표시된다. 이 단계에서의 예측은 주로 수요예측을 위한 소프트웨어를 사용하여 이루어진다. 즉 과거의 흐름이 미래를 점치는 데 이용될 수 있다는 전제하에 시계열 자료를 이용한 투사적 기법(projection)이 사용된다. 기준생산계획을 위한 예측 시 경영자의 참여는 별로 없다. 예측은 지속적으로 갱신되며, 수 주나 수 일의 기간을 커버한다.

수요예측 기법

회귀분석

회귀분석(regression analysis)은 상호 관련된 2개 혹은 더 많은 변수 간의 관계를 알아내는 것이다. 선형 회귀분석은 회귀식의 특수한 경우로서 두 변수 간의 관계가 직선으로 표시될 수 있는 관계를 가정한다.

$$Y = a + bX$$

위 식에서 Y 는 종속변수, a 는 y축 절편, b는 직선의 기울기, 그리고 X 는 독립변수 값을 나타낸다. 회귀식을 구하는 대표적인 방법으로서 최소자승법이 이용된다.

최소자승법

최소자승법(least squares method)의 목표는 각 데이터가 나타내는 직선과의 수직거리의 자승합(the sum of the squares)이 최소가 되는 직선을 찾고자 하는 것이다.

$Y = a + bx$ 일 때

각 데이터가 나타내는 직선과의 수직거리의 자승의 합(sum of squares)은 이렇게 표시된다.

$$Sum\ of\ Squares = (y_1 - Y_1)^2 + (y_2 - Y_2)^2 + \cdots + (y_i - Y_i)^2$$

이 때 자승의 합이 최소화 되는 a, b 값을 구하는 문제가 최소자승법이다.

Y: 계산된 종속변수값
yi: 실제 종속변수 점

a: y 절편

b: 직선의 기울기

x: 시점(time period)

회귀오차 (yi -Yi) 는 다음 그림과 같이 각 점에서 회귀직선까지의 수직 거리를 나타낸다.

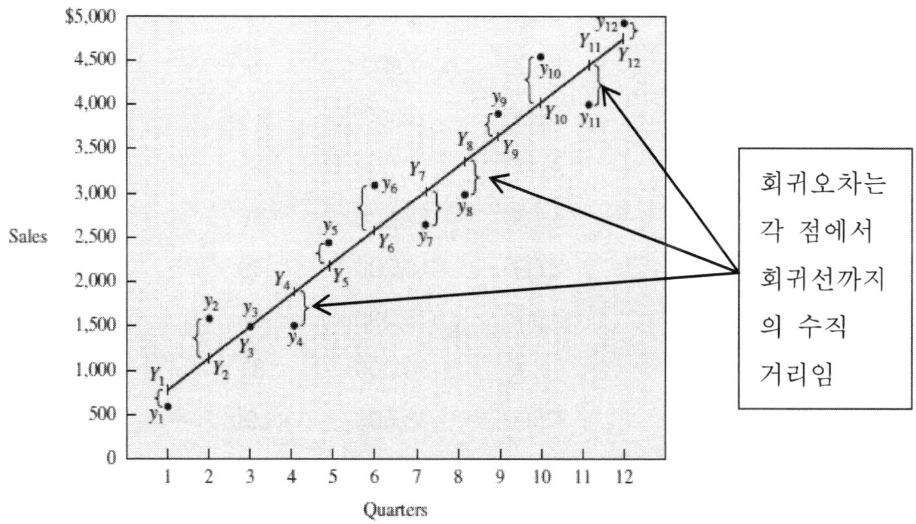

최소자승법 예제

다음 표를 보고 최소자승법에 의해 회귀식을 구하는 방법을 연습하자. 최소자승법의 계산식은 다음과 같다. 이 식은 다음과 같이 구해진다.

$$b = \frac{\sum xy - n\bar{x}\bar{y}}{\sum x^2 - n(\bar{x})^2}$$

$$a = \bar{y} - b\bar{x}$$

1 단계: 위 식을 구하기 위한 엑셀표 작성

최소자승법의 식을 계산하기 위해서는 사전에 아래 표와 같은 엑셀표를 완성해야 한다.

	분기(x)	판매액(y)	xy	x^2
	1	600	600	1
	2	1,550	3,100	4
	3	1,500	4,500	9
	4	1,500	6,000	16
	5	2,400	12,000	25
	6	3,100	18,600	36
	7	2,600	18,200	49
	8	2,900	23,200	64
	9	3,800	34,200	81
	10	4,500	45,000	100
	11	4,000	44,000	121
	12	4,900	58,800	144
합(Sum)	78	33,350	268,200	650
평균	6.5	2779.17		

2 단계: 최소자승 회귀선 결정

이 표로부터 a 와 b 값을 구할 수 있다.

$$a = \bar{y} - b\bar{x} = 2{,}779.17 - 6.5(359.6153) = 441.6666$$

$$b = \frac{\sum xy - n\overline{xy}}{\sum x^2 - n(\bar{x})^2} = \frac{268{,}200 - 12*6.5*2{,}779.17}{650 - 12*6.5^2} = 359.6153$$

따라서 회귀식은 다음과 같이 결정된다.

$$Y = a + bx = 441.67 + 359.6x$$

3 단계: 예측에 사용

다음 표는 위에 구한 회귀식을 이용하여 제 13기, 14기, 15기의 예측치를 귀하는 예를 보이고 있다.

분 기	계 산	예측치
13	Y_{13}=441.6+359.6(13)	5,119.4
14	Y_{14}=441.6+359.6(14)	5,476.0
15	Y_{15}=441.6+359.6(15)	5,835.6
16	Y_{16}=441.6+359.6(16)	6,195.2

4 단계: 표준오차를 구해 봄으로써 예측의 적합성 파악

추정치의 표준오차를 구해 봄으로써 회귀직선이 데이터에 얼마나 적합한지 알게 해 준다. 본 예에서 Y1 = 801.3, Y2 = 1,160. 9…, Y12 = 4,791.1 이다. 따라서 추정치의 표준오차(standard error of estimate: Syx)는 363.8로 계산되었다.

$$S_{yx} = \sqrt{\frac{\sum_{i=1}^{n}(y_i - Y_i)^2}{n-2}} = \sqrt{\frac{(600-801.3)^2 + (1{,}550-1{,}160.9)^2 + (1{,}500-1{,}520.5)^2 + \mathrm{L} \; + (4{,}900-4{,}757.1)^2}{10}}$$

$= 363.8$

시계열 분해

시계열 자료에는 경향(trend), 계절성(seasonality), 경기순환(cyclical), 자기상관(autocorrelation), 임의(random) 등의 요소가 하나 또는 다수 포함된다. 따라서 이들 요소를 분리해 내어야만 보다 정확한 예측을 할 수 있게 된다. 이를 시계열 분해(time-series decomposition)이라 한다.

- 경향(trend): 장기적인 수요의 상승 또는 하락 추세
- 계절성(seasonality): 연간 어느 계절이냐에 따라 나타나는 상승 또는 하락 효과
- 경기순환(cyclical): 계절적 수요에 관련되지 않은 반복 패턴
- 자기상관(autocorrelation): 이전 기의 수요에 결부되어 나타나는 변화
- 임의(random): 어떤 특정 요인과 결부시킬 수 없는 수요의 변화

계절성

계절성(seasonality)은 전반적인 경향(trend)과 결합될 수도 있고 그렇지 않을 수도 있다. 합산형 계절성(additive seasonal)은 평균 수요에 관계 없이 계절적 차이가 일정한 경우이고 승산형 계절성은 평균 수요가 커짐에 따라 계절변동의 크기도 평균증가율에 맞추어 커지는 경우로서 승산형 계절성(multiplicative seasonal)의 경우가 보다 일반적이다.

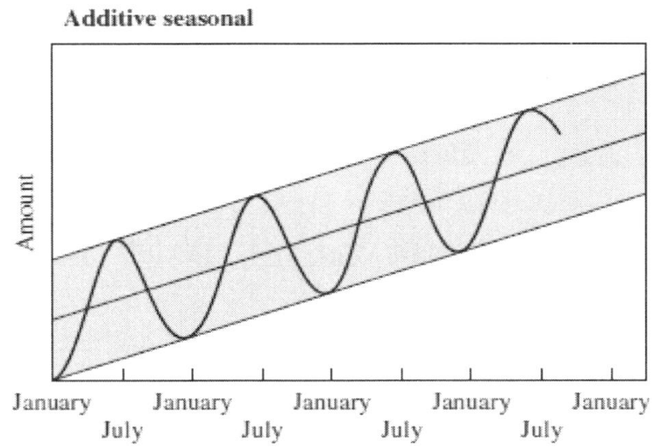

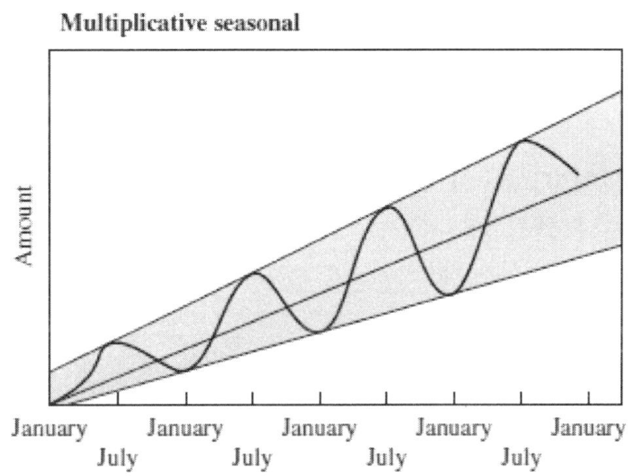

계절지수

예측에서 계절성을 고려하려면 계절지수(seasonal factor)를 계산해야 한다. 계절지수는 시계열 자료에서 연간 계절 별 요인을 없애기 위한 조정 인수로서, 대개 분기를 단위로 하여 구하는데, 분기 평균실적에 대한 해당 분기의 실적값으로 계산된다. 만약 어느 분기의 판매액이 200이고 연간 판매액에 의해 구한 분기(3개월 간)의 평균판매액이 250이라면 그 분기의 계절지수는 200 / 250 = 0.8 이 된다.

계절	과거 판매액	분기 별 평균판매액	계절지수(Seasonal Factor)
봄	200	1000/4=250	실적/평균=200/250=0.8
여름	350	1000/4=250	350/250=1.4
가을	300	1000/4=250	300/250=1.2
겨울	150	1000/4=250	150/250=0.6
총계	1000		

만약 다음 해의 예측이 1,100 단위라면 계절지수를 이용해서 계절별 예측을 다음 표와 같이 할 수 있다. 예를 들어 봄 시즌의 예측치는 분기별 평균 판매액 예측치인 275에 계절지수 0.8을 곱하여 220 단위로 예측된다.

계절	연간 예상 판매액	분기 별 평균 판매액		계절지수		예측치
봄		1100/4=275	×	0.8	=	220
여름		1100/4=275	×	1.4	=	385
가을		1100/4=275	×	1.2	=	330
겨울		1100/4=275	×	0.6	=	165
총계	1,100					

계절성과 경향(trend)이 합쳐진 경우

계절성과 경향성이 합쳐진 경우 그림과 같은 양상의 실적치를 보일 것이다.

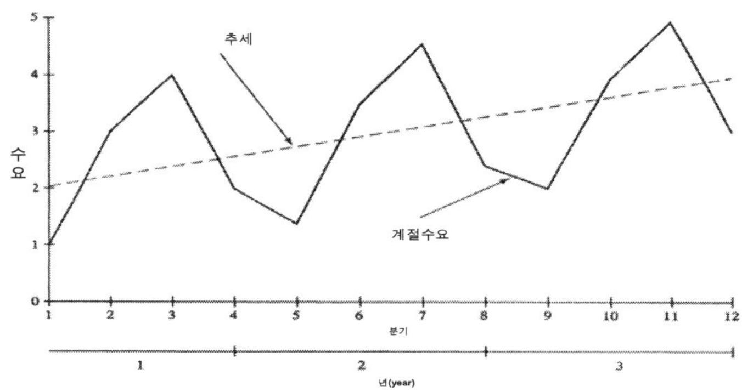

그림 - 기간 별 수요

예로서 다음 표와 같은 계절별 판매실적이 주어져 있다. 2010년도 각 분기의 수요예측을 위해서 우선 최소자승법에 의해 '경향성(trend)'을 구한다.

Quarter	Amount
I – 2008	300
II – 2008	200
III – 2008	220
IV – 2008	530
I – 2009	520
II – 2009	420
III – 2009	400
IV - 2009	700

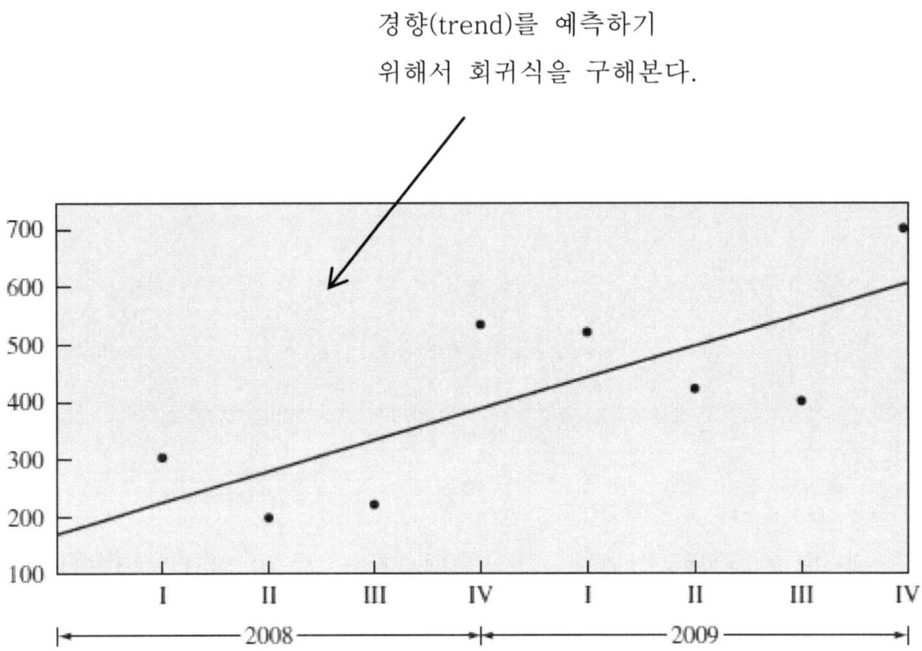

최소자승법을 구하기 위해 다음과 같은 엑셀표를 구하고 이를 이용해서 회귀식을 구한다.

	분기(x)	판매액(y)	xy	x**2
	1	300	300	1
	2	200	400	4
	3	220	660	9
	4	530	2120	16
	5	520	2600	25
	6	420	2520	36
	7	400	2800	49
	8	700	5600	64
합계	36	3290	17000	203
평균	4.5	411.25	2125	25.375

b = (17000 - 8 × 4.5 × 411.25) / (203 - 8(4.5)**2 =

(17000 – 14805) / (203-162) = 2195/41 = 55

a = 411.25 - 55 × 4.5 = 170

따라서 회귀식은 다음과 같이 구해진다.

Y = 170 + 55 t

각 분기 별 계절지수는 (계절지수 = 실제값 / 경향값) 의 식에 의해 각각 구한 다음 동일한 계절끼리 평균을 낸다. 즉 첫 분기의 계절지수 = 실제값(300) / 트렌드 식에 의한 계산값(225) = 1.33

Quarter	Actual Amount	From Trend Equation $T_t = 170 + 55t$	Ratio of Actual ÷ Trend	Seasonal Factor (Average of Same Quarters in Both Years)
2008				
I	300	225	1.33	
II	200	280	.71	
III	220	335	.66	I—1.25
IV	530	390	1.36	II—0.78
2009				III—0.69
I	520	445	1.17	IV—1.25
II	420	500	.84	
III	400	555	.72	
IV	700	610	1.15	

이렇게 각 분기의 계절지수를 구한다음 같은 분기끼리 평균을 낸 값을 최종적인 계절지수 값으로 한다.

경향치와 계절지수가 있을 때의 수요예측(FITS: Forecast Including Trend and Seasonal Factors)을 하기 위해서는, 미래 시점의 수요예측을 선형 회귀식에 의해 구한 값에다가 해당 되는 계절지수를 곱해서 구하면 된다. 예를 들어 9번째 분기의 예측치는 (경향치) × (계절지수) = (170 + 55 × 9) × 1.25(1분기의 계절지수) = 831 단위가 된다.

$$\text{FITS}_t = \text{Trend} \times \text{Seasonal}$$

$$\text{I—2008 FITS}_9 = [170 + 55(9)]1.25 = 831$$

$$\text{II—2008 FITS}_{10} = [170 + 55(10)]0.78 = 562$$

$$\text{III—2008 FITS}_{11} = [170 + 55(11)]0.69 = 535$$

$$\text{IV—2008 FITS}_{12} = [170 + 55(12)]1.25 = 1{,}038$$

계절요인을 먼저 제거한 분해와 복원

시계열 데이터가 계절요인과 경향요인이 있음이 확인되었다면 다음 순서에 따라 요인을 분해한 후, 다시 복원하여 미래에 대한 예측치를 구할 수 있다.

1. 분해: 계절요인을 먼저 제거한 후 경향요인을 찾는 순서로 분해하고,
2. 복원: 경향요인을 미래로 투사하고, 계절지수를 적용

분해:

1. 계절요인 부분 찾기
2. 계절요인 제거
3. 경향 요인 찾기

복원-미래 예측:

1. 경향 부분을 미래로 투사
2. 계절지수를 경향값에 곱함

동일한 계절값끼리 평균을 냄

Period	Quarter	Actual Demand	Average of Same Quarter of Each Year	Seasonal Factor
1	I	600	(600+2400+3800)/3=2266.7	
2	II	1,550		
3	III	1,500		
4	IV	1,500		
5	I	2,400		
6	II	3,100		
7	III	2,600		
8	IV	2,900		
9	I	3,800		
10	II	4,500		
11	III	4,000		
12	IV	4,900		
	Total	33,350		

동일한 계절 값끼리 평균을 냄

Period	Quarter	Actual Demand	Average of Same Quarter of Each Year	Seasonal Factor
1	I	600	(600+2400+3800)/3=2266.7	
2	II	1,550	(1550+3100+4500)/3=3050	
3	III	1,500	(1500+2600+4000)/3=2700	
4	IV	1,500	(1500+2900+4900)/3=3100	
5	I	2,400		
6	II	3,100		
7	III	2,600		
8	IV	2,900		
9	I	3,800		
10	II	4,500		
11	III	4,000		
12	IV	4,900		
	Total	33,350		

그 결과 1분기 평균 2266.7, 2분기 평균 3050, 3분기 평균2700, 4분기 평균 3100 단위로 산출되었다.

1. 각 계절 별 계절지수를 구함

위에서 구한 계절별 평균값을 전체분기평균값(33,350/12 = 2779)으로 나누면 계절지수가 산출된다. 예를 들어 1분기의 계절지수는 2266.7 / 2779.1 = 82%

이런 계산에 의해 2분기 1.10, 3분기 0.97, 4분기 1.12로 계절지수가 계산되었다. 이렇게 구한 계절지수는 매년 반복된다고 가정한다.

Period	Quarter	Actual Demand	Average of Same Quarter of Each Year	Seasonal Factor
1	I	600	(600+2400+3800)/3=2266.7	2266.7/(33350/12)=0.82
2	II	1,550	(1550+3100+4500)/3=3050	
3	III	1,500	(1500+2600+4000)/3=2700	
4	IV	1,500	(1500+2900+4900)/3=3100	
5	I	2,400		
6	II	3,100		
7	III	2,600		
8	IV	2,900		
9	I	3,800		
10	II	4,500		
11	III	4,000		
12	IV	4,900		
	Total	33,350		

각 분기 별 계절지수 구하기

Period	Quarter	Actual Demand	Average of Same Quarter of Each Year	Seasonal Factor
1	I	600	(600+2400+3800)/3=2266.7	2266.7/(33350/12)=0.82
2	II	1,550	(1550+3100+4500)/3=3050	3050/(33350/12)=1.10
3	III	1,500	(1500+2600+4000)/3=2700	2700/(33350/12)=0.97
4	IV	1,500	(1500+2900+4900)/3=3100	3100/(33350/12)=1.12
5	I	2,400		0.82
6	II	3,100		1.10
7	III	2,600		0.97
8	IV	2,900		1.12
9	I	3,800		0.82
10	II	4,500		1.10
11	III	4,000		0.97
12	IV	4,900		1.12
	Total	33,350		

계절지수는 매년 반복된다고 가정함

2. 각 기간 별 계절요인이 제거된 수요를 계산함

아래 표와 같이 (실제 수요/계절지수)의 계산에 의해 '계절요인이 제거된 수요'를 산출한다.

Period	Quarter	Actual Demand	Seasonal Factor	Deseasonalized Demand (Actual/Seasonal Factor)
1	I	600	0.82	600/0.82=735.7
2	II	1,550	1.10	1550/1.10=1412.4
3	III	1,500	0.97	1500/0.97=1544.0
4	IV	1,500	1.12	1500/1.12=1344.8
5	I	2,400	0.82	2942.6
6	II	3,100	1.10	2824.7
7	III	2,600	0.97	2676.2
8	IV	2,900	1.12	2599.9
9	I	3,800	0.82	4659.2
10	II	4,500	1.10	4100.4
11	III	4,000	0.97	4117.3
12	IV	4,900	1.12	4392.9

각 기간 별 계절요인이 제거된 수요를 계산함

3. 계절요인이 제거된 데이터를 이용하여 최소자승법으로 회귀식을 구함

앞 서 회귀식을 구하는 방법 또는 통계 패키지를 이용하여 회귀식을 구한다. 그 결과 Y = 555.0 + 342.2 x 의 식이 도출되었다.

Period	Deseasonalized Demand
1	735.7
2	1412.4
3	1544.0
4	1344.8
5	2942.6
6	2824.7
7	2676.2
8	2599.9
9	4659.2
10	4100.4
11	4117.3
12	4392.9

SUMMARY OUTPUT

Regression Statistics	
Multiple R	0.929653282
R Square	0.864255225
Adjusted R Square	0.850680748
Standard Error	512.8180268
Observations	12

ANOVA

	df	SS	MS	F	Significance F
Regression	1	16743469.64	16743469.64	63.66766059	1.20464E-05
Residual	10	2629823.286	262982.3286		
Total	11	19373292.92			

	Coefficients	Standard Error	t Stat	P-value
Intercept	555.0045455	315.6176776	1.758471039	0.109173704
Period	342.1800699	42.88399775	7.979201751	1.20464E-05

Y= 555.0 + 342.2x

4. 회귀식을 이용하여 미래의 경향값을 구하고 다시 계절지수를 곱하여 예측치를 복원함

아직 도래하지 않은 시점인 13째 분기부터 16째 분기까지의 경향값 예측치를 회귀식을 이용해서 구한다. 예를 들어 13째 주의 경향값 예측은 555 + 342.2 × 13 = 5003.5 로 산출되었다. 수요예측치는 계절지수를 곱하여 (5003.5 × 0.82) = 4102.87 로 산출되었다.

Period	Quarter	Y from Regression		Seasonal Factor		Forecast
13	I	555+342.2*13=5003.5	X	0.82	=	4102.87
14	II	555+342.2*14=5345.7	X	1.10	=	5880.27
15	III	555+342.2*15=5687.9	X	0.97	=	5517.26
16	IV	555+342.2*16=6030.1	X	1.12	=	6753.71

선형 경향치의 projection

계절값의 projection

단기 예측기법

통계적 예측 모델로서 단기 예측에는 이동평균법과 지수평활법이 사용된다. 지수평활법은 가중치가 있는 이동평균법과 유사한 효과가 있다. 두 방법 모두 수요가 단기적으로는 기간에 걸쳐 유사한 패턴을 보일 것이라는 가정을 하고 있다.

이동평균법에 의한 예측

이동평균법 예측(Moving Average Forecasting)의 예) 이동평균법은 다음 식에 의해 산출된다.

$$Moving\ Average\ Forecast\ (MAF_t) = \frac{\sum_{i=t-n+1}^{t} ActualDemand_i}{n}$$

i – 기간 번호
t – 현재 기간
기간수 n 값이 작을수록 예측치가 최근실적에 보다 민감하게 대응한다.

Example Moving-Average Calculations

	Period					
	27	28	29	30	31	32
Actual demand	900	1,100	1,500	1,400	1,700	1,200

6-period MAF made at the end of period 32 = $\sum_{27}^{32}$ actual demand/6
= (900 + 1,100 + 1,500 + 1,400 + 1,700 + 1,200)/6 = 1,300

3-period MAF made at the end of period 32 = $\sum_{30}^{32}$ actual demand/3
= (1,400 + 1,700 + 1,200)/3 = 1,433

표의 예는 27기부터 32기까지 6 기간 이동평균과 30기부터 32기까지 3 기간 이동평균을 산출한 예를 보이고 있다.

<Quiz>

지난 3개월 간의 수요가 102개, 91개, 95개로 집계되었다. 다음 달의 수요예측을 3개월 이동평균(3 months moving average forecast for next month)는 얼마인가?

답: 96

해설: 지난 3개월의 합계 = 288이므로 3개월 이동평균 수요예측은 288/3 = 96

지수평활법에 의한 예측

지수평활법 예측(Exponential Smoothing Forecasting)의 예) 이번 기 말의 수요예측은 다음과 같이 구해진다.

Exponential Smoothing Forecast(ESF t) = ESF t-1 + α(Act t - ESF t-1) = α(Act t) + (1-α)ESF t-1

즉, 이번 기 말의 수요예측치 = 전기 예측치 + α (예측오류)

또는, = α(이번 기 실적치) + (1-α)(전기 말 예측치)

α 평활상수(0≤α≤1) (α가 클수록 예측치가 최근 값에 더 민감하게 반응함)

t : 현재 기간

ESF_{t-1} : 이전 기로부터의 지수평활예측치

예: 지수평활법 계산

	기간 27	기간 28
실제수요	900	1100

가정) ESF26은 26기 말에 이루어진 지수평활예측으로서 1000 단위, 알파 = 0.1 로 가정함
ESP27 은 27기 말에 이루어진 지수평활예측으로서 27기의 실제 수요는 알려져 있지만 28기의 실제수요는 아직 알려져 있지 않다고 가정

ESP27 = 1000 + 0.1(900 - 1000) = 990 or 0.1(900) + (0.9)1000 = 990
ESP28 = 990 + 0.1(1100 - 990) = 1001 or 0.1(1100) + 0.9(990) = 1001

<Quiz>
5월의 수요는 220단위, 수요예측치(ESF4)는 200 단위였다. 평활지수 α는 0.2로 하는 지수평활법을 써서 6월의 수요예측(ESF5)을 하시오.

답: 204
해설:
New forecast = (α) (latest demand) + (1-α) (previous forecast)
따라서 6월의 예측(ESF5) = 0.2 × 220 + 0.8 × 200 = 204

예측의 평가

예측추적의 개념

수요예측의 정확도를 측정하려면 실제 수요를 예측치와 비교해 보아야 한다. 수요예측의 추적(tracking the forecast)은 수요예측의 오류에 관하여 알게 하고, 이를 바탕으로 장래의 예측방법을 향상시키고자 하는 것이다.
확률적 변동(random variation)를 측정함으로써 오차(error)의 타당성을 판단할 수 있다. 예측 오차가 타당 하려면, 반드시 확률적 오차(random

error)만에 의해 발생한 오차이어야 한다.

예측오차(forecast error)의 타당성을 검증해 보기 위해서는 다음과 같은 값을 분석해 보아야 한다.

오차의 누적합(cumulative sum of error)

편향(偏向, bias): 추세(trend)나 계절성(seasonality), 경제순환(economic cycle)을 파악하지 못했을 때 나타나는 오차로서 양수, 음수, 0으로 나올 수 있고, 0이 나와야 편향이 없는 것이다. 즉 좋은 예측은 bias 되지 않은 예측이다.

평균 절대편차(mean absolute deviation, MAD): 확률오차(random error)의 절대값의 평균

표준편차(standard deviation): 편차의 제곱에 대한 평균을 제곱근 한 값

예측이 너무 높은지 낮은지는 평균 오차(편향, bias)로 평가한다.

예측 오류의 크기는 얼마나 되는가? 이는 평균절대편차(MAD, Mean Absolute Deviation)로 측정한다. 평균절대편차는 표준편차에 비해 구하기 쉬우며 표준편차는 약 1.25 × MAD로 환산된다.

평균 오차(편향, **bias**), 평균절대편차(**MAD**) 구하기

평균 오차(편향, bias), 평균절대편차(MAD)는 예측의 품질을 이해하는 데 중요한 척도이다.

$$Mean\ Error\ (bias) = \frac{\sum_{i=1}^{n}(ActualDemand_i - ForecastDemand_i)}{n}$$

$$Mean\ Absolute\ Deviation\ (MAD) = \frac{\sum_{i=1}^{n}\left|ActualDemand_i - ForecastDemand_i\right|}{n}$$

$$i = period\ number$$

$$n = number\ of\ periods\ of\ data$$

예제) 다음 표에는 1기부터 4기까지의 실제수요와 예측수요가 나와 있다. 이 자료를 이용하여 평균오차와 평균절대편차(MAD)를 구해보자.

	Period (i)			
	1	2	3	4
(1) Actual demand	100	100	5,500	100
(2) Forecast demand	1,600	1,600	1,400	1,300
Error (1) − (2)	−1,500	−1,500	4,100	−1,200

$$\text{Bias} = \sum_{i=1}^{4} |\text{error}_i|/4 = (-1{,}500 - 1{,}500 + 4{,}100 - 1{,}200)/4$$
$$= -100/4 = -25$$
$$\text{MAD} = \sum_{i=1}^{4} |\text{error}_i|/4$$
$$= (|-1{,}500| + |-1{,}500| + |4{,}100| + |-1{,}200|)/4$$
$$= 8{,}300/4 = 2{,}075$$

위에 나온 용어의 의미를 이해하기 위해서 다음 그림의 계산 예를 보자. 어떤 품목의 예측치와 실제판매량에 대한 데이터로부터 오차의 누적합, 편향, 평균절대편차를 구할 수 있다.

기간	F = 예측치	A = 실제 판매량	오차 = 실제 판매량 – 예측치	오차 절대값
1	1,000	1,200	200	200
2	1,000	1,000	0	0
3	1,000	800	– 200	200
4	1,000	900	– 100	100
5	1,000	1,400	400	400
6	1,000	1,200	200	200
7	1,000	1,100	100	100
8	1,000	700	– 300	300
9	1,000	1,000	0	0
10	1,000	900	– 100	100
	10,000	10,200	200	1,600

오차의 누적 합(cumulative sum of error) = $\Sigma (A_i - F_i) = 200$

편향 (bias) = $\dfrac{\Sigma (A_i - F_i)}{N} = \dfrac{200}{10} = 20$

평균절대편차(MAD – mean absolute deviation) =

$$\frac{\Sigma \mid A_i - F_i \mid}{N} = \frac{1600}{10} = 160$$

오차의 누적합, 편향, 평균절대편차

아래 그림에는 표준편차를 구하는 예가 나와 있다.

기간	F = 예측치	A = 실제 판매량	오차 = 실제 판매량 – 예측치	오차 자승
1	1,000	1,200	200	40,000
2	1,000	1,000	0	0
3	1,000	800	– 200	40,000
4	1,000	900	– 100	1,000
5	1,000	1,400	400	160,000
6	1,000	1,200	200	40,000
7	1,000	1,100	100	10,000
8	1,000	700	– 300	90,000
9	1,000	1,000	0	0
10	1,000	900	– 100	10,000
	10,000	10,200	200	400,000

표준편차 $= \sqrt{\dfrac{\Sigma (A_i - F_i)^2}{N-1}} = \sqrt{\dfrac{400,000}{9}} = 211$

또는 $\sqrt{\dfrac{\Sigma (A_i - F_i)^2}{N}} = \sqrt{\dfrac{400,000}{10}} = 200$

참고 : N : 샘플 수가 많을 때 사용
N-1 : 표본 수가 적을 때(≤30) 사용

표준편차(standard deviation)

추적 신호

추적신호(tracking signals)는 오차의 누적합(cumulative sum of error)을 평균 절대편차(mean absolute deviation: MAD)로 나눈 값이다. 그림에서 MAD는 두 기간 모두 160으로 동일하지만, 'W' 제품의 수요예측은 점점 편향이 커지고 있다. 이와 같이 추적신호(tracking signal)는 현재 예측기법의 타당성에 대해 검증하는 값을 제공한다. 일반적으로 추적신호 값이 +4 혹은 -4를 벗어났을 때에는 예측기법을 교체해야 한다.

(T와 W에 대한 예측 = 1000/기간)

기간	실제 판매량		편차		오차의 누적 합	
	T	W	T	W	T	W
1	1,200	1,200	200	200	200	200
2	1,000	1,000	0	0	200	200
3	800	1,200	−200	200	0	400
4	900	900	−100	−100	−100	300
5	1,400	1,400	400	400	300	700
6	1,200	1,200	200	200	500	900
7	1,100	1,100	100	100	600	1,000
8	700	1,300	−300	300	300	1,300
9	1,000	1,000	0	0	300	1,300
10	900	900	−100	−100	200	1,200
총계	10,200	11,200				
$\Sigma \lvert A_i - F_i \rvert$			1,600	1,600		

$$\text{평균절대편차(T \& W)} = \frac{1,600}{10} = 160$$

$$\text{추적신호} = \frac{\text{오차의 누적 합}}{\text{평균절대편차}} =$$

ITEM T: $\frac{200}{160} = 1.25$ ITEM W: $\frac{1,200}{160} = 7.5$

추적신호(tracking signal)

총괄적 예측

S&OP 수립절차는 고객/제품 지식, 개별 제품의 수요예측과 제품집단 예측의 차이 등 다양한 원천에서 오는 예측 상의 차이를 조화시킨다. S&OP의 결과는 총괄적 수요예측(aggregating forecasts)이다. 장기적 또는 총괄적 예측은 개별적, 단기적 예측에 비해 더 정확하다.

피라미드 예측

예측을 총괄 또는 분해하는 한 가지 방법으로 피라미드 예측이 사용된다. 피라미드 예측법(Pyramid forecasting)은 예측의 원천을 통합하여 일관성을 증진시키며 상, 하위 총괄수준에 대한 수요예측을 하는 논리적 틀을 제공한다.

피라미드 예측의 예

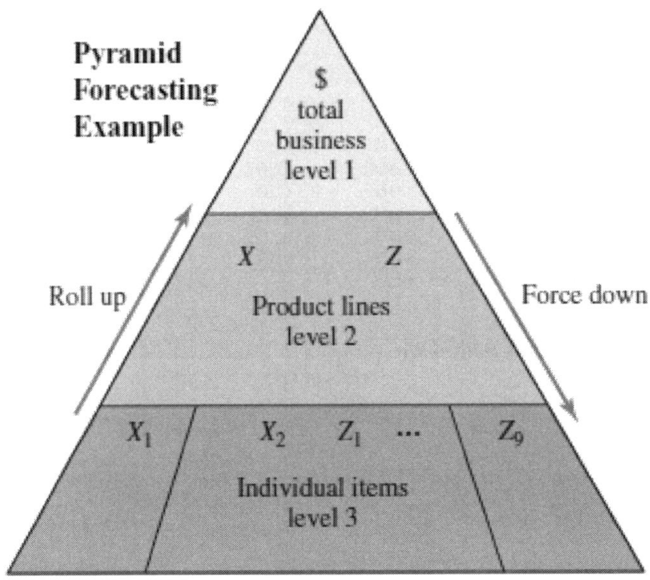

Roll-up은 세분화된 하단부에서 총괄화된 상단부 방향으로 예측치를 합쳐서 총괄(aggregate)하는 것을 말한다. 반대로 force-down은 상위 예측치를 분해(disaggregate)하는 것을 말한다.

예제)

제품집단 X에는 특정제품 X1, X2의 믹스로 구성된다. 각 부서의 최초예측치를 roll-up하여 X제품집단의 예측치 13,045단위를 구했다. 또 다른 제품집단 Z의 예측치는 28,050단위이다. 사업부 전체로 roll-up한 결과는 총 $778,460(13,045 × 16.67 + 28,050 × 20)의 매출이 예측되었다.

그런데 경영자가 이 예측치를 조정하여 $900,000으로 판매예측치를 늘였다. 이를 force-down하여 각 제품 별 예측치를 산출하시오.

풀이)

Force down: 경영자가 이 예측치를 조정하여 $900,000으로 판매예측치를 늘였다. 이는 예측치를 900,000 / 778,460 = 1.15613 배 증가시킨 것이다. 같은 비율이 되도록 이를 force-down하여 각 제품 별 예측치를 산출해야 한다.

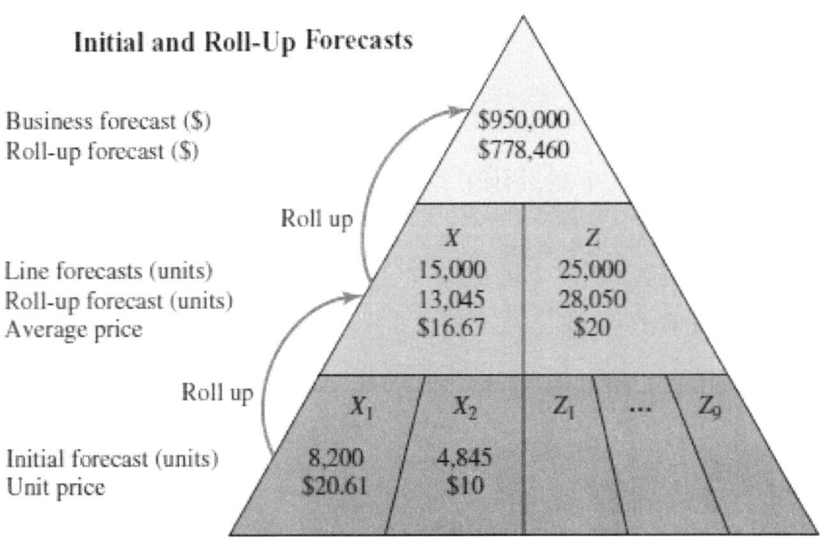

예를 들어 Z 제품그룹의 판매수량은 원래 예측치 28.050 x 1.15613 = 32429 단위가 된다.

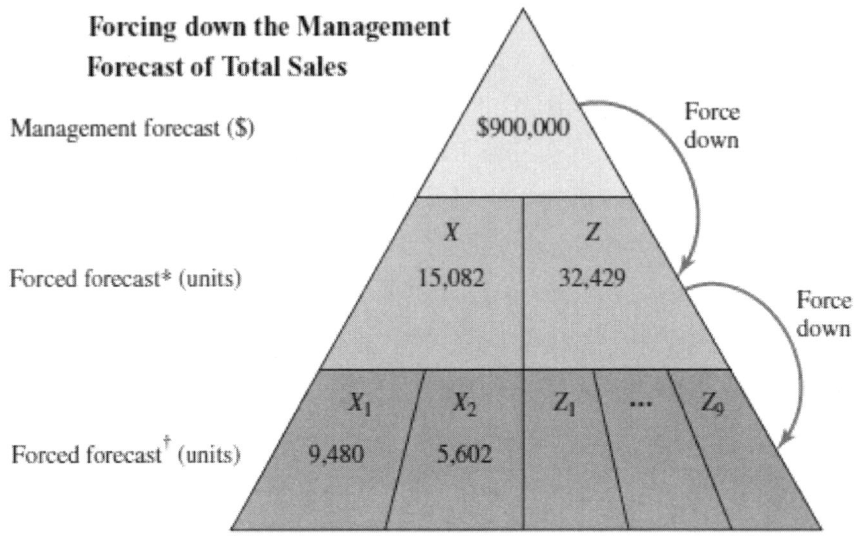

외부 정보

특별 판촉, 제품 변경, 광고, 경쟁자의 행동 등 어떤 활동 또는 조건이 변해서 과거의 가정이 타당하지 않게 되면 예측 프로세스에서 이를 감안해야 한다.

이런 경우 예측 프로세스를 변경해야 하는 경우도 있다. 예를 들어 평활지수를 더 크게 하여 최근 실적에 더 많이 반응하도록 바꿀 수도 있으며, 예측 오류의 조건을 밝혀 내기 위해 더 자주 예측을 할 수도 있다.

도전 Quiz

※ 문제 1.

기준생산일정 수립을 위해 사용되는 수요예측은 어느 정도의 기간을 커버할 수 있어야 하는가?

A. A few days to a few weeks
B. A few months to a year
C. Longer than a year
D. S&OP's planning horizon

답: A

해설: MPS를 위한 수요예측은 예측은 수 주나 수 일의 기간을 커버한다.

※ 문제 2.

다음 중 어떤 품목의 그룹에 대한 총괄적 수요예측(aggregate forecast)에 대한 설명으로서 맞는 것은?

A. It may be divided by the number of SKUs to establish the SKU forecasts.
B. It is usually a better forecast than the SKUs forecasted individually.
C. It is of little value when SKU forecasts are available.
D. It is used to establish EOQ quantities.

답: B

해설: 총괄적 예측(aggregate forecast)은 S&OP 수준에서 필요하며, SKU 수준의 수요예측에 비해서 정확도가 커진다. EOQ 산출을 위해서는 수요예측이 필요하지 않고 주문 비용과 재고유지비용이 필요하다.

※ 문제 3

만약 어떤 수요예측이 실제보다 낮게 책정되었을 경우, 다음 항목 중 낮게 추정될 항목은 어떤 것인가?

I. Capacity
II. Shop load
III. Component needs

A. II only　B. III only　C. I and III only　D. II and III only

답: D

해설: 생산능력은 보다 장기적으로 준비되는 것이므로 예측과 관계가 없

다고 볼 수 있으나 현장 부하(load)와 부품 필요량은 나중에 실제 필요해지는 수준보다 적게 평가될 것이다.

핵심정리

수요예측 정보

- 예측 정보와 기법은 의도하는 용도에 맞게 이루어져야 한다.
- 사업계획을 위한 예측은 금액, 중량, 시간 등 총량화 된 단위로 이루어진다.
- S&OP 를 위한 예측은 금액, 개(단위) 등 총량화 된 척도로 이루어진다.
- 기준생산일정을 위한 예측은 개별 제품의 개(단위)로 표시된다.

수요예측 기법

- 회귀분석은 상호 관련된 2 개 혹은 더 많은 변수 간의 관계를 알아내는 것이다.
- 최소자승법(least square method)은 각 데이터가 나타내는 직선과의 수직거리의 자승합(the sum of the squares)이 최소가 되는 직선을 찾고자 하는 회귀모형이다.
- 시계열 자료에는 경향(trend), 계절성(seasonality), 경기순환(cyclical), 자기상관(autocorrelation), 임의(random) 등의 요소가 하나 또는 다수 포함된다.

예측의 평가(forecast evaluation)

- 예측이 너무 높은지 낮은지는 평균 오차(편기, bias)로 평가한다.
- 예측 오류의 크기는 얼마나 되는가? 이는 평균절대편차(MAD, Mean Absolute Deviation)로 측정한다.

총괄적 예측(aggregate forecasts)

- 장기적 또는 총괄적 예측은 개별적, 단기적 예측에 비해 더 정확하다.
- 예측을 총괄 또는 분해하는 한 가지 방법으로 피라미드 예측이 사용된다.

제3장

판매 및 생산계획

판매 및 생산계획(S&OP)의 역할

MPC에서 S&OP의 위치

S&OP 절차

S&OP에서 관리자의 의무

제 3 장 판매 및 생산계획

용어 사전

판매 및 생산계획

판매 및 생산계획(S&OP: sales & operations planning)는 전략적 목표를 생산에 연결하고 마케팅, 재무, 생산, 인적자원 같은 다양한 부서의 계획을 조정되도록 하는 역할을 한다. S&OP는 경영자가 사업을 영위하는 조정간과 같다. S&OP 중 생산분야인 OP 부분만을 지칭할 때는 생산계획(pp, production plan)이라고도 한다.

Volume and mix

볼륨은 제품집단에 대한 생산률(속도)을 말하는 것으로서 얼마나 만들어야 할 것인가에 관한 큰 그림이다. 반면에 믹스는 개별제품 어떤 것을 만들어야 하며 어떤 고객의 주문을 만들어야 할 것인가의 의사결정으로서 제품 모델의 다양성을 다룬다.

What-if 시뮬레이션

주문, 재고 등 생산계획에 관계된 데이터 상의 추가적인 고려사항이 생겼을 경우, 새로운 계획을 세워야 하는지, 기존 계획 상에 어떤 조처가 필요한지 신속하게 평가해 보는 기능으로 S&OP절차의 중요한 기능이다.

학습 목표

- ✧ S&OP는 무엇인가 설명할 수 있다.
- ✧ S&OP는 전략적 계획 및 기타 MPC 기능과 어떻게 연결되는가 설명할 수 있다.
- ✧ S&OP의 기본적인 활동은 무엇인가 설명할 수 있다.

- ✧ S&OP 수립과정 상 어떤 기법이 요구되는가 설명할 수 있다.
- ✧ 효과적으로 S&OP를 수립하고 운영하는 데 필요한 주요 이슈는 무엇인가 설명할 수 있다.

판매 및 생산계획(S&OP)의 역할

개요

S&OP(sales & operations planning)는 비교적 가장 덜 알려진 분야이다. 그러나 이것을 잘 운영하게 되면 많은 보상이 따른다. 판매 및 생산계획(S&OP)은 회사의 각 기능 별 노력을 결집하여 전반적인 사업 계획으로 만들어내는 과정이다. S&OP는 전략적 목표를 생산에 연결하고 마케팅, 재무, 생산, 인적자원 같은 다양한 부서의 계획을 조정되도록 하는 역할을 한다. S&OP는 경영자가 사업을 영위하는 조정간과 같다.

S&OP는 기업의 주 자원계획 수립에서 사업 계획과 조화를 이루어 영업과 생산 계획으로 전환하는데 요구되는 주요 활동을 다룬다. S&OP는 사업 투자 계획과 계획된 영업 수준에 대응시키기 위해 요구되는 제품그룹과 생산량이 무엇인지를 광범위하게 정의하며 보다 장기적인 관점에서 기업의 재고를 종합적으로 조정하기 위해 필요한 사항을 고려한다.

S&OP(sales & operations planning)라는 명칭에 암시되어 있듯이 S&OP는 영업 계획과 운영(생산) 계획 프로세스가 순차적이 아니라 동시에 수행된다는 것을 시사한다. 즉 영업 계획을 수립하는 영업의 수요관리 기능과 생산 계획을 수립하는 자재관리 기능 사이에 상호 작용이 있음을 나타내고 있다.

따라서 통합된 S&OP 계획은 판매부문의 영업 계획을 만족시키고, 생산부문의 재고를 조절하는데 필요로 하는 생산수준을 결정한다. S&OP가 완성되면, 이를 제품 군이나 그룹으로 나눈 후에 주 생산 계획(master production scheduling) 으로 보내진다.

S&OP는 최고경영자가 다양한 부서의 계획활동을 조정할 수 있도록 하

는 핵심 커뮤니케이션을 제공한다. 예를 들어 마케팅에서 최초 신제품 출시에 대한 계획이 입력이 되었다면 그 결과 생산능력을 증가시켜야 할 것인지, 그리고 추가적으로 운전자본으로서 재고 등을 구입하기 위한 재무적인 자원을 얼마나 추가로 소요하는지 확인해야 할 것이다. 그 결과 관련 부서 간 논의를 거쳐 조정된 S&OP가 수립되면, S&OP는 MPS개발의 기준이 되고, 이어서 이는 MRP계획이 전개되고 공장의 생산능력이 전략적 사업계획에 일관되게 조정되는 기준이 된다.

S&OP 절차는 영업, 마케팅, 생산, 재무 간 상호작용에 대한 가시성을 제공한다. 이를 위해 중요 trade-off 의사결정 내용이 공식화 되도록 한다. 그리고 생산부문의 성과가 명확하게 통제되어야 하며, 기능 분야 간에 더욱 통합이 되도록 하고, 시장에 더 나은 대응이 되도록 유도해야 한다.

S&OP 두 가지 기본 기능

S&OP의 두 가지 기본기능은 전체물량(volume) 수준에서 '수요-공급의 균형'을 이루는 것, 그리고 전체 물량volume)을 각 구성(mix)으로 전개하는 데 있어서의 균형, 즉 'volume-mix의 균형'을 이루는 것으로 볼 수 있다.

S&OP 기본 기능

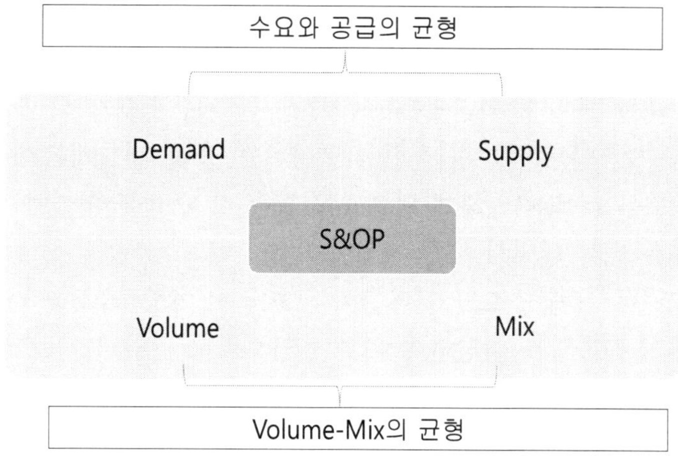

수요-공급의 균형

수요-공급 간의 균형 - 만약 수요가 공급을 초과하면 고객 서비스가 문제될 것이다. 생산은 고객이 원하는 만큼의 생산물량을 댈 수 없게 되고, 오버타임, 지급운송을 위한 비용, 서둘러 생산 및 출하를 하게 되는 데 따르는 품질 문제가 생겨 사업 수익성을 저해한다.

반대로 수요에 비해 더 많이 생산하는 경우, 일시 해고(lay-off) 발생, 생산효율과 사기 문제 발생, 재고로 인한 가격할인 발생 등으로 사업성과를 하락하게 할 것이다.

따라서 사업성과를 위해서 수요와 공급의 균형을 달성하는 것은 매우 중요하다. 이를 위해서는 업무 프로세스를 정립할 필요가 있다. 만약 수요, 공급 간의 균형이 무너지면 조기에 경고 시그널을 발해야 하는데, 이런 것이 S&OP의 기능이다. S&OP는 다양한 기능 간의 조정이 요구되고 최고경영자의 참여가 요구된다.

볼륨-믹스의 균형

볼륨은 제품집단에 대한 생산률을 결정하는 변수로서 얼마나 만들어야 할 것인가에 관한 큰 그림이다. 반면에 믹스는 개별제품들 중 어떤 것을 만들어야 하며 어떤 고객의 주문을 만들어야 할 것인가에 관한 제품 사양, 모델의 다양성에 관한 의사결정을 다룬다.

고객에 대한 서비스 측면에서는 가능한 한 제품믹스가 다양한 것이 좋을 것이다. 그러나 공정의 신축성이 떨어지는 경우, 생산계획의 대상이 되는 제품믹스를 너무 다양하게 하면 생산활동 상 문제를 야기하게 된다. 신축성이 낮은 공정 내에서 생산 제품을 변경하려면 금형, 공구 등을 교체하는 준비시간이 크게 소요되기 때문이다. 따라서 제품 믹스를 다양하게 하려면 공정의 신축성을 향상하기 위한 방안으로서 준비시간을 크게 단축시키거나 셀(cell) 생산 형태의 공정으로 개선해야 한다.

볼륨은 대개 사업계획이 개발될 때 연간 한 두 번 정도 이루어지는데, 전반적인 간접비 예산과 생산률로서 볼륨이 결정 된다. 볼륨이 정해진 후에는 믹스에 대한 의사결정을 한다. 일단 볼륨이 잘 결정되고 나면 믹스의 문제는 다루기가 쉬워진다.

볼륨-믹스의 의사결정은 생산, 판매, 재고수준, 백로그 등과 관련이 있다.

S&OP 의 커뮤니케이션

S&OP는 생산, 최고경영자, 기타 다른 사업기능 간에 직접적이고 지속적인 대화를 제공한다. S&OP의 많은 연결고리들은 MPC의 외부에 존재하듯이, S&OP는 꼭 회사의 생산분야 경영자에게만 의미 있는 계획이 아니다. 이런 식으로 S&OP는 회사 내 각 기능 영역에 커뮤니케이션 되어 모든 부서에 일관된 의미를 갖게 된다.

S&OP 계획은 생산부서 외의 임원들에게도 의미가 와 닿게 표현되어야 한다. 계획의 운영관리(생산) 부문에 대한 부분은 제품라인 별 총량, 금액 등으로 구분되어 MPC기능에서 잘 적용될 수 있게 기술되어야 한다.

기능계획간의 일관성

기능계획의 일관성을 위한 기반은 최고경영자수준에서의 넓은 trade-off 결정이다. 예를 들어 신시장을 개척해는 문제가 생겼을 때 마케팅은 새로운 S&OP를 요구할 것이다. 이 계획이 승인이 된다면 이는 기존의 S&OP를 취소해야 함을 의미한다. 만약 이것이 바람직하지 않다면 신시장 진출은 지연되어야 한다.

신시장을 추가한다는 것은 마케팅, 생산, 재무가 합의한 새로운 S&OP가 요구됨을 의미한다. 이렇게 새로운 볼륨의 타당성은 상세한 실행이 시작되기 전에 결정되고 합의가 되어야 한다. 이에 많은 토론이 필요하고, 이런 토론에는 최고경영자의 참여가 핵심적이다.

S&OP의 생산분야 계획은 생산이 전략적 목표를 지원하려면 생산이 수행해야 할 내용, 즉 생산과 구매를 구체적으로 어떻게 해야 하는지 다룬다. 이런 과정에서 생산기능의 과업은 생산계획을 정확하게 맞추어 내는 것이다. 영업, 재무의 과업도 이와 유사하게 설명될 수 있다.

생산수량의 일관성

생산계획은 일반적으로 월별 산출해야 할 총량 단위로 기술된다. 반면에 MPS는 주 별 생산해야 할 최종제품 단위로 기술된다. MPS는 생산할 개수 단위로 기술되는데, 복잡한 옵션을 관리하기 위해서 특별한 계획용 BOM을 사용하여 최고경영자에게는 상세 옵션보다는 제품 집단 수준에서 의사소통을 할 수 있게 하기도 한다.

생산계획은 제품 라인 별, 제품 집단 별 총량으로 기술되기도 하고, 혹은 월간 산출량의 금액 단위로 기술될 수도 있다. 또 다른 경우는 총 산출량을 세분하여 각 공장 별로 나누기도 한다. 어떤 회사는 직접작업 시간, 무게 등 생산능력의 척도를 사용하기도 한다.

S&OP 단위의 핵심은 공통적으로 이해되는 균질의 단위로 기술되어야 한다는 것이다. 그렇게 함으로써 관련 부서가 다 이해하고 커뮤니케이션 되는 것이다. 경영자에게는 경험 상 6~12 가지 정도가 관리 가능한 가짓수로 알려져 있다. 금액으로 표현된 누적된 결과는 전반 사업계획에 맞추어 검토되어야 한다.

생산계획과 예측

생산계획은 수요의 예측이 아니다. 이것은 총괄 수준이지만 '계획'이므로 생산분야 관리자가 책임을 져야 하는 목표이다. 생산계획이 수요의 예측과 동일할 필요는 없다. 계절 수요를 갖는 제품인 경우 성수기에는 모든 수요를 만족시키지 않고 미리 예측생산을 하는 방식으로 생산을 평준화하여 공장 효율을 높일 수 있다. 이와 유사하게 비수기에는 월 별 수요보다 더 많은 생산을 하는 의사결정을 할 수도 있다. 이는 중요한 trade-off이므로 많은 토의가 필요하다.

판매예측은 주문접수 기준이 아닌 출하량 기준으로 기술되어야 한다. 그래야만 기간 별 수요 예측이 올바른 기준치에 대해 이루어지게 된다.

MPC에서 S&OP의 위치

그림은 MPC(manufacturing planning and control) 내에서 S&OP가 차지하는 위치를 보이고 있다. S&OP는 실무적으로는 영업부서의 판매계획과 제조기능을 위한 생산계획으로 양분된다.

S&OP 기능

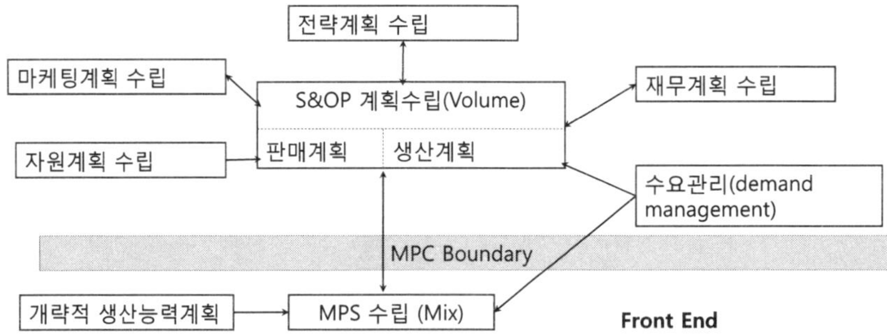

앞에서 이미 S&OP와 타 기능 간의 연결고리에 대해 강조했다. 이런 연

결고리 때문에 S&OP는 최고경영자의 조정간으로 불리기도 한다. 최고경영자에게 생산계획을 달성하기 위해 필요한 실행지원을 제공하기 위하여 MPC시스템에의 연결을 필요로 한다.

가장 중요한 연결고리는 MPS에 대한 것이다. 이는 생산계획을 분해하여 상세 자재계획 일정을 수립하게 된다. MPS는 총량에 있어서 생산계획과 부합되어야 한다. 즉 개별 일정계획 의사결정은 특정한 실제 제품 또는 믹스를 생산하기 위한 것이므로 MPS 수량의 합이 생산계획 수량과 합치되어야만 한다. 이런 관계가 유지되고, MPS가 일정대로 달성된다는 것은 결국 약속된 생산계획이 달성된다는 것을 의미한다.

생산계획과 수요관리

생산계획과 수요관리와의 연결도 중요하다. 수요관리는 주문 엔트리, 주문약속, 그리고 물적유통에 대한 조정, 수요예측을 포함한다. 이 기능은 수요의 모든 원천을 포착해야 한다. 즉 생산능력 즉 공장 간 이동, 국제간 소요, 그리고 서비스 부품 같은 생산 능력에 관한 모든 것을 포착해야 한다. 유통창고를 갖는 기업은 창고에 보충을 해야 하므로 좀 다른 유형의 수요를 창출하게 된다. 이 수요관리에의 기여는 모든 양상의 수요의 영향을 파악하는 것을 포함하여 적절하게 조정기능을 하는 것이다.

부수적인 활동으로서 실제와 예측 수요의 일치는 수요관리 기능에서 감시되어야 한다. 만약 예측으로부터 실제 수요가 달라지기 시작한다면 생산계획을 재수립해야 할 필요성이 커지게 된다. 따라서 변동의 영향에 대한 평가, 그리고 변경을 해야 할지에 대한 평가는 바로 이 연결고리에 달려 있다. 계획을 변경하는 것은 최고경영자의 역할이다. 예측오류에 따라 생산총량을 스스로 또는 바꾸는 문제는 중요한 의사결정이다.

자원계획과의 연결

자원계획은 설비에 대한 장기 계획기능을 포함한다. 이는 총량 수준에서 생산계획을 생산능력 소요로 변환하는 것을 포함한다. 자원계획과의 연결을 위한 계량 단위를 금액단위, 작업시간, 작업자수, 기계가동시간수,

핵심설비 시간, 산출물의 중량 등이 될 수 있다. 생산능력을 변경하는 중요한 변화가 생겼을 때 이를 커버할 수 있어야 하기 때문에 생산계획은 이에 필요한 만큼의 계획시평(planning horizon)을 가져야 한다.

자원계획은 직접적으로 생산계획 수행에 관계가 된다. 단기적으로는 가용자원이 생산계획에 제약조건으로 작용한다. 장기적으로는 생산계획이 더 많은 자원을 요구한 경우 이를 위한 투자가 재무적으로 적절한지 검토해야 한다. 자원계획과의 연결의 핵심목표는 what-if 질문에 대해 대답을 하는 것이다.

아주 가까운 장래의 생산계획은 자재공급의 가용성에 의해 제약을 받는다. 현재의 원자재, 부품, 반제품은 단기 생산가용량의 한계를 설정한다. 이는 상세 자재계획 및 현장 상황을 알 수 있는 정보가 있어야만 평가가 가능하다.

What-if 시뮬레이션

MPC 로의 연결 기능 중에는 다른 계획을 세워야 하는지 what-if 시뮬레이션을 제공하는 기능이 포함된다. 새로운 계획을 세워야 하는지 신속하게 평가한다는 것은 S&OP절차의 중요한 점이다. 이는 늘 새로운 생산계획을 재수립한다는 것이 아니라 변경의 영향을 평가할 수 있다는 것이고 생산실적을 놓치는 상황을 줄일 수 있다는 것이다.

성과에 대한 감시기능이 없다면 S&OP의 가치는 의문시 될 것이다. 이는 제품 그룹수준에서의 출하, 판매 데이터와의 연결을 필요로 한다. 성과측정을 하는 것은 계획과정의 중요한 입력자료가 된다. 산출이 얼마나 달라졌는가에 대한 사항도 고려되어야 한다.

MPS와 생산계획과의 부합성에 관해서는 늘 성과측정이 되어야 한다. 매번 MPS가 만들어질 때마다 생산계획과의 차이가 발생하는지 검토되어야 한다. 또한 계획과 현상 간의 잦은 평가를 요한다.

S&OP 절차

주로 월별로 이루어지는 S&OP 절차는 그림과 같이 5단계로 구성된다.

S&OP 절차

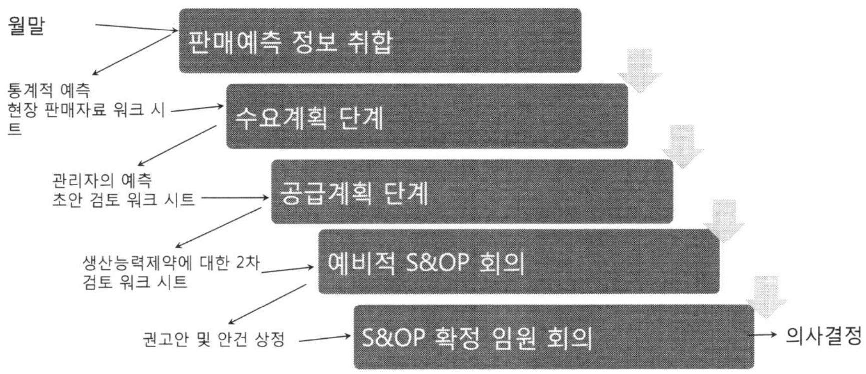

1 단계: 판매예측 정보 취합 - 실판매, 재고 또는 수주잔고(backlog), 생산 실적은 직전에 지난 월말 기준으로 갱신한다. 신규 수요예측에 사용된 판매, 마케팅 데이터를 생성한다. 판매와 마케팅 부서에 정보를 전달한다.

2단계: 수요계획 단계 - 수요계획에 대한 경영자 예측을 만드는 단계이다. 1 단계에서 얻은 정보를 점검하고 분석하고 논의하여, 전체 계획 기간에 걸친 새로운 예측 데이터를 만든다. 이전 단계에서 넘어 온 판매 및 마케팅 계획을 검토한 후 통계적 수요예측을 실시하고, 그 결과를 여러 상황(신제품 계획, 판촉 계획, 가격 결정의 변경 등)에 비추어 조정한다.

3단계: 공급계획 수립 - 자원의 가용성을 고려한 예비적 생산계획을 준비한다. 부서 별 운영 대표자들은 2 단계에서의 산출물인 계획 구간내의 개정된 수요예측을 점검하며, 이전의 생산 계획에서 무엇이 변화되어야 하는지 알기 위해 현재의 모든 생산 계획을 점검한다.
만약 이전 계획과 변화가 거의 없거나 조금의 변화만 있다면 계획을 변경할 이유는 없지만, 영업 예측, 재고 수준, 또는 고객 주문잔고의 크기가 변경되었다면 계획은 갱신되어야 한다. 공급 계획 단계에서 갱신된 운영계획은 자원 계획을 사용해 자원 공급 가능성을 확인해야 하며, 이 단계의 결과는 예비적 S&OP 회의로 전달된다.

4단계: 예비적 S&OP 회의 - 예비적 영업/생산계획 회의의 목적은 공급 및 수요의 균형에 대한 결정을 하고, 문제와 차이점을 해결하여 단일 권고 안을 영업/생산계획 회의에 전달하며, 단일 권고 안을 만들 수 없는 영역을 규명하고, 상황 및 지원 자료가 영업/생산계획 회의에 어떻게 제시될 것인지를 결정하며, 문제 해결책이 다른 영역에 끼치는 영향을 보여주는 시나리오를 개발하는 일이다.

자원의 과부족에 관한 권고안, 예산되는 재무 계획을 검토하는 등 주요 이슈에 대해 의사결정을 하여 예비적 S&OP를 작성한다. 예비적 S&OP 계획 회의에서의 산출물은 다음과 같다.

- 갱신된 재무 계획
- 각 제품 군에 대한 권고활동
- 신제품 도입 계획
- 자원 계획에서의 변화에 대한 권고 안
- 대안 시나리오와 영향 분석으로 합의가 이루어질 수 없는 부분
- 수요와 공급 전략에 대한 권고 변경 사항
- 영업/운영 계획 회의에 대한 의제

5단계: S&OP 결정 임원회의 - 예비적 S&OP에 대하여 수정 또는 승인에 대한 의사결정을 한다. 이 때 고려되는 사항은 예비적 S&OP팀에서 합의하지 못한 제품집단에 관한 이슈, 조달이나 생산률의 큰 변화, 고객 서비스 수준 등 정책 상의 변화 등이다. 이 회의는 월별 S&OP 계획 프로세스의 핵심 단계로, 그 구체적인 목표는 다음과 같다.

- 각 제품 군에 대한 결정을 내리고, 예비적 영업/생산계획 회의에서 보고한 권고를 받아들이거나, 다른 대안의 활동 과정을 결정한다.
- 주요한 변화가 예상되는 경우, 생산이나 조달 비율에 대한 변화를 승인한다.
- 제품 수량단위와 금액단위 기준으로 예비적 영업/생산계획과 사업 계획을 비교하고 어디에 조정이 필요한지를 검토한다.

- 심화된 분석과 정보를 기반으로, 예비적 영업/생산계획 회의에서 합의가 이루어지지 못한 부분에 대해 결정을 내린다.
- 주요 사업 수행 척도를 점검하고, 계획보다 못한 부분을 검토한다.

영업/생산계획 회의의 산출물은 회의록, 의사 결정의 요약, 완료 요구일 및 책임을 포함하는 실천사항, 승인된 기업 계획, 각 제품 군에 대한 완전한 영업/생산계획 등이다.

판매 및 생산계획 수립 실무

S&OP 절차가 정례적이고 효과적으로 이루어지려면 재계획이 필요한 조건이 발생할 때 즉시 재계획이 되어야 하고, 지원 메커니즘을 유지하는 것이 중요하다. 특히 고위 경영진이 반드시 참여해야 한다.

영업/생산계획 프로세스의 성공을 위해 정책과 과정의 정의가 반드시 필요다. 정책은 관리의 목적을 표현한 것이고, 과정은 정책의 달성 방법을 명확히 하기 위한 방법론적인 문서로 표현될 수 있다. 정책과 과정은 간결하고 현실적이며, 실제적이어야 한다. 효과적인 S&OP 계획 프로세스는 다음 영역에서 정책을 필요로 한다.

- 제품군이 어떻게 할당되는가
- 어떤 계량 단위가 각 제품군의 계획에 사용될 것인가
- 계획구간을 얼마로 잡을 것인가
- 각 자료에 대한 책임은 누가 지는가
- 어떤 계획 프로세스가 되며, 얼마나 자주 점검을 할 것인가
- 누가 회의에 참가할 책임이 있는가
- 회의를 위해 어떤 정보를 준비할 필요가 있는가
- 누가 의제를 발표하고, 회의록을 담당하며, 승인된 계획과 회의록을 발표하는가
- 자원은 어떻게 점검할 것인가

- 누가 영업/생산계획을 승인할 것인가

S&OP 의 주요 입력사항과 출력 사항

S&OP의 주요 입력 사항으로는 다음과 같으며, 괄호 안에 있는 내용은 정보를 제공해야 하는 부서를 의미한다.

- 예상수요 일람표(마케팅) - 시장에서 유효한 최신정보의 영업계획
- 시장정보(마케팅) - 시장에서 제품이나 서비스의 수요에 영향을 미치는 잠재적인 외부 요소에 관한 정보이며 일반적인 추세, 경제 정보, 전문가 분석, 경쟁 분석 및 규제 행동, 환경적 조건 등을 포함한다.
- 실제판매와 예약주문(판매) - 현재 주문과 관련해 고객에게 얻은 최신 정보
- 관리목표(관리) - 사업 성공을 위해 주요 영역에서 수립된 관리수행 목표
- 생산능력 및 공급능력 표시(제조 및 구매) - 자원의 잠재적 능력 제약에 대한 정보이며 전체 계획구간에 걸쳐서 고려되어야 한다.
- 필수 재정 자원 추정(재무) - 자금 조달에 대한 계획으로 전체 계획구간에 걸쳐 수요 수준 및 공급 활동을 지원하는데 필요하다.
- 신제품 정보(제품 개발) – 영업/생산계획 기간 동안에 나타나는 신제품이나 제품 변경에 대한 정보
- 새로운 공정 정보(공정 설계) – 영업/생산계획 기간 동안에 나타나는 새로운 공정이나 공정 변경에 대한 정보

영업/생산계획의 주요 출력 사항으로는 다음과 같으며, 괄호 안에 있는 내용은 정보를 제공받아야 하는 부서를 의미한다.

- 영업 계획(마케팅 및 영업) - 영업/생산계획 기간의 승인된 수요 계획
- 생산 계획(제조) - 영업/생산계획 기간의 승인된 생산 계획
- 재고 계획(물자) - 영업/생산계획 기간의 승인된 재고 계획
- 주문잔고 예상(고객 서비스) - 영업/생산계획 기간의 승인된 주문잔고 계획
- 구매 계획(구매) - 영업/생산계획 기간의 승인된 조달 계획
- 재무 계획(재무) - 영업/생산계획 기간의 승인된 재무 계획
- 설계 계획(설계) - 영업/생산계획 기간의 승인된 제품 및 설계 개발 계획

자료의 커뮤니케이션은 월별 수요계측, 누적 생산량 등 도표로 보여주는 방법, 스프레드 시트와 같이 테이블 형식으로 보여주는 방법 등이 있다.

S&OP 출력 (예시)

본 예시에서 볼 수 있는 S&OP출력의 특징은 다음과 같다.

- 금액 단위를 수량으로 환산하기 위한 계획 인자를 표시한다.
- 전 기(history)의 데이터와 계획 데이터를 병기하여 보여준다.
- 추적전략(chase strategy)를 쓰면 생산계획 수량의 변화가 크다.
- 계획의 재무적 결과가 계산되어 기술된다.
- 계획수립의 전제조건이 명확하게 표시되어야 한다.

예의 S&OP 보고서는 월 별로 계획 수량이 기록되고 있고, 과거 3개월의 데이터를 병기하고 있음을 볼 수 있다. 수요예측 자료는 금액 단위와 수량 단위가 병기되고 있다. 지난 3개월 간의 생산계획(operation)은 계획과 실적이 병기되고 있으며 기간별 예상재고(inventory)가 계획되어 있다.

S&OP 출력 예

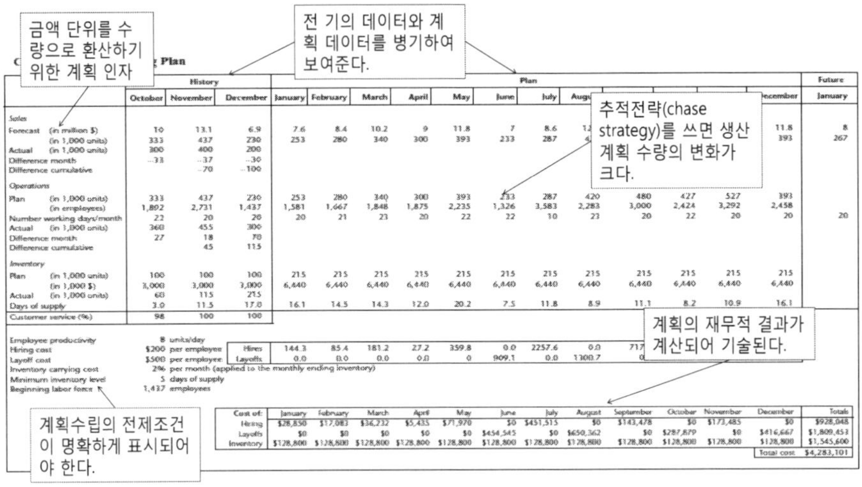

위 표는 영업/생산계획의 전형적인 형식을 보여주고 있다. 각 제품 군에 대해 사용자가 정의한 기간의 수만큼 시간 격자 표가 만들어지며, 기간은 조직 별로 다를 수 있다. 예를 들어, 기업에 따라 영업/생산계획을 18개월 동안은 월별로, 다음 6분기는 분기별로 개발할 수 있으며, 장기 계획으로서 다음 3~6년의 계획구간을 연도별로 나타낼 수도 있다.

위의 표에서 행은 특정 제품 군에 대한 영업, 생산, 재고계획을 보여주고 있다. 보고서에 재고 계획이 있으므로 영업/생산계획 보고서는 예측생산(MTS) 제품 군에 대한 것임을 알 수 있다. 주문생산 제품 군은 재고계획 대신에 주문잔고(backlog) 계획을 가지게 된다.

(1) 영업 계획

영업 계획의 첫 번째 행은 판매 예측 값을 나타낸다. 이는 제품 군에 대한 월별 총 판매량의 예측인데, 정량적 또는 정성적 예측기법을 활용해 수립할 수 있다.

영업 계획의 두 번째 행은 제품 군의 실제 판매량과 예약 주문을 나타낸다. 예약 주문은 선적 예상 날짜를 기준으로 하며, 이 행은 차이 및 누적 차이 계산을 위해 판매 예측 행과 비교하는데 사용될 수 있다.

차이 행은 판매 예측 행과 실제 판매 행 사이의 차이를 의미한다. 실제 판매량이 예측량보다 많으면 차이는 양수로 표시된다. 즉, 실제 수요를 너무 낮게 예측했고, 판매가 예상치를 넘어선 것이다. 만약 실제 판매량이 예측량보다 적었다면, 차이는 음수로 표시된다.

누적 값을 기록하면 비교의 시작 기간부터 누적된 차이의 총량을 의미하며, 이 값은 예측이 정확하게 되고 있는가를 판단하는데 유용하다. 만약 누적차이가 거의 모든 기간에서 양이거나 음이면 일관된 오류가 있는 것으로 판단할 수 있다.

(2) 생산 계획

S&OP 보고서의 첫 번째 행은 생산 계획을 나타낸다. 이것은 제품 군에 대한 월별 예측 공급량 계획을 의미하며, 평준화, 추적, 혼합 전략 등을 사용해 전개될 수 있다. 운영 계획의 두 번째 행은 제품 군에 대한 월별 실제 공급량을 나타내며, 1개월 동안에 생산이나 공급자로부터의 실제 받은 수량을 의미한다.

(3) 재고 계획

재고 계획의 첫 번째 행은 계획을 의미하며, 이것은 제품 군에 대한 월별 재고 수준의 예상 값이다.

이것은 영업 계획, 운영 계획, 초기 재고를 근거로 계산되며, 제품 수량 단위로 계획된 이후 재고 투자의 수준을 보여주는 금액단위로 전환될 수도 있다. 재고 계획의 두 번째 행은 제품 군의 월말 실제 재고를 나타내며, 차이 계산을 위해 재고 계획 행과 비교하는데 사용된다.

생산계획 전략

생산계획 수립 전략은 다음과 같이 세 가지로 대별된다.

- 추적(chase) – 생산량이 판매수량에 맞춰 변화함
- 평준화(level) – 생산은 일정량인 반면 재고는 커지거나 낮아지거나 한다.

- 혼합(mixed) – 추적 전략과 평준화 전략을 결합하여 신축성과 재고를 적절한 수준에서 조절함

1) 추적전략

추적 전략은 APICS 용어사전에 "수요를 충족시키기 위해 생산이 변동하도록 하는 것으로 안정적인 재고 수준을 유지하는 생산 계획 방법"이라고 정의되어 있다. 추적 전략을 사용하는 기업의 좋은 사례는 전력 회사가 있다. 전력 회사는 발전기의 수를 다르게 함으로써 전기 공급 비율을 다르게 하며, 전력 소비율과 수요를 예측하고 관리함으로써 수요의 증감에 발전 능력을 맞추는 방식을 취하고 있다.

추적 전략은 판매예측으로 생산량을 조절할 수 있도록 충분한 생산 능력과 유연성을 갖추도록 설계되며, 생산량이 판매를 따라가도록 조정되기 때문에 생산 능력의 변동이 일반적으로 크게 발생하는 전략이다. 이 전략은 생산 수준 및 고용 수준을 변경하여 생산량을 조절하게 되는데, 수요가 많을 때는 초과 근무 및 하청을 사용하고, 수요가 낮을 때는 종업원을 재배치 함으로써 높은 재고 원가를 피할 수 있도록 한다.

순수한 추적 전략을 적용하기 위해서 경영자는 인력 수준을 변경할 수 있는데, 이 전략에는 다음과 같은 것이 있다.

- 임시 및 계약 노동자를 고용한다.
- 근로자는 초과 근무 또는 근무 시간 이하로 일한다.
- 노동력의 크기를 변경하여 판매에 필요한 만큼만 생산할 수 있도록 한다.

추적 전략의 다른 형태로는 노동력을 일정하게 유지하면서, 일일 노동시간을 조절하거나 주당 노동 시간을 변경하기도 한다.

2)평준화 전략

평준화 전략은 주문을 시간대별로 펼치거나 작업이 일정하게 수행되도록 계획을 재조정하는 것으로 자재와 인력은 이상적으로 균등화 될지라도

특정 사업이나 산업에서는 한곳에 부하가 집중될 수도 있다.

이는 부하를 균등하게 유지하는 전략으로 가능한 평평하게 기간 별로 소요 자재 및 인력을 분배하는 방식이며, 영업/생산계획에서 평준화 전략은 공급 측면의 안정성에 초점을 맞춘다. 수요 측면의 불규칙을 조절하기 위해 재고를 사용하며, 년간 같은 수준의 생산 비율을 가지도록 설계한다. 평준화 생산전략이 이용될 때 재고 및 주문잔고 수준은 수요 변화를 완화시키기 위해 사용되며, 월간 작업일수는 평준화 전략의 계획에서 중요한 요소가 된다.

총 소요 자원은 기간내의 총 작업 일수로 나누어지며, 결과값은 영업/생산계획 목표를 달성하기 위하여 일별로 작업하는데 필요한 자원의 양이다.

3)혼합전략

혼합 전략은 이름 그대로 평준화와 추적 전략을 조합 또는 혼합하는 전략이다.

둘 중에서 선택하거나, 기업의 요구에 가장 잘 어울릴 대안을 어떻게 결정하는가는 경영자의 책임이며, 최선책을 선택하기 위해서 경영자는 다음과 같은 과제를 수행해야 한다.

- 대안 계획 방법과 연관된 원가자료 수립
- 경영층의 의견분석 종합
- 계획 분석에 앞서 초기조건 결정
- 다른 기법을 사용해 가능한 대안을 개발하고 각각의 특징을 조합
- 생산 전략 및 고객 소요 시간에 관하여 시장반응 평가

혼합 전략은 두 전략의 여러 가지 다양성을 혼합하는 것이기 때문에 종종 혼성전략이라고 불린다. 혼합 전략의 결과 이상적인 계획을 만들지 못하겠지만 종업원, 관리자, 고객 등 기업과 관련된 모든 사람을 위해 가장 희망적인 최종 결과를 가져올 수 있는 전략이다.

혼합 전략 또는 혼성 전략은 일부 기간에는 최대 생산능력에 가장 가깝게 생산하며, 나머지 기간에는 더 낮은 비율로(생산 감소) 생산한다. 또한

생산량을 증가시키기 위해 더 높은 비율로 작업을 수행할 수 있으며, 나머지 기간에는 생산을 중단할 수도 있다.

혼합 전략은 유효한 생산 능력을 최대로 이용하지만 재고 축적 및 재고 유지 비용에 제약을 받는다.

S&OP에서 관리자의 의무

S&OP 수립 및 운영 규칙의 준수

S&OP는 공식적인 생산계획의 출발이므로 그 수립과 운영의 룰이 정립되고 잘 지켜져야 한다.

- S&OP 절차를 잘 지킬 것
- S&OP 의 틀을 확립할 것
- 적합한 계획 팀을 둘 것
- S&OP 회의 개최
- 과정에의 참여
- 계획을 잘 이행할 수 있도록 성과 척도를 정비하고 보상 체계를 갖출 것
- 부서 간 이해 조정의 해법을 정할 것
- 조직문화의 창달

부서의 역할

관련 부서의 일차적 의무는 “계획 완수”이다. S&OP의 원활한 운영을 위해 기능횡단적 팀을 구성할 필요가 있다.

- 경영자 챔피언/스폰서 - 최고경영자로 하여금 S&OP 프로세스에 초점을 맞추고, 주요 장애를 제거하고 필요한 자원을 확보하는 역할을 할 것

- S&OP 프로세스 책임자 - S&OP 과정 및 실행에 대한 리더십을 발휘
- 수요 계획 수립팀 - 수요 데이터를 제공하고 예측, 마케팅, 판매 부서를 대표함
- 공급 계획 수립팀 - 공급시스템 정보를 제공하고 생산 및 구매 부서를 대표함
- 예비 S&OP 팀 - 각 가능 부서의 상위 관리자 대표

제품집단 정하기

제품 집단을 정하는 일은 S&OP 절차에서 중요한 위치를 차지한다.

- S&OP 는 총괄 수준에서 수립해야 가장 잘 운영된다.
- 총괄수준은 모든 기능부서에 모두 편리해야 한다. 즉 제품 형태별, 제품 특성, 브랜드, 세분 시장 등에 따라 구조화 되어야 한다.
- 본질적 질문 - "시장에 무엇으로 커뮤니케이션 하는가?" 제품집단의 구분은 판매, 마케팅이 시장을 보는 관점과 일치시키는 것이 가장 일반적이다.
- 각 제품집단 별로 적합한 계량 단위(단위, 무게, 상자 등)를 선택한다.

통합된 계획수립

S&OP 수립 시 판매, 마케팅, 생산 부서 간의 통합이 핵심이다.

- 판매와 마케팅은 계획된 것을 팔아야 한다. (과잉 판매는 과소 판매만큼이나 나쁘다.)
- 기회를 평가하여 S&OP 에 반영하라.
- 생산의 일은 계획을 꼭 맞게 달성하는 것이다. (과잉생산과 과소생산은 둘 다 나쁘다.)
- 최종 결과는 고객서비스를 향상시키는 것이다.

- 계획이 못 지켜질 상황에는 즉시 책임 있는 각 기능 영역에 보고되어야 한다.

전략적 계획 수립

전략 방향을 정하는 활동은 예산수립의 연장이다. 최근 계획은 조직의 기능 별이 아니라 제품과 시장 별로 수립하는 추세가 많아졌다.
S&OP는 전략계획을 지원하도록 수립되어야 한다.

생산 운영계획의 통제

S&OP 절차는 광의적으로 이해되어야 한다. 각 기능부서에 대해 계획된 내용은 명확하게 커뮤니케이션 되어야 한다. 그리고 계획 준수의 중요성이 지속적으로 강조되어야 한다.

핵심 이슈:

- 언제 그리고 어떻게 계획이 변경되어야 하는가?
- 매 기간 별 계획이 어느 정도 안정적이어야 하는가?

도전 Quiz

※ 문제 1.
Sales and Operations Planning의 4 가지 기본적인 과제는 무엇인가?

답: Demand, supply, volume, and mix 간의 균형
해설: Demand/supply 그리고 volume/ mix 간의 균형을 고려하여 회사 내 관련 부문 간의 조정을 통해 S&OP를 수립하게 된다.

※ 문제 2.
Sales and Operations Planning에서는 어떤 수준에서 수요와 공급의 균형

을 맞추는가?

답: Volume
해설: S&OP는 제품그룹 또는 제품라인 별 총괄수준의 볼륨으로 계획이 수립된다. 이것은 MPS 수준에서 실제 제품 내지 모델 수준의 수량으로 분해된다.

※ 문제 3
각 기능부서의 일차적인 의무는 무엇인가?

A. hit the plan
B. hit the forecast
C. hit the customer order
D. hit the inventory level

답: A
해설: 회사의 각 기능부서의 일차적 의무는 계획(plan)을 준수하는 것이다. 그렇게 때문에 최종적으로 승인된 생산계획, 기준생산일정이 중요하며, 그 변경의 룰이 지켜져야 하는 것이다. 예측, 주문, 재고 등은 계획 수립을 위한 자료로 이용된다.

핵심정리

기업 내 판매 및 생산계획(S&OP)의 역할

- S&OP 는 전략적 목표를 생산, 영업, 재무 등 회사 내 기능부서와 연결하는 기능을 한다.
- S&OP 는 최고경영자가 다양한 부서의 계획활동을 조정할 수 있도록 하는 핵심 커뮤니케이션을 제공한다.
- S&OP 의 기본기능은 전체물량(volume) 수준에서 공급과 수요의 균형을 이루는 것이다.

S&OP 절차

- 1 단계: 데이터 수집, 2 단계: 수요계획 단계 – 수요계획에 대한 경영자 예측을 만드는 단계이다., 3 단계: 공급계획 수립 - 자원의 가용성을 고려한 예비적 생산계획을 준비한다., 4 단계: 예비적 S&OP 회의 - 자원의 과부족에 관한 권고안, 5 단계: 임원 미팅 – 예비적 S&OP 에 대하여 수정 또는 승인에 대한 의사결정을 한다.

S&OP에서 관리자의 의무

- S&OP 는 공식적인 회사의 생산계획의 출발이므로 그 수립과 운영의 룰이 정립되고 잘 지켜져야 한다.
- S&OP 의 원활한 운영을 위해 기능횡단적 팀을 구성할 필요가 있다.

제4장

기준생산일정

MPS 개요

MPS 절차와 기법

MPS와 BOM 구조

2단계 MPS와 최종조립계획

MPS의 안정성

제 4 장 기준생산일정

용어 사전

Modular BOM(모듈러 BOM)
계획용 BOM의 한 형태로서 제품 모듈 혹은 옵션 별로 구성된 BOM을 말한다. Modular BOM은 제품에 많은 옵션을 가지고 있어서 주문조립(ATO)형태로 운영되는 회사에서 흔히 사용된다.

2 단계 기준생산일정(two-level MPS)
계획용 BOM 품목에 대한 MPS, 그리고 옵션 품목에 대한 MPS의 2 단계로 운영되는 MPS 시스템. 주문조립(ATO) 환경에서 2단계 MPS가 필요하다.

확정계획오더(firm planned order: FAS)
계획오더로서 담당자에 의해 수량과 시점이 고정된 계획오더를 말한다. 선택된 계획오더를 특정한 주문, 자재, 생산능력 등의 제약조건에 묶이도록 하기 위해 사용된다.

학습 목표

- ✧ MPS와 MPC시스템 간의 연결관계를 설명할 수 있다.
- ✧ MPS와 예측은 어떻게 다른지 설명할 수 있다.
- ✧ 각 사업환경 유형에 따라 MPS의 특성이 어떻게 달라지는지 설명할 수 있다.
- ✧ MPS계획을 수립하는 Time-phased record에 대해 설명할 수 있다.
- ✧ Lot size, safety stock이 있을 때 MPS수립에 대해 설명할 수 있다.

- ✧ MPS 과정 상의 오더 약속(ATP)에 대해 설명할 수 있다.
- ✧ Modular BOM 등 계획용 BOM의 형태와 적용 방법에 대해 설명할 수 있다.
- ✧ 2단계 MPS와 최종조립계획에 대해 설명할 수 있다.
- ✧ MPS를 안정적으로 운영하기 위한 조처에 대해 설명할 수 있다.

MPS 개요

요약

MPS의 가장 근본적인 역할은 S&OP의 총괄수량을 특정 제품의 수량과 생산일정으로 변환하는 것이다. 본 장에서는 MPS 수립 활동이 생산환경별로 어떻게 일어나는지 알아볼 것이다. 그리고 MPS와 MPC 각 기능 및 회사의 연결고리를 살펴볼 것이다.

기준생산일정(MPS)과 MPC System

MPS의 가장 기본적인 기능은 S&OP의 제품 그룹 별 총괄수량을 특정 제품 별 수량과 일정으로 변환하는 기능을 한다. S&OP가 총괄수량을 제시하는데 반하여 MPS는 미래에 생산하고자 하는 특정제품의 수량으로 표시된다. MPS는 S&OP를 생산 가능한 제품의 수량과 생산일정을 명시하여 번역하는 기능이다. 다시 말하면 S&OP는 공급과 수요 볼륨 간의 균형을 다루며, MPS는 믹스와 볼륨을 지정하는 기능이다.

매일의 일상에서 MPS는 판매와 생산이 서로 협력하는 바에 대한 정보를 제공한다. MPS는 미래 언제 시점에 제품이 가용하게 될 것인지 알게 하며, 따라서 판매에서는 이를 보고 고객에게 인도 약속을 제공할 수 있게 된다. 만약 약속 가용한 날짜가 마케팅 또는 생산의 입장에서 수용 가능하지 않을 경우는 MPS는 부서 간에 어떤 trade-off가 일어나야 하는지 의사결정을 하는 기반이 된다.

MPS 레코드를 어떻게 구축하고 이를 시간에 걸쳐 어떻게 갱신할 것인지가 중요한 문제이다. MPS는 MRP 시스템과 서로 호환 가능하게 개발되어야 하며 판매부서와 협력하는데 필요한 정보를 제공해야 한다. 시간이 흐르면서 생산이 이루어지고 또 생산된 제품이 고객에 인도됨에 따라 MPS 자료는 최신으로 유지되어야 한다. 이렇게 하는 것은 정기적인 검토를 함을 의미하며 갱신주기마다 이동계획(rolling) 방식으로 레코드를 유지하게 된다. MPS레코드의 유지, 관리에는 MPS 거래를 처리하는 일, MPS 레코드의 관리, 예외정보의 관리, MPS 효과의 측정 등이 포함된다.

MPS의 특성

MPS는 미래 산출에 대한 계획이다. 즉 완성하고자 하는 제품 또는 옵션에 대한 수량과 시점을 명시한다. 이것은 예정된 제조일정이다. 이런 식으로 MPS는 수요가 아니라, 어떻게 제품이 공급(생산)되어야 할지를 기술한다.

또한 MPS는 예측이 아니다. 생산은 MRP소요량에 대해 책임을 지는 것이고 MRP소요량은 MPS에서부터 전개되기 때문이다. MPS는 예측과 여러 측면에서 다르다. MPS는 생산능력의 한계, 생산 원가, 여러 자원, 그리고 S&OP에 대한 고려를 한다. 결과적으로 수요가 단 하나만 필요한데도 불구하고 큰 뱃치(batch)만큼 생산할 수도 있으며, 생산능력을 잘 활용하기 위해 미리 생산해 둘 수도 있다. 또는 예측수요가 있지만 MPS에 반영하지 않을 수도 있다.

MPS는 마케팅과 생산 간의 기본 커뮤니케이션을 제공한다. MPS 품목을 반드시 제품 사양이 결정되어 BOM이 구성되어 있어야 한다. MPS는 제조 일정으로서 생산 가능한 제품의 수량으로 나타내져야지 금액 단위가 되어서는 안 된다.

MPS가 간혹 옵션이나 모듈로 기술될 수도 있고, 어떤 때는 제품명으로서 기술되지만 그 제품은 특정한 완제품이 아니라 과거 실정을 바탕으로 한 '평균적 제품'일 수도 있다. 이럴 때는 특별히 과거 소요량의 평균 수량을 보여주는 계획용 BOM(planning BOM)이 필요하다. 이들 옵션, 부품, 구성품으로부터 최종제품으로 변환하는 데는 최종조립계획(FAS)의 통제에 따른다.

MPS와 사업 환경

생산환경, 생산방식, 제품의 다양성, 시장 특성 등 제반 사업환경에 따라 MPS의 설계나 운영이 어떻게 달라지는지 살펴보자.

재고생산(MTS) 환경에서는 완제품을 뱃치 단위로 생산하여 완제품 재고로 보유하는 생산 방식이다. 대개 소비재 등 고가품이 아닌 품목이 이에 해당한다. 간혹 최종제품이 아닌 통합 품번(consolidated item number)을 MPS품목으로 사용하기도 하는데, 이는 최종적으로 제품의 색상 등 마지막 터치 부분만 남긴 형태의 최종제품이다.

주문생산(MTO 또는 ETO) 환경에서는 고객의 주문이 접수되어야 제품 생산을 시작하고 완제품 재고를 두지 않는다. 생산 가능한 구성(configuration)이 너무 많기 때문에 개별 완제품의 수요를 예측하여 생산하는 것은 불가능하다. 고객은 설계 및 생산 리드타임만큼 기다릴 용의가 있는 제품이다. 예를 들면 예인선(tugboat), 정유설비 등의 제품을 들 수 있다.

ATO환경은 기본 부품과 반제품의 조합에 의해 거의 무제한의 제품 가능성이 생기는 제품을 다룬다. 고객의 리드타임 요구는 전체 생산 리드타임보다는 짧다. 따라서 고객의 요구가 있기 이전에 미리 생산할 필요가 있는데, 미리 생산하는 품목들이 바로 기본 부품과 반제품이다. 최종 조립은 고객의 주문이 접수된 후에 시작된다. 델(Dell)이나 IBM의 컴퓨터, 지게차(folk lift) 등의 제품은 고객 주문에 따라 CPU 결정, 엔진 마력수 결정 등이 이루어져야 하므로 이런 환경에 해당한다. 대개 최종 제품에 대한 BOM은 유지하지 않고, MPS 품목은 계획용 BOM의 품목인 '평균적인 제품'이 된다. 계획용 BOM 과거 실적을 바탕으로 한 추정치, 완충재고, 기타 헷징(hedging)재고를 감안하여 만들어진다.

MPC System과 MPS 간의 연결고리

MPC 내 MPS의 위치

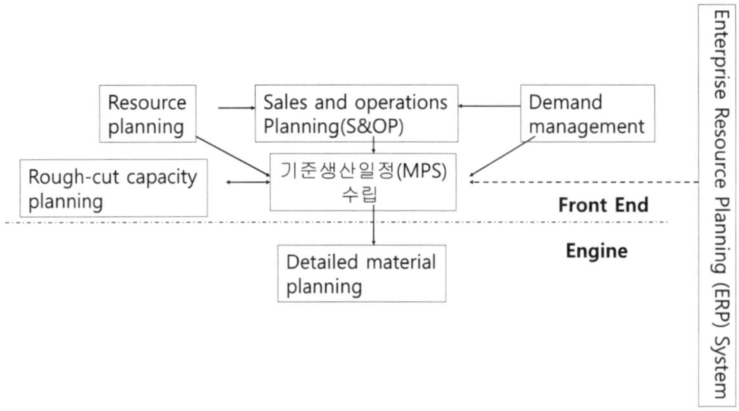

MPS에 의해 생성된 상세일정은 생산부문의 모든 활동을 구동하게 된다. 또한 수행 상의 문제가 발생하면 그 해결을 위한 여러 작용이 일어나고 MPS에 피드백 된다.

MPS는 각 기능 간 어떤 trade-off가 일어나야 할지를 알려주는 토대가 된다. 예를 들면 생산과 판매와의 관계에 있어서 생산이 MPS를 통해 특정 제품의 정확한 생산수량과 일정을 내 주면 판매에서는 이를 고객에 대한 인도 약속으로 이용하게 된다. 만약 어떤 품목의 소요량이 더 늘어야 한다는 요구가 판매에서 나왔다면 MPS는 정해진 생산능력의 한계 하에서 이를 증가시키기 위해 대신 어떤 품목의 생산을 줄여야 하는지 결정해야 한다. 만약 줄일 수 있는 품목이 없다면 상위의 생산계획과 생산부문의 예산계획이 변경되어야 할 것이다.

MPS는 제조 예산의 중요한 입력자료이기 때문에 이 자료는 이어서 재무 예산을 산출하는 기반이 된다. MPS의 계획시평(time horizon)이 충분히 길어서 자본재 설비를 구입하는 기간을 커버할 수 있다면 자본 예산을 위한 기반이 더 잘 구축된 것이다. MPS에 나타나 있는 계획된 생산수량을 바탕으로 매일매일의 수준에서 현금흐름과 이익에 대한 예측이 가능하게 된다.

MPS 절차와 기법

이번 절에서는 다음 네 가지 주제를 토의한다. 첫째, 기간에 걸친 수요와 공급 관계(time-phased record), 둘째, 전략에 따라 생산일정(추적전략, 평준화 전략, 혼합전략), 셋째, 약속가용량과 기간별 예상재고의 결정, 넷째, 기간이 경과함에 따른 계획의 갱신(rescheduling, rolling)

Time-Phased Record

'time-phased record'는 예측, 가용재고, 생산일정 등 주요 일정정보를 수집하고 보여주는 기반이다.

그림은 MPS정보를 매우 단순화된 형태로 보여주고 있는데, 기초재고 20단위, 판매예측이 주 별로 몇 단위인지, 그리고 계획된 MPS가 기간 별로 몇 단위인지 표시되어 있다. MPS 행은 수요를 만족시키기 위해 '완성'해야 하는 수량이다. 데이터의 첫 주는 현재 주의 기대되는 조건을 보이고 있다. 예에서 MPS데이터의 기록은 5주를 커버하는 시평을 갖고 있으며, 전체 수요예측은 43단위, 전체 생산계획은 50단위임을 알 수 있다.

'기간별 예상재고(PAB)'는 각 주의 '기말'에 예상되는 재고 수준이다. 이 수량은 이전 기의 예상재고에 MPS 수량을 더하고, 수요예측 수량을 빼어 계산된다. PAB가 음수(-)가 된다면 이는 품절상태(back order)를 의미하는 것이다.

그림의 예에서 수요예측이 점점 커지고 있는 것은 이 상품이 계절성을 보이고 있음을 암시한다. 그럼에도 불구하고 MPS수량은 매 기별 10 단위로 평준화 생산을 하고 있는 것은 '평준화 전략'으로 MPS가 수립되고 있는 것을 보이고 있다.

Time-Phased Record

		Period				
	On hand	1	2	3	4	5
예측		5	5	8	10	15
기간 별 예상재고(PAB)	20	25	30	32	32	27
Master production schedule(MPS)		10	10	10	10	10

Lot size, safety stock가 있을 때의 MPS 갱신(1)

그림의 MPS 는 일회주문량 즉 lot size가 30 단위로 정해져 있을 때의 계획 방식을 보이고 있다. 이렇게 lot size가 정해져 있을 때의 오더수량은 주문단위(lot size)에 의해 그 배수로 조정된다.

만약 safety stock이 5 단위로 정해져 있다면 이 수량은 수요예측 등의 오류에 대해 완충을 할 목적으로 5 단위 정도를 기본 재고로 보유하겠다는 것이다. 이 경우 오더 시점과 오더수량은 안전재고(safety stock)에 의해 달라질 수 있다.

On hand stock = 전기말On hand – actual demand + (production)

3기의 On hand stock은 20 – 20 = 0 인데 이 수량은 안전재고보다 낮으므로 새로운 MPS가 계획되어야 한다. 이 때 MPS수량은 30단위의 배수로 결정되어야 하므로 30 단위가 계획된다.

따라서 당기말 On hand = 당기초 On hand + (production) = 0 + 30 = 30

MPS의 Time Phased record는 시간이 경과함에 따라 새로운 정보가 가용하게 된다. 1기가 경과하면서 현 재고 20 단위는 1 기 동안의 실제 수요를 빼고 1기의 MPS를 더하여 갱신된다. 그 결과 새로운 기초재고는 10 단위가 되었다. 또한 2-6주에 대한 새로운 수요예측이 제시되어 원래의 수요예측보다 많은 수량으로 갱신되었다. 또한 안전재고는 두지 않는 것으로 정책이 변경되었다. 그 결과 이들 새로운 데이터에 의해 MPS가 갱신된다. 즉 2-6주에 대한 갱신된 새로운 PAB 계산에 의해 MPS 가 필요한지 여부가 검토된다.

Lot size가 있는 경우의 MPS 절차

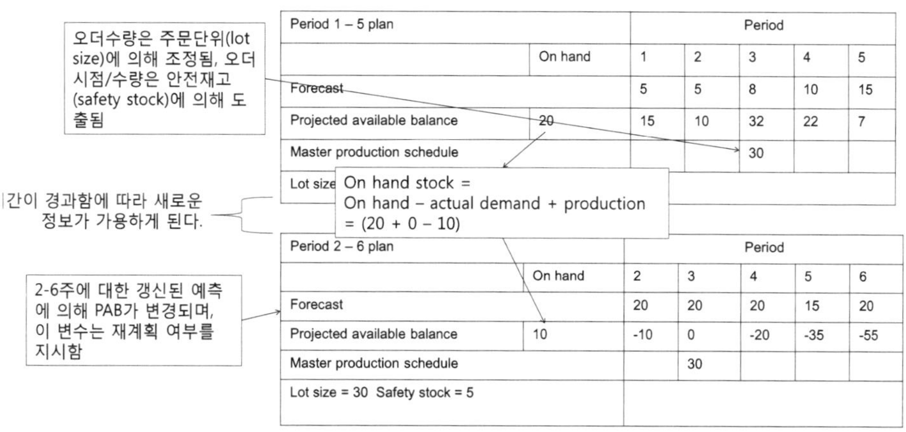

Lot size, safety stock가 있을 때의 MPS 갱신(2)

새로운 PAB를 구해보면서 MPS를 재계획(갱신)해 보면 그림과 같다. 2주차의 PAB 기초 = On hand 10 - 수요 20 = -10 단위이다. 이 수량은 새로운 소요량이 필요함을 의미하므로 lot size에 의해 30단위의 신규 MPS가 수립되었다. 이런 식으로 PAB를 계산하면 제 5 주차에 또 새로운 MPS가 필요함을 알 수 있다. 이런 식으로 2-6주차의 MPS가 재계획된다.

MPS의 갱신

Period 2 – 6 plan		Period				
	On hand	2	3	4	5	6
Forecast		20	20	20	15	20
Projected available balance	10	20	30	10	25	5
Master production schedule		30	30		30	
Lot size = 30 Safety stock = 5						

안전재고 소요량을 만족시키기 위한 2-5기의 추가적인 제조오더

오더 약속(약속가용량Available-to-Promise)

대개의 경우 고객은 즉시 납품을 꼭 원하는 것은 아니고 미래 시점에 인도해도 되는 주문을 한다. 이 때 고객은 언제 오더가 인도될 수 있는지 묻기도 하고 또는 어느 날짜까지는 인도해 줄 것을 요구하기도 한다. 만약 회사가 미납 주문(backlog)을 가지고 있다면 오더 약속은 언제 출하가 가능한지에 대한 것이다.

약속가능량(ATP)은 생산일정에 따라 오더 약속 내용을 조정할 수 있게 한다.

Available-to-Promise 로직(이산형, discrete)

그림은 lot size 30, 안전재고 5로 지정된 MPS계획의 예이다. ATP를 계산하는 절차는 다음과 같다.

PAB(1) = 이전기 PAB - Max(Forecast, Orders), 여기서 '이전기 PAB'는 On Hand 재고임

따라서 PAB(1) = 20 - 5 = 15, PAB(2) = 15 - 5 = 10, PAB(3) = 10 - 8 = 2, 이 수량은 안전재고 5 보다 적으므로 새로운 MPS 30 단위가 3 기에 반영되어 있다.

ATP는 재고를 가지고 납품약속을 하는 것이므로, 기초재고가 있는 1주차, 그리고 MPS가 있는 주차인 3주차에 계산된다.

ATP(1) = 기초 재고(또는 MPS) - 다음 생산계획량이 있기 전의 고객수요 총량 = 20 - (5+3) = 12

ATP(3) = MPS(3) - 다음 생산계획량이 있기 전의 고객수요 총량 = 30 - (2 + 0 + 0) = 28

첫 주에 어떤 주문이 들어왔는데 20 단위를 보내 달라는 요구가 있다면 기초재고가 있으므로 보내줄 수는 있다. 하지만 20단위 전체를 보냈다가는 그 다음의 MPS수량이 완성되는 시기가 3주차이므로 1주, 2주차에 선적해야 할 기존 주문은 약속을 못 지키게 된다. 따라서 ATP는 당시의 가용재고량과는 다르다.

Available-to-Promise 로직(이산형, discrete)

		Period				
	On hand	1	2	3	4	5
Forecast		5	5	8	10	15
Orders		5	3	2	0	0
Projected available balance	20	15	10	32	22	7
Available-to-promise		12		28		
Master production schedule				30		
Lot size = 30 Safety stock = 5						

Period 1: 예상재고(PAB)= 이전기 PAB+ MPS – MAX(Forecast, Orders)

Period 1: 다음 생산계획량이 있기 전의 고객 수요 총량= 8 units

Period 3: 다음 생산계획량이 있기 전의 고객 수요 총량 = 2 units

Period 3: ATP = MPS – 고객주문 = 30 -2

Period 1: ATP = 예상재고(PAB) – 고객주문 = 20 -8

Available-to-Promise 로직(누적형, cumulative)

ATP를 누적형으로 산출하는 것은 ATP 단위를 미래 시점으로 이월시키는 방법이다. 위 이산형 ATP를 먼저 산출한 다음, 누적 ATP(3) = 이산 ATP1 + 이산 ATP(3)= 12+ 28 = 40로 계산된다.

Available-to-Promise 로직(이산형, discrete)

	On hand	Period 1	2	3	4	5
Forecast		5	5	8	10	15
Orders		5	3	2	0	0
Projected available balance	20	15	10	32	22	7
Available-to-promise		12		28		
Master production schedule				30		
Lot size = 30 Safety stock = 5						

Period 1: 예상재고(PAB)= 이전기 PAB+ MPS – MAX(Forecast, Orders)

Period 1: 다음 생산계획량이 있기 전의 고객 수요 총량= 8 units

Period 3: 다음 생산계획량이 있기 전의 고객 수요 총량 = 2 units

Period 1: ATP이산 = 예상재고(PAB) – 고객주문 = 20 -8

Period 3: ATP이산 = MPS – 고객주문 = 30 - 2, 누적ATP(3) = 이산ATP(1) + 이산ATP(3)

ATP–Consuming the Forecast

수요예측은 하나의 추정치로 기록되었다가 장차 오더로서 실현되면 이를 '예측을 소비한다'고 표현한다. ATP계산 시 수요는 예측량과 실제 고객주문 중 큰 것을 취한다. 이는 보다 보수적인 어프로치로서 가능하면 MPS 일정 담당자가 미래 추가되는 주문에 대해 대응할 수 있게 해 준다.

또한 수요예측량만큼은 언젠가는 팔릴 것이다라는 가정을 반영한 것이다.

반면, 만약에 실제 주문이 수요예측보다 크게 들어왔다면 MPS에 대한 조정이 필요한데, 이것이 가능한지는 MRP에서 검토하게 될 자재의 가용성과 주문의 긴급성 간의 절충에 관한 문제가 된다.

MPS와 BOM 구조

ATO환경 하에서의 MPS

모듈러 BOM

MTS회사에서는 최종제품별로 BOM을 구성하면 되지만, ATO회사는 기본 구성품과 반제품의 조합으로 인해 완제품의 종류가 한 없이 커질 수 있다. 이는 ATO환경 하에서 MPS 품목이 완제품이 되어서는 곤란하다는 것을 말한다. MPS 품목으로서 완제품이 아닌 단위를 사용한다는 것은 특별한 BOM을 만들어야 한다는 것을 의미한다.

모듈러 BOM(modular BOM)은 ATO품목의 허리 부분에 해당하는 옵션 혹은 모듈 단위에서 BOM을 구축한다. 그렇게 함으로써 최종조립은 별도의 최종조립계획에 넘기고 옵션과 모듈 수준에서 수요예측 및 MPS를 수립하게 된다. 그런데 모듈러 BOM은 시장에서 그런 옵션에 대한 수요가 얼마나 되는가 예측하여 MPS를 작성하긴 하지만 제조 절차와 잘 부합하지는 않는다. 예를 들어 자동차의 옵션인 에어컨에 대한 BOM에는 래디에이터, 팬, 호스, 컴프레서, 인테리어 스위치, 레버 등의 부품이 일단계 BOM의 형태로 구성될 것이다. 하지만 이들 부품은 별도로 조립되어 장착되는 것이 아니라 다른 대시보드 등 다른 모듈을 장착할 때 조립된다. 따라서 기술부서에서는 모듈러 BOM 외에 조립을 위한 별도의 조립지시서를 만들어서 대응하게 된다.

계획용 BOM

ATO환경 하에서 모듈러 BOM 대신에 최종제품 BOM 대신에 계획용 BOM을 사용할 수도 있다. 계획용 BOM은 잠재적인 제품 조합을 대표한다. 계획용 BOM의 한 유형은 super BOM이다. 이는 옵션과 구성품으로 만들 수 있는 평균적인 제품을 기술한다. 즉 과거 실적을 바탕으로 하여 어떤 옵션이 몇 %나 요구되었는지를 평가하여 BOM에 그 비율로 기술한다.

그림에서 옵션이 아닌 공통부분은 사용량이 1.0으로 되어 있다. 이는 언제나 선택된다는 의미이다. 상호 배타적인 옵션 세트들은 합쳐서 100%가 되도록 기술된다.

안전재고는 각 옵션에 책정되어 옵션 별 믹스의 예측차이를 보완할 수 있게 할 수 있다. 이때 레벨 0 에 기술된 제품명은 '평균적인 제품'을 상징하지만 실제로 만들 수 있는 특정 제품은 아니다. 그래서 이런 형식의

BOM을 Super BOM이라 한다.

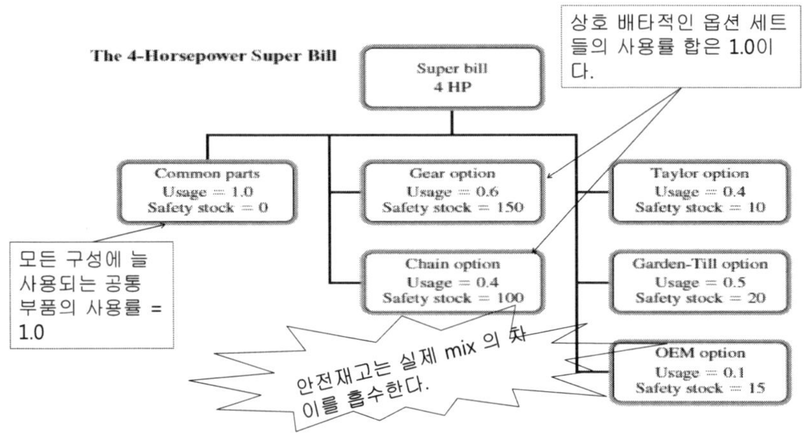

계획용 BOM을 사용한 오더 엔트리

계획용 BOM을 사용한 오더 엔트리는 일반적인 최종제품 BOM의 경우에 비해 복잡해질 수 있다. 고객의 주문을 접수하기 위해 그 주문에 들어가는 각 옵션 별로 약속가용한지의 여부가 체크되어야 한다. 그림은 기어의 옵션으로서 25개의 Taylor 4마력 유니트의 주문을 접수할 때의 로직을 보이고 있다.

우선 공통부품의 가용성을 확인해 보고, 이어서 각 옵션의 가용성을 확인한다. 만약 가용성에 문제가 있다면 1주 이후 시점에는 어떤지 위의 로직을 차례로 시행해 본다. 이렇게 계획용 BOM을 사용한 오더 엔트리는 일종의 약속가용량 로직을 사용해야 한다.

계획용 BOM을 사용할 때의 오더 엔트리

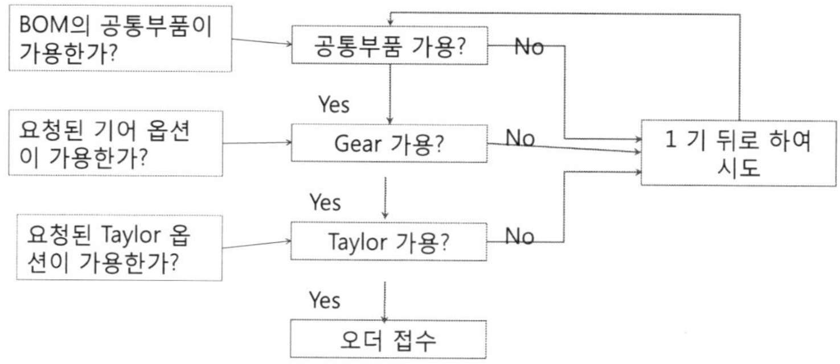

2단계 MPS와 최종조립계획

Two-Level 기준생산일정

MPS는 예상 생산일정(anticipated build schedule)이고 FAS는 실제 생산일정(actual build schedule)이다. MPS는 생산계획(PP)를 분해하여 최종제품, 옵션 또는 그룹 품목들로 세분화하며, FAS는 정확한 최종제품으로 최종적으로 분해한다. 그 차이는, MPS가 점진적으로 고객의 예측이나 추정치를 실제 주문으로 대체하여 결국 예측을 불완전하게 실제 수요로 '소비'하는 데 비해 FAS는 MPS에 가해질 수 있는 마지막의 가능한 조정이다.

MPS와 FAS의 상이성은 ATO환경에서 두드러진다. 이때 MPS는 대개 super BOM과 옵션으로 기술되는데 FAS는 정확한 최종제품 구성(configuration)으로 기술되어야 한다. 간혹 MTS환경에서도 MPS가 통합그룹명(consolidated groups)으로 기술될 수 있다.

이런 환경에서의 대표적인 최종제품명으로 기술된 MPS품목을 FAS에서는 특정 완제품명으로 바꾸게 되는데, 그 결과 일부 부품의 수량이 달라지는 정도의 차이가 발생할 수 있는데 이를 FAS에서 처리된다.

ATO나 MTO환경에서는 그 종류가 너무 많아서 예측 불가능하므로 최종제품의 BOM이 유지되지 않는다. 만약 FAS가 고객주문의 형태로 기술된다면 주문번호를 최종제품명으로 사용하여 BOM 전개가 일어나게 된다. FAS를 가능한 한 마지막 짧은 기간의 리드타임으로 가능하게 하기 위해서 필요한 조처로서는 BOM 구조화, 오더 엔트리/주문약속 시스템의 연동, 부분 조립, 반조립품의 적치, 제품/공정의 설계 기술이 이러한 목적에 맞추어 고려되어야 한다.

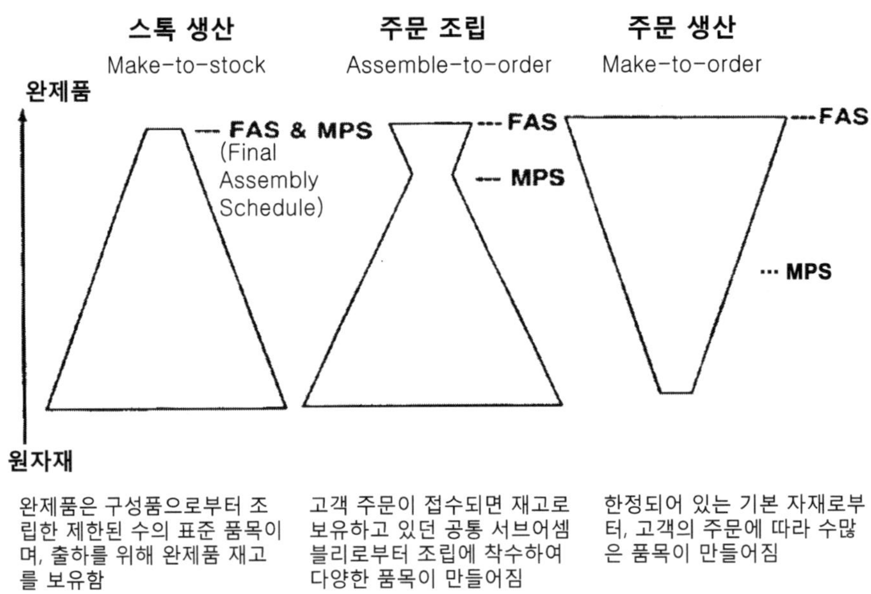

그림 4-8 생산형태에 따른 기준생산일정 및 최종조립일정 대상품목

만약 공통부품, 옵션1(10종), 옵션2(4종), 옵션3(4종)인 제품에 대해 계획을 세운다 하자. 이 제품은 총 160가지(10×4×4=160) 의 완제품이 가능하다. 이 회사는 160가지 최종제품에 대한 완제품 재고를 관리할 것이다. MPS는 총 19가지 레코드(공통부품 1 + 10 + 4 + 4)가 관리될 것이다. FAS는 각 최종제품 별로 160가지 레코드가 관리될 것이다. 그리고 FAS의 시평은 4주 정도, MPS의 시평은 전체 제조리드타임을 커버할 수

있는 긴 기간에 대해 관리될 것이다.

2단계 MPS에서의 계획수립

Taylor Brand 4-HP Tillers는 주문이 확정된 최종조립계획(FAS) 품목이다. 표를 보면 수요예측은 전체 계획용 BOM 품목인 4-Horsepower Tillers 총괄 품목 수요예측의 40%로 책정되어 있다.

각 FAS 품목에 대해서는 일반적인 약속가용량(ATP) 계산로직이 적용되었다. 그 결과 Taylor Brand 4-HP Tillers의 추가로 주문약속이 가능한 량은 1기에 48 단위, 2기에 20 단위, 그리고 4기에 80 단위로 계산되어 있다.

총괄품목인 4-Horsepower Tillers는 계획용 BOM 품목이므로 물리적으로는 존재하지 않는 품목이다. 그래서 기간별 보유재고(PAB) 행은 사용하지 않고 '0'으로 하여 재고가 존재하지 않는 것으로 보고 있다.

그리고 총괄품목 4-Horsepower Tillers의 주문란은 FAS품목들 각각의 오더(MPS)를 합한 것으로 한다.

2단계 MPS에서의 계획수립

Taylor Brand 4-HP Tillers (FAS)		Period				
	On hand	1	2	3	4	5
Forecast for model (40% of total)		40	40	40	40	40
Orders		42	37	23	0	0
Projected available balance	10	48	88	48	88	48
Available-to-promise		48	20		80	
Master production schedule		80	80		80	
Lot size = 80 Safety stock = 10						

FAS품목에 대해서는 보통의 약속가용량 로직이 적용됨

총괄품목(Planning BOM 품목)의 오더 란은 FAS품목 오더의 합

계획용 BOM 품목에 대해서는 그 품목이 실제 존재하는 것이 아니기 때문에 기간별 예상재고(PAB)는 언제나 '0'임

4-Horsepower Tillers (Aggregate)		Period				
	On hand	1	2	3	4	5
Production Plan		100	100	100	100	100
Orders		100	72	54	0	0
Projected available balance	0	0	0	0	0	0
Available-to-promise		0	28	46	100	100
Master production schedule		100	100	100	100	100
Safety stock = 0						

MPS의 안정성

안정적인 MPS는 결과적으로 구성품의 일정계획도 안정적으로 운영될 수 있게 한다. 이는 생산부문의 운영 성과가 향상됨을 뜻한다. 반면에 MPS가 너무 많이 바뀐다면 생산성 면에서 나쁜 영향을 가져올 것이다. 하지만 너무 MPS변경을 막는다면 고객의 요구에 대한 대응수준이 떨어지고 재고수준도 올라가게 될 것이다. 목표는 어디에서 안정성이 최적의 결과를 가져올 것인지 모니터링 하여 그 수준을 결정하는 것이다. MPS의 안정성을 관리하는 방법으로서 확정계획오더(firm planned order: FAS)가 사용된다.

MPS 고정하기

그림의 예를 보면 첫 8주는 MPS를 고정하는 기간임을 알 수 있다. 이 기간 내의 MPS는 변경을 할 수 없다. 현실의 세계에서는 긴급한 오더가 생겨서 사장이나 사업부장이 명령하면 변경이 일어나겠지만 이런 변경이 자주 없어야 생산이 안정적으로 운영될 것이다. 고정 기간 중에 변경을 하게 되면 그 이후에 생산일정을 못 맞추는 데 대한 책임소재가 불분명해진다.

타임펜스(시간벽, time fence) 개념도 MPS를 고정하는 기준으로서 자주 이용된다. 수요 시간벽 이전에는 변경을 허용하지 않는 고정(frozen) 기간이다. 수요 시간벽과 계획시간벽 사이의 기간은 MPS담당자의 검토에 의해 부품의 가용성이 허용되는 한도 내에서 MPS의 변경이 허용된다.

MPS를 고정해야 할 경우, 고정계획오더(firm planned order)라는 형식으로 계획오더를 고정시켜 놓는 방법을 쓰는데 그림의 예를 보면 수요시간벽 이내의 모든 MPS는 고정시키며, 수요시간벽과 계획시간벽 사이의 MPS에 대해서는 고객의 주문에 할당된 부분, 담당자가 특별한 고객의 수요로 고정한 부분 등이 고정계획오더가 될 수 있다.

계획시간벽 이후의 변경에 대해서는 대부분의 변경이 허용된다.

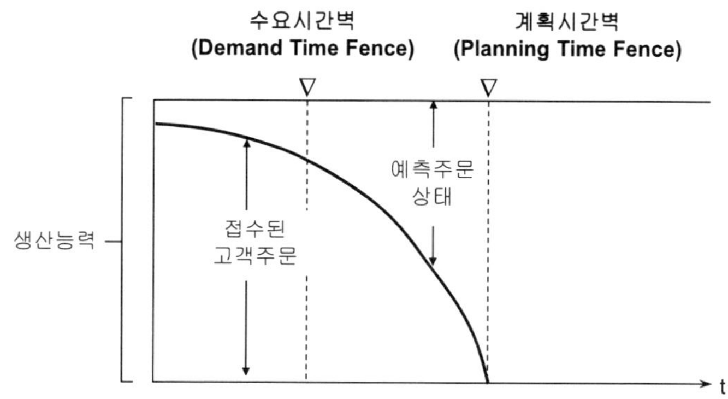

구분	MPS 고정구간 (frozen)	담당자 판단에 따라 MPS 변경 (slush)	MPS의 임의변경 가능 구간 (liquid)
수요형태	대부분 실제 주문	실제 주문 및 수요예측	대부분 수요예측

그림 4-6 수요시간벽과 계획시간벽

MPS의 고정

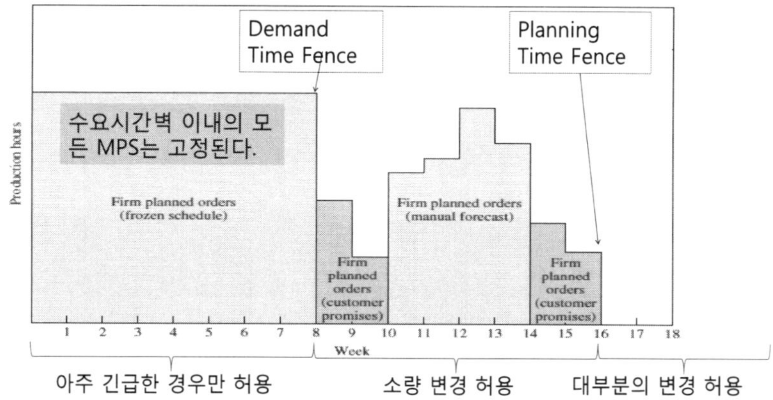

도전 Quiz

※ 문제 1.

기준생산일정(MPS)의 계획 대상의 수준에 대한 다음 설명 중 적합한 것은?

A. Equal to the sales forecast

B. Equal to sales orders

C. No greater than has been produced in the past.

D. No greater than can be realistically produced_

답: D

해설: MPS가 수립되는 제품코드의 수준(level)은 특정 제품(product)이다. 따라서 MPS는 현재, 실제로 생산되는 제품 수준에서 수립되어야 한다.

※ 문제 2.

Item: X Lead Time: 0 On-hand: 15	Lot Size: 20 Safety Stock: 3			Demand Time Fence: 4 Planning Time Fence: 7			
Period	1	2	3	4	5	6	7
Forecast	10	10	15	10	10	5	10
Customer Orders	5	2	1				
Projected Available Balance	25	15	20	10	20	15	5
Available-to-Promise							
Master Production Schedule	20	20			20		

위 표에서, 만약 계획 동결구간(frozen period) 이후의 기간에 대하여 MPS의 lot size가 50% 증가되고, 약속가용량은 누적식으로 계산된다고 할 경우, 다음 중 제 5 기에 약속가능한 최대치로서 맞는 것은?

A. 53　　　　B. 63　　　　C. 67　　　　D. 77

답: D
해설

위 표에서 4주부터 Lot size를 50% 증가시킨다면 20에서 30으로 변경하는 것이다.

Item: X Lead Time: 0 On-hand: 15	Lot Size: 20 30 Safety Stock: 3			Demand Time Fence: 4 Planning Time Fence: 7			
Period	1	2	3	4	5	6	7
Forecast	10	10	15	10	10	5	10
Customer Orders	5	2	1				
Projected Available Balance 15	5 25	-5/15 15	0/20 20	-10/20 10	10 20	15	5
Available-to-Promise	10	18	19	30			
Master Production Schedule	20	20 20	20	30	20		

ATP(1) = 15 – 5 = 10,
ATP (2) = 20 – 2= 18,
ATP (3) = 20-1=19,
ATP (4) = 30
따라서 cumulative ATP(1~4) = 10+ 18+ 19+ 30=77

※ 문제 3.

Item: X Lead Time: 0 On-hand: 25	Lot Size: 25 Safety Stock: 0			Demand Time Fence: 0 Planning Time Fence: 0	
Period	1	2	3	4	5
Forecast	20	20	20	20	20
Customer Orders					
Projected Available Balance	5	10	15	20	0
Available-to-Promise					
Master Production Schedule		25	25	25	

Item: W Lead Time: 0 On-hand: 20	Lot Size: 25 Safety Stock: 0			Demand Time Fence: 0 Planning Time Fence: 0	
Period	1	2	3	4	5
Forecast	15	15	15	15	15
Customer Orders					
Projected Available Balance	5	15	0	10	20
Available-to-Promise					
Master Production Schedule		25		25	25

Item: V Lead Time: 0 On-hand: 4	Lot Size: 10 Safety Stock: 0			Demand Time Fence: 0 Planning Time Fence: 0	
Period	1	2	3	4	5
Forecast	8	8	8	8	8
Customer Orders					
Projected Available Balance	6	8	0	2	4
Available-to-Promise					
Master Production Schedule	10	10		10	10

Item: Y Lead Time: 0 On-hand: 15	Lot Size: 15 Safety Stock: 0			Demand Time Fence: 0 Planning Time Fence: 0	
Period	1	2	3	4	5
Forecast	12	12	12	12	12
Customer Orders					
Projected Available Balance	3	6	9	12	0
Available-to-Promise					
Master Production Schedule		15	15	15	

위에 4 개의 예비적 MPS가 주어져 있다. 조립 현장에 제일 먼저 일정 계획을 지시해야 할 품목은 다음 중 어느 것인가?

A. V B. W C. X D. Y

답: A

해설: 아래 4개의 예비적 MPS를 보면 1주부터 5주까지 MPS가 계획되어 있음을 볼 수 있다. 이들 MPS 일정 중에 납기지연(past due)이 없는 것으로 보아 MPS 오더에 의해 각 품목의 예측과 실제주문에 의해 발생한 총

소요량이 충족되고 있다. Item V의 MPS 가 가장 먼저 1주차에 계획되어 있다.

핵심정리

MPS 개요

- MPS 는 미래 산출에 대한 계획이다. 즉 완성하고자 하는 제품, 옵션에 대한 수량과 시점을 명시한다. 이것은 예정된 제조 일정이다.
- ATO 환경에서 MPS 품목은 계획용 BOM 의 품목인 '평균적인 제품'이 된다.

MPS 절차와 기법

- MPS 계획을 수립하는 Time-phased record 를 이용하여 lot-for-lot, Lot size, safety stock 등 계획용 파라메타의 유무에 따라 MPS 수립이 달라진다.

MPS와 BOM 구조

- Modular BOM 등 계획용 BOM 은 ATO 환경에서 사용되며, 2 단계 MPS 와 최종조립계획을 적용한다.

MPS의 안정성

- MPS 를 안정적으로 운영하기 위해 고정계획오더를 이용한다.

제5장

MPR 보충주제

제품수명주기

수요예측 보충주제

수요예측의 정확성

제 5 장 MPR 보충주제

용어 사전

제품수명주기(product life cycle)
신제품이 탄생하면 일반적으로 개발되어 사장될 때까지 도입기·성장기·성숙기·쇠퇴기를 거친다. 일반적으로 도입기에는 완만한 상승 그래프를, 성장기에는 급한 상승 그래프를, 성숙기에는 정점을 중심으로 성장 및 하강곡선을 이루며, 쇠퇴기에는 성숙기와 반대되는 하강곡선이 이어진다.

포커스 그룹(focus group)
포커스 그룹(focus group)은 제품이나 서비스에 대해 의견을 제시하도록 부탁을 받은 고객 패널로 구성된다. 중점 그룹은 고객 서비스 패널, 사업 고문 위원회, 대외적인 중역 위원회, 경제 자문들, 소비자 집단들, 인터넷 회원들이나 다른 집단들로 구성될 수 있다.

유추(analogy)
유추(analogy)는 신제품이나 서비스 영업을 이전의 유사 제품이나 서비스 영업과 비교하는 방법이다. 이 가정은 이전 제품이나 서비스와 관련된 영업 패턴이 신제품이나 서비스에도 적용될 수 있다는 것이다.

델파이(Delphi) 방법
전문가 패널은 한 장소에 모이지 않고 서신으로 의견이 수집되고 취합된다.

패널 합의
하나의 그룹이 미래에 대한 의견을 제시하고, 진행자가 그 그룹을 합의점을 도출하는 기법이다. 포커스 예측은 다수의 단순 전략들 중 하나를 사용하여 생성된 예측을 비교하는 컴퓨터 기반 시뮬레이션 기술이다.

평균 절대 편차(MAD)

평균 절대 편차는 "어떤 기대 값과 관찰된 값들의 편차 절대값들의 평균"이다.

편향(bias)

편향은 평균에서 한 방향으로의 (높거나 낮은) 지속적인 편차를 말한다. 신뢰할 만한 수요예측의 전형적인 특징은 한쪽으로 치우치지 않았다는 것이다. 편향(bias) = 오차합의 누계 / 기간의 수

신호추적(tracking signals)

신호추적은 예측 편향을 측정하는데 쓰이며, 오차의 누적 합을 평균절대편차로 나누어 얻은 값을 말한다.

수요 필터 (demand Filter)

수요 필터는 기간별로 변동의 양을 제한하는 억제선을 지정함으로써 변동을 제어하는 수단이다. 수요필터는 적정 주문량을 설정하여 주문 입력 오류를 방지하는데 사용될 수도 있으며, 이를 통해 일부 입력 오류는 수요 필터에 걸리고, 검토와 수정 작업이 필요하다는 것을 확인할 수 있다.

학습목표

- ✧ 도입기·성장기· 성숙기·쇠퇴기로 이행되는 제품수명주기 별 관리 포인트를 설명할 수 있다.
- ✧ 시장조사, 포커스 그룹, 과거유추, 델파이 방법, 패널합의 등 주관적 수요예측 방법에 대해 설명할 수 있다.
- ✧ 포커스 예측에 원리에 대해 설명할 수 있다.
- ✧ 많은 요소들이 예측에 필요한 데이터 수집에 어떻게 영향을 주는지 설명할 수 있다.

✧ 수요예측의 정확성을 관리하는 방법에 대해 설명할 수 있다.
✧ 수요예측의 추적, 수요예측 정확성을 측정하는 도구들에 대해 설명할 수 있다.

제품수명주기

어제의 수주요인(order winner)이 오늘의 비쟁점(non-issue)이 될 수 있는 이유는 고객의 요구 변화와 기술 발달에 따른 제품의 수명주기(life cycle) 때문이다. 그러므로 제품의 수명주기에 따라 차별화 된 공급전략을 세워야 한다. 제품은 개발되어 사장될 때까지 도입기·성장기· 성숙기·쇠퇴기를 거친다. 제품의 수명주기에 따라 성공 요인이 변하므로 관리의 대상과 방식도 변해야 한다.

제품수명주기에 있어서 도입기·성장기·성숙기·쇠퇴기로 이어지는 성숙도와 생산 방식은 많은 상관관계를 가지고 있다. 도입기에는 잡샵(Job shop)생산, 성장기에는 뱃치생산, 성숙기에는 반복생산이 이루어지며, 쇠퇴기에는 다시 뱃치와 잡샵생산으로 이루어진다. 따라서 제품의 수명주기상 현 위치를 파악하는 것이 중요하다.

다음 그림은 제품의 성숙도와 판매량과의 관계를 보여주고 있다.

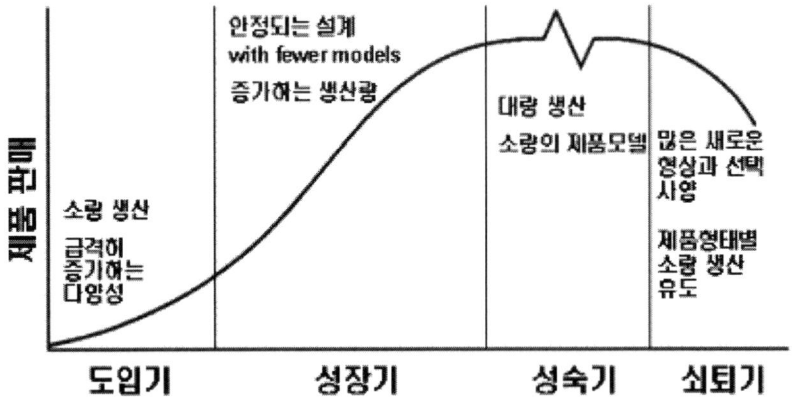

일반적으로 도입기에는 완만한 상승 그래프를, 성장기에는 급한 상승 그래프를, 성숙기에는 정점을 중심으로 성장 및 하강곡선을 이루며, 쇠퇴기에는 성숙기와 반대되는 하강곡선이 이어진다.

도입기

도입기에는 시장이나 특정 소비자를 위해 부분품 및 제품의 부품이 조립되고 제품의 원형이 개발된다. 도입기의 제품은 보통 첨단 제품이나 신개념의 아이디어로 시장성이 검증되지 못했기 때문에 다양한 품목의 생성과 소멸을 거듭하며, 제품 및 서비스에 고객의 요구가 접목되는 시기로서, 제품 특성을 고객의 요구사항과 세부적으로 조정하기 위한 수많은 기술변경이 지속적으로 이루어진다.

이 단계에서 마케팅은 구체적인 소비자의 요구를 인지하고 설계 및 초기 제조과정에 정보를 제공한다는 점에서 매우 중요한 역할을 한다. 특수, 특정 집단이 소비의 대상이기 때문에 한 번에 생산하는 양도 많지 않아 주문에 의한 생산 방식이 이루어진다.

주문이 기술 사양의 정의로부터 이루어질 경우를 주문설계생산 (ETO: Engineering To Order)이라 하고, 설계된 제품에 대해 제작 주문이 이루어질 경우를 주문생산(MTO: Make To Order)라 한다. 이런 제품의 생산환경은 잡샵(job shop)이 된다. 항공기나 주문가구 등이 이에 해당되며 제품의 설계능력 및 생산능력이 승패를 좌우한다.

성장기

도입기의 일부 품목은 고객의 주문이 늘어나면서 성장기로 발전한다. 제품이 성장기로 이동함에 따라, 제품/서비스에 대한 수요는 증가하고 확장된 시장에 대처하기 위해 좀더 유연한 제조/서비스 환경이 요구된다. 원형 개발(프로토타이핑)시 발견되었던 개발상의 문제 이미 해결되었고, 시제 생산 체계에서 양산체계의 생산으로 이전하기 위한 준비 상태 점검이 수행된 상태이다.

다양하던 고객의 요구는 표준화된 몇 개의 모델로 정착되며, 기술이 안정되어 설계변경(engineering change)이 도입기에 비하여 적게 발생한다.

제품의 대중화 초기 단계로, 생산량이 급격히 증가하게 된다. 이런 제품은 배치생산(batch production)으로 한 번에 수백 개, 수천 개의 대량 생산을 시작하게 되고, 양이 더욱 증가하면 한 라인에서 반복 생산(repetitive, line production)하는 방식으로 정착한다.

이 시기의 성공요인은 생산능력에서 점차 가격과 관련된 품질 및 생산의 효율로 바뀐다.

성숙기

제품/서비스 제공이 성숙기에 이르렀을 때, 특정한 제조환경이 형성되며, 성숙기에 이르면 제품은 극소수의 제품을 대량으로 생산하게 된다. 모든 기술이 안정되어 기술 변경도 거의 일어나지 않으며, 이제는 생활의 필수품으로 정착하며 차세대 기술에 의한 제품이 시도되는 시기이다.

이 시기에는 보통 기업이 제품의 최대 투자회수율(return on investment)을 얻는 동시에 수요에 대한 공급 비율이 가장 높고, 제품의 수요가 안정되며, 대량 생산으로 인해 지속적인 매출을 발생시킬 수 있다.

이 시기의 제품은 한 라인에서 반복 생산을 계속하며, 기술은 보편화되어 누구나 만들 수 있으므로 가격 경쟁력이 제품의 승패를 좌우한다. 불행하게도 많은 조직들은 자기 만족에 취해서 쇠퇴단계에 대한 충분한 대비를 하지 않는 경우가 많은 시기이기도 한다.

쇠퇴기

성숙기를 지나 경쟁이 심화되고, 차세대 제품이 나타나면 제품은 급격히 쇠퇴기를 맞이한다. 수요가 감소할수록 제품/서비스에 대한 요구는 줄어들거나 멈추게 되어 회사는 단지 대체 부품의 요구에만 대응하게 된다.

동종제품과의 경쟁에서뿐만 아니라, 신제품과의 경쟁에서 버텨내기 위해 다양한 옵션이 개발되어야 하며, 디자인도 차별화 되어야 경쟁에서 생존할 수 있는 시기이다. 이 시기에 회사는 시장분석 및 계획을 통해 기존

제품 또는 서비스 제공을 대체할 수 있는 신제품을 출시하거나 신제품의 공급량을 늘릴 수 있도록 조치해야 하며, 반복 생산을 할 만큼 생산량이 많지 않으므로 다시 배치생산(batch production) 방식으로 돌아가야 한다.

심할 경우 주문생산의 전형인 잡샵(job shop)방식으로 돌아 가는데, 이는 특히 기존 장비에 대한 서비스, 수리부품에서 흔히 볼 수 있다.

수요예측 보충주제

수요예측의 정성적 기법

또 다른 예측 기법인 정성적 기법은 직관이나 정보에 입각한 의견과 같은 주관적인 정보를 기반으로 한다. 이 예측 유형은 과거 정보를 이용할 수 없는 신제품에 사용되며, 주로 중.장기 계획에 사용된다. 정성적 기술은 소비자 포커스 그룹, 전문가 집단, 두뇌 집단, 리서치 그룹, 및 다른 집단들로부터 수집된 정보의 이용을 포함한다.

전문가 의견

특정 분야의 전문가 의견을 추구하는 방법이다. 전문가들은 일반 경제나 특정 산업 또는 시장에 영향을 미칠 현재의 유행과 향후 개발 방향 등에 대한 그들의 의견을 제공한다.

시장 조사

일반적으로 조사를 통해 이루어지는 이 방법은 대개 제품 개발 및 판촉을 지원하는데 사용된다. 이것은 제품의 알맞은 영업방안을 제공하며 다른 기술들과 함께 사용되어야 한다.

소비자 조사는 그 질문들이 효과적인 결론을 유도해 내기 위해 조심스럽게 수행되어야 한다. 또한 관측 결과의 신뢰도를 확신하기 위해 대상 소비자들의 충분한 표본 사이즈를 설정하는 것이 중요하다.

포커스 그룹

포커스 그룹(focus group)은 제품이나 서비스에 대해 의견을 제시하도록 부탁을 받은 고객 패널로 구성된다. 중점 그룹은 고객 서비스 패널, 사업 고문 위원회, 대외적인 중역 위원회, 경제 자문들, 소비자 집단들, 인터넷 회원들이나 다른 집단들로 구성될 수 있다.

유추

유추(analogy)는 신제품이나 서비스 영업을 이전의 유사 제품이나 서비스 영업과 비교하는 방법이다. 이 가정은 이전 제품이나 서비스와 관련된 영업 패턴이 신제품이나 서비스에도 적용될 수 있다는 것이다.

델파이(Delphi) 방법

델파이 방법은 소수의 전문가 집단의 지식과 판단을 기반으로 한다. "다음 십 년 동안, 어떤 컴퓨터 통신의 형태가 가장 널리 보급될 것인가?"와 같은 특정한 질문을 한다.

모든 응답자로부터 응답은 수집되고 그 후에 전문가에 의해 미래의 예측 데이터로 변경된다. 전문가 패널은 한 장소에 모이지 않고 서신으로 의견이 수집되고 취합된다.

패널 합의

하나의 그룹이 미래에 대한 의견을 제시하고, 진행자가 그 그룹을 합의점을 도출하는 기법이다. 이 아이디어는 전체 집단이 개별적인 각각의 구성원들보다 더 나은 결정을 하게 될 것을 가정으로 한다.

포커스 예측

포커스 예측(focus forecasting)은 다수의 단순 전략들 중 하나를 사용하여 생성된 예측을 비교하는 컴퓨터 기반 시뮬레이션 기술이다. 이 전략들은 "우리가 과거 3개월간 판매했던 것들은 아마도 우리가 다음 3개월간 판매할 것이다.", 또는 "우리는 아마도 작년 같은 기간에 우리가 판매하였던 것을 다음달에도 팔 것이다" 와 같이 단순하다. 컴퓨터는 아이템을 예측하기 위해 시뮬레이션 과정을 통해 최선의 전략을 선택하며, 시뮬레이션은 컴퓨터가 일정시점의 세 구간으로 되돌아가서, 각각의 단순 전략을 사용해 세 구간을 계획한다.

실제 결과에 가장 잘 맞는 전략을 선택한다. 시뮬레이션은 각 시기마다 다른 전략을 결과로 나타낼 수 있다.

포커스예측을 수행하는데 있어서 가정해야 할 사항으로 다음과 같다.

- 가장 최근의 데이터가 미래의 가장 좋은 지표이다.
- 하나의 예측 모델은 다른 것들보다 낫다.
- 모든 예측 모델은 모든 품목들을 예측하기 위해 비교될 수 있다.
- 최근 이력은 품목에 대해 모델별로 예측될 것이다.
- 실제 영업자료에 가장 근접한 모델이 선택될 것이다.
- 이 모델이 현재의 품목을 예측하는데 사용될 것이다.

예측을 위한 데이터 요건

많은 요소들이 예측에 필요한 데이터 수집에 영향을 주며, 이로 따라 그 예측의 정확성이 좌우된다. 해당 요소는 다음과 같다.

데이터의 가용성

어떤 아이템에 대해 영업 활동에 관한 과거의 정보의 제공 여부이며, 새로운 시스템을 적용할 때 영업 이력을 보존하는 것이 특히 중요하다.

데이터의 일관성
수집된 데이터는 기간별로 비교할 수 있어야 한다는 것을 의미하며, 데이터를 같은 조건으로 수집하는 것이 중요하다. 예를 들어, 아이템 수는 영업 정보가 수집되는 전체 기간에 걸쳐서 동일해야 한다.

필요한 이력의 총계
영업 수요의 패턴을 적절하게 결정하기 위한 필요성에 좌우된다. 계절적 수요에 영향을 받는 제품에서 계절적인 활동량을 수립하기 위해서는 최소한 2년 정도의 수요 자료가 필요하다.

예측 빈도
연속적인 예측의 발생내의 주기적인 간격을 말한다. 대부분의 회사에서, 영업 및 운영 계획을 위한 예측은 월별 기준으로 이루어진다.

모델 재평가 빈도
예측 모델의 개선을 위해 평가하는 시간의 기간을 의미하며, 일반적으로 기간은 사업의 역동성에 의존한다.

비용이나 시간 문제
예측에 관련된 원가를 의미하며, 이는 예측 정보의 획득, 보관, 처리와 관련된 고유 비용이다. 이 원가는 예측의 가치와 비교될 필요가 있으며, 또한 대용량의 데이터베이스와 관련된 시간적 요소도 있다. 예측 시스템은 사전에 언급된 비용과 시간 기준 내에서 실행되어야 한다.

실수요 기록
회사가 고객이 요구한 납기에 대하여, 실제 지원한 제품이나 서비스에 대한 기록이다. 실수요는 제품이나 서비스의 최종 사용자인 고객의 수준에서 발생한다.

주문 데이터 대 선적 데이터 정보
많은 조직들에서 중요하지만 특히 주문에서 납기까지 상당한 소요시간이 걸릴 때 더 중요하다. 조직은 주문을 받을 물량에 대한 예약 예측, 그리고 선적량에 관한 예측인 선적 예측의 두 가지 예측을 할 필요가 있다. 또한 이 정보는 주문량 대 선적량과도 관련될 수 있다.

제품 단위 대 재정적 단위
많은 조직에서 발생하는 문제 중 하나는 영업과 운영이 서로 다른 단위를 사용한다는 것이다. 영업은 출처에 상관없이 영업 수익의 생성 전반에만 관심을 두고 평가하며, 이것은 일반적으로 재정적 단위로만 표현된다. 운영은 고객이 요구한 특정 제품에 관심을 두며, 실제 생산 단위 관점에서의 정보를 필요로 한다. 운영은 고객과의 납기일을 맞추는 능력을 output 수준으로 측정한다.

집단 수준
조직내의 각 레벨에서 각각의 예측 및 데이터를 사용함을 나타낸다. 일반적으로 사업 활동은 사업 계획에서, 제품 군은 영업 및 운영 계획에서, 특정 단위는 세부 계획에서 표현된다

고객 제휴
커뮤니케이션을 증진시키고, 따라서 예측의 부 정확성을 감소시킨다.
고객과 공급자 사이에 협력을 통해 정보가 공유되며, 정보는 포괄적인 동의가 이루어진 기간 동안 고객이 예상하는 주문수량을 Blanket 구매 주문으로 나타낼 수 있다.

데이터 준비 및 수집

데이터의 정확성은 영업 예측을 하는데 있어서 필수적이다. 정확한 예측을 하기 위해서, 기본적으로 어느 정도 정확한 데이터를 필요로 한다.

예측의 중요한 측면 중 하나는 그 데이터가 수집되고 기록되는 방법이다. 데이터는 예측이 요구하는 것과 같이 동일한 간격으로 수집되어야 한다. 예를 들어, 만약 예측이 주간 간격으로 나타난다면, 그 데이터는 역시 주간 간격으로 수집되어야 한다.

과거의 이력에 선적만이 아닌 고객의 요구량을 기록하는 것이 중요하다. 선적은 제품이나 자원의 가용성에 의해 제약을 받는다. 영업은 특별한 기간 동안의 모든 요구량으로 구성되며, 선적은 회사의 가능한 실제 영업 수준을 반영하지 못한다.

부가적으로 손실 영업(제품이나 서비스가 고객이 필요로 하는 시점에서 가용 가능했었더라면 실행되었을 영업)은 영업량에 포함되지 않는다. 영업 손실의 정도를 예측하여 잠재적 영업의 실제 예측을 만드는 것이 중요하다.

고객이 최초 요구일과 약속일 관리하는 것 역시 중요하다. 만약 약속일과 고객의 요구일이 일치하지 않는다면, 고객은 그 제품에 대해 좀 더 기다리거나 주문을 취소할 선택권을 가지며, 다른 공급자로부터 그 제품을 구입할 수도 있다.

서비스 조직에서, 영업 손실은 기록되지 않을지도 모른다. 고객의 불만족은 다양한 원인이 있을 수 있으며, 고객은 매우 빨리 다른 결정을 내리게 된다. 예를 들어, 소매점에서, 만약 계산대의 줄이 너무 길다면, 고객은 자신이 사려고 마음먹었던 제품을 사기 위해 기다리는 것보다 빈손으로 그 가게를 나가기로 결심할지도 모른다. 대부분의 서비스 조직은 이런 영업 손실을 측정할 방법이 없다.

고객 집단은 상인, 유통업자, 소매상인과 같은 유형이 있을 수 있고, 고객, 산업, 시장이나 인구통계의 유형에 따라 상식적으로 분류될 수도 있다.

예측은 다양한 레벨에서 생성되지만, 하위 레벨보다는 상위 레벨에서 보다 정확할 것이다.

몇몇 예측 시스템은 사용자가 데이터 집합(set)으로부터 예외상황(outlier)을 제거하는 기능을 제공한다. 예외상황(outlier)은 수요의 설정된 패턴에 들어맞지 않는 데이터를 말한다. 어떤 경우에는, 예외상황(outlier)이 이례적인(특별 판촉과 같은 일회성 이벤트) 것일 수도 있는데, 이 경우 예외상황(outlier)이 예측이나 영업 계획에 사용되든 사용되지 않든, 예외상황(outlier)을 포함하는 것은 영업 수요를 왜곡시킬 수 있으므로, 원천자료에서 예외상황(outlier)을 제거하는 것이 중요하다.

실제로 예외상황(outlier)은 반복적인 사건들에 의해 발생될 수도 있다. 변경이 필요한 모델을 적용하는 것보다는 예외상황(outlier) 문제를 제거하는 것이 훨씬 더 쉽다. 이런 이유에서, 특정한 예외상황(outlier)과 관련된 상황들을 기록하는 것은 중요하다.

수요예측의 정확성

수요예측을 실제 주문으로 대체

수요 관리에서 중요한 것은 예측했던 수요와 실제 발생된 수요를 비교분석하는 것이다. 아래 그림은 주문 수요가 가용 생산능력과 동일하게 예약된 현재 시점에서부터 미래 시점으로의 주문잔고 프로파일을 나타낸다.

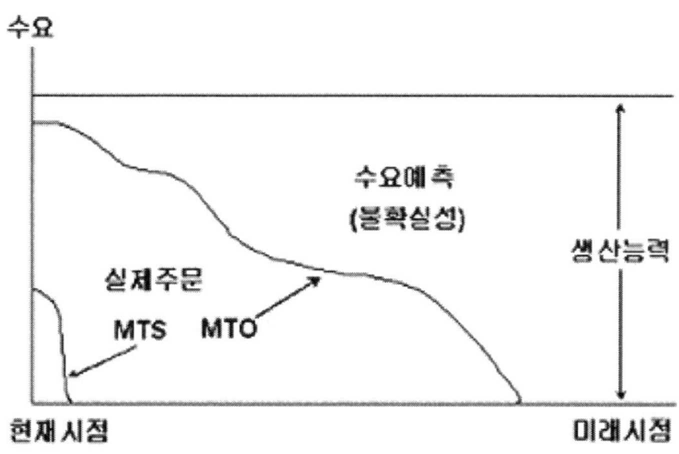

주문잔고는 미래 시점으로 갈수록 감소하며, 어느 특정한 시점부터 주문잔고에 예약된 주문은 없다. 여기서 주문잔고는 고객에 대한 미래의 약속과 의무를 나타내며, 이것은 실제 수요로 간주될 수 있다.

반면에 수요예측은 미래 영업 활동의 예상치를 나타내며, 수요예측의 목적은 공급과 관련된 활동에 약간의 준비 시간을 줌으로써 실제 주문이 요청된 납기일에 납품될 수 있도록 하는 것이다. 영업부의 목적은 예상 영업치를 실제 고객 주문으로 변환하고, 따라서 예측 수요의 불확실성을 실제 고객 주문의 확실성으로 대체하는 것이다.

수요예측의 추적

수요예측의 의도는 관리자들에게 그들의 프로세스들을 통제하고, 정보를 기반으로 의사결정을 수행하며, 사업 환경의 변동과 변화를 관리하도록 돕는 도구를 찾아내는 것이다.

수요예측 도구의 선택, 수요예측 공식의 구성 요소에 할당된 값, 사용된 기간의 길이와 수, 예측이 수행된 조건 등 이 모든 것들이 수요예측의 정확성에 영향을 미친다.

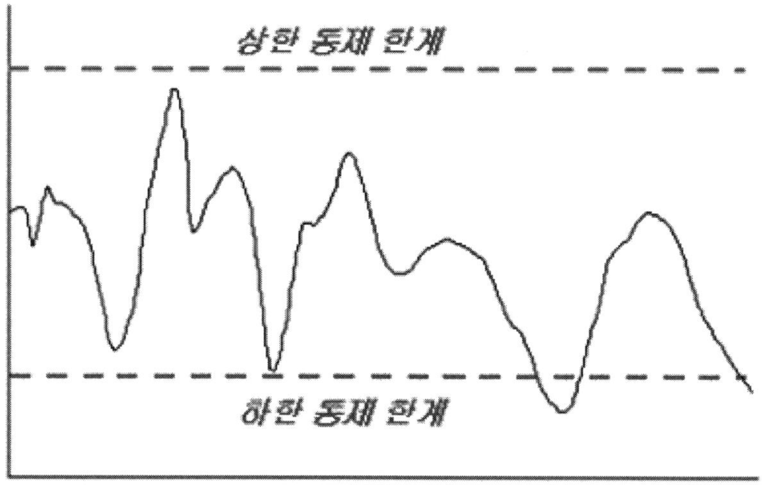

수요예측 피드백 감시와 성과 측정은 수요예측 프로세스의 일부분이다. 수요예측 피드백 감시는 예측자에게 통제 범위 밖의 프로세스들과 그것들이 통제 범위로부터 얼마나 멀어졌는지를 알려준다. 이것으로 수요예측

담당자는 수요예측 값을 관리가능상태로 복귀시키기 위한 적절한 조치를 취할 수 있다. 이 일을 하는 기술 중에 신호추적(tracking signal)이라는 개념이 있는데, 그 중 하나인 수요 필터(demand filter)라는 것을 이용하여 미리 결정된 범위나 오차 값을 초과하는 오류를 알아낼 수 있다.

본질적으로 수요 필터링은 한계에 대비한 실제 수요를 점검하고, 사람들이 행동을 취할지를 결정하는데 필요한 자료를 제공한다. 일단 오류가 확인되면, 수요예측은 새로운 정보를 위해 반드시 재검토되고 오류의 원인을 반드시 밝혀내는 것이 중요하다. 특히 새로운 수요예측 기법을 선택할 때 주요 업무 관리자들의 참여는 필수적이다. 수요예측을 추적하는데 있어서 가장 중요한 사항은 사람들이 수요예측 정확성에 대하여 책임을 지도록 하는 것이며, 수요예측 추적은 예측 담당자에게 수요예측 정확성을 개선하는데 사용될 수 있는 피드백을 제공한다.

수요예측 부정확의 이유

수요예측은 여러 가지 이유로 실패할 수 있는데, 그 중 몇 가지는 다음과 같다.

- 수요예측 시스템의 개발과 실행 단계에서 업무 관리자의 참여 결여 - 수요예측이 효과적이기 위해서는 업무 관리자들의 참여가 필요하다.
- 너무 어려워서 이해하기 곤란 - 만약 수요예측 도구가 너무 어려워 이해하기 어렵다면, 이것은 거의 실패하게 될 것이다. 수요예측 도구가 복잡해질수록 사용자들은 수요예측 프로세스에 적용하는 것이 더욱 어려울 것이며, 이를 쉽게 하기 위해 더 많은 일이 필요로 할 것이다. 또한 이와 같은 도구를 유지, 운영하자면 더 많은 비용이 들것이다.
- 수요예측 시스템과 조직의 능력이 불일치 - 만약 기법들이 이해되지 않았다면 결과들도 신뢰할 수 없으며, 관리자들은

수요예측을 따르지 않으려 하고, 대신에 비정규적인 기법이나 "감각"에 의존하게 된다.

- 샘플링 방법, 자료 분류, 측정 등 중요 자료에 대해 수집 오류나 분류 오류로 인하여 자료가 정확하지 않을 수 있다. 일부 자료는 수요예측에 적합하지 않을 수도 있으며, 종속 수요나 최종 조립 일정내의 부품과 같은 품목들은 수요예측에서 제외되어야 한다.
- 감시 부족 - 몇몇 기업들은 수요예측의 정확성을 점검하지 않는다. 그들은 예상 영업에 대해 실제 영업을 추적하지 않으며, 이로 인해 수요예측 성과를 평가하거나 개선을 위한 목표를 설정할 방법이 없다.

수요예측 정확성이 영향을 미치는 요소들

- 사용된 데이터의 출처(sources of data)
- 수요예측 기법(forecasting method)
- 데이터 집단화 수준(level of aggregation)
- 사용된 시간 차원(time dimension)
- 사용된 측정 단위(units of measure)
- 재평가 주기(frequency of reassessment)
- 데이터 자체의 품질과 정확성(quality & accuracy of the data itself)

수요예측 정확성의 측정도구

평균절대편차(MAD)

평균절대편차는 "어떤 기대 값과 관찰된 값들의 편차 절대값들의 평균"이다. 다시 말해서, 편차는 수요예측에 의해 발생된 오류 값들의 절대값의 평균이며, 평균 절대 편차는 오류의 경향을 고려하지 않고 단지 오류의 평균 값만을 고려한다.

모든 다른 요소가 같을 때, 예측자는 가장 작은 평균 절대 편차를 가진 수요예측 방법을 선택해야 한다. 평균절대편차 공식은 다음과 같다.

$$\text{평균절대편차 (MAD)} = \frac{\text{절대 오류의 합(Sum of absolute errors)}}{\text{기간수 (Number of periods)}}$$

표준편차

표준편차 또한 분포에서의 변동량을 측정하는 통계적 기법이다. 표준편차는 오류의 길이나 양을 측정하지만, 오류의 경향을 고려하지는 않는다.

표준편차 = sqrt (∑ (실제-예상)^2 / (기간수-1))

모집단이 30 이하의 측정 데이터를 가질 경우 분모는 n-1을 사용하고, 모집단이 30 이상의 측정 데이터를 가진다면 분모는 n을 사용한다. 여기서 n은 측정 데이터 개수를 의미한다. 만약 월별 자료의 일년 표준 편차를 계산한다면, 12 자료 포인트가 되기 때문에 n-1을 사용할 것이다. 반면에, 만약 주별 자료의 일년 표준 편차를 구한다면, 52 자료 포인트가 되기 때문에 n을 사용할 것이다.

아래의 경우, 예측 오류의 68%가 이 범위 안에 있을 것이라고 표준 편차를 해석한다. 1,2,3 표준 편차에 대한 범위는 이 표에 요약되어 있으며, σ는 표준 편차를 의미한다.

관측 결과율	범위	σ = 211인 경우	
68%	평균 ±1 σ	1000±1(211)	68%
95%	평균 ±2 σ	1000±2(211)	95%
99%	평균 ±3 σ	1000±3(211)	99%

이것은 대략 실제 값이 367과 1633안에 있을 확률이 99.7% 이고, 실제 값이 578과 1422안에 있을 확률이 95% 이며, 마지막으로 실제 값이 789와 1211사이에 있을 확률이 약 3분의 2가량이라는 것을 의미한다.

편향

편향은 평균에서 한 방향으로의 (높거나 낮은) 지속적인 편차를 말한다. 신뢰할 만한 수요예측의 전형적인 특징은 한쪽으로 치우치지 않았다는 것이다.

편향(bias) = 오차합의 누계 / 기간의 수

수요예측 측면에서, 편향은 실제 관측값(수요)의 위나 아래로 향하는 수요예측 경향이며, 이런 의미에서 계산된 편향이 양의 값이라면 수요예측이 지속적으로 낮다는 것을 의미하고, 계산된 편향이 음의 값이라면 수요예측이 지속적으로 높다는 것을 의미한다.

주목할 것은, 양이나 음의 오류는 편향이 계산될 때 각각을 상쇄한다는 것이다. 즉 각 기간마다 오차가 발생하더라도 양의 값과 음의 값이 같이 발생된다면 실제로 큰 값의 오차가 발생했음에도 불구하고, 오차 값이 적게 나오는 문제가 발생할 수 있다는 의미이다.

신호추적

신호추적(tracking signals)은 예측 편향을 측정하는데 쓰이며, 오차의 누적 합을 평균절대편차로 나누어 얻은 값을 말한다. 계산 결과는 0에 가까워야 하며, 음과 양 사이에서 변해야 한다.

추적 신호(tracking signal) = 오차합의 누계 / 평균 절대 편차

오류 값(trip value)이라고 불리는 값은 조치 메시지가 생성되는 지점으로, 잠재적 예측 편향이 발생될 수 있다는 것을 의미한다. 양 방향에서 공

통적으로 사용되는 값은 4이며, 이것을 이용해 오류의 원인을 확인하여 수정할 수 있다. 만일 오류 값(trip value)이 4 이상이면 수요 예측은 반드시 재검토 되어야 한다.

수요 필터

수요 필터(demand filter)는 기간별로 변동의 양을 제한하는 억제선을 지정함으로써 변동을 제어하는 수단이다. 수요의 중요 변동 요인들이 조사되고 설명되어야 하므로, 안정적인 품목은 더 나은 통제를 유지하기 위해 엄격한 수요필터를 가져야 한다. 수요필터는 적정 주문량을 설정하여 주문 입력 오류를 방지하는데 사용될 수도 있으며, 이를 통해 일부 입력 오류는 수요필터에 걸리고, 검토와 수정 작업이 필요하다는 것을 확인할 수 있다.

도전 Quiz

※ 문제 1.
"이 시기의 제품은 한 라인에서 반복 생산(repetitive, line production)을 계속하며, 기술은 보편화되어 누구나 만들 수 있으므로 가격 경쟁력이 제품의 승패를 좌우한다."
이 설명은 제품수명주기 중 어느 단계에 대한 설명인가?

A. 도입기, B. 성장기, C. 성숙기, D. 쇠퇴기

답: C
해설: 성숙기 시기의 제품은 한 라인에서 반복 생산(repetitive, line production)을 계속하며, 기술은 보편화되어 누구나 만들 수 있으므로 가격 경쟁력이 제품의 승패를 좌우한다. 불행하게도 많은 조직들은 자기 만족에 취해서 쇠퇴단계에 대한 충분한 대비를 하지 않는 경우가 많은 시기

이기도 한다.

※ 문제 2.
수요예측의 정성적 기법 중에서 전문가가 한 자리에 모일 필요 없이 서신으로 의견 취합이 이루어지는 기법은 어느 것인가?

A. 포커스그룹, B. 패널토의, C. 시장조사, D. 델파이(Delphi) 방법

답: D
해설: 소수의 전문가 집단의 지식과 판단을 기반으로 한다. "다음 십 년 동안, 어떤 컴퓨터 통신의 형태가 가장 널리 보급될 것인가?"와 같은 특정한 질문을 한다. 모든 응답자로부터 응답은 수집되고 그 후에 전문가에 의해 미래의 예측 데이터로 변경된다. 전문가 패널은 한 장소에 모이지 않고 서신으로 의견이 수집되고 취합된다.

※ 문제 3.
다음 중 신호추적(tracking signals)을 위한 산출 공식으로서 맞는 것은?
A. 오차합의 누계 / 평균 절대 편차, B. 오차합의 누계 / 기간의 수 , C. sqrt ($\sum$ (실제-예상)^2 / (기간수-1)), D. 오차 절대값의 합 / 기간수

답: A
해설: 신호추적은 예측 편향을 측정하는데 쓰이며, 오차의 누적 합을 평균절대편차로 나누어 얻은 값을 말한다. 계산 결과는 0에 가까워야 하며, 음과 양 사이에서 변해야 한다.

핵심정리

제품수명주기

- 도입기에는 제품의 설계능력 및 생산능력이 승패를 좌우한다.

- 성장기의 성공요인은 생산능력에서 점차 가격과 관련된 품질 및 생산의 효율로 바뀐다.
- 성숙기의 제품은 한 라인에서 반복 생산(repetitive, line production)을 계속하며, 기술은 보편화되어 누구나 만들 수 있으므로 가격 경쟁력이 제품의 승패를 좌우한다.
- 쇠퇴기에는 시장분석 및 계획을 통해 기존제품 또는 서비스 제공을 대체할 수 있는 신제품을 출시하거나 신제품의 공급량을 늘릴 수 있도록 조치해야 하며, 반복 생산을 할 만큼 생산량이 많지 않으므로 다시 배치생산(batch production) 방식으로 돌아가야 한다.

수요예측 보충주제

- 수요예측의 정성적 기법으로서 소비자 포커스 그룹, 전문가 집단, 과거 유추, 델파이 기법 등 전문가 의견 등을 통한 주관적 의견을 취합하여 예측에 이용하는 방법을 말한다.
- 포커스 예측은 다수의 단순 전략들 중 하나를 사용하여 생성된 예측을 비교하는 컴퓨터 기반 시뮬레이션 기술이다.
- 데이터의 가용성, 일관성, 이력, 비용과 시간 문제, 집단 수준 등이 데이터 수집에 영향을 준다.

수요예측의 정확성

- 수요예측의 정확성을 측정하는 지표로는 평균 절대 편차(MAD), 표준편차, 편향(bias), 신호추적 (tracking signals), 수요 필터 (demand filter) 등이 있다,

제2부

상세일정계획과 계획수립(DSP)

Detailed Scheduling and Planning

제6장

자재소요량계획(MRP) 심화과제

MRP의 기본 구조

MRP의 입력정보와 계산절차

MRP의 기술적 이슈들

제 6 장 자재소요량계획(MRP) 심화 주제

용어 사전

Single level BOM(engineering BOM)
일단계 BOM(또는 설계용 BOM)은 자품목 중 바로 아래 단계에 사용되는 어셈블리나 서브어셈블리 만을 보여주는 BOM 형식을 말한다.

Multi-level BOM
다단계 BOM은 아래 단계의 자품목, 그 아래 단계의 자품목 … 식으로 자품목의 모든 단계를 보여주는 BOM 형식을 말한다.

Indented BOM
다단계 부품표를 제품구조도 상의 표시 수준(level)만큼 인덴트(indent) 시켜 표현한 BOM 표현 형식

Planning BOM
계획용 BOM은 실제 제조하는 품목이 아닌 가공적인 그룹을 정하여 자재계획에 사용하기 위한 BOM임

Pegging
페깅은 부품의 총소요량이 어떤 품목의 수요(오더 발급, 고객의 주문 등)에서 발생한 것인지 알게 연결해 주는 역할을 한다.

학습 목표

✧ MRP 시스템의 기본 구조와 작동원리를 설명할 수 있다.
✧ MRP의 주요 입력정보의 형태와 이를 이용한 계산절차를 설명할

수 있다.

✧ MRP 시스템을 현실의 자재계획에 이용할 때 응용할 수 있는 몇 가지 기술적 이슈들에 대해 토론할 수 있다.

MRP의 기본 구조

Material Requirements Planning (MRP)

종속수요품목에 대해서 MRP 방식의 소요량계산을 하면 자재의 정확한 필요수량뿐 아니라 언제 필요하게 되는지에 관한 우선순위까지 알게 된다.

MRP의 목적은 기준생산일정을 만족시키기 위해 필요한 부품이 무엇인가를 결정하고, 리드타임을 이용하여 구성 부품이 언제 필요한지 결정하는 것이다. MRP는 구체적으로 다음과 같은 기능을 수행한다.

- 무엇을 주문해야 하는가?
- 얼마나 주문해야 하는가?
- 언제 주문해야 하며, 언제까지 완료되어야 하는가?

MPR 시스템에서 MRP 의 위치

MRP는 기준생산일정(MPS)가 확정된 후, MPS를 제대로 수행하기 위해 요구되는 구성품(components)의 소요량과 필요 일정을 계산하는 것이다. 즉 MRP를 구동시키는 원천은 MPS다. MPS의 품목 별 일정계획을 수행하기 위해 필요로 하는 하위 품목의 소요량을 계산하기 위해 MPR시스템은 부품명세표(BOM)을 이용한다.

자재소요량 계산 프로그램은 전체 MPR 시스템의 핵심기능으로서 몇 가지의 인풋 자료를 가지고 방대한 부품전개 계산을 수행한다. 그 결과 생산 및 구매 활동의 기본이 되는 제조지시 및 구매주문 보고서를 출력한다.

MRP시스템에의 주요 입력자료는 기준생산일정(MPS: master production plan), 자재명세서(BOM: bill of material, 부품표), 그리고 재고기록 정보(inventory record)의 세 가지가 있다. (그림 참조)

생산 계획과 통제 시스템

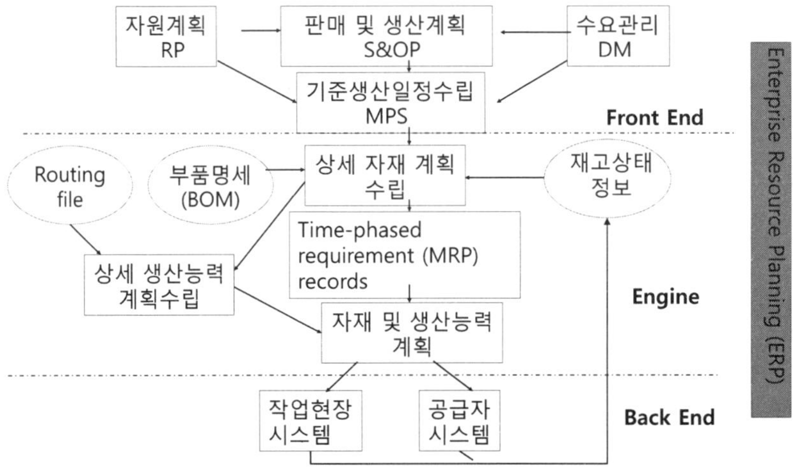

MRP 레코드의 기본 구조

MRP의 소요량 전개과정은 아래 표와 같은 형태의 데이터 구조를 이용해서 이루어진다.

Basic MRP Record

이전에 발급된 오더로서 1기에 입고예정(입고예정량)

모든 원천에서의 소요량의 합

예상재고(새로운 오더가 필요한지 알게 함)

	On hand	Period 1	2	3	4	5
Gross requirements			10		40	10
Scheduled receipts		50				
Projected available balance	4	54	44	44	4	44
Planned order releases					50	
Lead time = 1 period Lot size = 50						

4기에 발급예정인 계획오더(입고예정은 리드 타임 1 기 순연된 5기)

MRP 데이터에 포함되어 있는 변수들을 먼저 설명하면 다음과 같다.

총소요량 (gross requirements)

총소요량은 모든 원천에서 오는 소요량의 합이다. 예시된 MRP record가 어느 품목 X에 관한 데이터라면 총소요량 란의 수량은 X를 부품으로 사용하는 모든 상위품목의 주문, 즉 상위 품목의 계획오더(planned order)를 부품표에 의해 전개(exploding)한 수량들의 합을 말한다. 상위품목의 오더는 기준생산일정(MPS)일 수도 있다.

입고예정량 (scheduled receipt)

예에서 1 기에 50 단위가 입고되기로 예정되어 있다. MRP 계산 상의 입고예정량은 이미 발급된 주문으로서 아직 입고되지 않은 주문량을 나타낸다. 즉 이미 생산지시 또는 구매주문이 되어 있지만 아직 수송 중이거나 납품수속을 밟고 있는 도중이어서 입고가 안 된 오픈 오더(open order)가 이에 속한다. 오픈 오더 상의 자재가 입고되고 나면 입고예정량은 그 수량만큼 사라지고 대신 보유 재고(on-hand inventory)가 증가한다.

기간별 예상 재고(projected available balance)

기간별 예상재고는 특정시점에 보유할 것으로 예상되는 재고다. 기간별 예상재고는 다음과 같이 계산된다. 예상 가용량(projected available)이라고도 한다.

기초 예상재고 = 전기 예상재고 + 입고예정량 - 총소요량

단, 1 기의 전기예상재고는 기존 보유재고(on-hand)이다.

그림의 예에서 2주차의 기초 예상재고 54 단위는 (기초재고 4 + 입고예정량 50)에 의해 계산되었다. 차례로 계산하다 보면 5기에 예상재고는 4- 10 = -6 이 된다. 따라서 순소요량이 발생했으므로 주문 단위인 50 단위만큼 5기에 입고예정이 되게 계획오더를 발급해야 한다.

계획오더 (planned order)

기간 별 예상재고가 0 보다 적게 되면 순소요량이 발생한 것이므로 이 기간까지 새로운 생산이나 구매가 계획되어 예상재고를 다시 0 보다 크게 유지해야 한다. 이를 계획오더라 한다. 일반적으로 순소요량만큼의 계획오더를 잡으면 되지만 품목에 따라 로트크기에 의해서 조정되는 경우가 있다. 로트크기는 경제적 발주량의 이점을 얻기 위해서 사용되기도 하며, 공급자의 포장 단위에 따라 결정되기도 한다. 로트크기가 있을 경우, 계획오더는 로트크기의 배수가 되도록 올림(round-up)하여 설정된다. 계획오더는 입고기준(order receipt or due date)으로 먼저 설정된 후, 그 품목의 리드타임만큼 선행시킨 기간에 발급기준(release)의 입고예정량이 설정된다. 이렇게 계획오더가 입고기준과 발급기준으로 리드타임만큼 선행 시킴으로써 하위 구성품에 대한 총소요량은 계획오더의 발급일 기준으로 발생되는데, 이를 리드타임 차감 또는 타임페이징(lead time offsetting or time-phasing)이라 한다.

MRP의 입력정보와 계산절차

Bill of Materials

자재목록표(bill of material: BOM)는 어떤 품목 한 개를 만드는 데 소요되는 모든 부품(원자재, 반조립품, 구성품 등)과 수량을 보여 준다. BOM에는 실물의 크기 정보는 들어가지 않는다. BOM이 자재소요량 계획에 사용될 때 BOM은 단계 별 전개를 하는 기본 데이터가 된다.

BOM의 용도

제품의 정의(product definition): 제품을 생산하는 데 필요한 구성부품을 명시한다. 설계변경의 관리(engineering change control): 제품 설계 엔지니어는 제품에 사용되는 부품을 다른 것으로 교체할 수 있다. 이러한 변경은 기록, 관리되어야 하는데, 부품표가 그렇게 하는 방법을 제공해준다.

- 서비스 부품(service parts): 파손된 부품을 수리하는 데 필요한 대체 부품은 부품표에 의해 확인할 수 있다.
- 계획수립(planning): 부품표는 최종제품을 생산하기 위해 어떤 부품을 생산하거나 구입해야 하는지 계획할 수 있게 한다.
- 고객 주문의 관리 및 오더 엔트리(order entry): 제품이 많은 옵션을 가질 경우, 오더 엔트리 시스템은 최종제품의 구성을 나타내는 부품표를 관리하며, 상응하는 제품가격을 계산하기도 한다.
- 제조(manufacturing): 부품표는 제품을 생산하거나 조립하는 데 필요한 부품 리스트를 제공한다.
- 원가계산(costing): 제품 원가는 자주 직접재료비(direct material), 직접노무비(direct labor), 그리고 제조간접비(overhead)로 구분된다. 부품표는 직접재료비를 결정하는 것뿐만

아니라 직접노무비와 제조간접비의 배부(distributing overhead)를 결정하는 구조를 제공한다.

BOM의 표현 형식

BOM은 어떤 제품(삽)을 생산하기 위해 소요되는 부품 및 반조립품들을 보여준다.

Bill of Materials

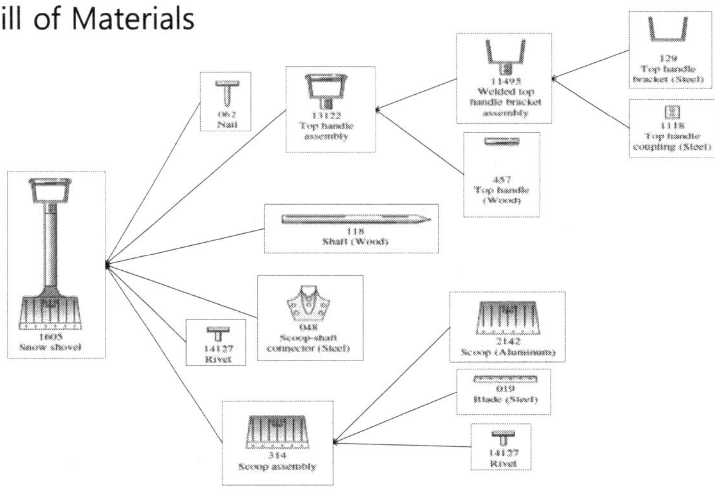

제품구조도

제품이 조립되는 방법에 따라 부품들을 조립 단계 별로 집단화(grouping)한 도면으로, 설계부서에서 실물 제품이 생산, 조립되는 순서에 따라 차례로 쌓아 올린 형태가 제품 구조도(product structure diagram)이다. 이를 BOM 의 표현 형식으로 보자면 다단계 부품표(multi-level BOM)의 형태가 된다.

제품구조도(Product Structure Diagram)

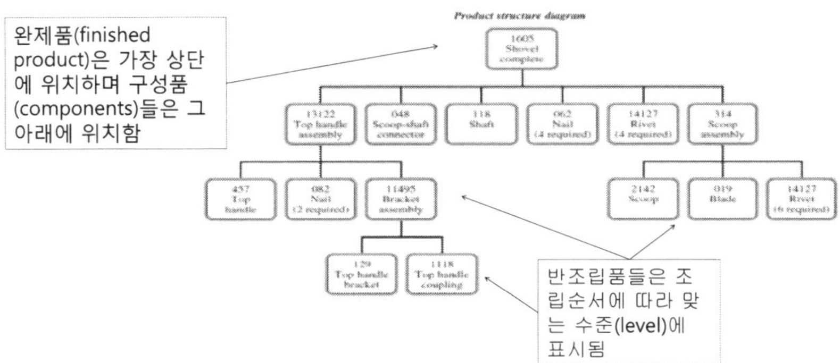

BOM 표현형식 유형(요약)

BOM의 용도에 따라 다양한 형태의 구조로 출력될 수 있다.

BOM 출력의 예)

- Single level BOM (Engineering BOM).
- Multi level BOM (Manufacturing BOM).
- Indented BOM.
- Planning BOM.
- Phantom BOM.

Single level BOM (Engineering BOM)

일단계 BOM(또는 설계용 BOM)은 자품목 중 바로 아래 단계에 사용되는 어셈블리나 서브어셈블리 만을 보여주는 BOM 형식을 말한다. 모품목을 생산하기 위해 직접적으로 필요로 하는 바로 아래 단계의 구성품만을 보여준다.

Single Level BOM.

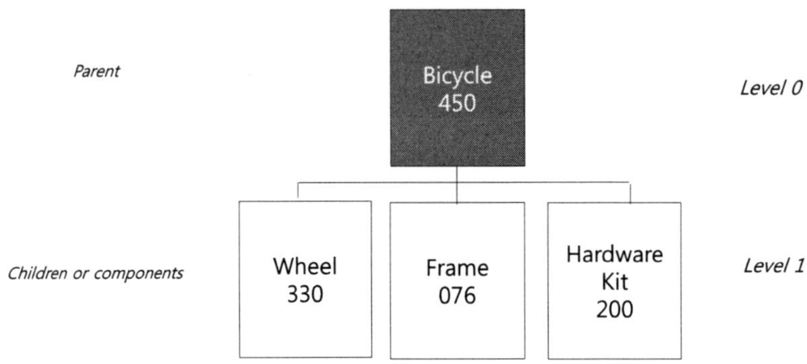

multi-level BOM

다단계 BOM은 아래 단계의 자품목, 그 아래 단계의 자품목 … 식으로 자품목의 모든 단계를 보여주는 BOM 형식을 말한다.

Multi Level BOM.

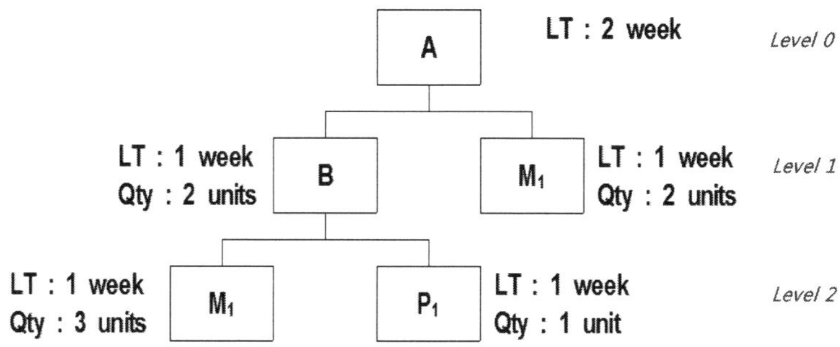

Indented BOM

제품구조도 상의 표시 수준(level)을 인덴트(indent) 시켜 표현한 BOM 표현 형식이다. 완제품은 레벨 '0' 즉 최상위 품목이므로 인덴트 시키지 않는다. 레벨 1 품목은 1 단계만큼 인덴트 시키고, 레벨 2 품목은 2 단계만큼 인덴트 시킨다.

인덴트 BOM은 다단계 부품표에서 단계(level)를 인덴트 정도로 표현한 것으로 볼 수 있다.

Indented Bill of Materials

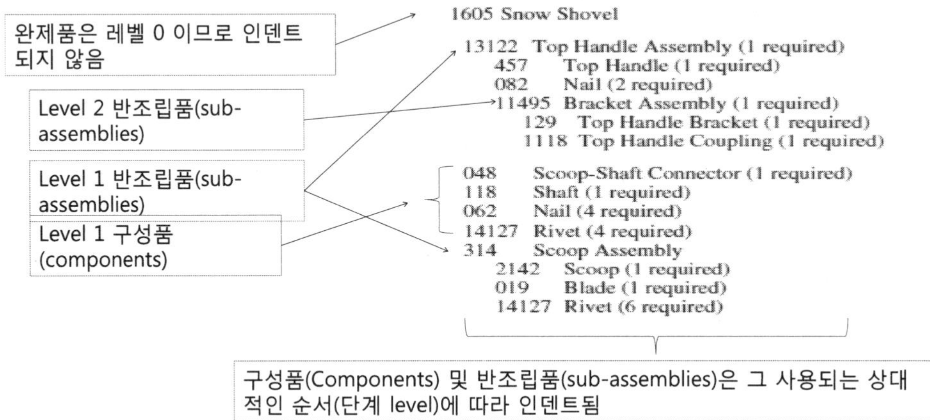

계획용 BOM

계획용 BOM 은 실제 제조하는 품목이 아닌 가공적인 그룹을 정하여 자재계획에 사용하기 위한 것이다. 계획용 BOM은 다음과 같이 다양한 이름으로 불린다.

- 모듈 BOM(Modular bill)
- 공통부품 BOM(Common parts bill)
- 키트(Kits)
- 슈퍼 BOM(Super bill)
- 가상 BOM(Phantom BOM)

Planning BOM

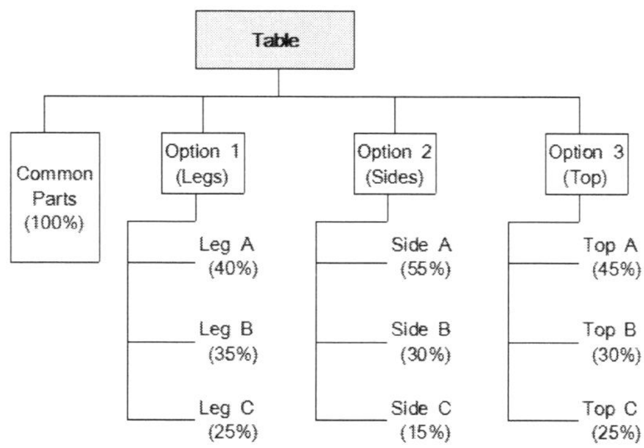

가상(phantom BOM)

Phantom 품목은 실제로 재고의 형태로 존재하는 품목은 아니지만 BOM 작성의 목적 상 가상적인 품목코드를 붙인 것이다. 이런 품목에 대해 작성한 계획용 BOM을 phantom BOM이라 한다.

Phantom BOM

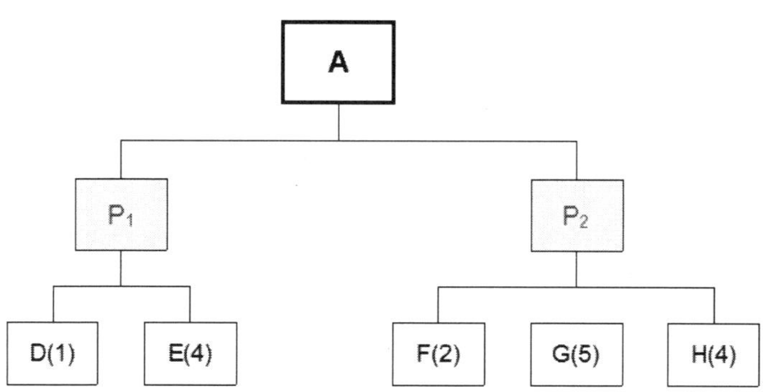

MRP의 입력정보 – Inventory Record

계획 인자(Planning factors)

MRP에서는 기본적으로 순소요량만큼 lot-for-lot 방식으로 추가적인 계획오더를 발급하면 된다. 하지만 지나치게 잦은 주문은 수송비의 증가 등 오더 비용을 크게 하므로 일회 주문 시 단위인 주문단위(lot size)를 정할 수 있다.

안전재고가 설정되어 있다면, 계획오더 발급 시 순소요량 계산은 안전재고만큼 제외하고 계산하기 때문에 안전재고도 계획에 영향을 주는 요인이다. MRP에서는 가능하면 안전재고를 허용하지 않는다. 종속수요품목의 소요량을 정확하게 계산하는 방식이기 때문에 독립수요품의 예측오류를 보전하기 위해 설정하는 안전재고는 적절하지 않다. 하지만 예외적으로 다음과 같은 경우에 안전재고를 허용한다.

- 폐기(scrap) 또는 파손으로 인한 생산/공급의 불확실성을 보전해야 할 경우
- 예비/서비스 부품
- 리드 타임이 긴 구매 자재의 불확실성을 보전

자재계획에서 스크랩률(scrap rate)은 하위 품목의 계획오더 발급에서 오는 총소요량을 초과계획(over-planning)하는데 사용한다.

상태 정보(Status Information)

MRP 계산에 필요한 입력정보 중 상태정보에 해당하는 것은 다음과 같다.

- 현재고(On-hand inventory balance)
- 할당량(Allocation)
- 오픈오더(On order, open order)
- 기간별 가용재고(Available inventory balance)

할당량(Allocation)은 품목의 수량 중에서 창고에 재고로는 보유하고 있지만 특별한 주문을 위해 사용금지 시킨 수량을 말한다. 오픈 오더는 제조오더나 구매오더를 발급했고, 아직 입고(완료)되지 않은 오더를 말한다.

MRP 입력정보 – MPS

MPS는 레벨 0 품목(최종제품)의 수요를 제기함으로써 자재소요량 계획을 구동한다. 아래 예의 item A의 MPS 오더가 2기, 4기, 6기에 각각 300 단위씩 잡혀 있는데 이것이 전개되어 Item A의 구성품 각각에 대해 총소요량을 추가하게 된다.

MRP입력정보 - MPS

Item A (Central supply #1)
On hand : 250 LT : 2
Lot size : 300 SS : 50

Demand Time Fence : 2
Planning Time Fence : 5

Week		1	2	3	4	5	6
Forecast					100	250	150
Orders		140	180	110	80	30	10
Projected available	250	110	230	120	320	70	220
MPS			300		300		300
Available to promise (ATP)		110	10	-	190	-	290

MRP 계산 절차

전개(Explosion)

소요량 전개란 상위 품목의 오더를 착수(order release)시키기 위해 요구되는 하위품목의 소요량을 계산하기 위해서 부품표 상의 사용 수량(usage quantity)을 상위품목의 오더 수량과 곱하는 것을 말한다. 즉 상위품목(parent)의 오더는 소요량 전개(explosion)가 되어 하위 품목(component part)의 총소요량(gross requirements)이 된다.

순소요량 계산(Netting)

어떤 품목의 순소요량은 그 품목의 보유 재고, 입고예정량, 그리고 안전재고 등 재고항목에서 총소요량을 차감함으로써 계산된다. 이렇게 계산된 기간별 예상재고의 계산 결과 음수가 되면 그 절대값만큼의 순소요량이 발생한 것이다.

순소요량 계산(netting) = (GR + SS) - (PAB + SR)

리드타임 옵세팅(Lead time offsetting)

순소요량은 주문단위 정책이 lot-for-lot인지 어떤 lot-size가 정해져 있는지에 따라 조정되어 계획오더를 형성한다. 이 때 순소요량이 있는 기간은 계획오더의 종료일이 되고, 계획오더의 착수일은 그 기간보다 리드타임만큼 선행된 기간이 되어야 한다. 그리고 그 품목의 계획오더가 전개되어 총소요량을 형성하는 하위 품목들의 총소요량은 상위 품목 계획오더의 착수일에 맞는 기간에 합산된다. 이렇게 리드타임이 BOM 구조에 따라 차례로 선행된 시점에 소요량을 형성하게 함으로써 MRP의 우선순위 계획(priority planning) 기능이 작동하게 된다.

단계 별 전개(Level by level explosion)

회사가 품목정보에 보유하고 있는 모든 자재품목에 대한 MRP 전개의 순서는 'Low level code'에 따라 높은 수준(Level 0)부터 낮은 수준의 순으로 해야 한다.

그림에서 P1 품목은 제품 A를 기준으로 봤을 때는 Level 1이고, 제품 B를 기준으로 봤을 때는 Level 2 품목이다. P1이 이들 두 제품에만 사용된다면 P1의 low level code 는 2 가 된다. 따라서 P1품목의 MRP 전개는 모든 low level code 0 품목이 끝난 후 low level code 1품목의 MRP 계획이 이루어진다. 같은 논리로 low level code 1 품목의 MRP계획이 완성된 후 low level code 2 품목들의 MRP계획이 이루어진다.

이렇게 하는 이유는 총소요량 전개 시 해당 품목을 자 품목으로 사용하는 모든 상위 품목의 총소요량이 모두 합산될 수 있게 하기 위함이다. 즉 Low level code의 순서를 무시하고 MRP 계획이 수립되면 모든 상위 품목으로부터의 총소요량이 합산도 되기 전에 그 품목의 계획오더를 계산하게 되어 계산 상의 오류를 유발하게 된다.

Low level code

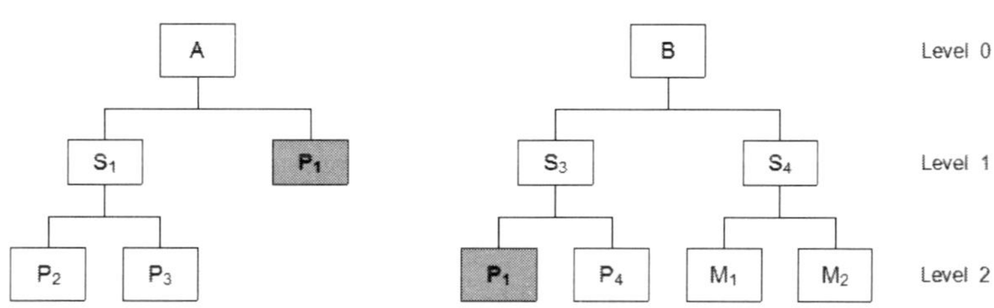

The low-level-code of P1 is '2'.

MRP의 기술적 이슈들

재계산(regeneration)

MRP 전개를 모든 품목에 대해서 새로 하는 것을 MRP 재계산이라 한다. 이는 계산의 양으로 엄청난 프로세싱 타임이 요구되기 때문에 대개 시스템 업무 부하가 낮은 시간을 이용하여 백그라운드(background) 모드로 재계산을 수행한다.

Net change 방식은 전체 품목 중에서 변화가 발생된 품목만을 재 계획하는 방식이다. 재계획을 얼마나 자주 하느냐에 따라 MRP계획이 늘 우선순위 계획을 반영하는지 여부가 영향을 받을 것이다. 하지만 너무 잦은 재계획은 컴퓨터의 증설 등 프로세싱에 들어가는 자원을 소모하게 할 것이다.

안전 재고와 안전 리드타임

안전재고(safety stock)는 총소요량을 만족시키는 수량 이상을 완충 목적으로 보유하고자 하는 재고를 말한다. 안전재고는 수량 상 불확실성이 클 때 보유하게 된다.

안전 리드타임(safety lead time)은 제조 오더나 구매 오더의 발급일 또는 납기일에 불확실성을 완충하기 위한 마진을 두는 것을 말한다. 안전 리드타임은 오더를 지키는 시간 상의 불확실성이 클 때 사용한다. 안전 리드타임은 단순히 리드 타임을 부풀리기 위한 것으로 사용해서는 안 된다.

페깅

페깅(pegging)은 부품의 총소요량이 어떤 품목의 수요(오더 발급, 고객의 주문 등)에서 발생한 것인지 알게 연결해 주는 역할을 한다.

예제) Pegging.

Gross Requirements Record - 부품 ITEM X

Period	1	2	3	4	5	6
Gross Requirements.	20		35	10		15
Scheduled Receipts.			100			

↓

Peg Record: 부품 ITEM X를 사용하는 상위 품목들

Period	Quantity	Parent record	External Order	M-day (time)*
1	20	A		128 (13 : 00)
3	15	A		137 (9 : 00)
3	20	C		139 (11 : 00)
4	10		No. 38447	142 (15 : 00)
6	15	D		153 (11 : 00)

* M-day: 생산일정
1 period (125 - 130 day) , 2 period (131 - 135 day), 3 period (136 - 140 day) , 4 period (141 - 145 day), 5 period (146 - 150 day), 6 period (151 - 155 day)

위 그림에서 알 수 있듯이 Pegging 이란 ITEM X의 각 기간별 Gross Requirement가 어느 공정 혹은 상위의 어느 품목에 의해 만들어 졌는가를 파악하는 것을 의미한다. 즉 ITEM X는 기간 1에 A을 만드는 공정에서 20 units가 사용될 예정이다.

Pegging은 MRP에서 매우 중요한 역할을 한다. MRP 시스템은 각 공정에서 작업을 진행하기 전에 작업과 관련한 재료 및 작업자, 공구 등을 미리 준비해서 작업을 실시하고 이를 해당하는 기간에 끝마칠 수 있도록 작업과 관련한 모든 작업장의 일정을 계획하는 시스템이다.

위 예의 경우에서 ITEM X의 Gross Requirement가 발생한 1, 3, 4, 6 주는 ITEM X를 재료로 하는 상위품목의 작업이 예정되어 있다는 것을 의미한다. 따라서 만일 ITEM X가 준비되지 않는다면, ITME X를 사용하는 작업은 진행될 수 가 없고, 이는 결국에는 완제품에 대한 구축일정(MPS)를 불확실하게 만드는 결과로 이어진다. 즉 ITEM X는 이 품목을 일정에 따라 사용할 수 있도록 항상 해당 창고에 알맞은 수량으로 준비가 되어 있어야 하며, 현재 ITEM X를 만드는 작업장에서는 이를 위해 100개 ITEM X를 만들거나 혹은 조달하고 있는 중이다. 3주의 Scheduled Receipts 100개는 3주의 생산 일정 중 가장 앞에 있는 137일까지는 입고되어야 함을 의미한다. 만약 현재 작업장에 만들고 있는 100개가 ITEM

X를 만드는 작업장에서 138일에 작업을 마치게 되면 어떤 일이 생기게 되는가? 이 질문에 답은 Pegging Report에 있다. ITEM X 100개는 반드시 137일 9: 00 이전에 작업이 완성되어 해당 창고에 입고되어 있어야 한다. 만일 그렇지 않는다면 ITEM X을 사용하는 공정 중 C 작업장은 문제없지만 A를 만드는 작업장은 작업을 늦게 시작할 수밖에 없으며, 일정계획은 이때부터 기능을 다 하지 못하게 된다.

MRP 계획 담당자의 과업

MRP계획 담당자의 역할은 다음과 같다.

오더 발급

- 구매오더(Purchase orders)
- 제조오더(Shop floor (production) orders)

재일정(Reschedule)

- 필요 시 기존 오더의 납기를 변경함

분석과 갱신

- 주문 단위(lot sizes)와 리드 타임을 지정함
- 스크랩 율, 안전재고 등 계획 파라메터를 지정, 변경함

문제 해결

- 오류를 발견해 내고 그 해결안과 근본 해법을 찾음

문제의 발견

- 장래의 파국을 예방하기 위해 지금 해야 할 일을 행함

도전 Quiz

※ 문제 1.

다음 중 MRP 시스템이 예외정보 또는 행동/요청 메시지를 내도록 신호를 주는 상황은 어느 것인가?

Ⅰ. No requirements for an open order

Ⅱ. Order due date is too late for a requirement

Ⅲ. Order due date is too early for a requirement

A) I and II B) I and III C) II and III D) I, II, and III

답: D

해설)

위 문항의 내용을 좀 더 상술하면 다음과 같다.

- Ⅰ. 입고예정량에 대한 수요량(요구량)이 존재하지 않을 때. - 특정 기간의 고객 주문이 취소되거나 연기된 경우에 해당함
- Ⅱ. 입고예정일이 고객수요의 요구일(need dates)보다 늦을 때. - 고객 주문이 최소 계획보다 빨리 요구되거나(rush orders) 혹은 다른 고객의 주문이 lead time를 무시한 채 발생한 경우
- Ⅲ. 입고 예정일이 고객수요의 요구일보다 빠를 때 - 문항 Ⅰ의 경우와 유사한 상황

위 문항은 모두 MRP exception message가 발생하는 전형적인 상황을 나타낸 것이다.

※ 문제 2.

예제)

Lot Size : 120 Allocated : 0
Safety Stock : 10 Lead Time : 3

	1	2	3	4	5	6
Gross Requirement	40	40	40	40	40	40
Scheduled Receipts				100		
Projected On-hand 140	100	60	20	80	40	0
Net Requirement						10
Planned Order Receipts						120
Planned Order Release			120			

위 표를 보면 각 변수들이 적절하게 균형 잡혀 있는 것을 알 수 있다. 만약 2 기의 수요가 40 에서 60 으로 변한다면 다음 중 맞는 서술은 어느 것인가?

A) The on hand would reach 0 in Period 3, but no action would be recommended because the gross requirements would still be covered.
B) A recommendation to reschedule the scheduled receipt of 100 for Period 4 to Period 3 would be made with no other changes needed.
C) A recommendation to reschedule the scheduled receipt of 100 for Period 4 to Period 3 and to move the planned order release for 120 in Period 3 to Period 2 would be made.
D) A recommendation to increase the scheduled receipt of 100 to 120 and to reschedule it from Period 4.

답: B

해설)

위 문제의 경우 2주의 Gross Requirement가 40에서 60으로 증가했다면 이에 따른 재일정(Reschedule)된 MRP Table은 다음과 같다.

Lot Size : 120 Allocated : 0

Safety Stock : 10 Lead Time : 3

	1	2	3	4	5	6
Gross Requirement	40	60	40	40	40	40
Scheduled Receipts			100			
Projected On-hand 140	100	40	100	60	20	0
Net Requirement						30
Planned Order Receipts						120
Planned Order Release			120			

위의 Table에서 알 수 있듯이 수요변화로 인한 변화에 대해 4주의 Scheduled Receipts를 3주로 조정(Reschedule in)하고, 다른 계획은 이전과 동일하게 유지하면 된다. MRP에서는 새로운 계획을 추가하기 전에 기존 계획(입고예정량)을 독촉(expedite)하는 방식으로 재계획을 한다.

※ 문제 3.

다음 중 pseudo BOM에 대한 설명으로 적합한 것은?

1. they are never manufactured
2. they are for transient assemblies

3. they facilitate planning

A) 1,2 B)2,3 C)1,3 D)1,2,3

답: C

해설)

BOM은 "How the product is built (제품이 제조되는 방법) " 을 말한다. 즉 BOM을 보면 제품을 만들 수(제조할 수) 있다. 반면에 Planning Bills 은 해당하는 제품이 어떻게 구성되었는지는 생각해 볼 수는 있지만, 그것을 보고 제품을 만들 수는 없다. Planning Bills은 처음부터 제품을 만들기 위해 작성된 것이 아니라, 단지 BOM의 형식을 통해 제품에 대한 정보를 표현하고, 이를 ATO 환경의 Planning에 이용하려고 하는 기법이다. 따라서 Planning Bills은 Pseudo Bills이라고 한다.

핵심정리

MRP의 기본 구조

- BOM의 유형에는 Single level BOM (Engineering BOM), Multi level BOM (Manufacturing BOM), Indented BOM, Planning BOM, Phantom BOM 등이 있다.

MRP의 입력정보와 계산절차

- MRP 계산 절차는 explosion, netting, lead time offsetting 등의 개념을 이해해야 한다.

MRP Technical Issues

- 페깅은 부품의 총소요량이 어떤 품목의 수요(오더 발급, 고객의 주문 등)에서 발생한 것인지 알게 연결해 주는 역할을 한다.
- Exception code는 MRP 계획 파라메터의 기준을 벗어나는 다양한 일정 상의 문제가 있을 때 예외정보로서 계획담당자에게 보여주는 역할을 한다.

제7장

생산능력계획의 실제

생산능력계획 개요

생산능력의 계획과 통제 실제

생산능력계획의 기술적 이슈들

제 7 장 생산능력계획의 실제

용어 사전

종합 인자를 이용한 생산능력계획(capacity planning using overall factors: CPOF)
가장 단순한 개략생산능력계획의 방법으로서 역사적으로 축적된 데이터(작업장 가동, 생산 표준)를 이용하여 계획 인자를 생성한다.

생산능력 명세에 의한 방법
생산능력 명세(bill of capacity)는 최종제품 한 단위를 각 작업장에서 생산하는 데 소요되는 표준 시간이 기록되며, 특히 애로공정에 대해 생산능력 명세를 작성한다.

자원 프로파일(resource profiles)
이는 생산리드타임 정보를 이용하는 개략생산능력계획(rough-cut capacity planning) 기법으로서, 각 작업장 별로 time-phased 된 생산능력 소요량을 제공한다.

제한 생산능력 일정계획(finite capacity scheduling)
작업오더의 시작과 종료 시점을 각 작업장에 대해 시뮬레이션 하여 각 작업별 작업장 별 상세 일정을 세우는 기법. 만약 어느 작업장의 생산능력이 계획된 작업에 비해 충분하지 않다면 우선순위 규칙에 의해 어느 작업이 지연되어야 하는지 결정됨

학습 목표

✧ MPC 시스템 내에서 생산능력계획이 수행하는 역할에 대해 설명

할 수 있다.

✧ 생산능력의 계획과 관리의 여러 방법들에 대해 그 차이를 이해하고 설명할 수 있다.

✧ 생산능력계획에 관한 여러 기술적 이슈들에 대해 설명할 수 있다.

생산능력계획 개요

생산능력 계획과 관리

생산능력 계획과 관리(capacity planning and management)는 두 가지 관리적 문제를 해결하기 위한 모듈이다. 생산능력을 일정계획에 맞추는 일 - 주어진 계획을 만족시키기 위해서 필요한 생산능력을 제공하거나 또는 가용한 생산능력에 맞추어 계획을 조정할 수도 있다.

생산능력의 가동률을 낮추는 것을 감수하고서라도 시장에서 요구되는 경쟁 요건이 점점 더 빠른 스루풋(throughput, 산출률) 달성을 지향한다.

MPS 계획과 통제에 있어서 생산능력계획의 역할

생산능력계획의 일차적인 목표는 수요를 맞추기 위해 충분한 생산능력의 요구량을 조기에 추정하는 것이다. 생산능력계획을 하자 없이 수행하는 기업은 불유쾌한 놀람(unpleasant surprises)을 방지할 수 있다.

- 불충분한 생산능력은 납품 성과를 떨어뜨린다.
- 반면에 지나친 생산능력은 불필요한 낭비가 될 수 있다.

예제) 자재계획과 생산능력계획의 관계

다음의 행동이 MRP와 CRP에 모두 영향 주는 것은 어느 항인가? (맞는 항은 모두 선택)

Ⅰ. Reschedule planned order.
Ⅱ. Open order change.
Ⅲ. Reschedule purchase order.
Ⅳ. Revise MPS.

답: Ⅰ, Ⅱ, Ⅳ
해설) 우선 MRP가 변하면 CRP가 변한다. 왜냐하면, CRP를 수립하기 위해는 우선 MPR에 의해 생성된 Planned & Open Order를 사용하기 때문이다. (이 경우 Order는 Production Order을 의미하며, 구매 오더는 CRP에 영향을 안 미칠 것임)

MRP에 영향을 미치는 요인은 다음의 것들이 있다.

- MPS revisions.
- Engineering changes.
- Inventory correction.
- Scrap in excess of plan.
- Changes in lot size.
- Customer order revisions.

문항 Ⅲ은 공급자에게 이미 내려진 혹은 내려질 Order에 대한 계획변경을 의미한다. 이 경우 해당하는 품목의 MRP Grid는 바뀔 것이다. 하지만 CRP는 영향을 받지 않는다. CRP는 Purchase Order에 대해서는 계획을 수립하지 않는다.

능력계획은 해당하는 작업량을 생산시스템이 처리할 수 있는가 여부를 파악하는 활동인데, CRP에서 수행하는 절차를 외부업체에 대해서 적용하는 경우는 극히 드물고, 일반적으로는 구매 쪽에서 공급자에게 구매오더의 구체적인 내용을 알려주고, 이를 공급자가 승인하면, 해당 공급자가 정해진 시간 내에 처리할 것으로 파악한다. 그리고 만약 처리가 원만하게 이루어지지 않을 경우에는 이에 상응하는 조치가 구매관리를 통해 이루어질 수 있다.

예제) 생산능력 구하기

다음과 같이 데이터가 주어져 있는 작업장의 1주일 간의 rated capacity를 구하라.

- No. of machines = 12
- No. of shifts = 2
- Utilization = 90%
- Efficiency = 80%
- No. of operators during the first shift = 4
- No. of operators during the second shift= 3
- No. of machines per operator = 3
- Operation hours per shift = 8 hours
- No. of working days = 5 days
- Scrap rate = 8%

A. 345 hours B. 547 hours C. 605 hours D. 617 hours

답) C

해설)작업장의 계산된 능력을 계산할 때는 Scrap rate는 고려하지 않는다.
명목 상의 1일 생산능력 = 4 × 3 × 8 + 3 × 3 × 8 = 168 hours
실제 생산능력(1주간) = 168 × 5 × .9 × .8 = 604.8 hours

타 시스템 모듈과의 연결관계

생산능력 계획은 대응되는 자재의 우선순위계획에 따라 자원계획(Resource Planning), 개략적 능력계획(Rough-Cut Planning), 생산능력계획(Capacity Requirements Planning)이 있으며, 생산능력의 통제로서 제한부하법(finite loading), 투입/산출분석(input/output analysis)으로 구분된다.

자원계획(Resource Planning)

- 판매 및 생산계획(S&OP)에 연결됨
- S&OP 데이터를 변환하여 총괄수준의 자원 단위(aggregate resource units)의 소요량을 파악함

개략적 능력계획(Rough-Cut Planning)

- 기준생산일정(MPS)에 연결됨
- MPS 의 생산능력 소요분을 추정함(특히 애로 공정)

생산능력계획(Capacity Requirements Planning)

- 자재소요량계획(MRP)에 연결됨
- time-phased 된 자재계획을 기반으로 구체적인 생산능력의 준비에 사용됨

제한부하법(Finite Loading)

- 자재소요량계획(MRP)과 작업현장관리(shop floor control)에 연결됨
- 생산능력의 한계 내에서 가동률을 채우면서 생산진행의 조정을 고려함

투입/산출분석(Input/output Analysis)

- 작업현장관리(shop floor control)에 연결됨
- 상세 자재계획을 수행하는 중의 생산능력의 실제 사용 상황을 모니터링 함

생산능력의 계획과 통제 실제

생산능력계획의 방법은 매우 방대한 데이터를 사용하는 계산이다. 하지만 생산능력을 파악해야 할 필요성에 따라 보다 간편한 방법을 선택해서 사용할 수 있다. 생산능력계획 방법에는 다음과 같은 방법들이 포함된다.

- 종합요소(Overall Factors: CPOF)에 의한 방법
- 생산능력 Bills 에 의한 방법(Capacity Bills)
- 자원 프로파일(Resource Profiles)
- 생산능력계획(Capacity Requirements Planning) 방법

종합요소를 이용한 생산능력 계획

CPOF Example:

이는 가장 단순한 개략생산능력계획의 방법으로서 최초 기준생산일정(MPS)으로부터 데이터가 입력되면, 이를 역사적으로 축적된 데이터(작업장 가동, 생산 표준)를 이용하여 계획 인자를 이용하여 필요한 생산능력을 생성한다.

예) 전체적 작업시간 또는 기계시간은 MPS 물량으로부터 계산: 위 예에서 총 필요 생산능력은 62.80이며, 이것이 각 작업장에 대한 역사적인 작업부하 비중에 따라 전체 작업시간이 각 작업장 별로 배분된다.

CPOF Example

Master production schedule (in units):

End Product	Period 1	2	3	4	5	6	7	8	9	10	11	12	13	Total
A	33	33	33	40	40	40	30	30	30	37	37	37	37	457
B	17	17	17	13	13	13	25	25	25	27	27	27	27	273

Direct labor time per end product unit:

End Product	Total Direct Labor in Standard Hours/Unit
A	0.95 hour
B	1.85

계획인자(planning factor)

총 필요 생산능력=
(33*0.95)+(17*1.85)
= 62.80

작업장 생산능력 = 역사적 구성비율(%) * 총 필요 생산능력

Work Center	Historical Percentage	Period 1	2	3	4	5	6	7	8	9	10	11	12	13	Total Hours
100	60.3	37.87	37.87	37.87	37.41	37.41	37.41	45.07	45.07	45.07	51.32	51.32	51.32	51.32	566.33
200	30.4	19.09	19.09	19.09	18.86	18.86	18.86	22.72	22.72	22.72	25.87	25.87	25.87	25.87	285.49
300	9.3	5.84	5.84	5.84	5.78	5.78	5.78	6.96	6.96	6.96	7.91	7.91	7.91	7.91	87.38
Total required capacity		62.80	62.80	62.80	62.05	62.05	62.05	74.75	74.75	74.75	85.10	85.10	85.10	85.10	939.20

생산능력 명세(Bills)에 의한 방법

이는 Rough-cut capacity planning 방법에 사용되는 것으로 각각의 최종제품에 직접적으로 연관된다. 생산능력 명세(bill of capacity)는 최종제품 한 단위를 각 작업장에서 생산하는 데 소요되는 표준 시간이 기록되어 있다. 이를 이용하여 MPS 데이터와 곱하여 전개함으로써 각 작업장 별 생산능력을 계산하게 된다. 이 방법은 CPOP 절차에 비해 필요한 데이터의 양이 많이 소요된다. 따라서 전체 생산공정에 적용하기 보다는 특히 애로공정에 대해 생산능력 명세를 작성한다.

아래 그림 예 1 에 나타나 있듯이 제품 A와 B는 작업장 100, 200, 300과 관련되어 있다. A 품목의 표준 lot size는 40개이고 이 로트를 생산하기 위한 준비시간(setup)과 표준 작업시간(run)이 나와 있다. 따라서 이를 표준 lot size인 40으로 나누면 A 제품 한 단위를 생산하기 위한 표준가동시간과 표준 준비시간이 산정된다. 이렇게 산정된 데이터를 생산능력 명세라 한다.

생산능력 명세(Bill) 사용 예 - 1

Product Structure Data

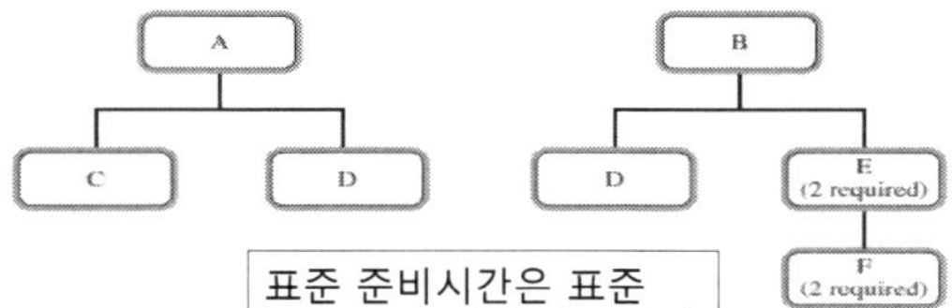

표준 준비시간은 표준 lot size에 의해 나누어짐

Total hours 는 표준 가동시간과 표준 준비시간을 합쳐 산정

Routing and Standard Time Data

	Lot Sizes	Operation	Work Center	Standard Setup Hours	Standard Setup Hours per Unit	Standard Run Time Hours per Unit	Total Hours per Unit
End Products							
A	40	1 of 1	100	1.0	0.025*	0.025	0.05†
B	20	1 of 1	100	1.0	0.050	1.250	1.30
Components							
C	40	1 of 2	200	1.0	0.025	0.575	0.60
		2 of 2	300	1.0	0.025	0.175	0.20
D	60	1 of 1	200	2.0	0.033	0.067	0.10
E	100	1 of 1	200	2.0	0.020	0.080	0.10
F	100	1 of 1	200	2.0	0.020	0.0425	0.0625

예-2를 보면, MPS 수량은 생산능력명세(bill of capacity)에 의해 곱해져서 기간 별로 소요되는 작업장의 생산능력을 결정하게 된다.

생산능력 명세(Bill) 사용 예 - 2

Master production schedule (in units):

End Product	1	2	3	4	5	6	7	8	9	10	11	12	13	Total
	Period													
A	33	33	33	40	40	40	30	30	30	37	37	37	37	457
B	17	17	17	13	13	13	25	25	25	27	27	27	27	273

MPS 수량은 생산능력명세(bill of capacity)에 의해 곱해져서 기간별로 소요되는 작업장의 생산능력을 결정함

Bill of Capacity: End Product

Work Center	A Total Time/Unit	B Total Time/Unit
100	0.05	1.30
200	0.70‡	0.55§
300	0.20	0.00
Total time/unit	0.95	1.85

Capacity Requirements Using Capacity Bills

Work Center	Period 1	2	3	4	5	6	7	8	9	10	11	12	13	Total Hours	Projected Work Center Percentage
100	23.75*	23.75	23.75	18.90	18.90	18.90	34.00	34.00	34.00	36.95	36.95	36.95	36.95	377.75	40%
200	32.45	32.45	32.45	35.15	35.15	35.15	34.75	34.75	34.75	40.75	40.75	40.75	40.75	470.05	50
300	6.60	6.60	6.60	8.00	8.00	8.00	6.00	6.00	6.00	7.40	7.40	7.40	7.40	91.40	10
Total	62.80	62.80	62.80	62.05	62.05	62.05	74.75	74.75	74.75	85.10	85.10	85.10	85.10	939.20	100%

자원 프로파일

자원 프로파일(Resource Profiles)은 생산리드타임 정보를 이용하는 개략생산능력계획(Rough-cut capacity planning) 기법으로서, 각 작업장 별로 time-phased된 생산능력 소요량을 제공한다. 자원 프로파일은 보다 복잡화 된 방식이지만 상대적으로 짧은 기간(1주 이내)의 추적을 요한다.

자원 프로파일 사용 예:

- 제 5 기의 제품 A 한 단위를 생산하려면 작업장 100, 200, 300에서 제 3기, 4기, 5기에 생산활동들이 이루어져야 한다.
- 각 작업장 및 기간 별로 제품 1 단위를 생산하기 위한 생산능력 소요량이 MPS 계획에 곱해져 생산능력 소요량이 계산된다.
- 이들 소요량은 각 기간별로 합쳐져 그 공정의 생산능력소요량이 된다.

자원 프로파일 사용 예 1

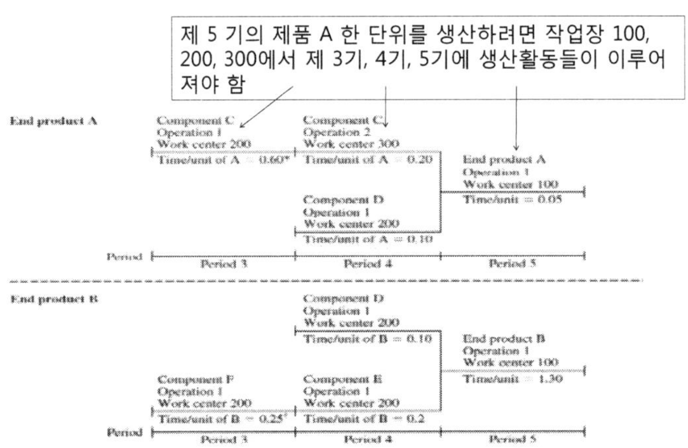

자원 프로파일 사용 예 2

Time required during preceding periods for one end product assembled in period 5:

	Time Period		
	3	4	5
End product A			
Work center 100	0	0	0.05
Work center 200	0.60	0.10	0
Work center 300	0	0.20	0
End product B			
Work center 100	0	0	1.30
Work center 200	0.25	0.30	0

Time-phased capacity requirements generated from MPS for 40 As and 13 Bs in time period 5:

	Time Period		
	3	4	5
40 As			
Work center 100	0	0	2
Work center 200	24	4	0
Work center 300	0	8	0
13 Bs			
Work center 100	0	0	16.9
Work center 200	3.25	3.9	0
Work center 300	0	0	0
Total from period 5 MPS			
Work center 100	0	0	18.9
Work center 200	27.25	7.9	0
Work center 300	0	8.0	0

각 작업장 및 기간 별로 제품 1 단위를 생산하기 위한 생산능력 소요량이 MPS 계획에 곱해져 생산능력 소요량이 계산됨

이들 소요량은 각 기간별로 합쳐져 그 공정의 생산능력소요량이 됨

생산능력계획

생산능력계획(CRP)은 개략적 계획(rough-cut planning) 절차에 비해 다음과 같은 차이가 있다.

- MRP 로부터 오는 time-phased 된 계획을 이용한다.
- 재고로 보유한 자재를 고려에 포함한다.
- 재공품의 현재 상황정보를 고려한다.
- MPS 에서는 고려되지 않는 서비스 부품 등 기타 수요를 고려한다.
- 더 많은 인풋 자료와 더 많은 계산 자원을 사용한다.

CRP 계산 예시:

생산능력계획(Capacity Requirements Planning) Example

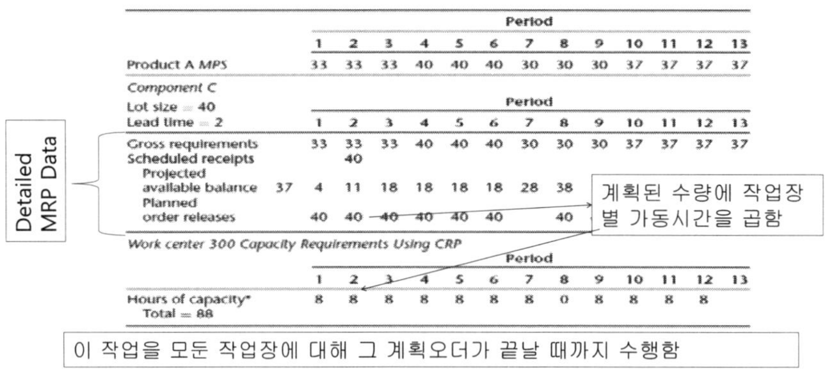

		Period 1	2	3	4	5	6	7	8	9	10	11	12	13
Product A *MPS*		33	33	33	40	40	40	30	30	30	37	37	37	37

Component C
Lot size = 40
Lead time = 2

		Period 1	2	3	4	5	6	7	8	9	10	11	12	13
Gross requirements		33	33	33	40	40	40	30	30	30	37	37	37	37
Scheduled receipts			40											
Projected available balance	37	4	11	18	18	18	18	28	38					
Planned order releases		40	40	40	40	40	40		40					

Work center 300 Capacity Requirements Using CRP

	Period 1	2	3	4	5	6	7	8	9	10	11	12	13
Hours of capacity* Total = 88	8	8	8	8	8	8	8	0	8	8	8	8	

생산능력계획의 기술적 이슈들

생산능력계획과 자재계획을 동시에 수립하기

일반적으로는 자재소요량계획을 먼저 수립하고 이어서 생산능력계획을 수립하여 생산능력의 가용성을 검증한다. 이는 생산능력은 조정될 수 있다는 가정을 하는 것이다. 이에 반해 생산능력계획과 자재계획을 동시에 수립한다면 이는 현재 보유하고 있는 생산능력의 한계 내에서 자재계획을 운영하고자 하는 것이다.

제한 생산능력 일정계획

제한 생산능력 일정계획(Finite Capacity Scheduling)는 각 작업장의 생산능력이 주어진 표준 생산능력에 따라 제한되어 있다고 보고 일정계획을 수립하는 일종의 시뮬레이션 방법을 말한다. 제한 생산능력 일정계획의 흐름은 다음과 같다.

- 작업오더의 시작과 종료 시점을 각 작업장에 대해 시뮬레이션 함

- 각 작업별 작업장 별 상세 일정을 세움
- 만약 어느 작업장의 생산능력이 계획된 작업에 비해 충분하지 않다면 우선순위 규칙에 의해 어느 작업이 지연되어야 하는지 결정됨

무작위성에 의해 시간이 경과하면서 계획의 정확성은 퇴보하며, 원래의 일정계획과 실제 일정이 안 맞는 경우가 생긴다. 즉 작업장은 원래 정해진 시간에 가용하지 않은 작업을 기다리는 경우가 생긴다. 기다리는 시간은 결국 생산능력의 손실을 의미한다. 재일정 과정은 많은 전산자원을 소모하므로, 미세한 문제는 일정계획의 미세 조정을 통해 보전해야 한다.

그림을 보면, 어느 작업장에 대해 제품 A는 가용 생산능력을 모두 소진하지 못하고 있다. 하지만 MRP 상의 모든 작업을 합친 결과 여러 기간에 걸쳐 가용한 모든 생산능력을 소진하고 있음을 볼 수 있다. 제한 생산능력 일정계획(제한부하법)은 계획오더들 중 몇 개를 생산능력 가용성 내에 들 수 있도록 이동하는 방식이다.

제한 생산능력 일정수립

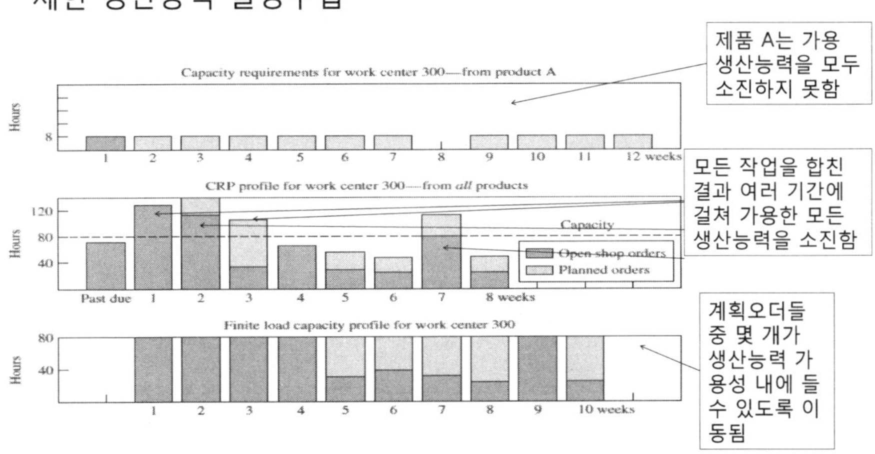

작업장 일정수립

작업장 일정수립(work center scheduling)은 어느 작업장에 여러 개의 작업이 계획되어 있을 때 그 중 어느 작업을 먼저 투입(load)하느냐의 문제로서 다음과 같이 두 가지 어프로치가 있다.

- 수직적 로딩: 각 작업장은 다른 작업장과의 관계를 고려하지 않고 일정계획이 수립된다. 작업장의 가동률은 높아질 수 있지만 작업이 일부분만 완성된 채로 남는 작업이 많아진다.
- 수평적 로딩: 작업들이 정해진 우선순위에 따라 일정계획 된다. 앞의 예에 비해 생산능력의 가동률은 낮아질 수 있다. 그러나 전체 작업 중 정해진 시간 내에 완성되는 작업의 비율은 높아질 것이다.

APS 생산일정

제한적 생산일정 방법을 응용한 APS(advanced production scheduling)는 다음과 같은 특징을 갖는다.

- 제한 생산일정방식을 확장하여 전체 제품구조(최종제품 및 중간조립품)에 대해 적용함
- 리드 타임을 획기적으로 줄일 수 있도록 함
- 정확한 일정계획 파라메터를 유지해야 하며, 결함이 없는 운영, 그리고 어떤 문제가 발생했을 때 즉시 회복하는 능력이 있어야 함

Input/Output Control에 의한 생산능력의 모니터링

계획된 투입(input)은 공정의 생산능력계획에 의해 결정된다. 계획된 산출(output)은 그 작업장의 사정에 따라 달라질 수 있다. 만약 그 작업장이 애로공정이라면 산출률은 작업장의 능력에 의해 결정된다. 애로공정이 아니라면 산출률은 계획된 투입과 같아질 것이다. 계획된 수량과 실제수량 간의 차이는 예외관리적 관점에서 분석되어야 한다.

애로 공정의 관리(TOC 관점)

제약자원이론(TOC)의 논리에 따라 애로공정은 다음과 같은 방법으로 관리되어야 한다.

- 애로공정 찾기는 개략적 생산능력계획 또는 생산능력계획을 이용해서 이루어진다.
- 애로를 제거하기 위한 신속한 방안을 찾는다. 여기에는 생산능력을 확대하는 방법, 작업순서를 바꾸는 방법이 있을 수 있다.
- 애로공정에 일정수립의 노력을 집중한다. 애로공정을 거치지 않는 작업과 달리 애로공정을 거치는 작업은 세심하게 관리한다.
- 애로공정을 거치는 작업의 일정계획은 제한부하법, 수평적 부하법(horizontal loading), 그리고 후방일정계획(back scheduling)을 사용한다.

생산능력의 척도

생산능력은 여러 가지 방법으로 측정될 수 있다. 예를 들면 작업시간, 기계시간, 물리적 수량, 금액 등을 사용할 수 있다.
회사의 필요와 제약조건에 따라 적합한 성과척도를 사용해야 한다.
일반적인 경향에는 다음과 같은 내용이 포함된다.

- 직접 작업시간, 비용은 줄어드는 추세이고 직접작업과 간접작업의 구분이 불투명해지고 있다.
- 그리고 여러 가지 노동에 대한 규제로 작업자의 생산능력을 변경하는 것이 쉽지 않고, 외주 작업이 많이 이용되고 있다.
- 자동화의 진전(유연생산자동화, 셀 생산기술 등) 등

도전 Quiz

※ 문제 1.
Group A와 Group B는 동일한 Equipment를 사용하는데, 초기에는

Group A: 2500개, Group B: 2000개를 생산하기로 계획되어 있었는데, 계획을 수정하여 Group A: 2000개, Group B: 2500개를 생산하고자 할 때 다음 사항 중에서 맞는 것은?

W/C	GROUP A	GROUP B	Regular(capacity)
140	30hr/100	50hr/100	2,000
130	50hr/100	30hr/100	2,000
120	80hr/100	40hr/100	2,000
110	70hr/100	30hr/100	2,000

A. Elimination all bottleneck
B. W/C 110, 120 bottleneck
C. W/C 120, 130 Bottleneck
D. W/C 110, 120, 140 bottleneck

답: B.

해설)

위 문제의 가정은 다음과 같다.

- 가정 1. 각 작업장의 Capacity 는 동일하게 2000 hours 이다.
- 가정 2. Group A 와 Group B 는 모두 네 작업장을 모두 거쳐야 작업이 완성된다.

따라서 Group A - 2000개와 Group B - 2500개를 각 작업장에서 처리하는데 필요한 능력(Capacity required: Load)을 계산하면 다음과 같다.

- W/C 140 = 20 * 30 + 25 * 50 = 1850 hours.
- W/C 130 = 20 * 50 + 25 * 30 = 1750 hours.
- W/C 120 = 20 * 80 + 25 * 40 = 2600 hours. (overload)
- W/C 110 = 20 * 70 + 25 * 30 = 2150 hours. (overload)

위 작업장의 경우 W/C 120과 110이 overload되어 애로공정(bottleneck)이 된다.

※ 문제 2.

어느 작업장의 관련 데이터가 다음과 같이 주어져 있다.

- Assemble time per piece = 30 minutes
- Utilization = 80%
- Efficiency = 90%

40시간마다 800 단위를 생산하고자 한다면 몇 명의 작업자가 필요한가?

A. 12 B. 13 C. 14 D. 15

답: C

해설)

위 문제는 40시간 동안에 800개의 제품을 조립해야 하는 작업장에 필요한 작업자의 수를 계산하는 문제이다.

1 단위를 조립하는 정상시간 = 30분 / (0.8 × 0.9) = 41.7분/개

= 0.696 시간/ 개당

작업자 1 명의 생산능력 = 40시간

800 단위를 생산하는 작업부하 = 0.696 × 800 = 556.8 시간

따라서 필요한 작업자 수 = 556.8/ 40 = 13.9 약 14 명

핵심정리

생산능력계획 개요

- 생산능력계획의 일차적인 목표는 수요를 맞추기 위해 충분한 생산능력의 요구량을 조기에 추정하는 것이다.
- 생산능력 계획은 대응되는 자재의 우선순위계획에 따라 자원계획(Resource Planning), 개략적 능력계획(Rough-Cut Planning), 생산능력계획(Capacity Requirements Planning)이

있으며, 생산능력의 통제로서 제한부하법(Finite Loading), 투입/산출분석(Input/output Analysis)으로 구분된다.

Capacity Planning and Control 실제

- 생산능력계획의 방법에는 종합요소(Overall Factors: CPOF)에 의한 방법, 생산능력 Bills 에 의한 방법(Capacity Bills), 자원 프로파일(Resource Profiles), 생산능력계획(Capacity Requirements Planning) 방법 등이 있다.

생산능력계획의 기술적 이슈들

- 생산능력계획의 기술적 이슈로서는 생산능력계획과 자재계획을 동시에 수립하기, 제한 생산능력 일정계획(finite capacity scheduling), 애로공정에 대한 TOC 적 기법 등이 있다.

제8장

재고관리

총괄적 재고관리

개별품목 재고관리

제 8 장 재고관리

용어 사전

재고(inventory)
재고란 생산을 위한 원재료 및 재공품, 지원활동을 위한 유지, 보수 및 운전 용품(maintenance, repair, and operating supplies: MRO), 그리고 고객 지원을 위한 완제품과 수리용 부품 등을 말한다.

총괄적 재고관리(aggregate inventory management)
재무적 차원에서 재고의 유형 별로 얼만큼의 자금이 투입되어 있는지 파악하고, 재고유지비용을 산출하는 데 초점이 있다.

개별 품목 재고관리(item inventory management)
중요도가 가장 높은 품목의 분류, 개별 품목에 대해 언제, 얼만큼 발주해야 하는지, 또 개별 품목의 재고를 어떻게 통제하는지에 관한 내용이 포함된다.

안전재고(safety inventory)
불확실한 수요변화에 대처하고 자재조달의 불확실성 하에서 생산활동의 독립성을 유지하기 위해서 보유하는 완충재고(buffer stock)를 말한다.

디커플링 재고(decoupling stock)
특히 개별수주형(job-shop) 공정에서 연속되는 작업 사이에 완충역할(buffers)을 하도록 보유하는 재공품(WIP) 재고를 말한다.

예비재고(anticipation stock)
계절적으로 수요가 폭주하는 때를 대비하여 미리 재고를 비축하는 경우가 있는데 이를 예비재고(anticipation stock)라 한다.

헷징 스톡(hedging stock)

공급자의 파업, 급격한 가격인상, 원재료 공급 국가의 불안정 등의 위험을 회피하기 위한 도박성 비축재고(gambling stock)를 말한다.

순환재고 또는 로트크기 재고(cycle inventory or lot-size inventory)

주문 시 너무 잦은 주문은 주문비용을 크게 하므로, 일회 주문수량은 어느 정도의 로트를 정해 주문 단위수량을 갖게 되는데, 이로 인해 주문이 도착했을 때 일시적으로 증가하는 재고를 로트크기 재고라 한다.

파이프라인 재고(pipeline inventory)

현재 이동 중인 재고로서 수송재고(transportation stock)라고도 한다. 따라서 파이프라인 재고는 완제품의 유통재고(distribution inventories)에서 주로 나타난다.

주문비용(ordering or procurement cost)

공장 또는 공급자에 주문을 할 때마다 발생하는 비용으로서 주문비용은 주문수량과 무관하게 발생하고, 단지 연간 주문회수에 비례하여 발생한다는 특징이 있다.

재고유지비용(carrying or holding cost)

재고를 보관하고 유지하는 데 수반되는 비용으로서 재고에 투입된 자본비용(capital costs: a lost opportunity cost), 창고의 임대료, 작업자 임금 및 저장 설비 등 보관비용(storage costs: space, workers, and equipment), 진부화, 파손, 도난, 열화 등 위험 비용(risk costs: obsolescence, damage, pilferage, and deterioration)이 포함된다.

ABC classification

ABC분류는 파레토 법칙(Pareto's law)을 써서 재고를 분류하고 분석하는 유용한 방법이다.

학습 목표

- ✧ 원재료, 재공품, 완제품, MRO, 유지보수용품 등 제조 과정 단계에 따른 재고의 유형(TYPE OF INVENTORY)에 대해 설명할 수 있다.
- ✧ VMI(vendor managed inventory) & 위탁재고(consignment inventory)에 대해 설명할 수 있다.
- ✧ 기능에 따른 재고 유형을 설명할 수 있다.
- ✧ 보관위치의 이슈들에 대해 설명할 수 있다.
- ✧ 오더 수량을 결정하는 여러 기법에 대해 설명할 수 있다.
- ✧ 안전재고를 결정하는 방법에 대해 설명할 수 있다.

총괄적 재고관리

총괄적 재고관리와 개별품목 재고관리

재고관리는 총괄적 재고관리(aggregate inventory management)와 개별품목 재고관리(item inventory management)로 구분된다. 총괄적 재고관리는 재고의 유형, 즉 원재료, 재공품, 완제품, MRO, 유지보수용품 등으로 재고를 구분하고, 이를 재무적 차원에서 자산이 얼마나 되는지, 그 수준이 적정한지, 재고유지비용은 어떤지를 파악하는 것이 주 목적이다.
개별품목 재고관리는 특정한 SKU(stock keeping unit)에 대해 언제, 얼마나 발주해야 하는지 또 개별 품목의 재고를 어떻게 통제해야 하는지의 문제를 다룬다.

총괄적 재고관리의 주제들

- 재고의 유형(Types of inventory)
- 재고의 기능(Functions of inventory)
- 재고 비용(Inventory costs)
- 재고의 평가(Inventory valuation)

- ABC 분류(ABC classification)
- 성과측정(Performance Measurement)

개별품목 재고관리의 주제들

- 식별(Identification)
- 창고보관위치(Storage location)
- 오더 수량(Order quantity)
- 안전재고(Safety stock)
- 리드타임(Lead time)
- 상태 정보(Status information)
- 현 재고, 할당 재고, 오픈 오더, 가용재고(on-hand, allocation, on(open) order, available)

재고의 유형

원재료(raw materials) - 외부의 공급자로부터 생산 공정에 투입시키기 위해 입고되는 모든 자재를 말한다. 여기에는 천연자원과 타사에서 만든 부품이 포함된다.
재공품(work in process) - 자재가 공장 내에서 완성되어 가는 단계 중에 있는 공정재고를 말한다. 원재료를 가공 또는 조립한 중간 제품도 재공품에 포함된다.
완제품(finished goods) - 유통센터(distribution centers) 또는 최종 사용자에게 인도하기 위해 제품창고에 대기 중인 제품을 말한다. 유통센터에 대기 중이면 유통재고(distribution inventories)라 한다.
MRO 자재(maintenance, repair, and operating supplies) - 유지, 보수 및 운전 소모품으로서 대개 저가이고 종류가 매우 다양한 것이 특징이다. 제품원가 산정 과정에서 MRO자재는 어느 특정한 제품을 위해 소비되는 것이 아니기 때문에 제조간접비 항목에 포함된다.

그림에서 보듯이 생산과정이란 원재료가 투입되어 공정 내에서 재공품 단계로 있다가 마지막에는 완제품으로 변환되는 과정이다. 각 변환과정에서의 단계 별 재고금액은 정확히 집계, 평가되어야만 제품원가 올바르게 계산에 반영될 수 있다.

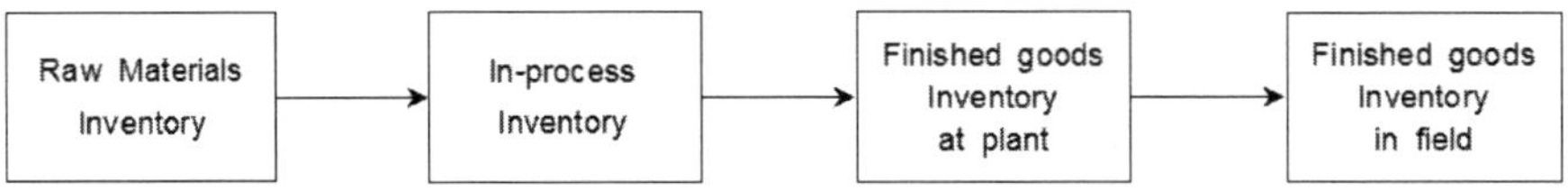

이들 재고 유형 중 완제품은 시장의 고객수요에 의해 수요예측이 되어야 하는 독립수요 품목, 그 아래 단계인 원재료 및 재공품은 완제품 수요에 의해 소요량이 계산되어야 하는 종속수요 품목이다.

참고)
독립수요(Independent demand) - 다른 품목의 수요와 관계 없이 일어나는 수요
독립수요(Dependent demand) - 상위 품목의 수요가 발생함으로써 그 하위 수준의 자품목 수요로서 발생하는 수요

재고의 기능

순환재고(Cycle stock) - 구매나 생산에 책정된 발주단위(lot size)에 의해 주기적으로 커졌다 적어졌다 하는 재고
안전재고(Safety stock) - 불확실한 수요변화에 대처하여 고객에 대한 서비스 수준을 유지하지 위해 필요한 재고를 완충재고로 확보하는 것
예비재고(Anticipation stock) - 계절적으로 수요가 폭주하는 때를 대비하여 미리 비축하는 재고
헷징 스톡(Hedging stock) - 현재 가격이 내렸지만 공급자의 파업, 원재료 공급 국가의 불안정 등 급격한 가격인상이 예상될 때 미리 확보하여 위험을 회피하기 위한 비축재고
이동 중 재고(In-transit stock) - 공급체인의 어느 한 지점에서 다른 지점 사이에 존재하는 재고

디커플 재고(Decouple stock) - 두 개의 상호 종속적인 공정 사이에 기계 고장이나 산출률의 변동에 의해 후 공정에 주는 영향을 완충하도록 보유한 재고

재고 비용

주문비용

주문비용(ordering cost)에는 생산과 구매 국면에서 발생한다. 생산 오더에서는 준비비용, 마모(tear down), 생산능력의 손실(lost capacity) 등이 해당하고, 구매오더(Purchase order)에서는 오더 준비와 follow-up이 해당한다.

주문비용은 주문수량과 무관하게 발생하고, 단지 연간 주문회수에 비례하여 발생한다는 특징이 있다. 여기에는 주문을 발급하고 마감하며, 일정계획을 수립하고, 투입, 지시, 독촉하는 생산관리 비용(production control costs: issuing and closing orders, scheduling, loading, dispatching, and expediting), 준비 및 해체비용(setup and teardown costs), 특히 애로공정의 준비시간 동안 발생하는 자본 비용의 손실(lost capacity cost: the time taken to set up is lost, particularly important and costly with bottleneck work centers), 주문 준비, 추적, 독촉, 입고, 지불 승인, 송장의 접수/ 지불에 따른 회계처리 비용 등 구매발주 원가 등이 포함된다.

재고유지비용

재고유지비용(carrying or holding cost)은 재고를 보관하고 유지하는데 수반되는 비용이다. 이에는 재고에 투입된 자본비용(capital costs: a lost opportunity cost), 창고의 임대료, 작업자 임금 및 저장 설비 등 보관비용(storage costs: space, workers, and equipment), 진부화, 파손, 도난, 열화 등 위험 비용(risk costs: obsolescence, damage, pilferage, and deterioration), 보험료와 세금 등 ownership cost가 포함된다.

재고비용의 행태

주문 로트 사이즈(order quantity)가 커지면 연간 주문 횟수는 줄어들기 때문에 연간 주문비용은 체감한다. 반면에 로트 사이즈가 커지면 평균 재고가 커지므로 연간 재고유지비용은 재고 금액에 비례하여 커진다. 이 관계에서 연간 최저 재고비용을 구한 것이 경제적 발주수량(EOQ)이다.

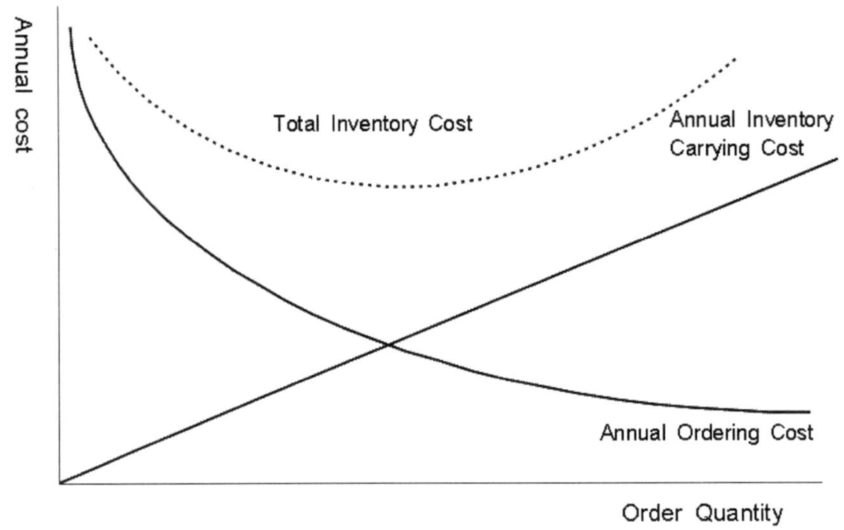

재고금액의 평가

재고금액의 결정(Inventory Valuation)은 원재료, 재공품, 완제품 재고의 금액을 회계 상으로 결정하는 것을 말한다. 이는 재고금액의 평가 방법을 어떤 원칙에 의해서 하느냐에 따라 큰 영향을 받는다. 그렇기 때문에 회계에서 준수해야 하는 일반 회계원칙(GAAP)에서는 재고평가 방법을 이유 없이 바꾸는 일을 금지하고 있다.

재고 평가원칙에는 last-in, first-out (LIFO), first-in, first-out (FIFO) and 평균법(average) 등이 있다.

1) 개별법

개별법(specific identification method)은 재고자산의 개별 품목에 대한

취득원가를 개별적으로 확인하여 기말재고액과 매출원가를 산정하는 방법이다. 개별법은 실지재고조사법과 계속기록법의 두 재고자산 기록방법에서 모두 적용 가능하다.

2) 선입선출법(first-in, first-out method: FIFO)

선입선출법(first-in, first-out method: FIFO)은 재고자산의 원가가 원가발생순서에 따라 매출원가로 소멸한다는 가정에 근거한다. 따라서 선입선출법 하에서는 매출원가가 오래 전에 발생한 원가를 반영하는 반면, 기말재고액은 최근에 발생한 원가를 반영한다.

3) 후입선출법(last-in, first-out method: LIFO)

후입선출법(last-in, first-out method: LIFO)은 재고자산의 원가가 원가발생 역순서에 의해 매출원가로 소멸한다는 가정에 근거한다. 따라서 후입선출법 하에서는 매출원가가 최근에 발생한 원가를 반영하는 반면, 기말재고액은 오래 전에 발생한 원가를 반영한다.

4) 평균법(average method)

평균법(average method)은 재고자산의 원가발생 순서와 관계없이 섞여서 매출원가로 소멸한다는 가정에 근거한다. 따라서 이 방법에서는 재고자산 발생원가의 가중평균을 반영하게 됩니다. 실지재고조사법 하에서는 총평균법이라 하고, 계속기록법 하에서는 이동평균법이라 한다. 평균법은 선입선출법과 후입선출법의 절충안이라 할 수 있다. 그 밖에 표준원가에 의한 평가는 각 품목 별 표준원가를 미리 책정하여 재고를 평가하는 방법이다.

예제

다음 비용들 중 보관비용(storage costs)가 아닌 것은?

A) Material handling people

B) Warehouse equipment maintenance

C) Costs for trailer preparations

D) Warehouse maintenance

답: C

해설) 위 문제는 저장비용에 해당하지 않는 항목을 선택하는 문제이며, 정답은 C 문항이다. C)항목은 설비 투자로서 자산의 취득, 비용항목으로는 제조간접비(감가상각비)가 될 것이다.

ABC 분류

ABC분류는 파레토 법칙(Pareto's Law)에 따라 재고 금액이 큰 순으로 전체의 20% 정도에 해당하는 품목의 재고 가액이 전체 재고금액의 80% 정도를 차지한다는 데 기반하고 있다.

먼저 연간 사용량과 단가를 곱하면 품목별 연간 사용금액이 산출된다. 이 데이터를 정렬하여 사용금액이 큰 순으로 배열하고, 재고 금액의 합이 전체 재고금액의 80%, 95% 정도인 지점을 찾아 각각 A, B, C등급으로 지정하면 ABC분류가 완성된다.

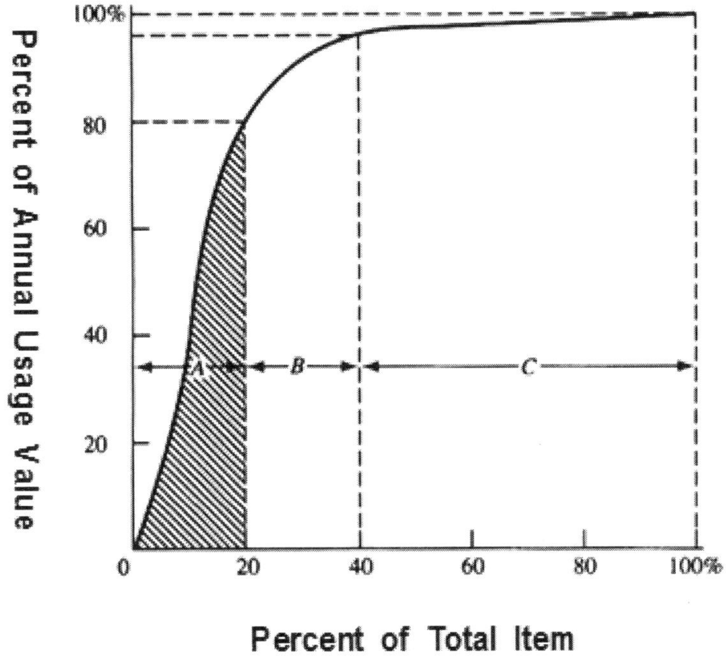

ABC 분류는 다음과 같은 운영활동에 이용한다.

- 순환실사(Cycle counting)를 ABC 분류 코드에 따라 달리 함
- 설계나 조달 시 우선순위 결정
- 보안
- 재고보충 시스템의 선정

성과측정

총괄적 수준에서 중요한 성과측정 지표로서는 재고회전률과 재고일수를 들 수 있다.

재고회전률(Inventory Turns) - 재고가 얼마나 효과적으로 사용되고 있는지 판단할 수 있는 편리한 척도로서 다음과 같이 계산한다.

$$\text{Inventory turns} = \frac{\text{Annual cost of goods sold}}{\text{Average inventory in dollars}}$$

재고일수(Days of Supply) - 회사의 평균재고가 몇 일분 재고에 해당하는지 보이는 지표로서, 이는 재고계획을 세울 때 유용하다.

개별품목 재고관리

재고보유단위

재고보유단위(stock keeping unit: SKU)는 특정한 재고 위치를 차지하는 품목이다. 같은 재고품인 흰 셔츠지만 사이즈나 스타일이 다르면 다른 SKU가 된다. SKU는 품목 인식번호(Item Identification)가 붙는다. 이는 어느 품목을 인식하기 위해 붙여 놓은 번호로서 유의미 ID와 무의미 ID가 있다.

보관 위치

재고의 보관 위치(storage location)를 지정하는 방식은 다음의 두 가지 방법으로 대별된다.

- 고정 저장위치(Fixed location) - 각 자재마다 저장되는 공간이 정해져 있어 지정된 위치에 자재를 저장하는 방법이다. 이는 창고관리자가 쉽게 자재에 접근할 수 있는 이점이 있으나, 창고의 공간을 효율적으로 운영할 수 없는 단점이 있다.
- 유동 저장위치(Floating(random) location) - 자재마다 저장되는 장소가 정해져 있지 않고 남아있는 공간에 자재를 저장하는 방법이다. 이는 창고의 공간을 효율적으로 사용할 수 있는 이점이 있는 반면, 정보 시스템이 구축되어 있지 않을 경우 자재관리가 어렵다.

오더 피킹 시스템

오더에 따라 재고를 피킹하는 방법은 다음 두 가지 방법으로 대별된다.

- 지역 시스템(area system) - 오더 피커(order picker)는 창고를 돌면서 주문된 물품들을 고르는 방식이다.
- 구역 시스템(zone system) - 창고를 구역들로 나누어서, 오더 피커는 자신의 구역에서만 일하는 방식이다.

오더 수량

Lot for lot 방식

이는 계획오더 수량을 각 기간 별 순소요량 수량 그대로 발주하는 방법이다.

Kanban 방식에서의 카드 수

표준 콘테이너를 사용하는 JIT생산에서는 간판카드가 붙어 있는 표준 콘테이너를 사용한다. 간판카드가 보관 장소에 한 장 놓여 있으면 전 공정에서 한 콘테이너를 인수하기를 원한다는 의미이다. 따라서 JIT생산 시스템에서 간판카드의 수는 재공품 재고수준을 조절하는 기능을 한다. 만약 현장 재고가 너무 많다고 판단되면 간판의 수를 조금 줄여보면 된다. 이런 식으로 간판은 미세 조정의 수단이 된다.

고정 주문량

고정주문량 시스템(fixed order quantity system)은 독립수요품목 관리의 한 형태로서 (현 재고 + 오픈 오더)가 미리 정해져 있는 수준 R에 도달하면 정해진 수량 Q만큼 발주하는 방식이다.

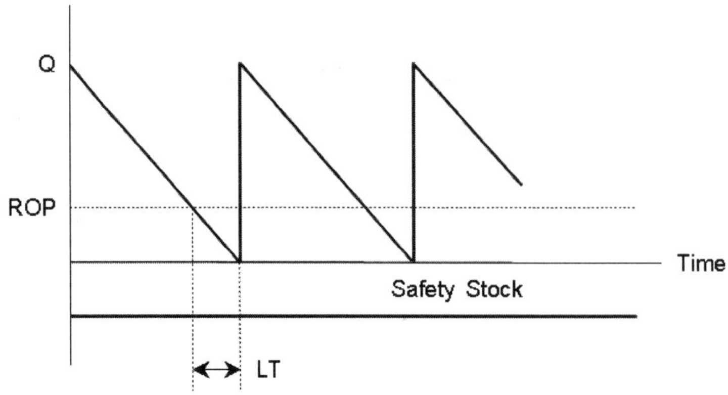

경제적 발주량, EOQ 방식

경제적 발주량(EOQ: economic order quantity)이란 자재의 구매나 제품을 생산할 때, 재고와 관련된 비용이 가장 최소가 되는 경제적인 로트크기를 말한다. 경제적발주량 모형에서는 연간 발주비용과 연간 재고유지비의 합이 최소화 되는 점을 찾는데, 주문량은 다음 공식에 의해 계산된다.

$$Q^* = \sqrt{\frac{2 \times A \times S}{C \times i}}$$

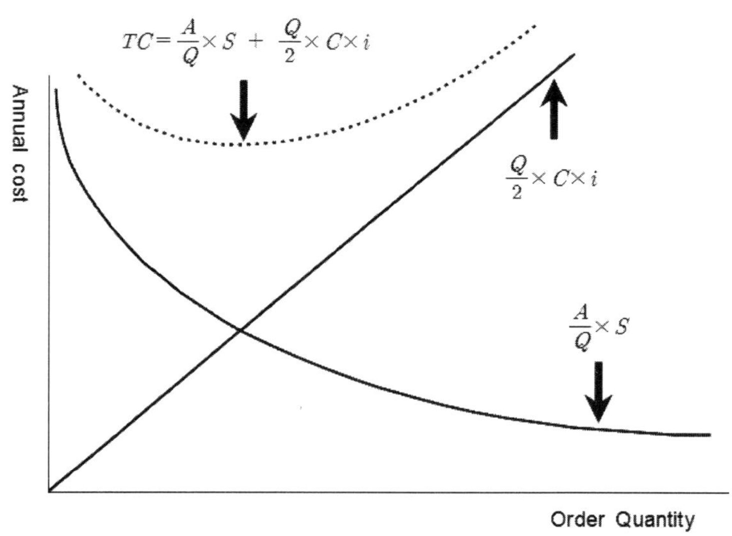

고정주문량, 재발주점 방식

만약 (현 재고 + 오른 오더)로 계산된 총 재고수량이 정해진 발주점보다 낮아지면 재고를 보충하기 위한 행동이 취해진다. 발주점(order point)은 보통 (수요 예측된 보충 리드타임 동안의 사용량 + 안전재고)로 정해진다.

ROP = D × LT + SS

Where D = the average demand rates.

LT = Normal lead time.

SS = Safety stock.

예제

어느 회사의 구매 관리자가 원재료에 대한 다음과 같은 견적을 받았다.

- 500 개 이하 주문 시 $50/ 단위
- 500 개 이상 주문 시 $40/ 단위

만약 주문비용은 $40이고 연간 사용액은 $2,500 이다. 재고유지비는 연간 20%로 가정했을 때 연간 최저비용을 가져다 주는 오더 금액은 얼마인가?

A) $1200 B) $1000 C) $800 D) $600

답: A

해설)

위 문제는 EOQ을 묻는 문제인데, 문제는 수량(units)단위의 EOQ를 묻는 문제가 아니라, 화폐(dollar) 단위의 EOQ을 묻는 문제이다. EOQ가 수량일 때와 화폐일 때는 식이 다음과 같이 다르다.

$$EOQ(units) = \sqrt{\frac{2AS}{C \times i}}$$

이 경우 EOQ와 Annual Demand 는 모두 수량(units)이고,

$$EOQ(dollar) = \sqrt{\frac{2AS}{i}}$$

이 경우 EOQ와 Annual Demand 는 모두 금액(dollars)이다.
따라서 위 문제는 다음 식을 통해 EOQ(dollar)을 구해야 한다.

$$EOQ(dollar) = \sqrt{\frac{2 \times 2500 \times 40}{0.2}} = \$1,000$$

고정주문량, Two-bin 시스템

고정주문량 시스템의 일종으로 재고가 두 개의 상자에 담겨 관리된다. 첫 번째 상자(working bin)가 비게 되면 보충발주가 이루어진다. 보충 리드 타임 동안에 자재는 두 번째 상자에서 사용된다. 상자에 담겨 있는 수량은 (리드 타임 동안의 수요 + 어느 정도의 안전재고)이다.

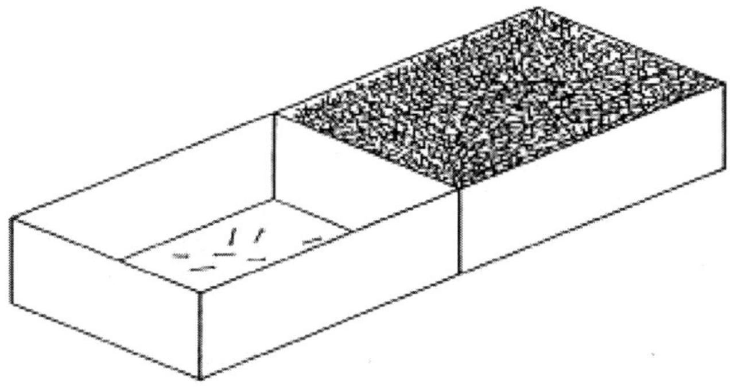

고정기간 시스템

독립수요품목의 재고관리 중 고정기간 시스템(fixed interval system)은 정기발주시스템이라고도 하는데, 이는 일정 시점마다, 즉 정기적으로 (최대재고량 – 현재고량) 만큼 발주하는 방식"이다. 즉 동일 기간마다 그 기간 동안 사용된 양만큼 발주한다. 이 시스템에서는 정기적으로 이루어지는 발주 시에만 현재의 재고를 실사하면 되기 때문에 정기실사방식(periodic review system)이 적용된다.

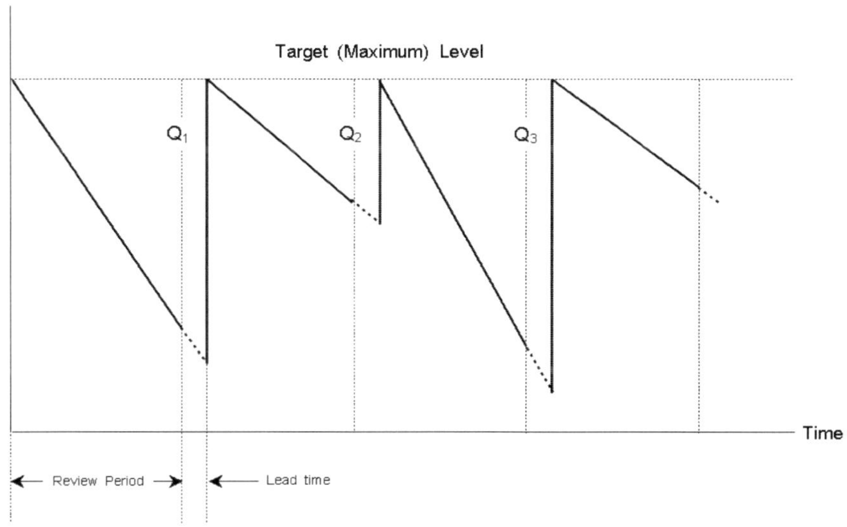

고정기간 시스템(fixed Interval System)에서의 목표재고 수준(target inventory level)은 보유재고의 최고점을 말한다. 목표재고수준은 리드타임 동안의 수요, 재검토 주기 동안의 수요, 그리고 안전재고를 합친 값이다.

정기발주시스템은 최대재고수준(T)과 발주주기(P)를 결정함으로써 성립된다. IPi 를 i 시점 주문 시 재고 위치(inventory position)이라 하면, 정기발주시스템에서의 주문량(Q)은 최대재고수준에서 주문시점의 재고수준을 뺀 차이($Q_i = T - IP_i$)가 된다. 이와 같이 정기발주시스템에서는 주문간격은 일정하지만 매번 주문량은 변화하게 된다.

안전재고의 결정

안전재고는 수요와 공급 상의 불확실성을 방어하기 위해 설정된다. 즉 안전재고는 보충 리드타임 동안의 수요가 예측보다 실제 수요량이 많았을 경우를 대비하기 위해, 또는 실제 리드타임이 예산된 리드 타임보다 더 걸릴 경우를 대비하기 위해 필요한 것이다.

정규 분포

정규분포는 연속 확률분포로서 데이터가 평균 주위에 종 모양으로 모이는 형태를 띤다.

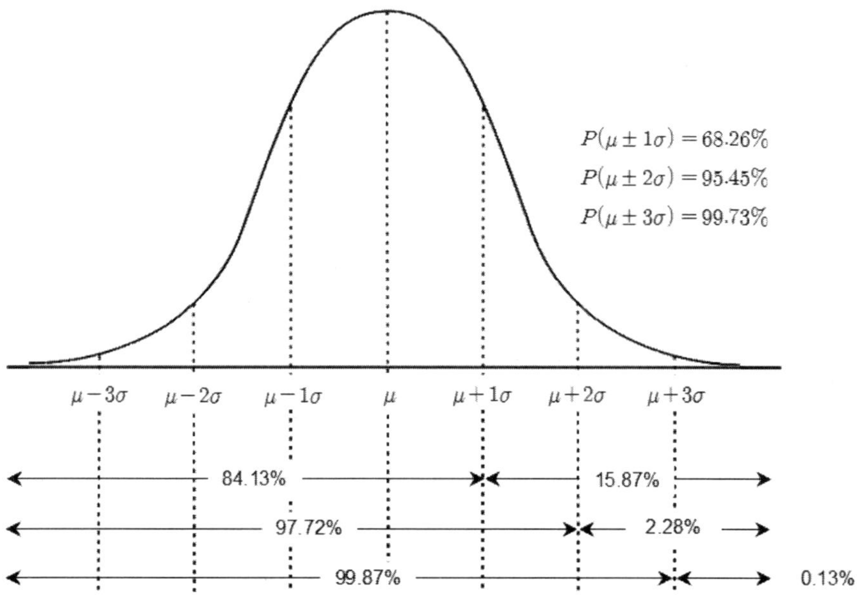

이 때 안전재고 SS는 다음과 같이 설정된다.

$$\text{SS} = \text{Safety Factor} \times \text{Standard Deviation.}$$

(Lead time = Forecast interval)

$$\text{SS} = \text{Safety Factor} \times \text{Standard Deviation} \times \left(\frac{\text{Lead Time}}{\text{Forecast Inverval}}\right)^{0.5}$$

(Lead time ≠ Forecast interval)

예제 1)

어느 상점에서 판매되는 제품의 1일 수요는 정규분포를 하며, 관련자료는 다음과 같다.

1일 평균수요 (d) = 200단위/일
1일 수요의 표준편차 = 150단위
조달기간(L) = 4일
요구되는 서비스수준 = 95%
1회 주문비용(S) = 2,000원/회
연간 단위당 재고유지비용(H) = 200원/단위·년
단, 95%의 서비스수준에 해당하는 Z(safety factor)은 1.65이다.

이 상점은 1주일에 5일간, 연간 50주, 즉 연간 250일 영업한다. 위 관련자료를 이용하여 이 상점의 최적 재고정책으로서 재발주점과 안전재고는 얼마인가?

해설)

연간 평균수요 D = 250 × 200 = 50,000 (단위/년)
일회주문량 $Q = \sqrt{2DS/H}$ = 1,000단위
조달기간 동안의 평균수요 μ는 μ = d·L = 200(4)=800단위

1일 수요의 표준편차는 150단위이므로 1일 수요의 분산은 (150)2 이고 4일간의 분산은 매일의 수요가 독립적이므로 4(150)2이 된다. 따라서 조

달기간(4일) 동안의 수요의 표준편차는

$\sqrt{4 \times 1502}$ = 300(단위)

95%의 서비스수준에 해당하는 Z값은 1.65이므로 재발주점 R은 다음과 같이 계산 된다.

$R = \mu + z\sigma$ = 800 + 1.65(300) = 800 + 465 = 1,295(단위)
안전재고는 $s = z\sigma$ = 1.65 (300) = 495(단위)

예제 2)
어느 회사의 경영자는 특정 품목에 대해서 연간 오직 한 번의 품절만을 허용하겠다고 방침을 정했다. 이 품목의 연간 수요는 52,000 단위이고, 발주량은 2,600 단위, 리드타임 동안의 표준편차는 100 단위, 리드타임은 일주일이다.
다음 항목들을 계산하시오.

a. 연간 주문 횟수(number of orders annually)
b. 서비스 수준(service level)
c. 안전재고(safety stock)
d. 발주점(order point)

풀이)
a. 연간 주문 횟수 = 연간수요 / 오더수량 = 52,000 /2,600 = 20회/년
b. 연간 한 번의 품절을 허용하므로 서비스 수준은 19/20 = 95%
c. 안전재고 계산:
안전계수는 1.65
안전재고 = 표준편차 × 안전계수 = 100 × 1.65 = 165 단위
d. 발주점 계산:
리드타임(1주일) 동안의 수요 = 1,000 단위
발주점 = 리드타임 동안의 수요 + 안전재고 = 1,000 + 165 = 1,165 단위

참고: 리드타임

같은 용어를 사용하지만 생산 리드타임과 구매 리드타임은 그 구성 내용이 서로 다르다.

생산리드타임(Manufacturing Lead Time)

- 대기 시간 Queue
- 준비 시간 Setup
- 가동 시간 Run
- 지체 시간 Wait
- 이동 시간 Move

구매리드타임(Purchasing Lead Time)

- 주문 준비 Order preparation
- 정리 작업 Follow-up
- 공급자의 리드 타임 Supplier lead time
- 수송 Transportation
- 검사 Inspection
- 자재 처리(창고 적치 등)와 회계 materials handling & accounting

재고 실사

실사

재고 정보의 정확성을 관리하기 위한 실사(physical inventory)는 제조원가 계산과 연결되어 회계 보고에서 의무사항으로 되어 있다. 이론상으로는 재고가 늘 정확해야 하는 것이지만 현실적으로는 부주의, 입출고 기록의 오류, 창고의 보안 문제 등으로 재고 데이터의 오류가 계속해서 커지게 된다. 따라서 재고실사(physical inventory)를 통해서 오류가 발생한 재고정보를 바로 잡아 주어야 한다.

재고실사 방법은 대표적으로 정기실사(periodic inventory)와 순환실사

(cycle counting)의 두 가지 방법이 있다.

정기실사

정기실사는 일년에 한 번이라든가 반기 한 번씩 행하는 재고조사 방식으로, 회사의 재고자산 가치를 평가하고 검증할 목적으로 종종 공장가동을 중지하고 한꺼번에 전 품목에 대해서 실사한다.
정기실사 방법은 회계적 측면에서는 의무조항이기 때문에 당연히 해야 하지만 여기에만 의존하면 바람직하지 않다. 재고 오류의 원인이 무엇인지 알 수 없어 개선이 어렵고, 실사가 비 전문가에 의해 수행되어 실수가 많고, 재고조사의 정확성이 높지 못하다. 또한 실사 주기가 길기 때문에 그 동안 오류가 축적된다.

순환실사

순환실사는 재고의 정확도를 높이기 위해 일정 주기 별로 계속해서 실사하는 방식을 말한다. 대개 앞서 소개된 ABC분류에 의해 나누어진 중요도에 따라 중요 품목은 실사주기가 더 자주 돌아 오도록 관리한다. 순환재고 실사의 중요한 특징을 정리하면 다음과 같다. 연간 지속적으로 재고실사를 하기 때문에 요구되는 재고정확도를 유지할 수 있다. 순환실사는 창고관리 전담자들에 의해 수행되므로 실사결과에 대해 더 높은 정확성을 유지할 수 있다. 공장을 중지시킬 필요가 없어 생산성 측면에서 유리하다.

재고 말소처리

재고 말소처리(write-off)란 현재 보유하고 있는 재고의 가치(금액)를 삭감하는 것이다. 재고가 진부화 또는 파손(obsolete or spoiled)되었음을 발견하게 되면 회계에서 분개 기록(general ledger and keep track of journal entries) 상에 재고를 말소하는 거래를 입력하게 된다.

도전 Quiz

※ 문제 1.

연간 수요(Annual demand): 5,200 pieces, 주간 생산 수량: 100 pieces per week

- 생산 주기(Process time): 3 weeks
- 재고(Inventories) 원재료(raw materials), 재공품(work-in-process), 완제품 재고(finished goods)가 각각 유지되고 있음
- 단위 당 표준 원가(Standard cost per piece): $ 10 per piece(그 중 $5는 원재료비, $5는 노무비(labor)와 제조간접비(overhead) 임
- 가공 원가: 공정에서의 진도에 비례하여 책정함
- 생산계획 시스템은 다음의 규칙에 따라 운영함
- 원재료 lot size 는 4-week 분
- 원재료의 안전재고(safety stock)는 2-week 분
- 평균 7-week 분의 완제품 재고가 유지됨

위 정보를 바탕으로 회사의 총 재고 금액을 계산하라.

A) $9750 B) $10250 C) $10500 D) $11250

답: D

해설

이 기업이 보유한 재고가치를 계산하는 과정은 다음과 같다.

1. 원재료: 평균 2주 분 유지 (평균재고유지수량: Lot size의 50%)
   + 안전재고 2주 분량 유지 (100 × 4 × $5 = $2000)
2. 완제품: 7주 분량 보유. (100 × 7 × $ 10 = $7000)
3. WIP: 생산 주기인 3주 분량 보유. (100 × 3 × $ 7.5 = $2250)
   (WIP의 경우 단가는 $5와 $10의 평균인 $7.5로 계산)

따라서 전체 재고가치는 $2000 + $7000 + $2250 = $11250

※ 문제 2.
만약 애로 공정인 작업장이 준비시간을 단축하기 위해서 더 큰 로트 사이즈를 책정해야 한다면 경제적 발주량(EOQ) 공식의 어느 부분이 달라져야 하는가?

A) Increasing the cost of ordering
B) Increasing the carrying cost
C) Multiplying by setup hours
D) Decreasing usage

답: A
해설)
재고유지비(carrying cost)가 증가한다는 것은 재고의 금융비용 등이 커지므로 평균재고를 줄이기 위해서 1회 주문량을 줄이는 방향으로 재고정책을 세운다. 반대로 위 문제의 경우에는 작업준비비용(고정비)이 미치는 영향을 가능한 줄이기 위해 1회 주문량(여기서는 생산량)을 늘이려고 하는 것이기 때문에, 이 방향에 맞게 주문비(혹은 작업준비비용)에 반영해야만 EOQ(1회 생산량, 1회 주문량)가 커지는 결과로 나타난다.

※ 문제 3.
- 어느 품목의 리드 타임 = 16 weeks
- MAD = 100 units
- 수요예측 주기(Forecasting interval)= 4 weeks
- 고객 서비스 수준(Customer service level) = 95%

위와 같은 조건에서 이 품목의 안전재고는 몇 단위를 책정해야 하는가?
A. 330 units B. 413 units C. 660 units D. 826 units

답: B
해설)

위 문제는 안전재고를 계산하는 것으로 다음의 식을 통해 계산된다.

SS = 1.25 × MAD × Service Factors × (Leadtime Interval ÷ Forecasting Interval) $^{1/2}$

$= 1.25 \times 100 \times 1.65 \times (16/4)^{1/2} = 412.5$

핵심정리

총괄적 재고관리(aggregate inventory management)

- 생산과정이란 원재료가 투입되어 공정 내에서 재공품 단계로 있다가 마지막에는 완제품으로 변환되는 과정이다.
- 재고의 기능에 따른 구분에는 순환재고, 안전재고, 예비재고, 헷징 재고, 이동 중 재고, 디커플 재고 등이 있다.
- 재고 비용은 주문비용과 재고유지비용이 있으며, 기간 중 그 합을 최소화 할 수 있는 주문수량이 경제적 발주량(EOQ)이다.
- 재고금액의 평가에는 개별법, 선입선출법, 후입선출법, 평균법 등이 있다.
- ABC 분류는 파레토 법칙을 사용하여 중요한 품목을 A 품목으로 한다.

개별품목 재고관리(item inventory management)

- 보관위치에는 고정 저장위치(Fixed location), 지역 시스템(area system), 구역시스템(zone system) 이 있다.
- 오더 수량을 정하는 방법에는 Lot for lot, Kanban 방식, 고정주문량, 재발주점 방식, Two bin 방식, 고정기간 시스템 등이 있다.
- 안전재고의 결정은 정규분포를 가정한다.
- 재고 감사 방법에는 정기실사와 순환실사가 있다.

제9장

구매 및 공급자 관계

구매 절차

공급자 선정의 고려사항

공급자 파트너십

제 9 장 구매 및 공급자 관계

용어 사전

Purchase order(PO)
구매오더 계약은 가장 일반적인 형태의 구매계약이다. 구매 오더는 법적인 계약을 형성하며 구매회사, 구매의 확인, 구매자, 공급자의 이름, 계좌번호, 선적 정보, 청구 주소, 수량, 가격, 납기 등이 명시된다.

Blanket order
이는 공급자와 구매자 간에 장기간에 걸쳐 수 차례의 납품을 지정하는 계약이다. 흔히 가격도 미리 정한 가격으로 명시될 수 있다. 대개 계속해서 사용해야 하는 품목에 대해 이런 형태의 계약이 이용된다.

유일 소스(sole source)
특허, 기술적 사양, 원재료, 입지 등의 이유로 오직 한 군데의 공급자만이 가용한 경우에 사용함

멀티 소스(multiple source)
한 품목을 공급하는 공급자가 여러 곳인 경우를 말함. 멀티 소스의 이점은 경쟁에 의해 더 낮은 가격과 더 나은 서비스를 제공할 것이라는 점, 그리고 공급이 끊길 가능성이 적다는 점이다. 그러나 실제에 있어서 이런 관계에서는 공급자와 수요자 간의 관계가 점차 적대적이 될 가능성이 있다.

단일 소스(single source)
그 품목을 공급할 수 있는 여러 업체가 있음에도 불구하고 어느 업체와 장기적 파트너십을 형성하기로 의도하여 하나의 업체를 선정하기로 의사결정 한 경우를 말함

공급자 일정수립(supply scheduling)
공급자 일정수립은 자재 소요량을 공급자에게 수요에 맞추어 time-phased된 일정으로 전해줄 수 있게 함으로써 별도의 구매오더를 계속해서 발급할 필요를 없앤다.

원류에서의 품질보증(quality at the source)
원류에서의 품질보증은 공급자가 100% 합격품만을 고객에게 보내는 책임을 말한다.

신속응답프로그램(quick response program: QRP)
신속응답프로그램은 공급체인을 여러 단계 거슬러 최종 소매 판매와 생산 및 출하 일정과 연결하는 시스템을 말한다.

조기에 공급자 참여하기(early supplier involvement: ESI)
ESI는 제품개발의 초기 단계에 하나 또는 다수의 공급자를 구매자의 제품 설계팀에 합류하게 하는 관행을 말한다.

위탁재고(consignment inventory)
위탁재고는 다른 용어는 vendor-owned inventory라고 하며, 이 재고의 특성을 이해하기 위해서는 관련 자재에 대한 공급자, 수요자 간의 관계를 이해해야 한다.

Vendor managed inventory(VMI)
VMI는 위탁재고의 한 형태로서 공급자가 고객의 재고상태를 볼 수 있고, 스스로 판단하여 재고를 보충하는 협력관계를 말한다.

Supplier clustering
supplier clustering은 장기계약을 맺은 sole source 혹은 single source들을 일부러 근접한 위치에 선정하여 이들을 하나의 공급군(clustering)으로 묶는 것을 말한다.

Backhauling

backhauling은 수송시스템을 효율적으로 운영하는 방법 중 하나로서, 출발지(공급자 혹은 고객)로부터 수송해야 할 화물을 싣고 도착지 (고객 혹은 공급자)에 도착한 수송차량이 다시 출발지로 되돌아오기 전에, 도착지에서 출발지로 보낼 화물이 존재하는 경우 이를 파악하여, 이 화물을 동일한 수송차량을 이용하여 출발지에 보내는 방법을 말한다.

Freight equalization

freight equalization은 먼 거리에 위치한 공급자들이 고객과의 거래에서 발생하는 수송비를 분담, 흡수하여 낮은 수송비를 갖는 가까운 거리에 있는 공급자가 고객에게 얻게 될 경쟁력을 사전에 제거하는 전략을 말한다.

학습 목표

- ✧ 일반적인 구매절차에 대해 설명할 수 있다.
- ✧ 구매계약의 형식들에 대해 설명할 수 있다.
- ✧ 파트너십의 정의, 공급자 평가, 선정 시 고려사항을 설명할 수 있다.
- ✧ 공급자의 재무적 건전성 지표에 대해 설명할 수 있다.
- ✧ 파트너십의 요건과 목표를 설명할 수 있다.
- ✧ 파트너십을 증진시키는 방법들에 대해 설명할 수 있다.
- ✧ 전략적 파트너십의 한 방법으로서 JIT 구매 관행에 대해 설명할 수 있다.

구매 절차

구매의 목표

구매 결정은 품질 좋은 자재를 가능한 한 낮은 가격에 신뢰성 있게 공급받기 위한 것이다. 구매 의사결정에는 다음과 같은 고려사항이 포함된다.

- 자작 또는 구매 결정(make or buy)
- 비용/가치 분석
- 보상에 대한 합의, 계약 의무
- 주문 프로세스 등

이런 고려는 궁극적으로 공급자로부터 가능한 최상의 즉각적인 인도를 받을 수 있는가, 향후 공급자와 좋은 관계를 발전시키고 파트너적인 공급자를 발굴할 가능성이 있는가의 문제로 이어진다.

구매절차

구매의 목표를 달성하기 위해 수행되어야 할 활동들은 다음과 같다. 최초 구매 거래가 이루어지기 위해서 무엇을 구매할 것인지 결정하는 구체화 하는 일은 구매사양서 작성으로부터 시작된다.

- 구매사양서 작성(품목별 양, 가격 조건, 품질, 원하는 시기와 장소)
- Solicitation(견적요청서 Request for quotation/proposal (RFQ/P) 작성)
- 경쟁적 입찰(bidding)
- 공급자 선정(기술력, 제조능력, 신뢰성, A/S 능력, 가격)
- 구매협상 및 계약
- 구매사이클의 관리

- 계약 구매에 대한 관리
- 구매 성과측정

구매요청의 원천

MPC 시스템의 운영 상 구매요청의 원천은 다음과 같은 유형으로부터 온다.

- MRP 시스템 - 자재계획의 계획오더 중 오더를 발급해야 할 우선순위가 도래한 품목들
- 발주점 방식 - 개별 품목의 재고가 미리 정해진 발주점보다 낮아졌을 때
- JIT 방식 - 후공정 인수 방식(pull)이 작동하면서 공급자에게 간판 신호가 전달됨으로써 구매요청이 이루어짐

견적요청

RFQ(request for quotation)는 정해진 제품이나 서비스에 대해 가격 견적, 납품 정보, 그리고 공급조건 등을 요청하는 서류로서, 입찰 절차를 이용하여 정해짐 제품이나 서비스의 제안을 하도록 공급자들을 초청하는 내용이 담겨 있다. RFP는 보통 가격에 대한 내용 외에 더 많은 조건을 포함한다.

계약

구매계약(purchase contracting)에는 다음과 같은 형식들이 있다.

- purchase order(PO) - 구매오더 계약은 가장 일반적인 형태의 구매계약이다. 구매 오더는 법적인 계약을 형성하며 구매회사, 구매의 확인, 구매자, 공급자의 이름, 계좌 번호, 선적 정보, 청구 주소, 수량, 가격, 납기 등이 명시된다.

- blanket order - 이는 공급자와 구매자 간에 장기간에 걸쳐 수 차례의 납품을 지정하는 계약이다. 흔히 가격도 미리 정한 가격으로 명시될 수 있다. 대개 계속해서 사용해야 하는 품목에 대해 이런 형태의 계약이 이용된다.

- 장기계약(long term contracting) - 장기계약은 공급자를 분석하는 데 걸리는 시간을 줄일 수 있고 계약을 안정적으로 유지할 수 있어서 사무처리 비용 내지 결과적으로 원가를 줄일 수 있게 한다. 공급자 입장에서도 장기 안정적인 납품이 보장되므로 투자계획이나 연구개발, 공정의 개선 등을 실현할 수 있다.

평가

공급자에 대한 평가(evaluation)는 다양한 항목들을 고려해야 하며, 이들 요소 간의 중요도가 다각적으로 평가되어야 한다.

- 품질(Quality)
- 총 비용(Total cost)
- 납기(Delivery)
- 혁신과 기술적 이슈(Innovation/Technology issues), 기타

공급자 선정의 고려사항

공급자와의 관계 설정

공급자는 흔히 그 관계가 얼마나 가까우냐의 정도에 따라 또는 그 관계로부터 얼마나 많은 가치를 획득하느냐의 정도에 따라 구분된다.

흔히 파트너십 및 전략적 제휴와 같은 협력적 관계로부터 큰 가치를 가

져올 수 있다. 이에 비해 납품업자(vendor), 인증된 공급업자(certified supplier) 그리고 전통적인 공급자는 관계의 측면에서 협력적 관계보다 멀다. 협력적 관계로부터 전략적 상품의 공급이나 원가 측면에서 혜택을 볼 수 있다. 회사가 공급자와 전략적인 연계를 형성하려 할 때 가장 필요에 맞는 관계의 유형이 어떤 것인지 정의할 수 있어야 한다.

공급업자의 선정

공급자의 선정 시 선택할 수 있는 유형은 다음과 같다.

- 유일 소스(sole source) - 특허, 기술적 사양, 원재료, 입지 등의 이유로 오직 한 군데의 공급자만이 가용한 경우에 사용함
- 멀티 소스(multiple source) - 한 품목을 공급하는 공급자가 여러 곳인 경우를 말함. 멀티 소스의 이점은 경쟁에 의해 더 낮은 가격과 더 나은 서비스를 제공할 것이라는 점, 그리고 공급이 끊길 가능성이 적다는 점이다. 그러나 실제에 있어서 이런 관계에서는 공급자와 수요자 간의 관계가 점차 적대적이 될 가능성이 있다.
- 단일 소스(single source) - 그 품목을 공급할 수 있는 여러 업체가 있음에도 불구하고 어느 업체와 장기적 파트너십을 형성하기로 의도하여 하나의 업체를 선정하기로 의사결정을 한 경우를 말함

잠재적 공급자의 재무적 건전성

잠재적인 파트너를 선별할 때 대상이 되는 공급자의 재무적 조건을 조사해 보아야 한다. 이런 선별과정에 이용되는 몇 가지 공통 지표로서 다음과 같은 것들이 있다.

유동성 비율

유동성 지표는 회사가 단기적인 현금 소요량을 만족시킬 수 있는지를 보여준다.

유동 비율 = 유동자산 / 유동부채
간혹 이 지표를 변형하여 quick ratio = (유동자산 - 재고) / 유동부채로 더 보수적인 척도를 만들 수도 있다.

활동성 비율
활동성 비율은 회사의 자산을 얼마나 효과적으로 사용하고 있는지 나타내 주는 지표다.

재고 회전률(inventory turnover) = 매출원가 / 평균 재고액
평균 회수 기간 = Days sales outstanding

수익성 지표
이 지표는 대상이 되는 회사가 이익을 남기고 있는지 손실을 보고 있는지 보여주는 지표다. 이를 위해 매출 총이익, 매출순이익, 자본 회전률 등의 지표를 사용할 수 있다.

부채비율
유동성 비율은 회사의 단기적 현금 필요를 만족하는지 보여주는 지표인데 비해 부채 비율은 보다 장기적인 기간에 대해 유동성을 보여준다.

재무 측면 외의 위험을 평가하는 범주들

많은 회사들이 자재의 수급을 전략적 관점에서 생각하기 시작했다. 하지만 모든 자재를 다 전략적으로 조달하려고 한다면 이는 자원의 낭비를 초래하고 전략적 초점을 잃게 하는 결과를 가져 온다. 그래서 전략적 관점을 위한 명확한 범주를 세울 필요가 있다.
위험 가능성은 다음과 같은 면에서의 열악한 파트너십에서 올 수 있다.

- 열악한 품질
- 불안정적인 공급

- 낮은 서비스 수준
- 기술 투자를 안 함으로 인한 유연하지 못한 변화 대응력
- 시장 변화에 대해 신속히 응답하지 못함

검증 수준 별 공급자의 유형

Certified supplier
인증 공급자(certified supplier)란 구매하는 기업에서 사용하는 것과 동일한 품질시스템을 갖춘 공급자를 의미한다. 따라서 certified supplier로부터 공급되는 품목에 대해서는 중복적인 품질관리 노력을 하지 않는다.

Approved supplier
승인 공급자(approved supplier)는 고객이 원하는 기술적인 요건 혹은 규격을 만족시키는 공급자를 의미한다.

Preferred supplier
선호 공급자(preferred supplier)는 품질, 납기, 가격에 검증을 받은 공급자로서 긴급주문 상황에서 긍정적으로 대응해 줄 수 있으리라고 판단하여 선호되는 공급자를 말한다.

Qualifying supplier
qualifying supplier는 현재 구매부서로부터 검증절차에 있는 공급자를 의미한다. 이 단계를 통과하면, approved supplier로 등록된다.

공급자 파트너십

파트너십의 요건

구매자-공급자 관계의 유형은 적대적인 관계에서부터 협력적인 관계에

이르기까지 매우 다양하다. 비교적 중요성이 낮은 품목은 많은 공급자들과의 거래에 의해 구입되면서 적대적인 구매자-공급자 관계를 형성한다. 구매품목이 중요하고 공급원이 소수의 공급자로 제한되어 있을 경우 협력적인 구매자-공급자 관계가 구매기업의 입장에서 바람직하다. 협력적인 관계는 오랜 기간에 걸쳐 양자가 이득이 될 수 있도록 함께 작업하는 프로세스라고 할 수 있다.

공급자 파트너십(supplier partnership)에 의해 협력적인 관계가 되기 위한 요건에는 다음과 같은 내용이 포함된다.

- 상호 이익의 부합(compatibility of interest) - 볼륨, 가격, 세분시장, 품질에 대한 기대치, 기술개발, 신제품의 마케팅 등에 있어서 서로 관심이 부합되어야 함
- 신뢰(trust) - 양자는 다른 파트너가 이 관계를 잘 유지하기를 희망하며 그럴 능력이 있음을 믿어야 함
- 상호 필요(mutual needs) - 그 관계는 양자의 이익과 요구를 공히 채워주는 것이어야 함
- 공유된 비전(shared vision) - 양자의 관계가 장기적인 비전에 기반해야 함

파트너십 구축의 목표

양자가 파트너십을 구축함으로써 추구하고자 하는 목표는 다음과 같은 범주를 포함한다.

- 보다 낮아진 총 비용(lower total cost of ownership)
- 시장 출시까지의 기간 단축(reduced time to market)
- 향상된 품질(improved quality)
- 공급자로부터 기술이전이 향상됨(improved technology flow from suppliers)
- 공급의 계속성이 향상됨(improved continuity of supply)

파트너십을 증진시키는 방법들

공급자와의 파트너십을 증진시키는 방법에는 다음과 같은 방법이 포함된다.

공급자 일정수립

공급자 일정수립(supply scheduling)은 자재 소요량을 공급자에게 수요에 맞추어 time-phased된 일정으로 전해줄 수 있게 함으로써 별도의 구매오더를 계속해서 발급할 필요를 없앤다. 이런 과정에서 고객의 MRP 계획오더 발급은 공급자의 총소요량을 형성하게 연결된다.

원류에서의 품질보증

원류에서의 품질보증(quality at the source)은 공급자가 100% 합격품만을 고객에게 보내는 책임을 말한다. 이것의 목표는 품질 검사 없이도 공급자의 품질문제로 라인이 정지하는 일이 없도록 하는 것이다.

사용지점에 인도하기

사용지점에 인도하기(point of use delivery)는 납품되는 부품을 고객 공장 내 사용되는 공정 현장에 적치시켜 공급하는 방식이다. 이 방식의 이점은 부품 재고를 작업현장의 작업자를 지원하는 기능을 할 수 있고 자재 취급업무를 최소화 할 수 있게 하는 것이다.

신속응답 프로그램

신속응답프로그램(quick response program: QRP)은 공급체인을 여러 단계 거슬러 최종 소매 판매와 생산 및 출하 일정과 연결하는 시스템을 말한다. QRP의 이점은 공급자와 생산자의 모든 단계에서 리드타임을 줄일 수 있다는 점이다. 이를 통해 고객이 생산현장의 변화에 경쟁적으로 대응할 수 있도록 함으로써 제품을 시장에 더욱 신속하게 도착하게 할 수 있게 한다.

조기에 공급자 참여하기

공급자 조기 참여(early supplier involvement: ESI)는 제품개발의 초기 단계에 하나 또는 다수의 공급자를 구매자의 제품 설계팀에 합류하게 하는 관행을 말한다.

ESI의 목표는 더 나은 설계를 더 짧은 시간 내에, 더 높은 사양으로 설계할 수 있는 공급자의 전문성과 경험을 사용하는 것이다. 이를 통하여 생산, 조립, 인도에 더 효과적인 제품을 설계할 수 있다. 이런 방식의 제품설계를 동시설계(concurrent engineering)라 한다.

동시설계는 설계 과업을 병행적으로 배열하는 방법론이다. 종래 제품설계는 설계팀이 설계도면을 내 놓으면 그 후에 제조가 생산 가능한지 확인하는 식으로 순차적인 방법으로 이루어졌다. 만약 제조 가능성에 문제가 있으면 다시 역으로 설계변경을 의뢰하는 식이 되어 제품개발 기간이 지연되는 일이 자주 발생했다. 동시설계에서는 설계, 생산, 구매 등 관련 기능부서에서 함께 참여하여 결과적으로 전체 신제품이 시장에 출시되는 시간을 대폭 줄일 수 있게 되었다.

VMI와 위탁재고

VMI(vendor managed inventory)와 위탁재고(consignment inventory)의 특성을 이해하기 위해서는 관련 자재에 대한 공급자, 수요자 간의 관계를 이해해야 한다.

전통적인 방식

1. 유통센터(D/C)는 최종 고객으로부터 유통해야 하는 제품(자재)에 대한 수요를 파악한다.
2. 이 요구량을 근거로 유통센터는 공급자에게 구매주문(purchase order: PO)을 발행한다. 이 경우, PO발행 시점, 필요수량 등 제품(자재)과 관련한

모든 내용은 유통센터에서 결정하며, 주문된 품목에 대한 소유권 역시 유통센터가 갖는다.

3. 공급자는 PO를 근거로 해당하는 제품(자재)을 유통센터에 제공하고, 대금결재(invoicing)를 청구한다.

4. 유통센터에서는 공급자로부터 제공된 제품(자재)의 내용을 PO와 확인하여 입고시키고, 공급자로부터의 영수증을 해당하는 기간 내에 결재한다.

위탁과 VMI

1. 유통센터와 공급자간에 장기계약 및 파트너십 관계를 맺는다. 두 개체간에 장기계약의 내용에는 해당하는 제품(부품)에 대한 가격, 수량, 계약기간, 조달방법, 대금결재방법, 품질수준 등에 대한 내용을 포함된다.

2. 위탁재고의 경우에 대금결재 방법은 다양하지만, 위의 경우와는 달리, 제품(자재)를 유통센터에 입고할 때가 아닌 특정기간을 정해서 그 기간에 한번씩 - 예를 들어 한 달에 한번씩 - 대금결재를 하며, 이때 결재금액은 정해진 기간 동안 유통센터에서 최종고객에게 제공한 제품(부품)의 수량을 파악하여 계산한다.

3. 결국 유통센터는 공급자의 제품(부품)을 최종고객이 가져갈 때까지 중계의 역할을 하는 것이고, 실제 거래는 공급자와 최종 고객간에 이루어 진다고 할 수 있다. 이러한 거래 조건이 설정된 제품(부품)을 '위탁 재고'라고 한다.

4. 이 경우, 유통센터 쪽에서는 공급자에게 해당하는 품목의 거래정보를 제공할 수도 있는데, 그 이유는 유통센터와 공급자와의 정보를 공유함으로써 공급망 효과성을 높일 수 있기 때문이다. 즉, 이를 통해 공급자는 해당 기간 동안 자신이 제공한 제품(부품)이 얼마나 최종 고객에게 제공되었는지 알 수 있으며, 동시에 유통센터에 보유중인 제품(부품)의 수량도 파악할 수 있다. 수량이 너무 적을 때 공급자는 최종고객을 위해 유통센터 쪽에 보충을 위해 제품(부품)을 조달할 수 있으며, 최초 계약서에 이러한 관행이 명시되어 있다면, 이 품목은 VMI 라고 한다.

참고: VMI/VOI 정의

- Vendor managed inventory(VMI) is a means of optimizing supply chain performance in which the supplier has access to the customer's inventory data and is responsible for maintaining the inventory level required by the customer.
- Consignment inventory or vendor owned inventory(VOI) is the placement of material from a supplier at a customer site without a transfer of ownership until a pre-assigned time, generally usage time.

전략적 파트너십으로서의 JIT 구매

JIT 구매 방법의 핵심은 single sourcing이라는 개념에 있다. 즉 시장에 특정 품목을 공급하는 여러 명의 공급자의 경쟁적인 상황을 이용하는 것이 아니라, 이 중 가장 안정된 공급자와 장기 계약을 맺는 방식이 single sourcing 전략이다. 이를 통해 고객과 공급자는 다음과 같은 이점을 얻을 수 있다.

공급자(Supplier)	고객(Customer)
- 고객으로부터 지속적인 물량 확보	- 총 비용의 감소 - 원류에서의 품질보증 - 소요량 연계 구매(as required purchasing) - 사용지점 인도(point of use) - Two Bins System - Time to Market의 단축 - 공급자의 조기 참여(Supplier Early Involvement)

JIT 구매방식에서 single source로 선정된 공급자는 고객에게 제품을 제공하는 과정에서 경쟁적 입찰을 하지 않아도 되며, 고객의 요구사항을 만족시킬 수 만 있다면 일정기간 동안 자신의 제품을 고객에게 제공할 수 있기 이점이 있다. 반면에 고객은 위 표에서 설명한 내용과 같이 많은 이점을 얻을 수 있다.

따라서, JIT 구매는 그 내용에 대해 공급자와 고객간의 합의조건이 만족된다면, 양자간에 이익이 될 수 있는 파트너십 구매계약 형태라고 할 수 있다.

그 밖의 파트너십 응용

공급자 클러스터링(Supplier Clustering)

공급자 클러스터링은 장기계약을 맺은 단독 source들을 가능한 한 근접한 위치에 선정하여 이들을 하나의 공급군(clustering)으로 묶는 것을 말한다.

가까이 위치한 공급자들을 단일한 공급군으로 묶음으로써, 우유배달 경로효과(milk run), 수송통합(freight consolidation)을 통해 full truck load 등 수송방법에서의 효율을 확보할 수 있다. 즉 공급자 클러스터링은 수송의 효율화를 위해 공급자들의 위치를 파악하여 공급자간 거리가 가까운 공급자들을 하나의 공급군으로 만들고, 이를 수송시스템의 효율적 운영에 반영하는 것을 말한다.

Backhauling

Backhauling은 수송시스템을 효율적으로 운영하는 방법 중 하나로서, 출발지(공급자 혹은 고객)로부터 수송해야 할 화물을 싣고 도착지(고객 혹은 공급자)에 도착한 수송차량이 다시 출발지로 되돌아오기 전에, 도착지에서 출발지로 보낼 화물이 존재하는 경우 이를 파악하여, 이 화물을 동일한 수송차량을 이용하여 출발지에 보내는 방법을 말한다.

이러한 backhauling은 고객과 공급자 사이에 소량의 빈번한 수송이 필요할 경우, 수송비용의 증가에 부담을 갖는 고객 혹은 공급자를 위해 수송비용의 감소를 위해 사용되는 방법이다.

Freight Equalization

Freight equalization은 먼 거리에 위치한 공급자들이 고객과의 거래에서 발생하는 수송비를 분담·흡수하여, 낮은 수송비를 갖는 가까운 거리에 있는 공급자가 고객에게 얻게 될 경쟁력을 제거하는 전략을 말한다.

도전 Quiz

※ 문제 1.
VMI 시스템에 있어서 재고수준을 적절한 수준으로 유지하여 고객 서비스 수준을 확보하는 책임은 누구에게 있는가?

A. Planners
B. Suppliers
C. Buyers
D. Supplier scheduler

답: B
해설) VMI는 공급자가 고객의 재고 상태정보를 알 수 있고, 이를 통해 공급자가 자신의 판단 하에 재고를 보충하는 방식이다.

※ 문제 2.
다음 중 JIT 공급자에게 가장 중요한 요소는 무엇인가?

A. Statistical process control for quality
B. Financial stability

C. Cost effectiveness
D. Delivery reliability

답: D
해설)
JIT환경에서 공급자는 고객이 원하는 시간과 장소에 자재를 신뢰성 있게 공급하는 것이 가장 중요한 요건이다.

※ 문제 3.
다음 중 어느 품목의 특허, 요구사항 등 대개 기술적인 문제를 맞출 수 있는 공급자를 무엇이라 하는가?

A. Certified supplier.
B. Approved supplier.
C. Single source supplier.
D. Sole source supplier.

답: B
해설) Approved Supplier는 고객이 원하는 기술적인 요건 혹은 규격을 만족한 공급자를 말한다

핵심정리

구매절차(purchasing process)

- 구매사양서 작성(품목별 양, 가격 조건, 품질, 원하는 시기와 장소), solicitation(견적요청서, request for quotation/proposal: RFQ/P 작성), 경쟁적 입찰(bidding), 공급자 선정(기술력, 제조능력, 신뢰성, A/S 능력, 가격), 구매협상 및 계약,

구매사이클의 관리, 계약 구매에 대한 관리, 구매 성과측정으로 이루어진다.

공급자 선정의 고려사항

- 공급자 선정 시 고려해야 할 사항에는 파트너십 정도, 재무적 건전성, 검증 수준에 따른 공급자 유형 등이 있다.

Supplier Partnership

- 공급자 파트너십을 증진시키는 방법에는 공급자 일정수립(supply scheduling), 원류에서의 품질관리(quality at the source), 사용지점에 인도하기(point of use delivery), VMI(vendor managed inventory), 위탁(vendor owned inventory or consignment inventory), 신속응답프로그램(quick response program), 공급자 조기 참여(early supplier involvement: ESI), 협력적 계획/예측/보충(collaborative planning, forecasting and replenishment: CPFR) 등이 있다.

제10장

계획과 현장관리의 연결

생산활동관리의 틀

생산활동관리의 절차

제 10 장 계획과 현장관리의 연결

용어 사전

생산활동관리(PAC: production activity control)
생산활동관리는 자재와 생산능력계획의 수행을 포괄하는 기능으로 제조지시의 실행, 제조현장의 일정계획과 통제, 공급자관리를 포함한다.

작업배치(dispatching)
작업배치는 특정 작업장에 도착해 있는 가용한 작업들을 선택하고 순서를 정해서 그 작업장에서 일하는 작업자에게 배당하는 일이다.

시퀀싱(sequencing)
시퀀싱은 하나의 작업장에서 어느 제조 오더를 완수하기 위해 필요한 작업들 중 어느 작업을 먼저 투입할 것인지를 결정하는 일로서 작업배정을 위한 의사결정을 위해 필요한 과정이다.

학습 목표

- ✧ 생산활동관리(production activity control: PAC)의 목적과 그 활동들에 대해서 정의할 수 있다.
- ✧ MRP 계획담당자의 계획 기능과 생산 현장의 통제기능이 어떻게 연결되는지 설명할 수 있다.
- ✧ 오더를 준비하는 절차와 PAC 시스템에 필요한 데이터들에 대해서 그 구조를 설명할 수 있다.
- ✧ 생산활동의 착수와 작업배치에 대해서 설명할 수 있다.
- ✧ 작업들의 우선순위를 정하는 시퀀싱(sequencing)이 기준들에 대해 설명할 수 있다.

✧ 작업 지시와 관련한 부하법과 전방, 후방 일정법의 차이를 설명할 수 있다.

생산활동관리의 틀

생산활동관리의 위치와 기능

생산의 실행과 통제는 생산계획을 수행하는 부분으로서 작업지시를 발급하고, 우선순위를 부여하며 작업순서를 정하는 활동이다. 우리가 보통 일정계획(scheduling) 또는 공정관리라고 부르기도 하는 기능으로서, 이 단계에서는 생산자원을 합리적으로 활용하여 일정한 품질과 수량의 제품을 예정한 시간에 생산할 수 있도록 공장이나 현장의 활동을 계획하고 통제하는 일을 수행한다.

APICS에서는 '생산활동관리(PAC: production activity control)'라는 용어로 표현하는데, PAC는 자재와 생산능력계획의 수행을 포괄하는 기능으로 제조지시의 실행, 제조현장의 일정계획과 통제, 공급자관리를 포함한다. 전체 생산활동의 계획과 통제(MPC: manufacturing planning and control) 시스템 내에서 생산활동관리의 위치는 그림과 같다.

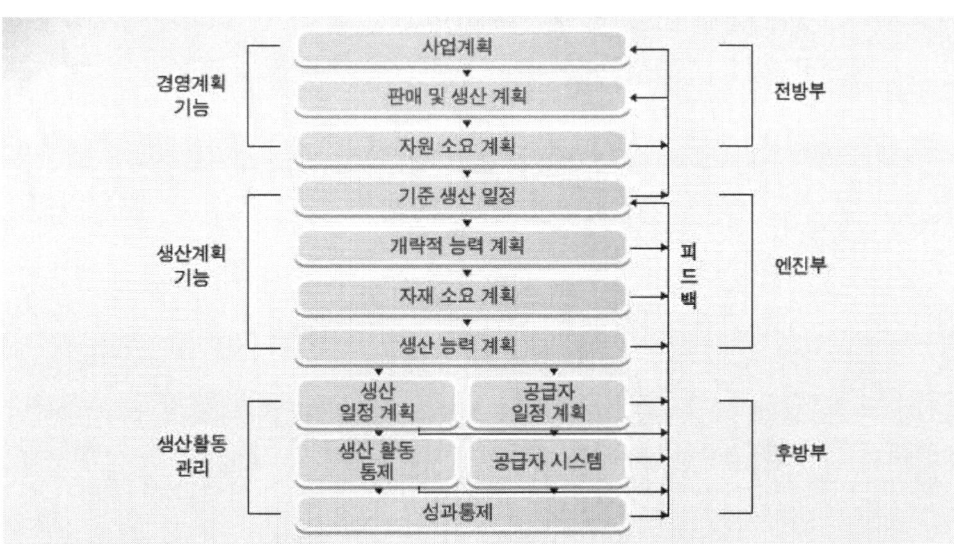

전체 MPC시스템과 생산활동관리 간의 연결은 자재소요계획과 생산능력계획을 통해서 이루어진다. 생산능력계획은 생산일정을 실행하는 데 있어서 자원의 가용성을 알게 해 준다. 만약 자원이 가용하지 않다면, 기존의 주문잔고(backlog)의 양을 줄인다든지, 또는 납기를 개선하는 등 산출률을 향상하는 일은 불가능할 것이다. 이와 같이 그 실행 가능성이 검증된 후에 제조일정이 생산활동관리로 넘어 온다면 생산활동관리는 정해진 제조일정에 맞추어 수행될 수 있다. 그러나 반대로 생산능력에 따라 부하가 평준화되지 않은 채 넘겨진 자재소요계획은 생산활동관리를 매우 복잡하고 어렵게 만든다. 이와 동일하게 공급자에 대한 구매주문도 마찬가지로 생산능력에 대한 고려가 이루어진 후 발주되어야만 효과적으로 실행될 수 있다.

생산활동관리의 핵심적인 목표는 자재소요계획을 만족시키는 것이다. 즉, 필요한 품목을 필요로 하는 때에 만들도록 하는 것이다. 그 결과 기준생산일정을 정확히 준수하게 하고 나아가 고객 서비스 목표를 달성하게 할 것이다.

생산활동관리의 흐름과 기능

그림은 실제 생산관리 현장에서 PAC을 포함하는 계획과 통제의 흐름을 보이고 있다.

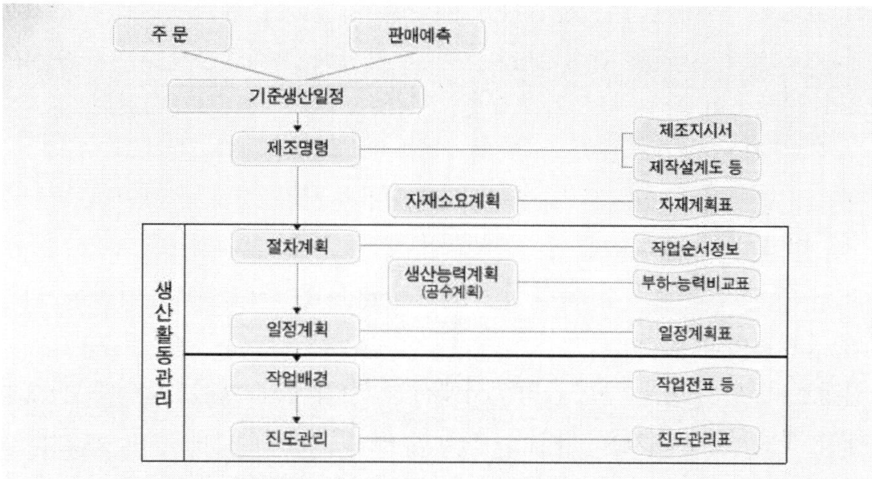

영업부에서 주문을 받으면 생산부서에서는 주문이나 예측자료에 따라 수 개월 동안의 월별 생산량과 납기를 정하는 기준생산일정을 수립한다. 기준생산일정은 주요 자원, 예를 들면 애로 공정에 대한 개략적 능력계획을 통해 그 실현 가능성을 검증 받게 된다. 이렇게 검증된 기준생산일정은 자재소요량 계획을 거쳐, 제품, 반제품, 중간 조립품, 구성품 등에 대한 생산오더가 발급되며, 부품, 원자재 등 구입 자재에 대한 구매 주문이 발급된다.

자재소요량 계획으로부터 나오는 생산오더와 구매 주문은 기본적으로 “무엇을 언제 얼마만큼” 완료(입고)시키라는 내용이다.

회사에서 제조하게 되는 생산 오더의 대상이 되는 제품, 반제품 들은 각기 어떤 작업순서를 따라야 되는지 정해져야 한다. 제품 별 작업순서를 미리 정해 놓은 데이터를 작업순서정보(routing)라 하는데, 개별수주형 생산의 경우에는 데이터가 미리 준비되어 있지 않기 때문에 그때마다 새로 설계 부서에서 작업순서를 만들어서 사용하기도 한다. 이 경우 별도로 절차계획이 필요하다.

작업순서가 정해지고 나면 일정계획을 수립하는 단계로 넘어간다. 보다 실현성 있는 일정계획은 생산능력계획을 거쳐야 한다. 생산능력계획에서는 제품이나 부품 별로 작업량, 작업방법, 소요인원, 기계 등이 작업순서에서 결정된 후 일정기간 동안의 작업량을 집계하여 각 공정 별로 필요한 인원과 기계의 공수를 산정한다. 그리고 이것을 작업장정보(work center DB)와 비교하여 작업량의 과부족을 조정하고 공정 별 기계시간과 작업시간을 할당한다.

작업을 할당함에 있어서 작업실시 시간의 순서를 정하고 작업의 완급순서 및 현장의 작업능력과 공정 재고의 수량 등을 고려하여 “누가, 언제, 무엇을 할 것인가”를 정하는 일정표(schedule)를 작성한다. 이러한 과정을 일정계획이라 한다.

일정표가 완성되면 생산관리부서에서는 현장에서 생산하는 데 필요한 자재를 불출 받아 실제로 작업을 시작할 수 있도록 작업배정(dispatching)을 한다. 작업배정에 이용되는 서식을 작업전표라 한다.

이어서 진도관리는 작업을 진행해 가면서 여러 가지 사정, 예컨대 주문의 변경이나 지급으로 처리해야 할 주문의 출현에 의해 예정대로 작업을 진행할 수 없는 경우 필요한 조치를 취하는 것이다. 이런 경우는 작업 간에 우선순위를 변경하거나 촉진, 지연시키는 조치가 필요하다.

PAC시스템 내에서 문제가 발견되면 장차 이런 문제가 재발하지 않도록 근본 원인을 제거하도록 노력해야 한다. 예기치 않은 문제로 인한 차이를 보전하기 위하여 필요한 수정 조치가 이루어진다. 계획에 문제가 있다면 자재소요계획의 일정이 수정될 수도 있고, 필요하다면 기준생산일정까지 거슬러 변경될 수도 있다.

계획기능과의 연결관계

생산활동관리는 자재소요계획의 결과 주문이 발급된 시점부터 시작된다. 자재소요계획은 어떤 품목을 언제, 몇 개 생산할 것인가에 관한 내용이 주된 정보이다.

한편 생산활동관리 부분에서는 작업의 수행 상 나타난 계획과의 차이를 자재소요계획에 다시 피드백 한다. 자재소요계획의 중요한 기능 중 하나는 이런 피드백 정보를 이용하여 기존의 우선순위를 재평가하고 새로운 우선순위를 제시해 주는 것이다. 이는 기존 발주된 입고예정량의 납기와 수량을 조정하라는 권고로 나타나며, 결과적으로 계획담당자는 새로운 우선순위를 반영하여 자재소요계획을 갱신할 수 있게 된다. 이상과 같이 전체 MPC시스템의 엔진부인 계획기능과 생산활동관리 간의 연결은 그림과 같이 일방향이 아니라 쌍방향이다.

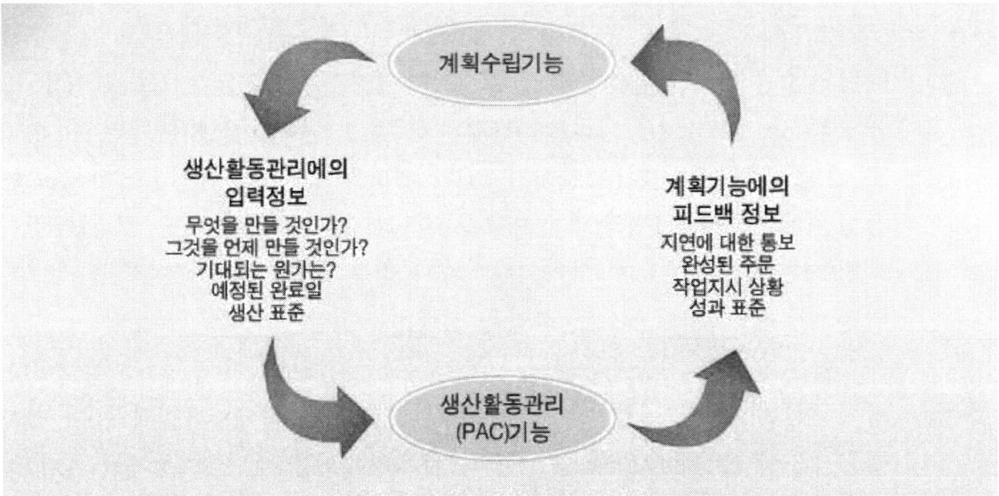

[계획기능과 생산활동관리 간의 인터페이스]

피드백 정보는 크게 두 범주로 나눌 수 있다. 하나는 현 상황을 알리는 정보로서 여기에는 작업의 종료에 대한 통보, 실사결과, 오더 마감 및 처리 등이다. 다른 하나는 경고 신호로서 일정계획의 결과 불합리한 자원 할당이 이루어진다든지 일정을 수행하지 못할 상황이 발생하는 경우가 이에 해당한다.

생산활동관리 시스템에서는 생산 성과가 측정되고 피드백 정보가 출력되어 다음과 같은 업무를 수행하는 데 사용된다.

- 문제를 확인하고 지연된 부분을 찾음
- 현황정보를 제공함
- 원가를 추적함
- 재고현황을 갱신함
- 작업 부하(load)를 측정함

- 작업장 우선순위를 조정함

생산활동관리의 절차

오더 발급

편의상 전통적인 개별수주형 공정이나 뱃치 공정을 대상으로 하여 PAC의 개념을 알아보자. 생산활동관리의 기법은 생산시스템이 개별수주형인지 흐름공정인지에 따라 차이가 있다. 일반적으로 연속생산공정의 경우는 작업순서가 이미 고정되어 있으므로 별도의 절차계획이 필요 없다는 점이 개별수주형과의 중요한 차이이다. 이 논리는 현장 내에서 자율적으로 후공정 인수의 pull 방식으로 작업을 진행하는 JIT 방식에도 적용된다.

그림은 A라는 최종제품의 구조를 보이는 자재명세서(부품표) 정보이다. 품목 별 리드타임 정보는 원래 품목정보(item master) 파일에 들어 있지만 편의 상 BOM에 함께 표시했다. 자재명세서를 보면, 최종제품 A가 중간제품 B와 가공품 D, E, 그리고 구매부품 C로 구성되어 있음을 알 수 있다. 따라서 품목 A, B, D, E는 제조지시에 의해서 내부에서 생산되는 것이고, 부품 C는 구매주문의 대상이 되어 외주 또는 구매되는 품목이다. 특히 품목 A는 MPS 대상품목일 것이다.

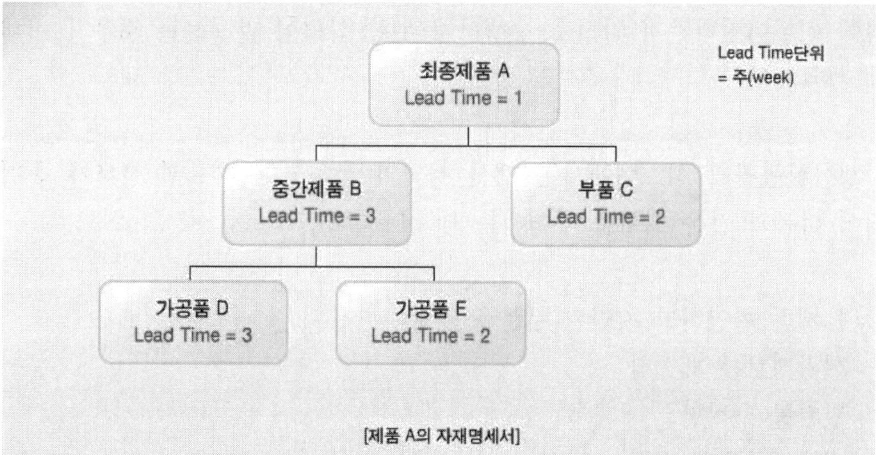

[제품 A의 자재명세서]

제품 A의 BOM(리드 타임 포함)

제조지시(manufacturing order, shop order) 또는 구매주문(purchase order)은 자재소요계획(MRP)의 출력물로서 생성되는데, 여기에는 그 품목이 언제까지 필요한지(오더 종료일 또는 납기일), 그리고 언제 오더가 발급되어야 하는지(오더 착수일) 명시된다. 오더 종료일과 오더 착수일 간의 간격이 바로 그림에 표시되어 있는 리드타임이다. 그러나 자재소요계획에서 제시하는 리드타임 정보는 실제 작업장(work center)에서 각각의 작업이 언제 시작되어 언제 끝나는지에 대한 세부적인 내용은 포함되어 있지 않다. 이런 상세정보를 산출하는 기능은 생산활동관리에서 이루어진다.

생산활동관리(PAC)의 착수

생산활동관리에 넘겨지는 가장 중요한 입력정보는 품목 각각에 대한 작업순서(routing)이다. 그림은 부품 D와 E에 대한 작업순서정보를 보이고 있다.

품목 D 작업순서

작업번호	작업장 번호	가동 시간	준비 시간	이동 시간	대기 시간	한계 시간	작업별 리드타임
1	100	2.4	.4	.4	2.6	5.8	6.0
2	101	2.1	.8	.4	4.0	7.3	7.0
3	102	.5	.2	.3	.7	1.7	2.0
총 리드타임 (일) = 15.0							

품목 E 작업순서

작업번호	작업장 번호	가동 시간	준비 시간	이동 시간	대기 시간	한계 시간	작업별 리드타임
1	100	1.3	.5	.3	1	3.2	3.0
2	105	.2	.1	.3	.5	1.1	1.0
3	106	.3	.2	.1	1.5	2.1	2.0
4	107	1.0	.6	.8	1.5	3.9	4.0
총 리드타임 (일) = 10.0							

품목 D와 품목 E의 작업순서 및 작업장 정보

작업순서정보는 품목 D와 E를 만들기 위해서 수행되어야 할 작업이 무엇이며 그 작업이 어느 공정(작업장)에서 수행되며, 각 작업장에서 소요되는 리드 타임은 얼마나 되는지 보이고 있다. 품목 D의 경우를 예로 들면 이것이 완성되려면 세 가지 작업으로 구성되는데, 그 작업을 수행하는 데는 총 15일(3주)이 걸림을 알 수 있다. 같은 방법으로 품목 E를 만드는 작업은 4 가지이며 총 10일(2주)이 소요된다. 이와 같은 방식으로 그림의 자재명세표에 수록된 모든 품목에 대한 리드타임이 작업순서정보로부터 구해진다. 자재소요계획(MRP)에서 쓰이는 품목 별 오더에 대한 리드타임은 그림의 작업순서정보에 나와 있는 작업 별 리드타임의 합계인 총 리드타임과 일치해야 한다.

작업순서정보에서 볼 수 있듯이 리드타임 정보는 가동시간, 준비시간, 이동시간, 그리고 대기시간의 4 가지 요소로 구성되어 있다. 이들 각각의 항목은 다음과 같이 구해진다.

- 가동시간 - 한 단위 생산하는 데 소요되는 작업 또는 기계 시간 x 로트크기 앞의 예에서 D품목의 100번 작업장에서의 가동시간 2.4는 (정해진 생산로트 크기 x 단위 당 기계시간)으로 미리 계산된 값이다.
- 준비시간 - 작업장을 교체, 준비하는 데 걸리는 시간으로 로트크기와 독립적이다.
- 이동시간 - 한 작업장에서 다른 작업장으로의 이동에 걸리는 시간으로, 보통 이동시간 중에는 이동 전 기다리는 시간(지체시간)을 포함하기도 한다.
- 대기시간 - 한 작업장(공정)에서 작업되기 전까지 기다려야 하는 시간으로 작업부하와 일정에 따라 다르다.

대기시간은 흔히 전체 리드타임의 80 퍼센트 이상을 차지하며, 관리의 주된 대상이 된다. 그러므로 대기시간을 줄이는 것은 곧바로 리드타임의 대폭적인 단축으로 이어지며, 그 결과 재공품이 낮아지고 생산활동관리를 더욱 원활하게 해 준다. 이를 위해 JIT 방식의 지속적 개선이 중요시 된다.

작업 배치

작업배치(dispatching)는 특정 작업장에 도착해 있는 가용한 작업들을 선택하고 순서를 정해서 그 작업장에서 일하는 작업자에게 배당하는 일이다. (The selecting and sequencing of available jobs to be run at individual workstations and the assignment of those jobs to workers.)

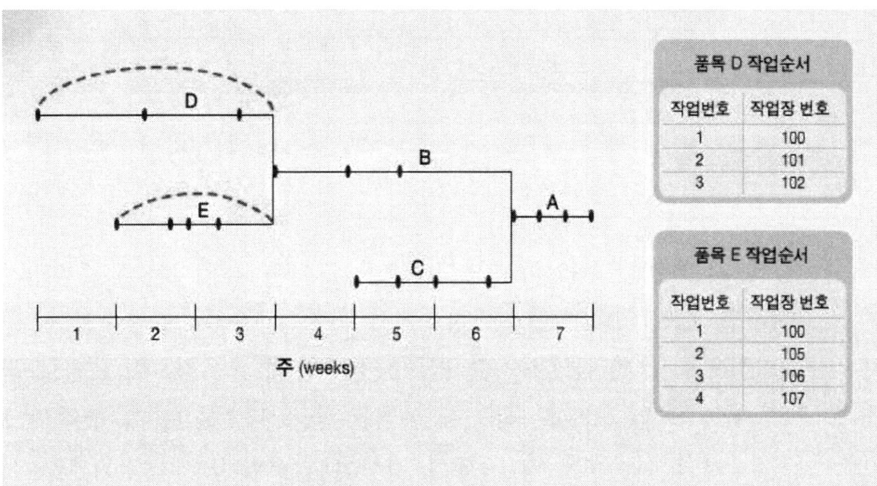

작업 배치도(operation setback chart)

그림은 작업배치도(operation setback chart)라 하는데, 각 품목의 리드타임에 따라 작업 일정을 배치시킨 모습을 보이고 있다. MRP 자재소요계획에서 참조하는 일정은 앞 그림에 나타나 있듯이 품목 D는 3주, 품목 E는 2주 간의 리드타임에 의해 계획이 수립된다.

그림의 작업장 정보에 의하면 품목 D와 E는 같은 작업장 '100번'을 이들 품목의 첫 번째 작업으로서 거치게 되어 있음을 알 수 있다. 따라서 작업장 100의 상황에 따라 품목 D와 E 간의 일정은 상세 수준에서 조정이 되어야 한다. 아래 그림은 품목 D가 작업장 100에서 수행되는 상세 일정의 대안을 보이고 있다.

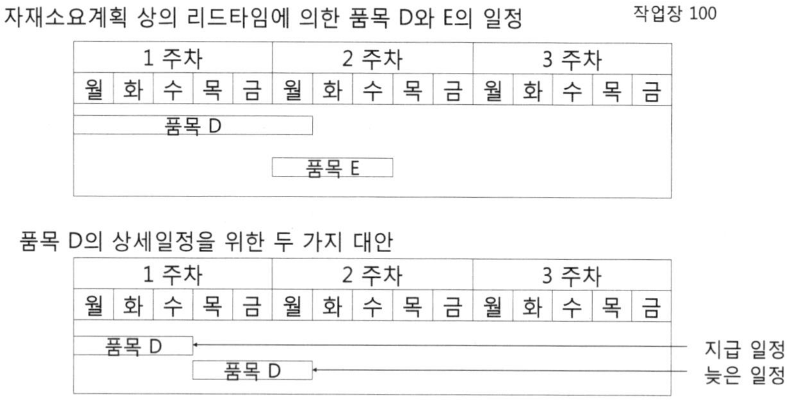

상세 일정수립의 대안

품목 D의 리드타임은 6일이지만 그 중에서 순수 가동시간과 준비시간만을 고려하면 2.8일이다(작업순서정보에서 작업장 100의 가동시간 + 준비시간). 그러므로 실제 작업배치는 리드타임 6일 중 월, 화, 수 요일로 하든지, 또는 금, 토, 일 요일로 하든지 선택할 수 있다. 물론, 그 중간의 3일을 잡아도 된다. 즉, MRP에 의해서 제시된 일정인 6일의 범위 내에서 실제로 어느 시점에 작업을 하는 것이 좋은지는 다른 작업지시와의 우선순위, 공정의 부하 및 기계의 가동률 등을 고려하여 결정될 것이다.

시퀀싱 – 작업우선순위 결정

시퀀싱(sequencing)은 하나의 작업장에서 어느 제조 오더를 완수하기 위해 필요한 작업들 중 어느 작업을 먼저 투입할 것인지를 결정하는 일로서 위에 설명한 작업배정을 위한 의사결정을 위해 필요한 과정이다. 어느 공정에 현재 진행 중인 작업이 끝난 후 다음에 어떤 품목을 투입하여 작업에 들어 갈 것인지는 현재의 공정 상태, 자재의 가용성, 그 품목의 납기 등을 반영하여 결정될 것이다. 작업우선순위를 정하는 방법에는 다음과 같이 여러 가지 방법이 선택될 수 있다.

① 납기일순 (earliest due date): 납기가 이른 것을 우선한다.
② 최소 작업수(fewest operations): 작업(operation)수가 적은 것을 우선한다.
③ 최소 작업시간(least processing time): 현재까지 작업한 시간이 가장 적은 것을 우선한다.
④ 최소 잔여 작업시간(shortest total operation time remaining): 남아있는 작업시간이 가장 적은 것을 우선한다.
⑤ 최소 여유시간(least slack per operation): 여유시간이 없는 것을 우선한다.
⑥ 긴급률(critical ratio: CR): "잔여 납기일수 / 잔여 생산리드타임"으로 정의되는 긴급률이 적은 것을 우선한다.

작업우선순위를 정하는 규칙은 납기이행, 작업의 효율화, 기계 및 작업의 유휴시간 최소화 등의 평가기준에 의해 선택된다.

긴급률은 동태적으로 작업의 진척률을 평가하는 척도로서 작업배정이나 작업순서를 정하는 데 널리 사용된다. 긴급률은 다음 식에 의해서 계산된다.

$$\text{긴급률} = \frac{\text{잔여납기일수}}{\text{잔여 생산리드타임}} = \frac{\text{납기일 - 현재일자}}{\text{잔여 생산리드타임}}$$

위 식에서 알 수 있는 바와 같이 긴급률이 1이면 작업이 예정대로 진행되고 있는 것이고, 1보다 적으면 예정보다 뒤진 것이다.

예제: 시퀀싱 방법

다음 표는 어느 자동차 공장의 제조부서에 지시된 4개의 제조지시를 보이고 있다. 제조지시가 발급된 일자는 현재일자로서 100일차(공장 칼렌다로 연초부터 100번째 작업일)이다. 표에 적혀 있는 작업시간의 단위는 일(day) 단위이다.

그림의 각 오더는 현재 납기일순으로 우선순위가 정해져 있다. (각 오더의 납기일은 각각 105, 107, 111, 113)

표에서 여유시간은 다음과 같이 구해진다.

여유시간 = (납기일) – (현재일자) – (잔여 작업시간)

예를 들어 오더 A에 대한 여유시간은 (105 - 100 - 3.0 = 2.0)으로 계산된다. 그리고 긴급률 CR은 "긴급률 CR = (납기일 - 현재일자) / 잔여생산리드타임" 식을 적용하여 계산할 수 있다. 예제에서 A오더의 긴급률은 (105 – 100) / 5.5 = .91 로 계산된다.

긴급률이 낮을수록 오더의 우선순위는 높아진다. 따라서 표의 예에서 오더 B가 가장 지체되고 있으며 작업배치의 우선순위가 가장 높음을 알 수 있다.

표에는 예제에 나오는 각 항목들의 의미를 시각적으로 나타내고 있다.

자동차 공장의 4가지 작업오더

단위 : 일수　날짜 : 100

오더	납기일	기 작업 시간	잔여 작업시간	잔여생산 리드타임	잔여 작업수	여유시간 (ST)	긴급률 (CR)
A	105	1.5	3.0	5.5	4	2.0	.91
B	107	1.0	4.5	9.0	6	2.5	.78
C	111	2.0	4.0	7.0	5	7.0	1.57
D	113	3.5	7.0	8.5	3	6.0	1.53

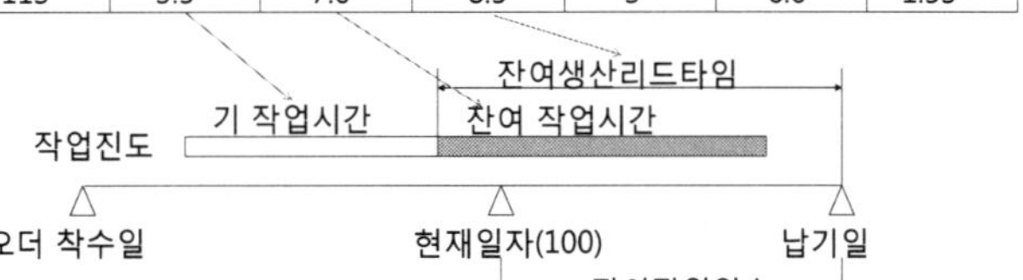

작업의 우선순위 결정

아래 표는 각 우선순위 규칙에 따라 위 예제에서의 시퀀싱이 어떻게 달라지는지 열거하고 있다.

우선순위 규칙	시퀀싱
납기일순(earliest due date)	A, B, C, D
최소 작업수(fewest operations)	D, A, C, B
최소 작업시간(least processing time)	B, A, C, Z
최소 잔여 작업시간(shortest total operation time remaining)	A, C, B, D
최소 여유시간(least slack per operation)	A, B, D, C
긴급률(critical ratio: CR)	B, A, D, C

표 우선순위 규칙 예제

제한부하법과 무제한부하법

그림은 작업을 배치하기 위해서 부하(load)를 합산할 때 이용되는 두 가지 대안을 보이고 있다.

제한부하법(finite loading)은 특정 공정에 대해서 그 공정을 거치는 모든 제조지시에 들어 있는 작업들의 시작시점과 완료시점을 시뮬레이션 함으로써 생산능력에 부합하는 상세 일정을 만들어 낸다. 그 결과 그 작업장에 대해서 계획기간에 걸쳐 작업들의 시작 시점과 종료시점을 명시해 준다. 실상 그 작업의 일정은 그림에 보이는 여러 대안 중의 하나에 해당될 것이다. 제한부하법을 가능하게 하려면 생산활동관리에 관련된 모든 데이터가 상세 수준에서 완벽하게 준비되어야 하며, 컴퓨터에 의한 시뮬레이션이 가능하도록 지원되어야 한다.

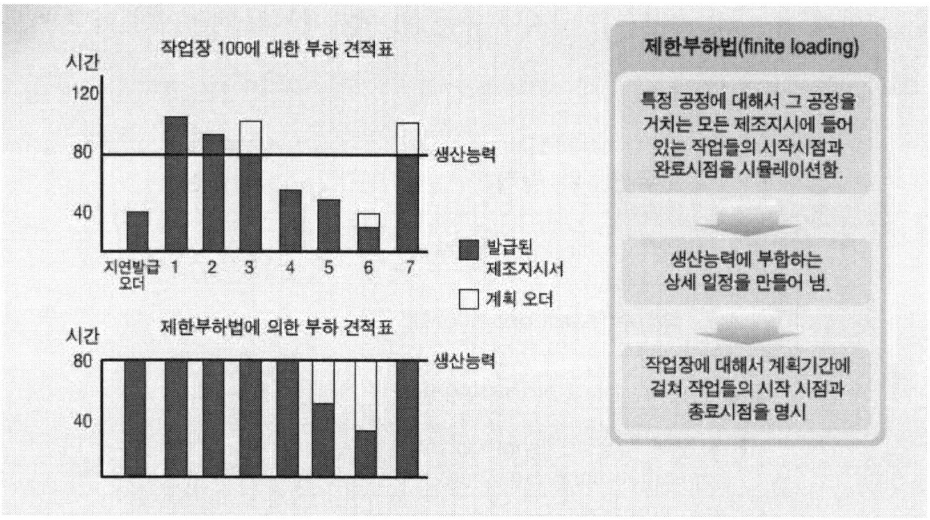

그런데 이런 종류의 시뮬레이션은 컴퓨터를 쓰더라도 매우 방대한 작업에 속한다. 골드랫에 의해서 개발된 OPT(optimized production technology)는 제약자원이론(TOC: theory of constraints)에 기초하여 특히 애로공정의 관리에 초점을 맞춘다. 따라서 OPT에서는 애로공정을 규명하여 이 애로공정을 거치는 작업들은 제한부하에 의해서 정교한 시뮬레이션을 하지만 그 밖의 작업지시는 MRP에서 산출된 납기와 우선순위를 그대로 사용한다.

앞에 논의한 바와 같이 일반적인 우선순위 규칙들은 작업장의 생산능력을 고려하지는 않는다. 결과적으로 우선순위 규칙만을 적용한 능력소요계획은 그림의 상단에 나타나 있는 것과 같이 무제한부하법(infinite loading)을 사용한 능력소요계획이 된다.

전방일정법과 후방일정법

작업배치 시 오더의 첫 번째 작업을 배치하는 기준 시점 및 작업 배치의 방향이 어느 쪽이냐에 따라 전방일정법(forward scheduling)과 후방일정법(backward scheduling)으로 나뉜다. 후방일정법은 오더의 납기일 이

전 시점으로서 희망하는 오더 종료시점을 정하고, 그 시점부터 시작하여 각 작업을 역방향으로 배치한다. 반대로 전방일정법은 오더의 착수일 이후 어느 한 시점에서 시작하여 순방향으로 작업을 배치한다.

무제한부하법을 옹호하는 사람들은 전방일정법을 써서 작업을 배치하면서 주요 기계에 대한 실제 부하를 로딩(loading)해 보고, 만약 그 작업장의 생산능력을 초과한 경우에는 다음 작업을 순연시키는 방식으로 작업배치를 조정함으로써 실제 오더를 흐르게 한 것과 유사한 효과를 가져 올 수 있다고 주장한다.

예제: Load Leveling.

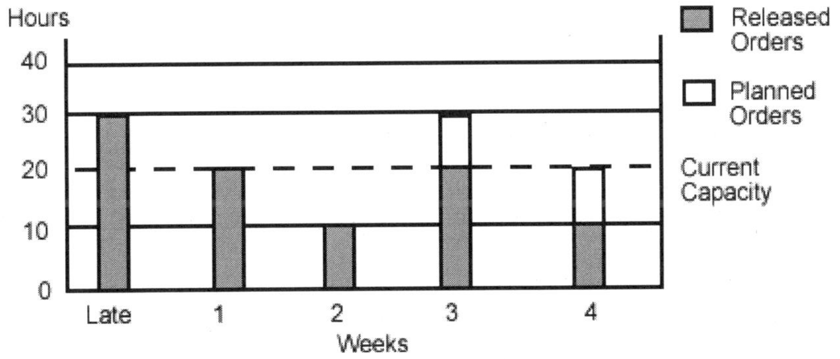

1. 4주 말에 예정된 대기 물량은 몇 시간hours) 분인가?

A. 0 B. 10 C. 30 D. 50

2. 4주 말 시점에 만약 1.5주만큼의 대기물량이 이상적이라면 평균 생산능력은 얼마가 되어야 하는가?

A. 17 B. 20 C. 22 D. 30

해설:

문제 1.

다음은 위 그림을 통해 얻을 수 있는 정보이다.

1. Available Capacity for 4 weeks = 20 × 4 = 80 hours.
2. Required Capacity for 4 weeks = 20 + 10 + 30 + 20 = 80 hours. (Open + Planned order)
3. Beginning Level of Inventory = 30 hours.

따라서 문제 1에서 위 계획대로라면, 4주 후 이 작업장의 Queue는 이용가능 한 능력과 요구되는 능력이 같기 때문에 Queue가 증가하거나 감소하지 않는다. 따라서 30 hours가 답이다.

문제 2.

문제2에서는 4주말에 1.5주 분량의 Queues(Loads)을 두기 위해서는 작업장의 이용가능 한 능력은 어느 정도이어야 하는가? 가 문제이다. 이는 그림에서 쉽게 알 수 있듯이, 주당 20 hours씩 일을 하게 되면, 결국 4주말에는 30 hours 즉 1.5주의 Queue가 남을 수 있다.

생각해 보기 - 스케줄링 소프트웨어

귀사의 자원을 관리하는 것보다 더 중요한 것이 무엇이 있겠는가? 많은 책들이 제조환경에 있어서 생산성을 향상시키는 방법에 있어서 MRP(Material Requirement Planning), JIT(Just-in-Time), 셀 그리고 다른 방법에 관하여 기술하고 있다. 현재 새로운 주제는 ERP(Enterprise Resource Planning), SCM(Supply Chain Management), TOC(Theory of Constraints) 등이다. 이러한 모든 기술은 잠재적인 향상을 제공하기는 하지만 스케줄링의 문제를 적절히 밝혀주는 것은 하나도 없다. 대부분의 MRP 공급사는 계속적으로 무제한 부하법의 생산 스케줄링 방식을 제공하고 있다. 소프트웨어 공급사는 간혹 FCS(finite capacity scheduling)라는 용어를 사용하여 그들의 시스템을 설명하곤 한다. 그러나 FCS는 아주 모호하게 사용되어 실질적인 제한부하법과는 다르며 불확실하게 묘사되는 경우가 많다.

오랫동안 무제한부하법의 생산 스케줄링에 익숙한 사람에게 있어서 제한부하법의 생산 스케줄링을 설명하는 것은 새로운 패러다임으로서 새로운 수준으로 나아가는데 어려움을 겪게 된다. 고전적인 스케줄링 시스템이 현장에서 수행될 수 있도록 충분히 정확한 결과를 만들어 낼 수 있다고 기대하는 사람은 거의 없다고 해도 과언이 아니다. 대부분의 생산 설비에서, 부서 관리자나 현장감독자는 궁극적으로 실제 작업의 순서를 결정하는 사람이다. 대부분의 회사에서 계획과 일정에 관하여 많은 회의가 발생한다. 생산회의가 열리고 대부분이 그 결과는 급한 오더를 먼저 처리하는 것으로 끝난다. 이것은 부적절한 스케줄링에 대한 최후의 구제책이 되어 왔다.

이러한 국면을 극복하는 우리의 솔루션은 무제한 생산 스케줄링에 기반한 what-if 시뮬레이션이 가능한 현대적인 스케줄링 방법이다. 그러나 이것이 가능 하려면 생산 공정의 능력과 작업순서에 관한 데이터가 사용 가능한 수준으로 정비되어 있어야 한다.

도전 Quiz

※ 문제 1.

제조공정을 통과하여 흘러가는 주문의 흐름에 대한 최단기 상세 계획기능(very short-term detailed planning of the flow of orders through manufacturing)을 나타내는 용어는 다음 중 어느 것인가?

A. 생산계획(production planning)
B. 기준생산일정(master production scheduling)
C. 자재소요계획(material requirement planning)
D. 생산활동관리(production activity control)

답) D

해설) MRP의 계획오더를 작업장 별 일정계획으로 분해하여 작업배정을 하는 수준이 생산활동관리(PAC)의 역할이다.

※ 문제 2.

다음 중 작업장에서 어느 작업의 실제 대기시간(queue time)에 가장 영향을 주는 요인은?

A. 대기행렬의 길이(the size of the queue)

B. 그 작업의 로트크기(the lot size of the job)

C. 그 작업의 우선순위(the priority of the job)

D. 해당 작업장의 가동률(the utilization of the work center)

답)C

해설) 작업장에서 투입이 가능한 작업이 여러 가지가 있을 때 그 우선순위를 정하는 기본 규칙들이 sequencing 방법들이다. 이는 작업들 중에서 어느 것이 먼저 투입되어야 하는지를 결정하는 룰인데, 다양한 기준이 있지만 그 목표는 모두 작업들의 우선순위를 알고자 하는 것이다.

※ 문제 3.

작업 시퀀싱(sequencing) 방법에 대한 설명으로서 틀린 것은?

A. 최소 작업수(fewest operations) 방법은 작업(operation)수가 적은 것을 우선하는 방법이다.

B. 최소 작업시간(least processing time) 방법은 현재까지 작업한 시간이 가장 적은 것을 우선하는 방법이다.

C. 최소 잔여 작업시간(shortest total operation time remaining) 방법은 "잔여 납기일수 / 잔여 생산리드타임"으로 정의되는 긴급률이 적은 것을 우선하는 방법이다.

D. 최소 여유시간(least slack per operation) 방법은 여유시간이 적게 남을 작업을 우선한다.

답)C

해설) 최소 잔여 작업시간(shortest total operation time remaining): 남아있는 작업시간이 가장 적은 것을 우선한다.

핵심정리

생산활동관리의 틀

- PAC 는 자재와 생산능력계획의 수행을 포괄하는 기능으로 제조지시의 실행, 제조현장의 일정계획과 통제, 공급자관리를 포함한다.
- 생산활동관리의 핵심적인 목표는 자재소요계획을 만족시키는 것이다.
- MPC 시스템의 엔진부인 계획기능과 생산활동관리 간의 연결은 일방향이 아니라 쌍방향이다.
- 피드백 정보는 크게 두 범주로 나눌 수 있다. 하나는 현 상황을 알리는 정보로서 여기에는 작업의 종료에 대한 통보, 실사결과, 오더 마감 및 처리 등이다. 다른 하나는 예외 사항에 대한 경고 신호로서 일정계획의 결과 불합리한 자원 할당이 이루어진다든지 일정을 수행하지 못할 상황이 발생하는 경우가 이에 해당한다.

생산활동관리의 절차

- 작업순서정보를 사용한 절차계획은 개별수주형 공정이나 뱃치 공정에 가장 적합하다.
- 작업순서정보에 들어 있는 생산 리드타임 정보는 가동시간, 준비시간, 이동시간, 그리고 대기시간의 4 가지 요소로 구성되어 있다.
- 작업배치(dispatching)는 특정 작업장에 도착해 있는 가용한 작업들을 선택하고 순서를 정해서 그 작업장에서 일하는 작업자에게 배당하는 일이다.
- 작업우선순위를 정하는 방법에는 납기일순 (earliest due date), 최소 작업수(fewest operations), 최소 작업시간(least processing time), 최소 잔여 작업시간(shortest total operation time remaining), 최소 여유시간(least slack per operation), 긴급률(critical ratio: CR) 등이 있다.

- 작업을 배치하기 위해서 부하(load)를 합산할 때 이용되는 두 가지 대안에는 제한부하법(finite loading)과 무제한부하법(infinite loading)이 있다.
- 작업배치 시 오더의 첫 번째 작업을 배치하는 기준 시점 및 작업배치의 방향이 어느 쪽이냐에 따라 전방일정법(forward scheduling)과 후방일정법(backward scheduling)으로 나뉜다.

제3부

생산의 실행과 통제

제11장

생산의 실행과 통제

생산의 실행과 통제(ECO)

JIT 기반의 ECO

ECO와 원가계산

스케줄링 이슈

라인 밸런싱

투입 · 산출 관리

제 11 장 생산의 실행과 통제

용어 사전

품질기능전개(QFD: quality function deployment)
특정 제품을 생산하기에 앞서 소비자가 요구하는 품질, 자사의 생산 역량, 경쟁사의 제품품질을 종합적으로 확인하고 이를 전개하여 설계품질을 정해 나가는 품질설계의 방법

학습 목표

- ✧ ECO가 전체 MPC에서 차지하는 위치와 연결관계에 대해 설명할 수 있다.
- ✧ JIT 기반의 ECO를 할 때 어떤 특징과 변화가 있는지 설명할 수 있다.
- ✧ 생산현장관리의 기준데이터를 이용한 원가계산의 이슈들을 제시할 수 있다.
- ✧ 공정에서 스케줄링을 하는 몇 가지 방법을 설명할 수 있다.
- ✧ 라인 밸런싱의 문제와 해결 예를 제시할 수 있다.
- ✧ 인풋 아웃풋(input/output) 통제의 개념을 알고 그 적용 방법을 설명할 수 있다.

생산의 실행과 통제(ECO)

ECO의 위치와 개요

전체 MPC 내에서 생산의 실행과 통제(ECO: execution and control of operations, or PAC: production activity control)가 차지하는 위치는 그림과 같이 맨 아래 부분의 실행단계이다.

ECO(또는 PAC) 시스템은 MPC의 MRP와 CRP에서 주된 입력을 받는다. 상세한 능력계획 정보는 현장일정계획과 통제(SFC: shop floor control)쪽으로 보내진다. 상세 능력정보의 중요성은 그 반대되는 경우를 생각해 보면 짐작할 수 있다. 만약 불충분한 생산능력이 주어진다면 주문잔고(backlog)를 줄인다거나 고객에 대한 납품 성과를 높이는 것은 불가능할 것이다. 반면에 필요한 양보다 지나친 생산능력이 주어진다면 사실상 SFC 시스템은 필요 없게 될 것이다. SFC는 어딘가 애로 공정도 있고 생산능력의 효과적인 활용이 주요할 때 SFC의 진가가 발휘된다. 상세 능력계획이 잘 되어서 생산현장에 평준화 된 작업부하를 만들어서 내려 보내게 되면 SFC는 그만큼 잘 돌아가게 될 것이다. 반면에 들쑥날쑥 변화가 심한 일정계획을 현장에 내려 보내면 실행 업무는 그만큼 어려워지게 된다.
이와 똑 같은 논리가 구매 일정관리에도 해당된다. 효과적인 구매일정이 유지되기 위해서는 공급업자의 생산능력이 잘 계획되고 실행되도록 관리해야 한다.

자재계획(MRP)는 SFC와 공급자 follow-up 쪽으로 정보를 보내고 성과 목표를 관리함으로써 MPS 와 고객 서비스 수준을 만족시킬 수 있게 된다.

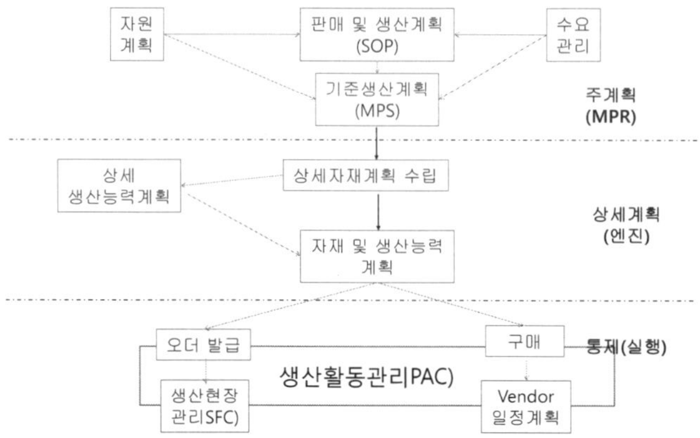

ECO세부 주제

ECO활동은 생산활동의 실행과 통제 부분을 관장하는 모든 활동으로서 다음을 포함한다.

- 생산활동의 계획
- ECO 시스템 개념
- MRP 기반의 일정계획
- JIT/lean 기반의 일정계획
- 생산활동의 통제(MRP 기반, JIT/lean 기반)
- 재고관리 이슈들
- 작업자 관리와 자발적 참여
- 원가관리
- 품질의 통제
- 품질관리 도구들
- 식스 시그마 품질관리
- PDCA 사이클
- 공급자 관계 관리

MRP기반 시스템의 작업지시

MRP 자재계획에서 작업장에 작업지시(Shop Order Release)를 할 때 이루어지는 활동들은 대표적으로 다음과 같다.

- 가용성 체크: Materials, Capacity, Tooling
- 현장 오더(생산오더) 서류의 준비

Shop Order Release에 관련한 의사결정은 MRP 시스템을 중심으로 이루어 지며, MRP시스템에서는 해당하는 주문(Shop or Work Order)에 대한 수량, 납기일, 고객에 대한 정보(Pegging) 등에 대해서만 지정한다. 이 정보들을 이용하여 작업장에 작업지시를 내리게 되면, 나머지 실행을 위한 스케줄링 차원은 납기를 만족시키는 한계 내에서 PAC의 재량범위에 속하게 된다.

JIT 기반의 ECO

JIT 기반의 현장관리

JIT 가 적용될 경우 공식적인 현장관리(shop-floor control)는 대폭 간소화 될 수 있다. 오더 발급은 Kanban 등 끌기(pull) 시스템을 통해서 수행되고, 재공품(work-in-process) 재고는 제한적으로 소량만 보유하며, '눈에 보이는 관리'를 함으로써 재고기록의 정리에 들어가는 노력이 줄어든다.

JIT를 통해 평준화 생산을 지향함으로써 마치 흐름생산에서와 같은 조건을 만들어 상세한 일정계획 수립(scheduling)은 필요하지 않게 된다.
데이터 수집과 모니터링은 단지 원자재와 완제품 재고에 대한 부분에서만 요구된다.

JIT 지속적 개선 방법으로서 "One less at a Time"

'one less at a time'은 문자 그대로 '한번에 하나씩 줄이기'를 말한다.

이는 JIT의 개념 중 낭비(waste)와 지속적 개선(continuous improvement)와 밀접한 관련이 있다. 'one less at a time' 으로 작업장의 작업자들이 중심이 되어 장 기간 lot size 를 점차 줄인다는 것은 setup time의 단축 등 그 기초가 되는 개선이 일어나야만 가능한 것이다.

결국 JIT에서는 생산시스템 상의 낭비(waste)를 리엔지니어링 보다는 지속적 개선(continuous improvement) 방법을 통해 줄여나가려고 노력하며, 방향제시는 관리자(management)가 하고, 해결은 작업자 참여(employees involvement)에 의해 한다.

JIT환경에서의 Four-wall Inventory

Four-wall Inventory란 JIT 생산에서 현장에 관리되는 재고를 말한다. JIT 생산에서 부품, 원재료가 창고로 입고되지 않고 공장 현장으로 직접 납품되며, 원재료뿐 아니라 각 공정에서 작업을 마친 후의 그 중간 작업물(WIP)까지도 저장고에 두지 않고 현장에서 관리한다. 즉 완제품이 되고 난 다음에서야 별도의 저장고에 저장된다. 이러한 현장 재고관리의 방식은 다음의 활동들과 밀접한 연관이 있다.

- JIT/TQM and Kanban Production.
- Employee Involvement & Cross-Functional Problem Solving.
- Single Source and Supplier Partnership.

Staging and Kitting

Staging은 생산지시가 내려진 주문에 필요한 자재를 생산 전에 저장고(Storeroom)에서 가져와 작업장에 준비를 위해 정리해 두는 것이며, kitting은 자재에 대해서 BOM이나 Routing 정보 등을 이용하여, 미리 작업구성 (필요한 자재들 + Pallet + Fixture)을 하는 것을 말한다. 작업장에서 효율적으로 작업을 하기 위해서는 staging과 kitting을 하는 것이 필요하다. 이 작업은 일반적으로 job-shop 보다는 작업의 내용이 비교적 일정한 JIT 생산이나 flow-shop 에서 더 자주 사용된다.

Staging & kitting은 재고의 정확도 달성에 어려움을 주는 요인이 된다. 대개 고가품이 아닌 부품 및 구성품에 대하여 작업장에서 BOM 대로 정산하는 일을 정확히 하지 않는 관행이 있기 때문이다. 그렇다고 staging이나 kitting 을 하지 않는다면 생산효율이 악화될 수 있을 것이다. JIT 생산환경에서는 현장의 재고관리를 작업자에 맡기는, 일종의 point-of-use 방식을 지향하는 편이다. 이는 엠파워먼트의 일환이라고도 볼 수 있다.

ECO와 원가계산

제조간접비 배부

전체 공장 차원의 간접 경비인 사무직 사원의 급여, 공장의 전기료 등 제조간접비는 어느 특정 작업장 만을 위해 소모되는 것이 아니기 때문에 제조원가 계산을 하기 위해서는 우선 제조간접비를 각 작업장에 적절히 배부해야 한다. 이때 많이 이용하는 기준이 작업장 별 직접노무비(이는 작업시간과 비례함)이다.

월별 제조원가를 산정한다 할 때, 만약 공장의 생산 볼륨과 믹스가 전월에 비해 금 월의 수준이 평준화 되지 않고 큰 변화가 있었다고 하면 월별 제조간접비 배부율이 작업장 별로 달라져 제조원가 계산에 왜곡이 많아질 수 있다.

표준원가

표준원가(standard cost)의 정의는 다음과 같다. " 작업, 프로세스, 또는 제품의 목표 원가로서 실제 생산을 하기 전에 추정치로서 이용한다. 경영자는 통제를 위한 목적으로 실제 원가와 표준 원가를 비교해 봄으로써 차이가 왜 생겼는지 분석하는 일을 한다."

ECO 부분에서 관장하는 기준 데이터들(작업장 정보, routing 정보 등)을 이용하여 표준원가를 산정할 수 있다. 표준원가는 일종의 추정치 내지 목표치로서 나중에 실제원가(actual costs)가 나오면 이를 표준원가와 비교하여 왜 차이가 발생했나를 규명하는 활동이 이어진다. 이런 일을 하는 책임 재무 관리자를 controller라 한다.

스케줄링 이슈

흐름생산에서의 생산통제

흐름 생산에서의 생산일정 통제는 mixed-model Scheduling, rated-based scheduling, synchronous control 등이 있다.

Mixed-Model Scheduling

생산라인에서 매일 2, 3가지의 제품을 생산하며, 생산량은 일일 수요량을 기준으로 결정된다. 2, 3가지 제품을 생산한다고 해서 일정한 순서를 갖는 것은 아니다. 즉 A, B, C을 각각 50%, 30%, 20% 생산한다고 할 때, 가능한 한 모델들이 혼류되도록 해야 한다. 즉 다음과 같이 한다면 mixed-model scheduling이라고 할 수 있다.

A B A C A B A B A C

mixed-model scheduling을 위해서는 작업준비시간, 이동시간, 대기시간 등이 공급, 생산, 분배 활동 전반에 거쳐 관리되어야 한다.

Rate Based Scheduling

'rate-based scheduling'은 산출률 즉 기간별 수요예측량을 바탕으로 한 생산속도 관리를 말한다. 산출률의 역에 해당하는 cycle time 도 역시 일정계획에 이용할 수 있다.

일반적으로 job-shop에서는 작업속도를 조절할 때 납기일(due-date)이 가장 중요한 기준이 된다. 즉 Due-date가 얼마 안 남았으면 작업속도를 높이고(expediting), 그렇지 않으면 정상적으로 처리하거나 작업의 우선순위를 늦춘다. 이 때 긴급률(critical ratio) 정보를 이용할 수도 있다.

그러나 flow-shop에서는 생산되는 개별 품목들에 대한 납기일 개념은 없다. 대신 기간별 해당 제품의 수요량은 예측된다. 예를 들어 하루 120 대 생산되는 모터사이클의 경우 cycle time은 (8시간 × 60분 / 120 대 = 4분/대)이 된다. 계절수요가 존재하는 품목의 경우에는 성수기일 때와 비수기일 때의 수요변화가 크기 때문에, 계절 수요에 맞는 적절한 cycle time을 새로 계산하고, 이를 기준으로 생산시스템을 통제하게 된다. Rate-based scheduling이 잘 정착되면 수요량에 따라 적절한 생산수준을 결정할 수 있게 되며, 적정한 재고 수준을 유지하면서 수요에 대응할 수 있게 된다.

Synchronous Control

이는 pull 개념을 flow-shop 통제에 도입한 것으로 더욱 발전된 통제방법이라 할 수 있다. 우선 flow-shop에서 생산하는 완제품의 재고수준을 미리 설정한다. 예를 들어 (일일 수요량 + 안전재고)의 수준을 정하여 생산은 이 수준을 넘을 수 없으며, 반대로 재고가 0 이 되어서 고객이 생산을 기다려서도 안 된다.

이 방식에서는 완제품에 대해 고객의 수요가 발생하면 flow-line에서는 생산을 시작한다. 제품의 수요가 많아지면 생산라인의 속도도 증가시키고, 수요가 적어지면 생산라인의 작업속도 역시 이를 반영하여 느리게 유지한다.

이는 TOC에서 drum-buffer-rope로 일컬어지는 방식의 생산 통제와 유사한 것으로 볼 수 있다. 생산속도는 고정된 생산 rate를 정해서 적용하는 것이 아니라 고객의 수요에 따라 드럼 박자를 결정하고, 이에 적절히 대응하기 위해서 각 작업장은 수요가 많을 때에는 해당하는 재료를 많이 확보하고, 적을 때에는 확보하는 재료의 양을 줄인다.

공정의 중첩(Overlapping)

Overlapping은 두 작업장에서 동시에 같은 작업을 하는 것을 말한다.

생산통제활동에서 작업이 due-date을 만족하지 못할 경우 expedite을 하는 대표적인 기법이 overlapping과 lot splitting 이다. lot splitting은 로트를 나누어 유사하거나 같은 설비를 쓰는 공정으로 넘겨서 동시에 작업이 되게 하는 것이다. 이에 비해 overlapping은 연속되는 두 공정 간에 나누어진 로트가 중첩되도록 하는 것이다. 이렇게 할 때 일어나는 expediting 효과로서 다음과 같은 결과가 예상된다.

- 시급한 작업이 대기 순서를 무시하고, 어떤 때는 준비 중인 셋업까지 무시하고 맨 먼저 착수됨
- 이럴 경우 해당 작업의 리드 타임은 짧아지지만 나머지 작업들의 리드 타임은 더 늘어나서 작업이 지연될 수 있다.
- 흐름 생산의 경우 작업을 overlapping 하면 로트 크기를 줄일 수 있어 흐름을 더 부드럽게 할 수 있다.

그런데 간혹 뒤 공정이 준비 및 가동 시간 면에서 앞 공정보다 많이 짧다면 추가적인 준비 작업이 일어날 수도 있다. 다음 예에서 이런 경우를 볼 수 있다.

Routing File: 작업 A (Lot size = 100 units)

	Setup time	Run time/piece	Wait + Move
Operation 10	2 hours	0.5 hours	1 hours
Operation 20	1 hours	0.2 hours	

위 Table을 이용하여 작업 A의 작업시간 (10공정 & 20공정까지)을 계산해 보면 다음과 같다.

$$(2 + 0.5 \times 100) + 1 + (1 + 0.2 \times 100) = 74 \text{ hours}$$

정상적인 작업시간은 74hours이지만, 납기일(due-date)을 이 작업속도로는 맞추지 못하게 될 경우에 PAC 관리자는 overlapping이나 lot splits을 생각하게 되고, 이를 해당작업장에 통보할 것이다.

만약 위 작업에서 overlapping을 50 units을 기준으로 적용하기로 했다면 다음과 같은 절차가 진행될 것이다. 우선 operation 10에서 50 units을 만들고, 이를 operation 20으로 보낸다. 보내진 50 units 는 1시간 후에 해당 작업장에 도착하고, 이 도착을 사전에 알고 있던 작업장에서는 먼저 들어온 50 units에 대해 작업을 시작한다. 뒤 작업장에서 이 작업을 모두 마치는 시간은 1 (이동시간) + 0.2 × 50 units = 11 시간이다. 이 시간은 앞 작업장에서 남은 50 units을 처리하는데 걸리는 시간 (0.5 × 50 units)인 25시간 보다는 훨씬 적은 시간이다. 따라서 이 경우 뒤 작업장에서는 다른 작업을 다시 시작할 수 있고, 나중에 남은 작업 50 units가 도착하는 데 맞추어 다시 setup을 해야 할 것이다. 즉 준비 횟수가 증가할 가능성이 있다.

Checking for Capacity

작업을 시작하기 전에 작업장에서는 다음의 세 가지를 조사한다.

- 필요한 자재는 준비가 되었는가?
- 그 작업 대한 생산능력(작업시간) 존재하는가?
- 작업에 필요한 설비, 공구 및 기타 장비는 이상이 없는가?

이 중 존재하는 작업능력(시간)에 비해 수행해야 하는 작업의 작업시간이 잘못 파악되면, 즉 실제로는 10시간 걸리는 작업이, 8시간 걸릴 것으로 잘못 파악되면 혹은 작업능력보다 많은 작업을 계획(imbalance)하게 되면, 다음과 같은 일들이 발생한다.

- Imbalances can extend lead times(예상보다 작업시간이 길어진다).
- Deferred orders may lack planned lead times(따라서 지연된 작업을 위한 작업시간이 부족하게 된다).
- Special handling may be needed to complete orders on time (지연된 작업에 대해서는 별도의 조치 - Overlapping, Lot splits - 가 필요하게 된다).

이는 작업을 준비하기 전에 Capacity Plan이 왜 중요한지를 설명한다.

가동률(utilization)의 계산

Capacity Planning에서 작업물량을 나타내는 Loads(required capacity)와 Capacity 계산 시 고려하는 Manufacturing Lead Time (MLT) 시간요소는 작업시간(Operation Time 즉 Setup + Run) 만을 고려한다.
다음과 같은 예에서 본 작업장의 가동률(utilization)을 계산해 보자.

주 5**일**, **일일** 8 hours, **단위** hours

	Day 1	Day 2	Day 3	Day 4	Day 5
Set up time	1.0	1.0	1.5	1.0	1.5
Run time	6.0	5.5	5.5	6.0	5.5
Wait time	1.0	1.5	1.0	1.0	1.0

즉 (생산에 투입된 직접시간 / 경과한 시간) 이다. 경과한 시간은 5주 x 8 hr = 40 hr 이다. 투입된 직접시간은 setup 6hr+ run 28.5 hr 만을 계산해야 한다. 총 투입 시간은 34.5 hr, 따라서 가동률은 34.5 / 40 = 86.3 % 이다.

라인 밸런싱

라인작업의 특징

라인이란 설비나 작업자 등 생산공정의 구성요소를 공정 순으로 연속적으로 배치한 제품 별 공정배치 방법이다. 라인작업은 일련의 작업을 공정으로 분할해서 작업순서에 맞추어 복수의 작업자가 작업을 분담하도록 함으로써 공정 별로 균형 있게 작업을 하는 흐름작업 형식이다.
이상적인 라인은 다음과 같은 특징을 가지고 있다.

- 전후 작업공정은 상호간 인접하게 배치된다.
- 가공품은 일련의 작업공정을 일정한 시간만큼 소요한 후, 완성되는 방향으로 이동한다.
- 라인 전체가 동시작업을 한다.

라인작업이 성립하려면 분업에 따라 여러 개의 공정으로 분할될 수 있어야 하며, 제품 등 대상물이 생산과정의 순으로 배치된다. 라인형 배치가 소기의 성과를 내기 위해서는 설비를 경제적으로 이용할 수 있는 생산량이 되어야 하고, 제품수요가 안정적이며, 제품이 표준화되어야 하는 등 대량생산의 요건에 맞아야 한다.
라인화에 의해 효율 있게 생산하기 위해서는, 각 공정간의 생산능력과 공정의 흐름이 균형을 이루어야 한다. 즉 라인형 배치의 핵심문제는 각 공정이 가지고 있는 능력을 충분히 발휘하면서 전체 공정이 원활하게 진행하도록 전체 생산라인의 능력을 균형 있게 배열하는 라인 밸런싱(line balancing)이다.

편성효율 산출

라인 밸런스가 얼마나 잘 되어 있는가를 나타내는 척도가 바로 편성효율이다. 편성효율을 산출하기 위해서는 먼저 각 공정의 작업시간을 측정해야 한다. 측정된 작업시간 중 가장 긴 시간을 요하는 공정이 애로공정이다. 편성효율은 전체 공정의 평균에 대비하여 애로공정의 작업시간이 얼마나 근접한지를 보이는 지표로서, 다음과 같이 두 단계를 거쳐 산출된다.

① 각 공정시간의 산출

라인 편성에 있어서는 작업의 분할과 결합이 빈번히 수반되므로 각 공정을 되도록 세분화하고, 또한 각 공정에 소요되는 시간을 정확하게 측정하여야 한다. 각 공정시간은 연속측정에 의해서 기록한다.

② 편성효율의 산출

앞에서 구해진 각 공정의 작업시간을 이용해서 편성효율은 다음 식과 같이 산출된다.

$$\text{편성효율} = \frac{\Sigma(\text{각 공정의 작업시간})}{\text{애로공정의 사이클타임} \times \text{공정수}}$$

예제: 편성효율 구하기

그림과 같은 라인에서 편성효율을 구해 보자.

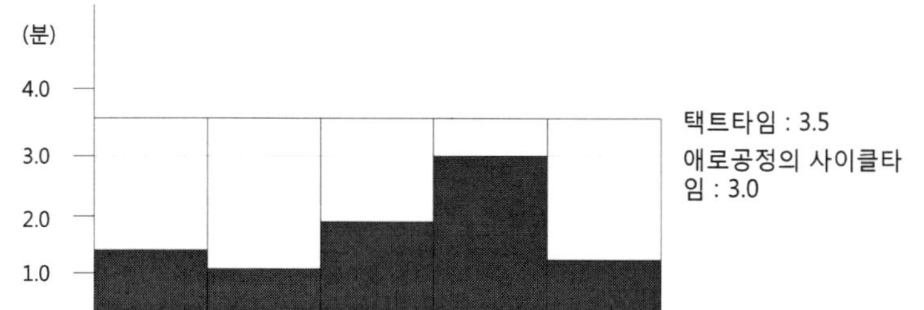

공정번호	1	2	3	4	5
공정시간	1.5분	1.0분	2.0분	3.0분	1.3분

라인작업의 편성효율

이 생산라인은 총 5 개의 공정으로 구성되어 있고, 그림에서 볼 수 있듯이 현재 라인 밸런싱이 잘 안 되어 있는 상태다.

위 예제에서 각 공정의 작업시간의 합은 (1.5 + 1.0 + 2.0 + 3.0 + 1.3) = 8.8분이다. 애로공정의 사이클타임이 3.0분, 공정수는 5개이므로 편성효율은 다음과 같이 구해진다.

$$\text{편성효율} = \frac{8.8}{3.0 \times 5} = 58.7\,\%$$

라인편성의 개선
일반적으로 편성효율은 90%이상을 목표로 한다. 그러므로 위의 예에서 공정 4와 같은 애로공정의 사이클타임을 줄여야 한다. 라인 밸런스의 개선을 위해서는 다음과 같은 방안을 중심으로 검토하여야 한다.

애로 공정의 개선
택트타임(takt time - 고객의 수요를 맞출 수 있는 생산 주정: 가용시간 / 생산율(예, 하루 생산량))보다도 시간이 더 걸리는 공정이 있으면 치·공구의 개선으로 부품의 탈착 시간을 단축하거나, 동시에 여러 개를 절삭할 수 있도록 하는 등의 개선에 의해 공정시간을 택트타임보다 낮게 되도록 개선을 한다.

기계속도의 변경
택트타임을 초과하는 기계에 대해서는 기계의 가공속도를 조절한다.

애로 공정의 단기 대책. 애로공정에 대한 단기적인 개선안 중에는 잔업에 의해 미리 재공품을 확보하거나 다른 설비를 이용해서 능력을 높이는 방안이 포함될 수 있다. 그러나 이렇게 할 경우에는 재공품을 쌓아 둘 공간이 필요하며, 또한 개선의 필요성을 감출 가능성이 있으므로 이러한 완충

재고는 최소한도에 그쳐야 한다.

라인밸런싱 예제

6개의 연속된 공정으로 이루어진 작업공정의 각 공정의 공정시간은 각각 10 seconds, 30 seconds, 20 seconds, 40 seconds, 30 seconds, 20 seconds이다. 요구되는 생산률은 분 당 1 단위일 때 몇 명의 작업자가 필요한가?

해설)
각 작업장의 생산능력은 요구되는 개당 처리시간 60초 보다 높다. 따라서 라인 밸런싱이 향상되는 방향으로 작업자를 배치하면 각 작업장을 묶어서 다음과 같이 배치하면 된다.

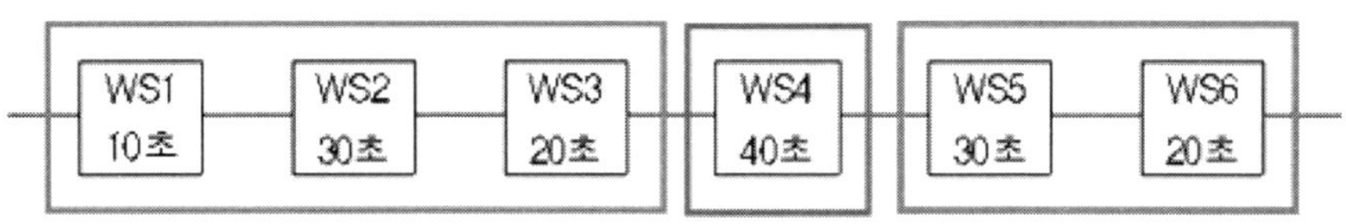

따라서, 요구되는 생산량을 만족시키기 위해 필요한 작업자는 3명이다.

투입·산출 관리

투입·산출 관리 일반

투입·산출 관리(input/output control)는 작업장의 대기물량(queue 혹은 WIP)의 양을 파악하여 계획과 통제활동을 종합적으로 평가하고, 작업장에 병목 현상이 생기는지 미리 모니터링 함으로써 납품 신뢰성을 확보하고자 하는 통제기법이다.

예를 들어, 어느 작업장의 특정시점에서의 Planned Queue와 Actual Queue는 다음과 같다 하자.

- Planned Queue = 100 hours

· Actual Queue = 150 hours

위 예에서 Planned Queue는 바로 MRP에서 주어진 오픈 오더와 관련이 있다. 즉 Planned Queue는 MRP에서 각 작업장의 통제했을 때, 해당하는 기간 동안에는 대략 100 hours정도의 작업이 미완성인 채로 기다리게 될 거라는 것을 의미한다.

그러면 Planned Queue와 Actual Queue사이에 왜 이런 차이가 발생했을까? 가능한 원인은 본 작업장의 앞 작업장이 MRP Plan(오더)을 무시하고 생산을 빨리 했거나, 또는 앞 작업장에서는 계획대로 작업을 했지만 본 작업장에 이상이 생겨 작업이 지연되었을 수 있다. 그 원인을 확인하기 위해 Input/Out Report의 위 항목 'Planned & Actual Input'과 'Planned & Actual Output'을 보아야 한다. 결국 Input/Output Control은 작업장의 Overload 혹은 Bottleneck 현상이 생기는지를 알게 해 주고, 그 원인이 계획(MRP)에서 문제인지 아니면 통제활동(해당 공정)의 문제인지 알 수 있게 하는 수단을 제공하며, 더 나아가 고객의 납기(due date)을 보다 확실히 지킬 수 있게 하는 생산통제 기법이다.

Input/Output Control 예시

다음과 같은 Input/Output 보고서가 있다고 할 때, '210' 작업장의 주문잔고(backlog)는 어떻게 변할 것인가?

Work Center 210 (in Standard hours)					
	1	2	3	4	5
Planned Input	150	150	150	150	150
Actual Input	150	145	130		
Cumulative Deviation	0	-5	-25		

Planned Output	180	180	180	180	150
Actual Output	185	140	160		
Cumulative Deviation	+5	-35	-55		

우선 계획된 투입(Planned Input)의 합보다 계획된 산출(Planned Output)의 합이 매 기별 30단위씩 4기 동안 많게 책정되어 있다. 이는 4 기간 동안 30 × 5 = 120 단위만큼 backlog를 줄이겠다는 계획을 의미한다.

그런데 실제로는 계획 투입에서 실제 투입(Actual Input)이 적어서 3 기 동안 총 25개 줄었기 때문에 backlog도 역시 25만큼 줄었을 텐데, 실제 산출에서 총 55 단위만큼 덜 생산해서 실제 상으로는 오히려 30 단위만큼 backlog가 증가하는 결과를 가져왔다. 따라서 실제 backlog는 120 - 30 = 80 단위만큼 줄였다고 볼 수 있다.

도전 Quiz

※ 문제 1.

어느 제품 집단이 다음 세 가지 구성으로 이루어져 있다. item X = 20%, item Y = 30%, and item Z = 50%. 다음 중 mixed-model schedule 로서 적합한 것은?

A. X / Y / Z / X / Z / Y / Z / X / Z / Y
B. X / Z / Y / Z / X / Z / Y / Z / X / Z
C. Z / Y / X / Z / Y / X / Z / Y / X / Z
D. Z / Y / Z / X / Z / Y / Z / X / Z / Y

답: D

해설) 혼류생산이 되면서 전체 구성비에 맞는 항을 찾아야 함

※ 문제 2.

다음과 같은 자료가 주어졌을 때, 작업자 당 일일 초과근무시간 (overtime)은 얼마인가?

. Available hours per week: 40 hours.
. Utilization: 90%.
. Efficiency: 80%.
. Lot size: 1000 units.
. Cycle time per work = 15 minutes.
. No. of workers = 4.
. Required production time = 2 weeks.

A. 10 minutes.
B. 20 minutes.
C. 30 minutes.
D. 40 minutes.

답: C

해설:

rated capacity = 40 × .9 × .8 × 4 × 2주 = 230.4 hr

workloads = 15/60 hr × 1000 = 250 hr

차이 = 250 - 230 = 20 hr

이 차이를 4명이 10일간 보충해야 하므로 1일 0.5 시간 잔업이 필요함

※ 문제 3.

어느 부서 A는 부품 XYZ를 4개의 작업장에서 생산한다. 지난 달에 그 부서는 부품을 1,000 단위 생산함으로써 1,200 표준시간을 벌었다. 그 부서가 작업한 시간은 1,000 시간이었다면 그 부서의 '효율 efficiency'은 얼마인가?

A. 83%
B. 100%
C. 120%
D. 200%

답: C
해설: 위 부서의 효율(Efficiency) = 벌어들인 표준시간 1200hr / 일한 시간 1000hr - 120%
Efficiency —A measurement (usually expressed as a percentage) of the actual output to the standard output expected. Efficiency measures how well something is performing relative to existing standards.

핵심정리

Execution and Control of operations

- ECO(또는 Pac) 시스템은 MPC 의 MRP 와 CRP 에서 주된 입력을 받는다.
- MRP 자재계획에서 작업장에 작업지시를 할 때 이루어지는 활동들은 대표적으로 가용성 체크, 현장 오더(생산오더) 서류의 준비이다.

JIT 기반의 ECO

- JIT 가 적용될 경우 공식적인 현장관리(shop-floor control)는 대폭 간소화 될 수 있다.
- 결국 JIT 에서는 생산시스템의 Waste 를 Re-engineering 보다는 점진적 개선(Continuous Improvement) 방법을 통해 줄여나가려고 노력한다.

ECO와 원가계산

- 공장의 생산 볼륨과 믹스가 가능한 한 일정해야 제조원가 간접비 배부가 왜곡되지 않는다.

스케줄링 이슈

- Mixed-Model Scheduling, Rated-Based Scheduling, Synchronous Control 모두 Flow-shop 에 대한 생산통제활동과 관련이 있다.
- Overlapping 은 두 작업장에서 동시에 같은 작업을 하는 것을 말한다.

라인 밸런싱

- 편성효율을 높일 수 있도록 라인밸런싱을 해야 한다.

인풋 아웃풋(Input/Output) 통제

- 인풋 아웃풋(Input/Output) 통제를 이용하여 작업장이 문제가 있는지 모니터링하고 주문잔고를 통제할 수 있다.

제12장

JIT 생산시스템

- JIT 생산방식의 개요
- JIT 생산방식의 토대
- 통제시스템 - 간판방식
- 전략적 공급자 관계

제 12 장 JIT 생산시스템

용어 사전

도요타의 집(The House of Toyota)
JIT 생산시스템의 범위를 이해하기 위한 틀(framework)로서 지붕은 낭비(waste)제거, 기둥(pillars)은 저스트·인·타임(협의의 JIT)과 자동화(Jidoka), 기초(base)는 표준화와 평준화 생산, 중앙은 '지속적 개선(continuous improvement)'의 문화 창달로 표현된다.

5 S
깨끗하고 잘 정돈된 작업장을 유지하기 위한 지침으로 강조되는데, 정리(Seiri, Sort), 정돈 (Seiton, Simplify), 청소 (Seiso, Scrub), 청결(Seiketsu, Standardize), (Shitsuke, Sustain) 의 다섯 가지 활동으로 구성된다.

학습 목표

- ✧ 적시생산시스템(JIT)을 이해하고 설명할 수 있다.
- ✧ 낭비의 개념과 그 원인을 설명할 수 있다.
- ✧ JIT 시스템의 주요 토대가 되는 요소를 설명할 수 있다.
- ✧ 통제방법으로서의 간판(Kanban)의 작동원리를 설명할 수 있다.

JIT 생산방식의 개요

Just-in-Time(적시생산: JIT) Manufacturing은 철저한 낭비 제거에 초점을 맞추고 지속적 개선을 실천하는 생산방식이다.

JIT 생산에 있어서의 낭비(waste)

JIT 생산시스템에서 낭비(waste)란 고객의 관점에서 어떠한 가치 증가도 실현 시키지 않는 모든 활동 및 요소들이다. 낭비는 다음과 같이 7 가지 영역으로 구분할 수 있다.

7대 낭비

- Process (가공/프로세스의 낭비): scrap, wrong tools or equipment
- Methods(동작/작업방법의 낭비): searching for tools, poor layout, walking
- Movement(이동의 낭비): material handling, receiving, storing, retrieving
- Product defects(불량의 낭비): interrupted flow, lost capacity, wait for replacement
- Wait time(대기의 낭비): queue, waiting for other parts in the batch
- Overproduction(과잉생산의 낭비): extra inventory, inappropriate use of resources
- Inventory(재고의 낭비): storage, capital cost

연속생산과 단속생산을 접목

JIT 생산체제에서는 job shop 환경을 셀(cell) 라인으로 변형함으로써 연속생산(continuous production)의 장점을 추구하고, 프로세스 레이아웃(job shop)에서 발생할 수 있는 낭비요소를 제거하게 된다. 동시에 JIT에서는 연속생산에서의 장점인 적은 재고, 일정한 율의 작업흐름, 짧은 리드타임, 그리고 공정 별 레이아웃의 장점인 범용설비(단, cell 라인에 맞게 개조), 흐름생산에 비해 다품종 생산 등의 요소를 추구한다.

참고: Continuous Production 와 Process layout(job shop) 비교

Continuous Production	Process layout(job shop)
- 소품종 생산 - 전용설비 사용 - 쉬운 자동화 - 일정한 율의 작업 흐름 - 적은 재고 - 짧은 lead time	- 다품종 생산 - 범용설비 사용 - 제품의 lot이나 batch로 이동. - 긴 lead time(queue) - 높은 WIP 재고수준

Work cell

작업 셀(work cell)은 process layout의 장점인 다품종 생산의 특징을 나타내면서 작업공정의 표준화를 통해 연속생산(continuous production)의 장점을 접목시키기 위한 중간 단계로 볼 수 있다. 이는 유사 제품 집단(product group)을 생산하는 설비들을 "U"자형으로 레이아웃으로 연속 배치하여 작업의 공유 및 정보의 전송, 컨테이너(container)의 재사용 등을 가능하게 한다.

장점

- 생산 유연성의 증가
- lot size의 감소
- 품질의 향상

결과

- queue가 줄어든다.
- production activity control 활동이 간소화 된다.
- queue의 감소에 따라 작업공간이 줄어든다.
- 자재 이동이 줄어든다.
- 정보의 즉각적인 feedback이 이루어진다.

Setup 감소로 인한 간접적인 이점

JIT생산에서는 준비시간의 감소를 지속적으로 추구한다. 이를 통해 기대되는 효과는 다음과 같다.

- 줄어든 lot size
- 줄어든 WIP
- 향상된 공정 및 자재의 흐름
- 줄어든 queue 및 제조 lead time
- 향상된 품질
- 유연성의 증가

JIT환경에 있어서의 공급자(supplier) 관계

JIT환경 하에서는 공급자가 일종의 '앞 공정'처럼 밀착 지원을 하는 파트너십이 가정된다. 이는 오늘날 대기업-중소기업의 바람직한 협력 관계의 모델이 될 수 있다.

- Supplier를 upstream work center(상위/앞 공정)로 생각한다.
- Supplier는 파트너이며, 함께 정보를 공유해야 한다.
- 원가절감이 되었을 경우, supplier와 함께 이익을 공유해야 한다.
- Supplier는 양질의 제품을 자주, 조금씩 생산하여 납품 해 주어야 한다.

JIT supplier의 이점

- 사업에 대한 많은 정보의 공유
- 장기간 계약으로 인한 기업의 안정.
- 계획정보의 공유로 인해 계획 능력의 향상
- 동일 사업부문에 있어서의 경쟁력 향상.

엠파워먼트(Empowerment)와

엠파워먼트는 모든 작업자에게 자신이 맡고 있는 일에 대한 의사결정에 대한 권한과 책임을 주는 것을 말한다. 이는 작업자가 TQM(품질경영) 또는 TPM(total preventive maintenance)활동 등 지속적 개선활동에 참여함으로써 이루어진다.

지속적 개선활동은 품질수준의 향상에 따른 비용의 절감과 리드타임의 단축, 재고(재공)의 감소를 가져온다.

도요타의 집(The House of Toyota)

'도요타의 집'은 JIT 생산시스템의 범위를 이해하기 위한 틀(framework)로서 도요타 자동차의 한 엔지니어에 의해 제시되었다. 도요타의 집은 다음과 같은 다섯 부분으로 구성되어 있다.

지붕(roof)

- 고객에게 가치를 제공하지 못하는 활동은 모두 낭비(waste)다. 낭비를 제거하는 일은 품질의 향상, 원가 낮추기, 리드타임 줄이기에 기여한다.

기둥(pillars)

- 저스트·인·타임(협의의 JIT) – 택트 타임(takt time)은 JIT 생산시스템의 맥박으로서 시간 당 수요가 일어나는 비율(rate)이다. 공정은 고객 수요의 비율에 맞추어 끌기(pulled) 식으로 흘러야 한다.
- 자동화(Jidoka) – 불량이 발견될 경우 작업자는 자신의 판단에 따라 공정을 멈출 수 있다.

기초(base)

- 기초는 작업의 안정성(stability) 유지를 나타낸다. 이를 위해 작업의 표준화를 통한 변동(variability)의 감소, 평준화 생산(level production)에 의한 물량(volume)과 믹스(mix)의 변화 줄이기 등의 방안이 추구된다.

중앙(center)

- 도요타 생산시스템은 전 종업원이 함께 완벽을 추구하며 동시에 서로 존중하고 안전한 작업환경을 추구하는 '지속적 개선(continuous improvement)'의 문화 창달을 추구한다.

도요타의 집(The House of Toyota)

JIT 생산방식의 토대

평준화 생산

자동차는 많은 부품으로 구성되어 있다. 그 중에서도 공작기계에 의한 가공 부분이 가장 애로공정에 속한다. 초기 도요타 공장은 생산대수가 많지 않았기 때문에 생산능력의 부족이 발생한 공정에 사람을 추가로 투입하면 어느 정도 수요를 따라 잡을 수 있는 시기가 있다. 그러나 규모가 커지면서 이런 식으로는 사람을 아무리 투입해도 수요를 따라 잡을 수가 없게 되었다. 그래서 일이 공정을 거치면서 자연스럽게 흘러가게 한다는 생각에 초점을 맞추게 된 것이다.

일반적으로 생산 현장에서는 물품의 흐름 상 변동이 많으면 많을수록 낭비가 발생한다. 왜냐하면 현장의 생산능력은 부하(load)가 최고인 수준에 맞추어 유지되는 경향이 있기 때문이다. 그런데 이와 같이 최고치에 맞추어 놓은 능력은 작업량이 적을 때는 작업자나 기계를 놀게 하거나 그렇지 않으면 과잉생산이라는 낭비를 낳게 된다. 그래서 일의 평준화가 중요하다.

자동차 생산의 경우, 어떤 차종을 매 주 1,500 대 조립한다고 하면 그림 과 같이 기준생산일정을 세울 수 있을 것이다.

기준생산일정 1안

Week	보유재고	1	2	3
저가모델Economy	0	1500		
표준모델(Standard)	600		1500	300
고급모델(Deluxe)	800			1200
Total	1400	1500	1500	1500

기준생산일정 2안

Week	보유재고	1	2	3
저가모델(Economy)	250	500	500	500
표준모델(Standard)	300	600	600	600
고가모델(Deluxe)	200	400	400	400
Total	750	1500	1500	1500

평준화 생산을 위한 기준생산일정(MPS) 안

위 MPS 중 1안과 2안 모두 생산능력 면에서는 일주일에 1,500대로 평준화 되어 있다. 그러나 1안은 2안에 비해서 시장 수요의 변화에 대응하기가 더 어려운 생산계획임을 알 수 있다. 예를 들어 첫 주에 고급모델에 대한 수요가 급증한다면 2주차에 가서는 판매할 재고물량이 고갈되게 된다. 이에 비해서 MPS 2안은 시장 수요의 변동에 보다 잘 대응할 수 있게 된다.

평준화 생산(Heijunka)을 위해서는 일 주일에 1,500대의 기준생산일정은 일일 300대씩 생산해야 함을 의미한다. 생산의 평준화는 일일 300대라는 양의 평준화와 함께 모델 별 평준화까지 고려되어야 한다. 즉 저가모델, 표준형, 고급모델 등 종류가 다른 모델을 골고루 섞어서 조립하는 것이다. 이렇게 해야만 공정 전체에 고른 부하가 걸리며, 자재의 흐름도 평준화되고 전체적인 흐름이 평준화된다.

앞의 자동차 예에서 한 대를 만드는 주기를 사이클 타임이라 한다. 만약 일일 작업 시간을 8시간(480분)이라 한다면, 사이클 타임은 480분 / 300대 = 1.6 (분/대)로 계산된다. 이제 모델 별로는 하루 100, 120, 80대씩 생산하게 된다. 이는 5:6:4 의 빈도를 갖는 15개의 혼합된 순서로 생산해야 함을 의미한다. 앞의 예에서 저가형(E), 표준형(S), 고가형(D)의 생산 투입은 ESD ESD ESD ESD SES 의 순서로 하루 동안 20번 반복된다.

이렇게 사이클 타임에 따라 최대한 모델들이 혼류되게 작업을 함으로써 고객 수요율에 맞는 생산이 이루어질 뿐 아니라 과잉생산의 낭비가 배제되어 JIT생산이 이루어지는 것이다. 이러한 사이클 타임 산출이 모든 모델에 대해서 이루어지고, 모델마다 정해진 사이클타임에 따라 라인에 투입되도록 하면 혼합모델(mixed-model) 평준화 생산이 이루어지게 되는데, 이런 일정이 가능해지려면 생산라인이 고도의 유연성을 갖도록 준비교체시간이 짧아야 한다.

평준화 생산이 원활하게 이루어지면 결과적으로 개선을 촉진시키는 것이 가능하다. 개선이란 우선 표준이 있어야 가능한 것인데, 표준은 어느 정도 시스템이 안정된 상태에 있지 않으면 설정하기도 어렵고 설사 표준을 정했다 하더라도 실제로 아무도 신뢰하지 않기 때문이다.

평준화 생산은 후술하는 '간판 방식'의 전제가 되기도 한다. '간판방식'은 한 마디로 말해 사용한 양만큼 간판을 떼고, 그 양만큼 전 공정으로 가지러 가며, 전 공정은 인도해 준 양만큼만 만든다는 사이클을 돌리는 시스템이다. 최종공정의 생산이 평준화되어 있지 않다면 후 공정에서 간판을 내보이며 만들어 달라고 하는 수량이 들쭉날쭉하게 될 것이다. 이렇게 되면 '간판방식'은 작동되지 않는다.

평준화 생산을 하기 위해서 선결조건은 작업준비시간의 단축이다. 평준화 생산을 하다 보면 현장에 흐르는 로트는 아주 작아진다. 그런데 작업준비 시간이 길다면 소로트 생산이 불가능하므로 어떻게든 작업준비 시간을 단축하지 않으면 안 된다.

이런 식으로 생산의 평준화는 JIT 생산방식의 토대가 되는 전제조건이다. 이것이 이루어지지 않으면 다른 단계로 진행하기 어렵거나 거의 불가능하다.

흐름생산

일반적으로 JIT 생산방식은 유사한 제품을 반복 생산하는 제조환경에 맞는 시스템이다. 자동차, TV, 또는 전자레인지 같은 제품을 생산하는 기업들은 조립 라인과 같은 흐름공정(flow manufacturing)으로 이루어져 있다.

다양한 제품을 비교적 소량씩 생산하는 기업인 경우는 라인 공정을 만들지 않고 통상 개별수주형(job shop) 공정으로 구성되어 있다. 개별 수주형 공정은 기능 별로 같은 작업을 하는 기계를 모아 하나의 부서로 만드는 형태다.

JIT 생산방식에서는 개별수주형에 비해 시장 수요가 꾸준히 발생해서 계속생산이 가능한 환경에서 적용된다. 따라서 가능하면 공정을 흐름생산 공정으로 개선하고자 한다. 이렇게 해야만 작업장마다 소요되는 긴 대기시간과 높은 재공품을 줄이고, 복잡한 자재관리를 피할 수 있게 된다. 그래서 JIT 생산방식에서는 보통 그림과 같은 작업 셀(cell) 레이아웃을 만들어 작업을 흐름화 하는데, 그 방법은 제품을 작업순서, 자재, 치공구, 작업준비 등이 유사한 제품군으로 유형화하여 같은 제품군을 하나의 셀에서 완성하는 식이다. 작업 셀은 제품의 다양성을 허용하면서도 소량으로 반복 생산하는 것을 허용한다.

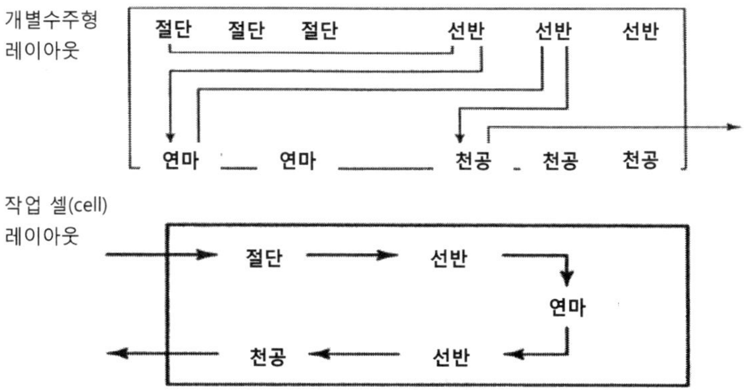

흐름생산을 위한 작업 셀(cell) 레이아웃

작업 셀은 다음과 같은 특징이 있다.

- 셀 간의 대기시간(queue)을 획기적으로 줄일 수 있다.
- 생산활동의 관리와 일정수립이 간소화 된다. 즉 하나의 셀은 하나의 작업장처럼 관리하면 된다.
- 작업장 공간이 줄어 든다.
- 자재의 이동이 줄어든다.
- 앞 공정에 대한 피드백이 신속하다.

셀 레이아웃은 생산의 신축성(flexibility)를 증진하고, 로트 크기(lot sizes)를 줄이며, 품질을 향상하는 효과를 가져온다.

유연한 자동화

JIT 생산방식의 또 다른 한 기둥은 자동화이다. 이미 앞에서 언급하였듯이 JIT의 자동화는 단순히 자동기계를 갖다 놓았다는 뜻이 아니라 자동기계에 사람의 지혜가 부여 되었다는 의미로 사용된다. 오노는, “단지 자동으로 움직이는 기계는 이상이 생기면 금형이나 기계를 파손하고 다량의 불량품을 만들어 낼 뿐 아니라 작업자가 늘 기계 옆에 붙어서 감시해야 한다”는 점을 발견하고는 “모든 자동기계에는 이상이 있을 때 스스로 판단해서 정지하는 장치를 붙여야 한다”고 강조했다. 이 생각이 발전해서 작업자는 각기 자기 공정에 문제가 생기면 즉시 라인을 정지시키는 것을 원칙으로 교육을 받고 있다. 통상 조립라인을 세우는 것은 당장 생산량이 떨어지기 때문에 감독자로서는 탐탁하지 않은 일이다. 그러나 도요타의 생산공정도 간혹 정지가 발생한다. 라인이 정지되면 그 공정 위에 붙어 있는 표시 등에는 붉은 색 불이 들어오고 엔지니어들은 그 라인을 향해서 일제히 몰려 간다. 정지 시간이라야 불과 몇 초 정도이지만 라인을 정지함으로써 그 공정의 문제점이 노출되고 근본적인 해결책을 찾게 된다. 오노는 “정지 하지 않는 라인은 기막히게 좋은 라인이거나 매우 나쁜 라인일 것이다. 관여하는 사람이 많은 경우에는 문제점이 표출되지 않기 때문에 라인이 정지 하지 않는다. 그러므로 언제든지 세울 수 있는 라인을 만든 후 개선을 해서 마지막에는 최소한의 작업인원으로도 정지하지 않는 라인을 만드는 것이 목표다”라고 말한다.

JIT 생산방식이 추구하는 유연한 자동화는 다음과 같은 요건과 관계가 있다.

- 기계의 유연성(machine flexibility). 특수 목적의 값비싼 기계 한 대 대신에 덜 비싸고 범용적인 기계를 여러 대 사용하는 것을 더 선호한다. 그래야만 작업 셀에 필요한 장비를 하나씩 배치하는 것이 가능할 것이다.
- 빠른 교체(quick changeover). 치공구의 신속한 교체가 가능하도록 개선함으로써 준비시간이 짧아져서 적은 로트(lot)의 생산이 가능하게 된다. 빠른 교체에 의한 준비시간의 감소는 나아가 작업의 대기시간을 줄여 주고, 재공품 재고수준을 낮추며, 품질 수준의 향상에 기여한다. 전용기계에 의해서 대량으로 생산할 때에 비해서 품질 문제를 발견하고 피드백 하는 것이 용이하기 때문이다.
- 작업자의 유연성(operator flexibility). 유연한 기계와 공정은 그

것을 다루는 작업자의 다기능을 요구한다. 작업 셀 공정에서는 종래 한가지 작업만을 전문으로 하던 작업자보다는 여러 기계를 다룰 줄 알고, 기계의 유지, 보수에도 잘 훈련된 작업자가 요구되기 때문이다.

- 전사적 생산보전(TPM: total productive maintenance). 유연한 자동화를 위해 자주 강조되는 방법으로서 전사적 생산보전(TPM: total productive maintenance)이 있다. 이는 예방보전(preventive maintenance)과 함께 작업자가 스스로 주인정신과 엠파워먼트를 발휘하여 가지고 장비를 조정하고 개선하며, 자재 취급의 낭비를 줄이고, 연속 흐름을 증진하기 위한 지속적인 노력을 포함하는 일을 말한다.

저스트·인·타임(just in time)

문제가 발생할 경우 공정의 흐름은 멈추고 그 곳에 물건이 많이 쌓이게 된다. 그래서 대부분의 생산현장에서는 오늘은 A공정 내일은 B공정 식으로 문제해결을 하기 위한 불끄기식의 일상이 계속된다. 기계가 멈추었을 때, 다른 공정의 작업자들도 함께 일손을 멈추면 문제가 덜 심각할 텐데 사람이란 가만이 있으면 불안하기 때문에 무엇인가 계속해서 만들어 낸다. 그 결과, 불필요한 제품 재고가 쌓이는 현상이 반복된다. 그렇지만 당장에는 작업자들이 열심히 일하기 때문에 언뜻 보면 문제가 없는 듯이 보인다. 사실은 문제가 숨겨져 있는 것이다.

저스트·인·타임의 사고 방식은 도요타 자동차의 초대 사장인 도요타 기이치로(豊田喜一郎)의 생각에서 나왔고, 그의 생각을 들은 오노가 구체화시킨 것이다. 오노는 생산에 소요되는 부품이 꼭 필요로 하는 때에 '저스트·인·타임'으로 모아져야 한다는 말을 듣고 여러 모로 궁리를 하였는데 여기서 찾은 해법이 바로 끌기 시스템(pull system)의 발상이었다. 종래의 방식대로 생산계획을 전개하여 각 공정에 필요한 생산량을 할당하고 필요한 부품을 공급하는 방식으로서 밀기 시스템(push system)이라 하는데, 부품의 종류가 수만 종에 이르는 자동차 공장에서 원래의 계획대로 생산되리라는 생각은 순진한 것이다. 어느 한 부분에 문제가 생기면 다른 곳에서 만든 모든 중간제품이 최종조립으로 이어지지 못한 채 재공품으로 남아 있게 된다. 이 재공품의 수량을 파악하고 녹이 슬지 않도록 관리하는 일은 언뜻 생각해도 낭비의 요소가 매우 큰 것이다.

그래서 오노는 후 공정이 필요한 물건을 필요로 하는 때에 앞 공정으로 가지러 가는 방식을 생각해 내게 되었다. 후 공정에서 물건을 가져가지 않으면 더 이상 쌓아 둘 공간도 없어지므로, 과거와 같이 사람과 기계가 놀면 안 된다는 생각에 제품을 계속 생산해내는 문제가 사라지게 된다. 더 만들어야 하는지 중지해야 하는지를 대강 눈으로 보아도 알 수 있게 되므로 지속적으로 사람이 놀게 되는 공정에서는 자연히 다른 곳으로 작업자를 배치해야 되겠다는 말도 나온다. 정상상태와 이상상태를 즉시 눈으로 보아 구별할 수 있게 함으로써 개선을 위한 표준을 잡을 수 있게 되었다. 이렇게 제조공정의 마지막 단계인 최종조립라인을 출발점으로 하여 생산지시를 하면 전체 공정이 거슬러 올라가며 동기화되는 흐름을 만드는 것이다. 이 때 인수 또는 제조지시에 쓰이는 것이 간판이다.

눈으로 보아서 알 수 있는 현장

표시등 방식은 원리가 간단하다. 적등은 공정에서 불량 등 문제가 발생했다는 표시이고 황등은 일정 수의 생산이 이루어지고 난 뒤에 품질검사 중이라는 뜻이다. 원리는 간단하지만 JIT 생산방식은 모든 분야에 '눈으로 보는 관리'를 중시한다.

눈으로 보는 관리의 본질은 적당히 속이는 부분이 없게 하는 것이다. 공장의 생산원가 중에는 많은 부분이 노출이 안 된 채 덮여 있기 때문에 '숨겨진 공장(hidden factory)'이 존재한다고 비유된다. JIT 생산방식은 이 숨겨진 공장을 철저히 배제하는 것이 개선의 지름길이라는 생각을 가지고 있다. 눈으로 보는 관리를 가능하게 하기 위해서, 구체적으로 다음과 같은 방법을 쓰고 있다.

- 제품, 부품을 두는 장소를 규정해서 이것을 명확하게 표시하며, 간

판에 소재지를 기입한다. 이로써 재고관리, 착수순서, 진척상황, 운반작업 등에 대한 이상을 곧 알 수 있다.
- 라인 스톱 표시판(표시등)의 설치: 라인 가동 상황, 설비불량 부위, 대책상황 등을 즉시 알 수 있도록 표시판이나 표시등을 설치한다.
- 게시판: 지금 무엇을 하고 있는지, 다음 착수준비는 끝났는지, 이 라인의 생산능력 상황은 어떻고 잔업이 예정되어 있는지, 그리고 라인의 사이클타임, 작업순서, 표준대기시간은 얼마인지 등 주요 현황을 알 수 있도록 라인 첫머리에 게시한다.

눈으로 보는 관리는 지금 당장 조치할 곳을 찾게 해 주어, 지속적 개선을 하도록 하는 메커니즘의 첫 스텝인 셈이다.

5 S는 깨끗하고 잘 정돈된 작업장을 유지하기 위한 지침으로 강조되는데, 다음의 다섯 활동으로 구성된다.
- 정리 (Seiri, Sort) - 필요한 것과 불필요한 것을 구분하여 불필요한 것은 과감히 버림
- 정돈 (Seiton, Simplify) - 필요한 것을 쉽게 찾아 사용할 수 있도록 각종 물품의 보관수량과 보관장소를 정해 이곳에 놓고 표시해 둠
- 청소 (Seiso, Scrub) - 작업장의 바닥, 벽, 설비비품 등 모든 것의 구석구석을 닦아 먼지, 이물질 등을 제거하여 더러움이 없는 환경조성
- 청결 (Seiketsu, Standardize) - 먼지, 쓰레기 등 더러움이 없이 깨끗하고 언제나 눈으로 보아 문제점이 발생되었을 때 이것을 한눈에 발견할 수 있는 상태 유지
- 습관화 (마음가짐) (Shitsuke, Sustain) - 회사의 규율이나 규칙, 작업방법 등을 정해진 대로 준수하는 것이 몸에 익어 무의식 상태에서도 지킬 수 있게 함

통제시스템 - 간판방식

- 간판은 JIT 생산을 실현하는 통제 수단으로 쓰이는 것으로, 구체적인 모양은 직사각형 비닐주머니에 들어 있는 한 장의 카드다. 간판은 크게 인수간판(또는 이동간판)과 생산간판(또는 착수간판)의 두 종류가 있다(그림 참조). 인수간판은 후 공정이 전 공정으로부터 인수해야 할 제품의 종류와 양이 기재되어 있는 것이고, 생산간판은 전 공정이 생산해야 할 제품 종류와 수량을 지정한 것이다.

인수간판과 생산간판

그림의 인수간판은 이 부품을 만드는 전 공정이 단조 공정이고, 후 공정의 운반자는 단조부문의 B-2 장소에 가서 드라이브 피니언을 인수하도록 지시하고 있다. 후 공정은 기계가공이다. 각 부품상자에는 20개가 수납되고 있으며 부품상자의 형은 B형이다. 이 간판은 발생된 8매 중 4번째의 것이다.

그림의 생산간판은 기계가공공정 SB-8에 발급된 것으로 56070-321 크랭크 샤프트를 생산하라는 지시서이다. 생산된 크랭크 샤프트는 부품보관장소 F26-18 에 보관된다.

만약 전 공정이 외주처라면 외주간판이라는 간판이 이용된다. 외주간판은 본질적으로 인수간판과 성격이 같다.

인수간판과 생산간판을 이용해서 생산이 이루어지는 흐름은 그림과 같다.

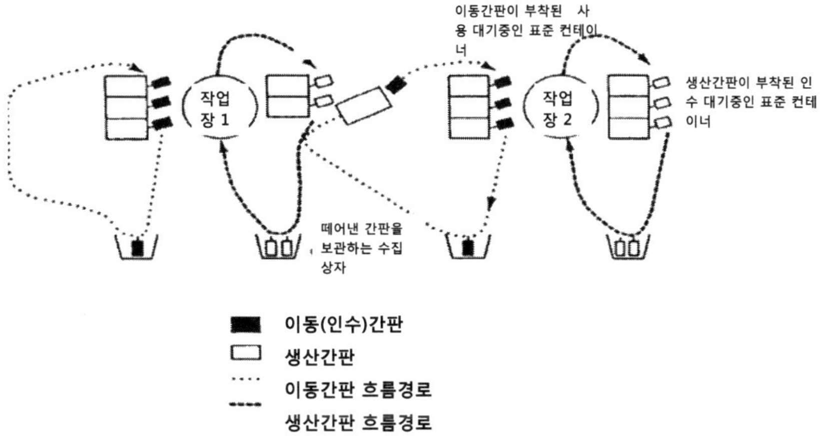

간판과 생산흐름

1. 어느 시점에서 작업장 2에서 생산된 품목을 그 뒤 공정에서 인수해 간다. 이 때 인수자는 생산간판을 떼어서 생산간판 수집상자에 넣어 두고, 빈 컨테이너를 작업장 2 위치에 놓고는 가득 찬 컨테이너를 이동해 간다. (모든 자재의 흐름은 컨테이너가 정해진 수량만큼 가득 차서 간판이 부착된 상태에서 이루어진다.) 떨어진 생산간판은 생산을 시작하라는 신호이다.
2. 미 부착된 생산간판은 작업장 2에게 생산을 시작하라는 신호이다. 생산을 하려면 원자재가 필요하게 되고, 원자재는 작업장 2 에 인수간판이 붙여진 컨테이너에 보관되어 있다. 생산을 위해 사용된 원재료 컨테이너는 비게 되고 인수간판은 인수간판 수집상자에 넣어진다.
3. 작업장 2의 자재취급자는 인수간판 포스트에서 필요한 수의 인수간판을 떼어 낸 후, 그 수만큼의 빈 컨테이너를 포크리프트 또는 대차에 싣고 전공정의 물품 보관위치로 간다. 그 시기는 인수간판이 사전에 정해진 매수만큼 모아져 있을 때, 혹은 정한 시간에 규

척적으로 갈 수도 있다. 자재취급자는 물품 보관위치에서 완성된 원자재를 인수한 후, 컨테이너에 한 장씩 부착되어 있는 작업장 1의 생산간판을 떼어 생산간판 포스트에 넣어 둔다.

4. 자재취급자는 컨테이너에서 자기가 떼어 낸 생산간판 1매에 대해 인수간판 1매를 대신 부착한다. 이렇게 하여 2종의 간판을 교환하면서, 인수간판이 동일한 물품의 생산간판과 수량, 품목 면에서 일치하는가 주의 깊게 대조한다.
5. 전 공정인 작업장 1에서는 생산간판이 간판 수집상자에 모아진 차례대로 생산을 한다. 한 컨테이너 분의 생산이 이루어지면 생산간판을 부착하여 완성품 대기장소에 적치함으로써 후 공정의 운반인이 언제든 인수할 수 있도록 해 둔다.

이러한 과정이 끊임없이 반복되면서 각 공정에 필요한 품목을 필요한 때에 필요한 수량만큼 인수해 가는 저스트·인·타임(JIT) 생산이 실현되는 것이다. 이와 같이 간판의 연쇄는 각 공정이 제품 한 단위를 사이클 타임 안에 생산하기 위한 라인의 동기화를 실현하는 데 기여한다.

간판방식이 실제로 운영되려면 몇 가지 전제조건이 필요한데, 대개 다음과 같은 룰(rules)이 지켜져야 한다.

1. 불량품을 후 공정에 보내지 않는다. 불량으로 인한 손실을 막고 간판의 흐름을 보증하기 위해서는 불량을 절대 후 공정으로 보내서는 안 된다.
2. 후 공정이 인수한다. 필요 시 필요한 수량만큼만 생산하고 인수해 가도록 하기 위함이다.
3. 후 공정이 인수해 간 만큼(떨어진 생산간판에 의해 허가된 수량)만 생산한다. 공정재고를 최소화 하기 위함이다.
4. 생산을 평준화하고, 공정을 안정화, 합리화한다. 불량품뿐 아니라 불량 작업까지 제거하여 공정을 개선하고 낭비를 제거하여, 2, 3 규칙과 함께 JIT생산을 위한 조건이 된다.
5. 간판은 미세 조정의 수단이다. 수요변화 내지 생산현장의 사정에

따라 가감하여 조정하는 수단으로 이용될 수 있다.

6. 부품을 가득 채운 컨테이너만이 하나의 간판을 부착할 수 있다. 이러한 규칙은 현장 재고의 파악을 쉽게 해 준다.

간판매수의 산정과 미세조정

간판방식의 특징은 관리상태가 눈에 보인다는 점이다. 모든 부분품은 일정 크기의 컨테이너에 들어 있는데, 대기 중의 빈 상자가 쌓여 있을 때는 전 공정의 생산이 늦어지고 있는 경우이고, 반대로 부품이 들어 있는데 후 공정에서 인수해 가지 않을 때에는 후 공정의 작업이 늦어지고 있는 것으로 볼 수 있다.

컨테이너마다 한 장씩의 간판이 부착되어 있기 때문에 간판의 수는 수요량, 상자의 크기, 간판 순환시간(cycle time)의 함수가 된다. 간판 수(N)는 다음 산식과 같이 구할 수 있다.

$N = DT / C$ N : 간판의 수 D : 수요량(개)
C : 컨테이너 용량(개) T : 간판의 순환주기

가령 부품의 수요율은 분당 2개, 컨테이너의 용량은 20개라면 컨테이너에 부품을 재 보충하는 데 걸리는 순환시간은 100분이 소요된다. 이 경우 컨테이너의 수, 즉 발행되는 간판의 수 N 은 10(장)이다. ($N = DT / C = 2 \times 100 / 20 = 10$)

최대 재고(Imax)는 컨테이너 크기(C) 와 간판 수를 곱하여 산출하면 되는데, 이 예에서는 최대재고는 200개가 된다.

$$I_{max} = NC$$

만약 현장 재고가 너무 많다고 판단되면 간판의 수를 조금 줄여보면 된다. 이런 식으로 간판은 미세 조정의 수단이 된다.

JIT 가 적용될 경우 공식적인 현장관리(shop-floor control)은 대폭 간소화 될 수 있다.

- 오더 발급은 Kanban 등 끌기(pull) 시스템을 통해서 수행됨
- 재공품(work-in-process) 재고는 제한적으로 보유
- 상세한 일정계획 수립(scheduling)은 필요하지 않음
- 데이터 수집과 모니터링은 단지 원자재와 완제품 재고에 대한 부분에서만 요구됨

전략적 공급자 관계

제조기업의 원재료 조달에 있어서 공급업체들과 어떤 관계를 유지하는가는 중요한 문제이다. 일본 기업이 적시생산 시스템(JIT)으로 성공을 거두면서 공급자와의 협력관계가 관심을 끌게 되었다. 협력관계에 있는 공급자와 제조기업은 서로 도와 주는 동반자로 간주되며, 장기간의 계약과 품질향상을 위한 공동작업 등이 강조된다.

JIT 협력업체

개별 구매오더는 가장 일반적인 구매방법으로 여기에는 제품규격, 가격 및 지불조건과 운송조건 등 협력업체가 이행해야 할 사항 등이 포함된다. 이에 비해 JIT환경에서는 조달 간판이 이용된다. 조달간판은 고정발주량, 재발주점 시스템의 특징을 갖는다.

JIT 구매방식을 적용하려면 사전에 협력관계를 유지할 적합한 공급업자를 물색하고 평가, 선정하는 작업이 매우 세심하게 이루어져야 한다. JIT 시스템에서는 낮은 재고로 생산이 이루어져야 하기 때문에 현장에 적시에 재고가 보충되어야 한다. 이를 위해서 공급자는 하루에도 몇 번씩 공장에 제품을 납품하도록 요구 받을 수 있다. 그러므로 JIT의 실현을 위해서는 공급자와의 협력관계(partnership) 내지 전략적 제휴관계(strategic alliance)가 중요하다. 일반적으로 JIT구매의 두 가지 기본적인 전략은 1) 공급자 수를 줄여서 단일 공급체제(single source)를 지향하는 것과, 2)장기 계약의 장점을 적극 활용하여 협력관계를 만들어 가는 것이다.

JIT 협력업체의 몇 가지 원칙은 다음과 같다.

- 일정계획(scheduling): 제조업체와 공급자 간에는 일정에 대해 자주 협의하고 품질문제 등 예상되는 문제를 사전에 예방할 수 있도록 협의해야 한다. 선적 일정계획에는 가장 적절한 납품순서와 함께 납품할 수량 및 납품 횟수가 포함되어 있어야 하고, 제조업체가 주문한 물량의 출하 상황이 현재 어떤 상태에 있는지를 신속히 정보제공 할 수 있는 피드백 시스템을 갖추어야 한다.
- 인도(delivery): JIT 시스템에서는 완충재고(buffer stock)를 최소화하면서 소량주문이라 하더라도 잦은 인도로 지속적인 생산흐름이 유지되도록 해야 한다. 따라서 제조업체와 공급자 간에는 납품수량 및 주기에 관한 정확한 정보교환이 이루어져야 한다.
- 품질(quality): JIT 환경 하에서는 불량에 대비한 안전재고를 두지 않는 것이 원칙이므로 공급자의 품질수준은 충족될 것으로 전제된다. 또한 품질 문제가 발생했을 경우에는 제조업체의 도움 하에 문제의 근본원인을 파악하고 시정조치 프로그램이 정착되도록 해야 한다. 이는 제조업체와 공급자 간에 품목의 품질사양에 대한 정보가 명확하게 제공되어야 함을 뜻한다.
- 포장(packaging): 제조업체와 공급자는 지속적인 물류흐름이 용이하고 적재공간을 최소화 하도록 하는 포장 방법에 대해서 서로 협조한다. 재사용이 가능한 포장 용기로 원가 절감에도 기여하고 이동 중의 보호 기능이 조화 있게 충족되도록 하는 포장 설계가 필요하다.
- 운송(transportation): JIT 시스템에서는 고객의 요구조건을 충족할 수 있는 운송시스템을 갖추도록 서로 합의해야 한다. 운송업체도 역시 납품과 운송일정에 관한 엄격성이 지켜지도록 파트너십의 일원으로 참여시켜야 한다.

도전 Quiz

※ 문제 1.

다음 중 작업 셀(work-cells)의 장점은?

A. 장비활용의 극대화

B. 단순화된 생산활동통제

C. 더 큰 뱃치(batch)와 낮은 단위 당 비용

D. 요구되는 작업자 능력의 감소

답: B

해설: 장비는 전용화 함에 따라 활용도가 다소 낮아질 수 있고, 다기능화에 의해 작업자의 더 큰 능력이 요구된다. 라인생산에 비해 뱃치 크기를 줄여서 다양한 품목을 생산할 수 있다.

※ 문제 2

다음 중 MPS에 의해 통제되는 생산에서 린/JIT 개념을 실행하는 데 가장 부합되는 방식은?

1. 반복생산(repetitive)
2. 연속생산(continuous)
3. 뱃치(batch)
4. 잡샵(job shop)

답: 1

해설: 린/JIT 생산방식은 뱃치나 잡샵처럼 주문식 생산을 벗어 나 반복생산을 할 정도는 되어야 한다. 연속생산은 라인공정의 대량생산 방식이다.

※ 문제 3.

다음 중 JIT에서 공급자와의 관계에 대한 설명으로 가장 적절한 것은?

A. 모든 비용 감소 효과가 구매자(buyer)에게 직접적으로 주어진다.

B. 적은 량으로 여러 번 납품하는 방식의 단기 계약이 사용된다.

C. 계획이 더욱 변덕스럽고 어려워 진다.

D. 공급자는 상류 단계의 작업장으로 간주된다.

답: D

해설: 공급자는 상류 단계의 작업장으로 간주되므로 보다 긴밀한 파트너십이 필요하다.

핵심정리

JIT 생산방식의 요약

- 7대 낭비는 Process (가공/프로세스의 낭비), Methods(동작/작업방법의 낭비), Movement(이동의 낭비), Product defects(불량의 낭비), Wait time(대기의 낭비), Overproduction(과잉생산의 낭비), Inventory(재고의 낭비) 이다.
- Work cell은 product group을 생산하는 설비들을 “U”자형으로 연속적으로 배치하여 –생산 유연성의 증가, lot size의 감소, 품질의 향상을 도모한다.

JIT 생산방식의 토대

- JIT 생산방식의 토대는 평준화 생산, 흐름생산, 유연한 자동화, 저스트·인·타임, 눈으로 보아서 알 수 있는 현장 등이다.

통제시스템 – 간판방식

- JIT생산에서는 통제시스템으로서 간판(Kanban)을 사용한다.

제13장

제약자원이론 (TOC)

제약자원이론 개요

전체 최적화의 열쇠

TOC 생산개선의 5단계

제 13 장 제약자원이론(TOC)

용어 사전

제약자원이론(TOC)
제약조건 이외의 활동을 제약조건에 종속 시킴으로써 결과적으로 효율과 수익을 최대화 하는 기법

OPT(Optimized Production Technology)
Goldratt이 스케줄링에 사용하기 위해 개발한 소프트웨어 제품

사고 프로세스(Thinking Processes)
제약자원을 찾을 때, 회사의 정책이나 방침, 여러 부서간에 복잡하게 얽힌 문제 속에서 근본 문제를 찾을 때 이용되는 방법

스루풋(throughput)
스루풋이란 일반적으로는 생산량 또는 매출액인데, TOC에서는 기업에 유입되는 실질 현금흐름으로서의 매출액에서 자재비를 뺀 것으로 정의한다.

TOC 성과지표
스루풋, 재고(투자), 운영비용의 세 가지를 중심으로 성과를 관리한다.

학습 목표

- ✧ 제약자원이론 기본 원리에 대해 설명할 수 있다.
- ✧ TOC 의 평가기준으로서 스루풋, 총투자(재고), 그리고 운영비 감소에 대해 설명할 수 있다.
- ✧ TOC 생산개선의 5 단계를 설명할 수 있다.

제약자원이론 개요

TOC 정의

제약자원이론(TOC: theory of constraints)은 골드랫(Eli Goldratt)에 의해서 제창된 것으로 앞의 JIT생산체계를 한 단계 정교화한 것으로 인정되고 있다. 골드랫은 스루풋(throughput)을 내는 데 제약이 되는 애로공정이나 제약자원을 식별하고, 그 제약자원에 초점을 맞추어 전체 생산의 흐름을 동시화해야 한다는 제약자원의 이론을 전개하였다.

공급체인(supply chain) 의 전체최적화를 실현하기 위해서는 어떻게 하면 좋을까. 그 방법으로서 커다란 가능성을 내포하여 주의를 집중시키고 있는 것이 제약자원이론(TOC: theory of constraints)이다. TOC는 "제약조건 이외의 활동을 제약조건에 종속 시킴"으로써 결과적으로 효율과 수익을 최대화한다는 것이다. 원래는 공장에서 설비가동률과 생산기간을 최적화하기 위한 기법이었는데, 그 개념은 공급체인관리에도 잘 어울린다.

공급체인의 시간경쟁력을 높이는 제약자원이론

생산에 있어서 '시간경쟁(time-based competition)'으로 일컬어지듯이 변화에 대한 대응력이야말로 기업의 경쟁력을 만들어내는 커다란 요소다. 시장과 수요의 변화에 재빠르게 대응하기 위해서는 조달에서 제조, 물류, 판매의 체인 즉 공급체인이 변화에 동기화하여 신속하게 대응할 것이 요구된다. 단일제품의 제조·판매에 대해서 말하자면, 잘 팔리게 되면 때맞춰서 가속페달을 밟고 잘 안 팔리게 되면 바로 브레이크로 바꿔 밟는 것이 효과적인 공급체인 체제이다. 그것이 안되면 방대한 기회손실을 낳거나 대량의 제품·부품·반제품의 사장재고를 끌어안는 사태를 초래한다. 현재의 경쟁은 개별 기업간이 아니라 공급체인 전체의 차원에서 전개되고 있으며, 공급체인관리(supply chain management: SCM)의 능력이 경쟁우위의 원천이 되고 있다고 해도 과언이 아니다.

제약자원이론(theory of constraints: TOC)이란, 이 공급체인을 시스템으로 보고, "시스템의 목적(goal)달성을 저해하는 제약조건을 찾아 그것을 활용·강화하기 위한 경영 기법"을 말한다.

'지네경주'의 비유

공급체인을 운동회에 있어서 내비게이터가 달린 "지네경주(대원들을 끈으로 연결하여 함께 달리는 경주)"에 비유해 보자. 이 지네 경주의 첫 번째 목적은 내비게이터의 지시에 따라 다른 팀보다 일정시간에 더 많이 가는 것이라 하자. 그리고 두 번째 목적은 코스 변경 시에 멈추었을 때의 행렬을 가능한 한 짧게 하는 것이며, 끈의 길이는 팀에서 선택할 수 있다고 하자. 각각의 팀이 공급체인에 해당하고 각자가 그 구성원이다. 그리고 첫 번째의 목적이 가속페달을 밟는 장면에 해당하고, 두 번째의 목적이 브레이크를 밟는 장면에 해당한다. 이러한 싸움에 이기기 위해서는 어떻게 하면 좋을까? 또 TOC의 경영기법에 대응시켜서 말하면, 첫 번째 목적은 스루풋(throughput - 매출액 마이너스 자재비)이고 두 번째 목적은 재공품 재고에 해당한다.

만약 주력에 문제가 있을 경우, 첫 번째의 목적을 결정하는 것은 팀을 구성하는 각 멤버 주력의 총합 또는 평균치가 아니라, 그 중의 가장 느린 사람의 주력이다. 그리고 또 한가지의 결정요인은 각 멤버의 진행이 잘 동기화 되느냐의 여부이다. 멤버를 결속하는 끈의 길이가 짧을수록 동기화의 필요성이 커진다.

TOC에서의 시스템에 해당하는 팀의 첫 번째 목적을 결정하는 제약조건으로서 주력이 문제라면 가장 주력이 뒤떨어지는 사람이다. 제약조건이 주력이 아니라 틀린 코스를 지시하는 내비게이터일 가능성도 있다. TOC에서는 이 제약조건을 찾아 그것이 주력에 있다면 주력이 가장 뒤떨어지는 사람의 걸음에 다른 멤버가 종속·동기화하여 걸음을 진행함으로써 제약조건인 사람의 주력을 최대한 발휘시켜서 첫 번째 목적인 '보다 긴 거리'를 벌자는 것이다. 그리고 다음으로 제약조건 그 자체의 주력을 강화함으로써 팀 전체의 경쟁력을 높일 수가 있다. 그러면 이번에는 다른 사람이 제약조건이 되고 거기에 착안한 경주가 이루어질 것이다. 이러한 사이클을 돌림으로써 공급체인의 경쟁력이 높아지고 기업의 목적을 달성하기 위한 운용과 강화를 도모할 수 있다.

TOC 태동의 시대적 배경

수요가 공급력을 상회하고 수요의 변화도 그다지 없는 '만들기만 하면 팔렸던' 시대에는 이러한 지네경주는 존재하지 않았다. 단일의 직선코스를 끈의 길이를 충분히 길게 해서 개개인의 멤버가 마음대로 달려서 행렬의 길이가 방대해지더라도 갑자기 호루라기가 울려 행렬의 길이(악성재고)가 평가되거나, 갑자기 코스의 변경을 요구 받는 일도 없었다. 또한 경주의 목적도 팀 전체의 주행거리가 아니라 개개인의 주행거리(즉 각 공정 별 생산성)가 평가되었다. 그러나 오늘날과 같은 변화의 시대에서 그런 식으로 경영하는 기업은 살아남을 수 없다.

70년대부터 이미 세계적으로 공급이 수요를 상회하게 되었는데, TOC를 탄생시킨 미국에서는 80년대가 되어도 이러한 경영에 빠져 있었다. 그 때문에 70년대부터 80년대에 걸쳐 멀리 후퇴했고 그러는 동안에 제조업이 공동화 되었다. 당시 미국은 50년대에 완성된 생산개념인 "만든 것을 판다"는, 개개인이 단일 코스를 전력으로 달리는 것을 목표로 한 대량생산·대량판매의 논리 하에서 과도하게 세분화된 작업과 관리방식에서 탈피하지 못하고 있었다. 이러한 상황에 있었던 80년대 후반에 미국의 제조업은 그 재생을 내걸고 생산의 장에서, 그것도 특수한 조건 하에서 성립하는 "지네경주"의 논리를 고안한 일본의 자동차산업 특히 도요타 생산방식을 중심으로 철저한 벤치마킹을 실시했다. TOC도 이러한 흐름 속에서 탄생했다. 그것은 오로지 생산이라는 제한된 장소에서의 경쟁논리가 아니라 기업전체, 공급체인 전체에서 최적화를 실현하기 위한 경영기법과 평가기준을 훌륭하게 부여하는 것이다.

제약자원이론(TOC)의 개발 연혁

TOC 의 연혁은 다음과 같은 흐름으로 이어진다.

- Goldratt 은 자신이 1970 년대부터 20 년 동안 사용해오던 과학적 방법들을 산업경영의 개념적 이론으로 재창조

- 1970 년대 후반, Goldratt 은 스케줄링 연구에 착수했는데 매우 획기적인 결과를 얻었다. 그는 이 결과를 소프트웨어로 개발하여 OPT(Optimized Production Technology)라 이름 짓고 고가로 판매함
- 1984 년, Goldratt 은 OPT 원리를 보급하기 위한 수단으로 'The Goal'이라는 소설을 집필, 후에 Goldratt 은 OPT 의 배후에 있는 원리를 Theory Of Constraints 라 이름 짓고, 이를 포괄적인 경영원리로 발전시키기 시작
- 1990 년, 생산부문의 평가방법이 TOC 적용에 방해가 된다고 생각, 'The Haystack Syndrome: Sifting Information from the Data Ocean'을 출판 – 포괄적인 스루풋 회계방식을 제시
- 1994 년, TOC 생산경영기법을 적용할 때, 회사의 정책이나 방침이 큰 장애가 되는 경우를 발견 – "여러 부서간에 복잡하게 얽힌 문제 때문에 많은 대립이 생기고, 결국은 논의 자체도 진행되지 않는다." – '사고 프로세스(Thinking Processes)'라는 기법을 제시

전체 최적화의 열쇠

애로공정의 발견과 그 활용

TOC의 원천이 되는 골드랫의 생산스케줄링 소프트웨어는 OPT(optimized production technology)라고 불린다. 1970년대에 컴퓨터가 생산에 활용되게 되면서 등장한 것이 MRP(자재소요량계획)였다. 대개 생산계획은 MRP에 의거하여 납기에 맞춰 미리 데이터베이스화된 생산리드타임(기간)만큼 선행시켜서 스케줄이 만들어진. 그러나 생산리드타임은 생산의 부하 크기와 스케줄링의 방식에 따라 결정되는 가변의 것이며, 스케줄링의 좋고 나쁨은 방대한 계산에 있는 것이 아니라 애로공정에서의 흐름방법에 의해 결정된다. 그리고 나머지 비 애로공정은 이 애로공정에 종속시켜 스케줄을 짜면 되고, 이로 인해 전체최적의 스케줄링 해답을 얻

을 수 있다. 이런 논리를 소프트웨어적으로 적용시킨 것이 OPT였다.

TOC의 진화 방향

이러한 전체성과목표의 성능을 정하고 있는 애로공정에 착안한다는 사고방식을 생산스케줄링에 한하지 않고, 모든 문제의 전체최적화에 적용할 수 있다. 제약자원에 착안하여 시스템을 개선한다는 시스템적 발상에 의해 OPT는 그 후 몇 가지 방향으로 진화하게 되었다.

종래 생산현장에서 사용되던 용어인 '애로공정'을 더욱 일반적으로 통하는 '제약조건'이라는 용어로 바꾼 것은 그런 생각에 기초한 것이다. 예를 들면 공장의 제약조건은 무엇인가, 그리고 경영 방침상의 제약조건은 무엇인가라는 질문도 할 수 있게 된다. 이러한 원리를 정리한 골드랫의 비즈니스소설 '더 골(The Goal)'의 사고를 현실적으로 적용하면서 그 유효성이 입증되었다. TOC 기법들을 요약하면 다음과 같다.

제약조건 관리의 5 단계와 DBR(Drum-Buffer-Rope) 스케줄링

TOC 회계 (T/I/OE 를 중심으로 하는 스루풋 회계)

- T(throughput, 현금창출률)
- I (inventory, 재고)
- OE(operating expenses, 운영비용)

TP(Think Process, 사고 프로세스) - 기업목적에서 출발하는 경영진단 및 의사결정 기법

- CRT(Current Reality Tree)
- EC (Evaporating Cloud)
- FRT (Future Reality Tree)

제약자원이론(TOC)의 구성요소

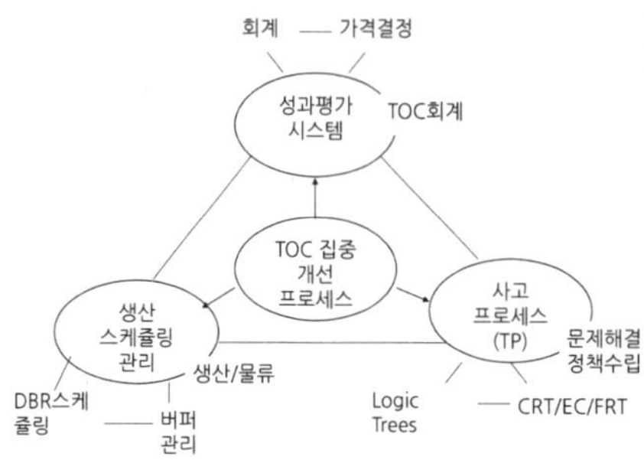

TOC 회계
T(throughtput,현금창출률)
I (inventory, 재고)
OE(operating expenses, 운영비용)

TP(Think Process, 사고 프로세스)
CRT(Current Reality Tree)
EC (Evaporating Cloud)
FRT (Future Reality Tree)

DBR (Drum-Buffer-Rope)

TOC 성과지표

TOC의 핵심부분 중에는 TOC 성과평가가 있다. 제약조건을 제외한 비 제약조건을 제약조건에 종속 시킨다는 것은 비 제약조건의 공정에서는 작업중단과 유휴를 발생시켜도 된다는 것이다. 즉 그 공정에서의 가동률, 시간당 또는 1인당 몇 개를 생산했는가라는 시간생산성 및 노동생산성 같은 능률·비용지표를 저하시키게 된다. 종래에는 그 공정이 애로공정인지 아닌지 관계 없이 모든 공정의 생산성을 높이려고 노력하는 것이 각 부서의 목표가 되었다. 이런 관행을 골드랫은 하찮고 쓸데없는 일이라고 보고, '건초더미 증후군(hay stack syndrome)'이라고 부른다.

그러면 진정한 생산성이란 무엇인가? TOC에서는 기업의 목적에 결부된 진정한 성과지표는 현금흐름의 증대로 보아야 하며, 그 평가지표로서 스루풋이 이용된다. 스루풋이란 일정 기간 중에 기업에 유입되는 실질 현금흐름으로서의 매출액에서 자재비를 뺀 것이라고 정의된다. 매출액의 척도와 다른 점은 생산력에 여유가 있는 경우에는 스루풋이 플러스인 한, 간접비와 고정비를 배분한 표준원가계산에서는 마이너스일지라도, 판매가를 내려서라도 수주를 증가시키는 것이 현금흐름 증대에 유리하게 작용하기 때문에, 종래의 표준원가계산에서는 발견할 수 없었던 의사결정을 가능케

하는 것이다. 이것은 스루풋(throughput)회계라고 불린다. 스루풋 자체는 새로운 개념은 아니며 관리회계의 한계이익에 해당한다. TOC의 공헌은 이 스루풋의 증대를 기업의 제일 목적으로 하고, 이를 제약조건과 결부시킨 것이다.

이러한 평가기준 전환의 필요성을 강조하기 위해서 전통적 원가계산에 의거하는 "비용의 세계"를 부정하고 "스루풋(throughput)의 세계"로의 이행이 강조된다. 각 공정의 비용을 최소화하면 전체의 비용은 최소가 된다는 논리 하에 개별공정과 부문마다의 능률, 비용지표를 설정하여 관리·평가되는 것이 '비용의 세계'이다. 잘 팔리는 것을 만들어야만 하는 시대에 비 제약조건인 공정에서 부분최적화적 발상으로 노동생산성을 극대화하는 기준으로 부품을 만들면, 그 부품의 재고만이 증가하여 도리어 전체 비용을 상승시킨다. 또 그 부품을 사용한 제품의 판매가 중지되면 그것이 결국은 사장재고가 되고 만다. 스루풋(throughput)을 증대 시키기는커녕, 생산 전체에서는 결과적으로 대폭적인 비용증대를 초래하고 마는 것이다.

'스루풋(throughput)의 세계'에서는 개별 활동의 생산성 향상과 개선 결과가 모두 합친다고 전체성과가 되지는 않는다는 시스템적 사고를 기본으로 한다.

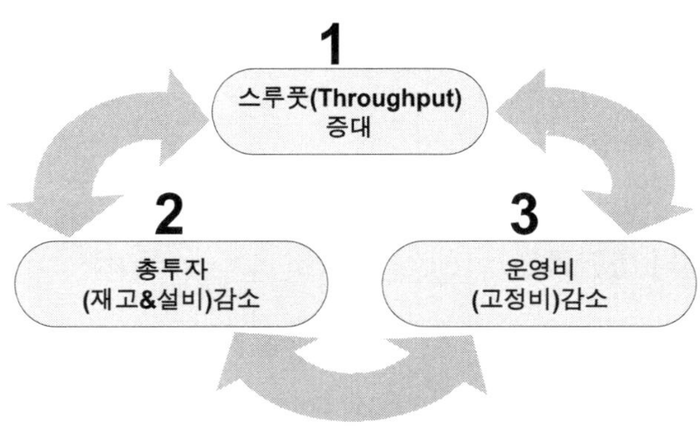

TOC 평가지표

TOC 성과지표의 우선순위는 우선 스루풋 향상, 그 다음이 재고비용의 절감이다. 운영비 감소를 세 번째로 한 것은 리스트럭처링과 리엔지니어링을 유도하여 일손 부족을 타 부문의 잉여 인원으로 채움으로써 레이오프를 회피하는 수단도 의식하고 있다고 생각된다. 스루풋을 증대해 나가다 보면 필연적으로 일손이 부족해진다. 그 때 리엔지니어링에 의해 고정비, 간접비의 슬림화로 잉여인원을 확보하여 활용함으로써 일손부족이라는 제약조건을 배제할 수 있게 된다. 그리고 다시 스루풋이 증대한다는 바람직한 사이클의 순환이 기대된다.

이상을 정리하면 TOC에서의 기업 목적은 첫째, '이익을 획득하는 것, 즉 스루풋의 증대'이며, 둘째로는 재고와 설비에 대한 총투자의 감소, 그리고 셋째는 자재비 이외의 총 비용(그 큰 부분은 고정비)의 감소의 순으로 한다. 스루풋 증대에는 이론적인 한계가 없는데 대하여, 재고비용과 고정비는 제로 이하로는 불가능하기 때문에, TOC는 비용삭감이라는 '수비' 보다는 '공격'을 기조로 한 사고방식임을 알 수 있다.

특히 재고는 운전자금을 소비할 뿐만 아니라 스루풋 증대에도 영향을 미친다. 공정간의 반제품의 존재는 생산리드타임을 지연시키고 필연적으로 스루풋 증대를 저해한다. 그렇지만 재고삭감은 기업의 목적이 아니라 어디까지나 수단이다. 따라서 순서를 두 번째로 하게 된다. 그리고 고정비 감소는 가장 우선순위가 낮다. 이러한 우선순위는 단기적으로는 스루풋 증대를 노리고, 고정비는 단기적으로는 통제할 수 없는 것이므로 장기적으로 절감하려는 것을 암시한다.

TOC 생산개선의 5단계

TOC는 스루풋을 기업의 목적으로 하여 제약조건을 잘 활용하면서 단기적으로 이것을 최대화한다. 한편으로는 제약조건 자체를 강화하여 다른 제약조건으로 이동시키는 사이클을 돌리는 방법으로 체질강화를 도모하고, 그로 인해 중·장기적으로도 스루풋을 증대시키는 2중 구조를 갖는다고 볼 수가 있다. 이를 그림에 나와 있듯이 'TOC의 생산개선 5단계'라 한다.

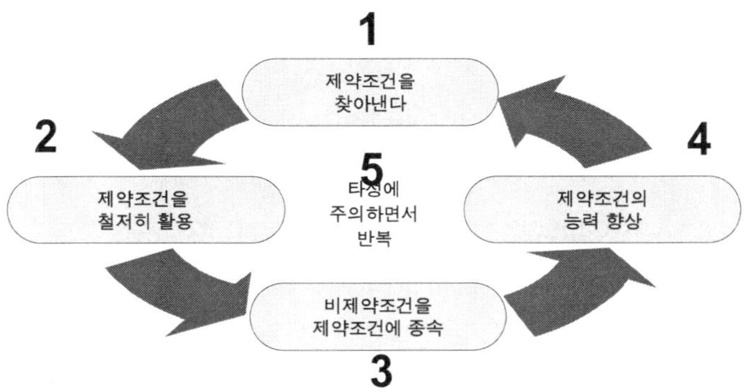

TOC의 생산개선 5 단계

1 단계 - 제약조건을 찾아낸다.

우선 현재의 스루풋을 결정하고 있는 것은 무엇인가, 그것을 찾아내는 것이 제1단계이다. 제조가 일손이 남는 상태에 있을 경우에는 아무리 생산 자체를 개선하더라도 스루풋은 증대하지 않는다. 그 경우의 제약조건은 시장이며 표준원가의 입장에서는 적자일지라도 또 제품의 가격인하를 해서라도 '매출액 – 자재비'가 마이너스가 되지 않는 한, 주문을 받아들임으로써 스루풋을 증가시킬 수가 있다. 만약 그러한 방책이 원가관리 상 허용되지 않는다면 제약조건은 경영상의 방침에 있으며 우선 이것을 타파하는 것이 될 수 있다. 이러한 대책에 의해 제조가 일손부족상황이 되면 이번에는 제조가 제약조건이 되고 그 중의 어느 공정, 설비, 활동이 제약조건인지를 확인할 필요가 있다. 가동시간이나 속도 같은 공칭적인 설비능력뿐만 아니라, 고장이나 불량 등의 변동요소를 가미하여 제품의 흐름을 횡단한 관점에서 판단할 것이 요구된다. 경우에 따라서는 제조공정이 아니라 조달과 생산계획이 제약조건이 되어 작업중단이나 유휴를 발생시켜 스루풋을 저해하는 경우도 있다.

예제: 어느 생산라인은 5 개의 공정으로 이루어져 있고 각 공정의 생산능

력은 A공정(150/hr), B공정(110/hr), C공정(80/hr), D공정(140/hr), E공정(210/hr)이다.

- 만약 시장수요가 500/hr 이라면 C공정은 시스템 제약자원으로서 활동중인 애로공정(active bottleneck)이 된다.
- 만약 시장수요가 80/hr보다 조금 적은 75/hr 수준이라면 C공정은 CCR(capacity-constrained resource)라 한다. CCR은 그 자원에 대한 관리가 조직의 스루풋을 좌우하게 되는 자원이다.
- 만약 시장수요가 50/hr 이라면 제약자원은 외부의 시장 자체가 된다.

C 공정은 CCR로서 TOC 생산개선 단계의 주된 기준이 된다.

제약조건이 발견되면 현 상태의 능력으로 스루풋을 증대 시키는 것이 제2단계와 제3단계이다. 제2단계는 예컨대, 제약조건이 되고 있는 공정에 점심 후 휴식시간의 가동이나 잔업 같은 응급처치로 스루풋을 증대시키는 단계이다. 이에 대하여 제3단계는 생산계획상의 스루풋 향상책으로서 앞에 기술한 OPT의 논리를 적용하는 단계이며 DBR(drum buffer rope)이라고 불린다.

2 단계 - 제약조건을 철저히 활용한다.

DBR의 개념을 나타내는 키워드는 "종속"과 "변동"이다. 여기서는 보이스카우트 행진의 비유가 이용된다(그림 참조). 이 그림의 한 사람 한 사람이 제조공정에 해당하며 제일 뒤쪽(최종공정)의 소년이 걸어간 거리가 스루풋, 그리고 행렬의 길이가 생산리드타임(생산에 걸리는 시간), 또는 반제품 재고량(재공품)에 해당한다. 따라서 스루풋을 최대화하고, 또한 재고를 적게 하기 위해서는 행진거리를 연장시키고 동시에 행렬의 길이를 짧게 유지할 필요가 있다. 이 경우의 제약조건은 가장 키가 작은(보행속도가 느린) 소년이며 이 소년이 걷는 거리에 의해 스루풋은 결정된다. 그래서 이 소년에게 드럼을 갖게 하여 이 드럼의 박자에 맞추어(종속시켜서) 전체가 행진(생산)함으로써 행렬의 길이(반제품재고량)를 단축시킬 수가 있다.

이것은 앞에 설명한 지네경주의 원리와 같은 것인데 드럼은 동기화를 위한 보이지 않는 끈이다. 더욱이 생산에는 고장과 불량 그리고 결근 등, 흔들림과 변동이 따라다니기 마련이다. 제약조건의 앞을 걷는 소년의 보행속도가 빨라도 갑자기 돌에 걸려 넘어지는 일도 있다. 만약 간격이 없으면 제약조건인 소년도 멈추지 않을 수 없게 되어 그것에 의해 스루풋이 저해되고 만다. 이러한 변동으로부터 제약조건만은 지키기 위해서 그 앞에만 간격(완충 재고)을 둔다. 그 때문에 제약조건의 소년과 선두의 소년 사이를 로프로 연결하여 제약조건의 보행에 종속시킴과 동시에 적당한 여유를 갖게 하기 위하여 버퍼를 부여하자는 것이다. 이러한 DBR의 관점에서 제조방식을 바꾸기만 하면 스루풋이 개선될 뿐만 아니라 여분의 반제품이 배제되어 공정 전체에 흐름이 생기며 그 효과는 매우 크다.

위 예제를 통해서 보면, 제약조건을 철저히 활용한다는 것은 제약자원(CCR)의 생산능력이 최대한으로 이용되도록 해서 생산능력이 75단위/hr 이하로 떨어지지 않도록 하는 것이다. 이를 위해서는 다음과 같은 조처가 필요하다.

- 제약자원으로 투입되는 원재료는 품질이 보증되도록 미리 확실히 한다.
- 작업의 휴식시간은 제약자원이 계속 가동되도록 조정한다.
- 작업에 지장을 주지 않으면서 제약자원의 가용성을 극대화 할 수 있도록 예방점검을 한다.
- 다른 전체 생산라인이 속도를 맞추도록 할 제약자원의 박자(drum)에 해당하는 제한부하 일정(finite schedule)을 만든다.

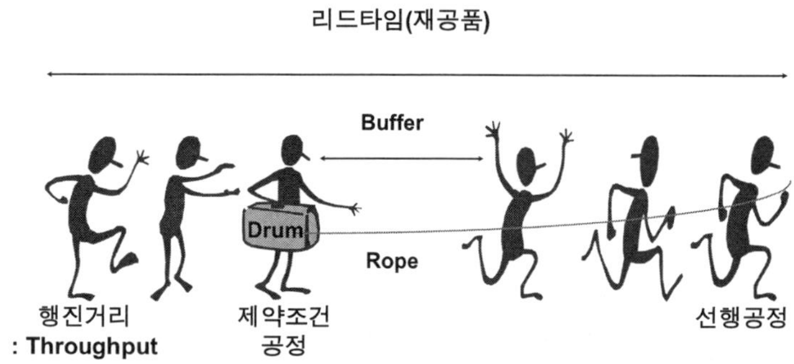

드럼-버퍼-로프(DBR)의 비유

3 단계 - 비제약자건을 제약조건에 종속시킨다.

본 3 단계의 목적은 앞 단계에 작성된 제약자원의 최대능력을 보장하는 일정계획(75단위/hr)이 유지되도록 하는 것이다. C공정의 생산능력은 80 단위/hr이지만, 예기하지 못한 일이 발생하거나 평상적인 생산 상의 변동(variation)이 생기면 정해진 일정을 지킬 수 없게 영향을 줄 수 있다. TOC는 제약자원의 일정을 지키기 위해 몇 가지 표준적인 조처를 취한다.

드럼(drum)과 로프(rope) 일정수립

드럼(drum)은 2 단계에서 정해진 제약자원에서의 일정(75 단위/hr)이 전체 생산라인을 구동하는 일정이 되게 하는 것이다.

로프(rope)는 드럼(C 공정)과 원재료 불출 간의 커뮤니케이션 시스템이다. 로프의 목표는 C 의 앞 공정인 A 와 B 공정을 거쳐 오는 자재가 C 가 필요로 하는 시점에 맞게 도착하도록 하는 것이다. 만약 너무 일찍 도착하면 C 공정에 너무 많은 재공품(WIP)이 쌓일 것이다. 결국 로프의 역할은 자재 불출기능과 C 공정 간에 리드타임 내지 타임버퍼(time buffer)를 얼마로 할 것인지 통제하는 것이다. 비 제약자원에 대해서는 CCR을 보호해야 할 때에는 일정 조정계(coordinator)에 의해 독촉되겠지만, 그 외에는 상세 불출일정이 세워지지 않고 도착순 서비스방식(first-come, first-served basis)으로 운영된다.

버퍼(buffer) 설정

버퍼에는 시간 버퍼(time buffer), 재고 버퍼(stock buffer), 예비 생산능력(protective capacity)의 세 가지 유형이 있다. 시간 버퍼는 CCR 공정의 앞 단에 투입되는 원재료에 여유를 주어 정해진 시간만큼 미리 투입되도록 하는 것이다. 이를 제약 버퍼(constraint buffer)라 한다. 선적 시간 버퍼는 CCR 의 뒤 단에서 선적하는 시간에 정해진 시간만큼 리드타임을 주어 지연 선적을 허용하는 것이다. 재고 버퍼는 앞의 시간버퍼와 관련이 있다. 시간 버퍼에 의해 CCR 공정의 앞에는 얼마간의 재공품(WIP)이 쌓이고, 선적 공정 전에는 얼마간의 완제품 재고가 쌓인다. 이런 재고를 전략적으로 인정하여 재고 버퍼를 두는 것이다. 예비 생산능력은 CCR 공정의 뒤에 있는 공정에 두는 여유 생산능력이다. 즉 이들 CCR 공정의 후속공정에는 시간 버퍼나 재고 버퍼를 두지 않고 대신 여유 생산능력을 둠으로써 어떤 변동이 생기더라도 전체 선적일정이 늦어지는 일이 일어나지 않도록 한다.

4 단계 - 제약조건의 능력을 향상시킨다.

계속되는 제4단계는 제약조건 자체의 능력 강화이다. 제약자원을 강화해야 하는 이유는 앞의 2, 3 단계의 노력만으로는 정해진 생산능력을 지속적으로 유지하는 것이 어려울 수도 있고, 외부적으로 수요가 증가해서 현재의 CCR 생산능력을 증대시킬 필요가 있기 때문이다.

5 단계 - 생산개선 단계를 반복한다.

제약조건의 능력이 강화되면 그것을 대신하여 다른 공정과 요인이 제약조건이 된다. 그래서 이어지는 제5단계에서는 새로운 제약조건에 대하여 동일한 사이클을 돌릴 필요성을 환기하고 있다. 이 능력강화의 구체적 방책은 도요타 생산방식(TPS: Toyota production system, 또는 JIT), 전사적 품질관리 (TQC), 그리고 TPM(total productive maintenance)으로 대표되는 지속적 개선 방법들이다. 이것들은 생산의 개선·개혁을 위한 대표적인 기법으로 인정받고 있다.

제약조건이 제조가 아니라, 경우에 따라서는 제품의 기본적인 요소기술이나 응용기술이 제약조건이 되어 있을 지도 모른다. 또한 공급체인 전체에 미치는 개선은 후술하는 조직의 벽과 같은 조직상의 문제가 제약조건일 경우도 많다. 이러한 경영상의 방침이나 조직상의 문제가 제약조건이 되는 경우에는 그 문제해결의 도구로서 TOC에서는 사고 프로세스(thinking process)라는 것을 준비해두고 있다. 이상 TOC는 스루풋 증대라는 기업의 목적을 내세우며 그것을 제약하고 있는 자원과 활동에 초점을 두어 운영과 개선 면에서 기업활동을 그곳에 집약시킴으로써 단기 및 중·장기적인 2중의 사이클을 돌리면서 전체최적화를 도모하는 명쾌한 논리의 틀을 부여하고 있다.

도전 Quiz

※ 문제 1.

'지네경주'에서 재고(재공품)가 증가하는 것을 비유하는 현상은 무엇인가?

A. 앞, 뒤 사람을 연결하는 끈의 총 길이가 늘어남
B. 주력이 가장 처지는 사람 뒤에 사람이 엉키는 현상
C. 주력이 가장 처지는 사람에게 드럼을 들려 줌
D. 주력이 가장 처지는 사람과 앞 사람 간에 끈으로 묶음

답: A

해설: 지네 경주의 첫 번째 목적은 내비게이터의 지시에 따라 다른 팀보다 일정시간에 더 많이 가는 것(스루풋)이라 하자. 그리고 두 번째 목적은

코스 변경 시에 멈추었을 때의 행렬을 가능한 한 짧게 하는 것(재공품 재고)

※ 문제 2.

TOC에서 생산개선의 5 단계에서 DBR 기법을 적용하는 단계는 다음 중 어느 것인가?

A. 제약조건을 찾아낸다.

B. 제약조건을 철저히 활용한다.

C. 비제약조건을 제약조건에 종속시킨다.

D. 제약조건의 능력을 향상시킨다.

답: C

해설: TOC에서는 비 제약조건을 제약조건에 종속시키는 방법으로서 Drum-Buffer-Rope(DBR)을 적용한다.

※ 문제 3.

어느 생산라인은 5 개의 공정으로 이루어져 있고 각 공정의 생산능력은 A공정(150/hr), B공정(110/hr), C공정(80/hr), D공정(140/hr), E공정(210/hr)이다. 현재의 수요율은 70/hr이라면, 5개 공정 중에서 CCR(capacity-constrained resource)에 해당하는 공정은 어느 것인가?

A. A공정 B. B공정

C. C공정 D. D공정

답: C

해설: CCR(capacity-constrained resource)은 현재는 제약조건이 아니지만 조심스럽게 관리되지 않을 경우 제약조건이 될 가능성이 있는 자원을 말한다.

핵심정리

제약자원이론 개요

- 골드랫(Eli Goldratt)은 스루풋(throughput)을 내는 데 제약이 되는 애로공정이나 제약자원을 식별하고, 그 제약자원에 초점을 맞추어 전체 생산의 흐름을 동시화해야 한다는 제약자원의 이론을 전개하였다.
- TOC를 지네경주에 비유하자면, 첫 번째 목적은 행열이 단위 시간에 이동한 거리는 스루풋(throughput - 매출액 마이너스 자재비)에 비유되고, 두 번째 목적은 수요 변동에 따라 변동이 생길 때 행렬을 묶는 끈의 길이를 짧게 해야 한다는 것으로 이는 재공품 재고에 해당한다.

전체최적화의 열쇠는 “애로공정”과 “평가기준”

- 도로 등의 예를 보면, 애로공정의 부분에만 착안하여 조금이라도 그곳을 순조롭게 통과할 수 있는 흐름을 만들고 “거기에 다른 부분을 종속시켜서” 전체의 스케줄을 계획하면 목적지까지 가는 시간을 단축할 수 있다.
- 어느 특정 공정의 생산성을 평가, 측정하는 일은 하찮은 일에 몰입하는 것으로서 골드랫은 이를 “건초더미 증후군(hay stack syndrome)”이라 했다.
- TOC평가지표는 스루풋, 총투자(재고), 그리고 운영비 감소의 세 가지이다.

TOC 생산개선의 5단계

- TOC 생산개선의 5단계는 “제약조건 찾기 --> 제약조건을 철저히 활용 --> 비 제약조건을 제약조건에 종속시킴 --> 제약조건의 능력 향상 --> 타성에 주의하면서 앞의 사이클을 반복하는 것”이다.

제14장
품질경영

통계적 품질관리의 의의와 기본 가정

통계적 공정관리

품질관리를 위한 데이터 정리

공정능력의 분석

제 14 장 품질경영

용어 사전

계량치(continuous data, 연속형 데이터)
연속량으로서 측정되는 품질특성의 값, 길이, 질량, 시간 등 일반적으로 측정되는 대부분의 값은 계량치이다. 계측기의 정밀도에 따라 측정값의 정밀도가 연속적으로 늘어난다.

계수치(discrete data, 이산형 데이터)
불량품의 수, 결점의 수 등과 같이 개수를 세어 얻어지는 품질특성의 값 등, 특정한 정수값으로 표현되는 데이터를 말한다.

도수분포표(histogram)
어떤 조건아래 취해진 데이터가 여러 개 있을 때, 데이터가 어떤 값을 중심으로 어떤 분포를 하고 있는가 조사하는 데 사용하는 그림이다.

파레토도(Pareto graph)
파레토도(Pareto graph)는 문제의 발생 빈도가 높거나 중요도가 큰 것을 쉽게 알도록 해 준다.

특성요인도(cause and effect diagram)
문제가 되는 특성(결과)과 이에 영향을 미치는 요인(원인)과의 관계를 추정하여 알기 쉽게 도표화 한 것을 특성요인도(cause and effect diagram)라 한다.

공정능력비율
공정능력비율은 생산공정이 얼마나 균일한 품질의 제품을 생산할 수 있는지를 반영하는 공정의 고유 능력 척도로서 평균의 상하 3□구간인 6□를 사용한다. Cp = 규격공차 / 공정변동 = (USL – LSL) / 6 로 계산된다.

관리도(control chart)
관리도란 관찰한 변동이 비정상적인지 판단하기 위하여 품질의 변동상황을 시간대별로 도표에 표시한 것이다.

학습 목표

- ✧ 품질관리를 위한 데이터로서 계량치와 계수치의 특징에 대해 설명할 수 있다.
- ✧ 데이터를 정리하여 그래프 형태로 표현하는 방법에 대해 설명할 수 있다.
- ✧ 공정능력을 측정하는 공정능력지수를 구하는 방법을 설명할 수 있다.
- ✧ 관리도의 필요성과 관리도를 작성하는 방법을 설명할 수 있다.

통계적 품질관리의 의의와 기본 가정

통계적 품질관리의 의의

품질경영의 중요성에 대해서는 이미 제 4 장에서 논의한 바 있다. 이번 13 장에서는 역사적으로 품질경영의 기반을 이루었던 통계적 품질관리에 대해서 논의한다. 통계적 품질관리는 품질관리의 진화단계에서 품질검사의 시대에 이어 둘째 단계에 해당한다. 1900년대 이후 공장이 대규모화되면서 생산품을 모두 검사하는 것은 점차 어려운 일이 되었다. 1930년대부터 전개된 통계적 품질관리는 검사를 전수 검사에서 샘플링 검사로 바꿀 수 있게 하였다. 즉 원재료 또는 제품의 품질을 평가하기 위해서 전체의 일부만 검사하더라도 전체의 품질에 대한 추정을 가능하게 한 것이다.

통계적 품질관리는 검사방법을 획기적으로 변화시켰을 뿐 아니라 생산이 진행되는 중에도 공정의 품질을 관리하는 통계적 공정관리의 방법으로 발전하였다. 특히 일본에 있어서 통계적 품질관리는 공장 작업자들이 단지 지시에 따르는 수동적인 위치에서 벗어나 주도적으로 공정 개선에 역할을 할 수 있게 하는 엠파워먼트의 도구가 되었다. 테일러의 과학적 관리법 이래 작업의 세분화, 전문화에 의해 생산성이 획기적으로 향상된 것은 틀림 없는 사실이었지만, 작업자들은 스스로를 대량생산 시스템의 일부분을 구성하는 부속품과 같이 생각하여 소외감을 맛보아야 했던 것이다. 통계적 품질관리는 작업자로 하여금 종래의 소극적 위치를 벗어나 적극적으로 생산시스템을 개선하는 도구를 갖게 하였다. 작업자를 원래의 위치인 주도적인 인간으로서의 역할을 하게 한 것이다.

통계적 품질관리의 내용

양질의 제품이나 서비스를 생산하기 위해서는 우선 생산시스템이 제대로 설계되고 운영되어야 한다. 생산시스템의 설계는 생산전략에 부합하도록 인력과 기계설비의 적절한 구성과 배치를 하는 공정의 선택과 설계 활동을 통해 이루어진다. 이렇게 설계된 공정에서 생산되는 제품이 설계사양과 일치하는지를 통계적으로 관리하기 위한 수단이 통계적 품질관리이다. 통계적 품질관리는 주로 샘플링 검사와 통계적 공정관리를 통해 이루어진다.

좋은 품질의 제품을 위해서는 제조된 제품에 불량이 없도록 하는 검사(inspection)가 필요하다. 검사는 물품을 어떤 방법으로 측정한 결과를 판정기준과 비교하여 개개의 물품에 양호/불량 또는 로트의 합격/불합격의 판정을 내리는 것이다. 검사는 제품 생산 전에 원재료에 대해서, 그리고 생산 후에 제품에 대해서 이루어질 수 있다. 검사에는 전수 검사와 샘플링 검사가 있는데, 통계적 품질관리에서는 샘플링 검사가 이용된다. 샘플링 검사는 표본을 추출하여 검사하며, 그 결과를 가지고 전체 로트에 대해서 합격, 불합격을 판단한다.

통계적 공정관리(SPC: statistical process control, 종종 통계적 품질관

리 SQC와 용어를 혼용해서 사용함)란 공정에서 요구되는 품질이나 생산성 목표를 달성하기 위해서 PDCA사이클을 돌려가면서 통계적인 방법으로 공정을 운영해가는 관리방법을 말한다. 즉, 통계적 공정관리는 통계적 분석방법을 이용하여(S), 공정의 품질변동에 영향을 주는 원인과 공정의 능력상태를 파악하며(P), 주어진 품질목표를 달성할 수 있도록 PDCA사이클을 돌려가면서 품질개선이 끊임없이 이루어지도록 관리해나가는 활동(C)이라 할 수 있다.

검사는 생산이 완료된 제품에 기반하여 불량을 가려내는 활동이라는 점에서 통계적 공정관리와는 구별된다. 즉 원인을 찾아서 대처하는 것이 아니라 현재 품질이 좋은지, 혹은 나쁜지의 증상을 보는 쪽이 검사에 해당하고, 반면 통계적 공정관리는 공정품질이라는 원인을 관리함으로써 결과적으로 품질의 지속적 개선을 이루고자 하는 것이다.

통계적 공정관리의 가정

통계적 공정관리의 목적은 생산 중에 통계적 방법을 이용하여 공정 내에서의 변동을 측정, 분석하는 것으로 궁극적으로는 별도의 검사를 할 필요 없이 품질의 안정을 도모하고자 하는 것이다. 즉, 생산이 완료되고 나서 검사하는 것이 아니라, 생산이 진행되는 중에 불량의 원인을 감지하고, 공정의 문제가 발견되면 그 시정 책임을 공정에서 지게 하는 것이다. 따라서 제품이 완성되어 납품되는 시점에 이루어지는 검사(inspection)와는 달리 품질에 대한 책임이 공정의 원류로 이동된 셈이다. 통계적 공정관리의 기본적인 가정은, 만약 원류 공정의 관리가 잘 되었다면 거기서 나온 제품의 품질은 양호할 것이고, 따라서 검사는 불필요하다는 것이다. 이는 장기적인 '지속적 개선'의 첫걸음이다. 통계적 공정관리는 다음의 가정에 바탕을 두고 있다.

- 품질이란 "사양에의 적합(부합품질)"을 말한다.
- 공정이 제품의 산포(변동)를 야기한다.
- 공정과 제품의 산포는 측정될 수 있다.

- 공통요인의 산포는 표준적이고, 예측 가능한 패턴의 측정치를 산출한다.
- 특별요인의 산포는 예측 가능한 패턴을 붕괴시킨다.
- 산포의 원인은 분리될 수 있고 찾아낼 수 있다.

이렇게 통계적 품질관리를 통해서 확보된 품질에 대해서는 지속적 개선을 통해서 최고 수준의 품질을 확보할 수 있도록 노력하게 된다. 이런 노력은 전사적 품질경영을 통해 이루어진다.

샘플링 검사 개요

샘플링 검사는 가장 대표적인 통계적 품질관리기법으로서 생산 로트로부터 표본을 추출하여 검사하고 그 결과를 미리 정해 둔 판정기준과 비교하여 그 로트의 합격 또는 불합격을 판정하는 절차를 말한다.

전구의 수명시험이나 재료의 인장시험 등은 검사 후 제품의 가치가 없어지게 되며, 이를 파괴검사라 한다. 이와 같은 방식의 검사의 경우에는 전수 검사를 실시하지 않고 샘플링 검사를 실시한다.

파괴검사가 아니라 하더라도 검사에서 불량품의 합격으로 인한 비용이 전수 검사의 비용보다 더 작을 경우에는 샘플링 검사가 더 유리하다. 또한 유사한 품목이 많기 때문에 샘플링 검사로서 전수 검사와 동일한 효과를 얻을 수 있는 경우, 그리고 검사의 자동화가 이루어지지 않은 경우에는 샘플링 검사가 유리하다.

샘플링 검사는 전수 검사에 비해 다음과 같은 장점이 있다.

- 검사인력과 검사비용이 절약된다.
- 검사대상의 과다로 인한 검사의 오류가 줄어든다.
- 검사에서의 불합격은 제조업자에게 품질향상에 대한 동기 부여가 된다.

반면에 전수 검사에 비하여 샘플링 검사가 갖는 단점은 다음과 같다.

- 나쁜 품질의 로트를 합격시키고 좋은 품질의 로트를 불합격시킬 위험이 있다.
- 효율적인 샘플링 검사를 계획하는 데 많은 시간과 노력이 필요하다.

통계적 공정관리

변동의 개념

세상의 모든 공정이나 제품은 완벽하게 동일한 것은 없다. 그 이유는 모든 공정 중에 많은 변동요인을 포함하기 때문이다. 예를 들어, 기계의 노후, 도구의 마모, 자재의 강도, 작업자의 기술, 온도 등은 제품의 규격에 변동을 발생시킨다. 한편, 어떤 공정의 데이터를 일정 기간 수집하여 이를 도표로 그렸다면 이는 하나의 패턴을 보이게 되는데, 이러한 패턴을 분포(distribution)라 한다. 데이터의 분포는 평균, 표준편차(또는 범위), 모양 등에 의해서 특징 지워진다.

품질 변동 요인

변동에는 공통요인(common/random/chance cause)과 특별요인(special / assignable cause)이 있다. 특별요인이란 공정상에 예측 불가능한 변화를 유발하여 공정분포를 변경시키는 요인으로서 계속해서 산출물의 품질에 영향을 준다. 반면에 공통요인은 완전히 확률적이고 우연적인 변동의 원천으로 현재의 공정으로는 이를 회피할 수 없는 요인이다.

공통요인

공통요인(common, random factor)만을 가지고 있는 공정을 "통계적 관리 상태에 있다."고 한다. 공통요인에 의한 변동은 통제가 불가능한 다양한 일상 요인에 의해서 영향 받는다. 예를 들면, 온도, 습도, 도구의 마모 등 일상적인 요인에 의한 변동을 말한다.

공정의 변동이 공통요인에만 기인하는 경우 이때의 분포는 대칭이며 가장 많은 관찰 값이 평균치 근처에 모이게 되는 정규분포의 모양을 갖는다. 공통요인만 존재하는 안정된 상태의 공정에 대해서는 작업방법의 개선, 작업자 훈련, 작업환경의 균일화, 계측기의 정도 향상 등 시스템적 접근을 통하여 품질변동의 크기를 축소시켜 가는 활동이 전개된다. 그러나 공통요인만 있는 공정에 불필요하게 손을 대어 정상상태에 있던 공정을 이상상태에 빠지게 할 수도 있다. 그래서 변동에 대처하기 전에 변동의 원인을 확실히 아는 것이 중요하다.

특별요인

변동의 원인 중 특별요인(special factor, assignable factor)은 그 변동의 원인을 파악해 제거해야만 하는 요인이다. 예를 들어 훈련이 부족한 작업자나 수리가 필요한 기계, 불량자재의 사용, 재료의 변경 등과 같은 원인을 들 수 있다. 예를 들어, 과자 공장의 포장 공정은 일정량의 과자가 들어가야 하는데 이 공정에 특별요인이 있다는 것은, 분포의 전체 평균이 정해진 값에서 벗어나는 경우, 전체 평균은 같지만 포장된 봉지마다 변동이 심해서 분산이 크게 나타나는 경우, 또 포장된 봉지의 중량이 평균의 좌우에 고르게 분포되지 못하고 한 쪽에 치우친 경우 등을 들 수 있다.

공정능력의 분석

공정을 관리하고 개선하려면 공정의 관리상태와 능력을 알아야 한다. 공정의 관리상태와 능력을 파악하는 데 이용되는 것이 관리도와 공정능력 분석이다. 관리도의 관리한계는 표본분포의 평균과 분산에 기초하여 그 공정이 통계적으로 관리되고 있는지 보여준다. 그러나 관리도는 그 제품이 설계사양에 맞게 생산되고 있는지를 보이는 것은 아니다.

공정능력

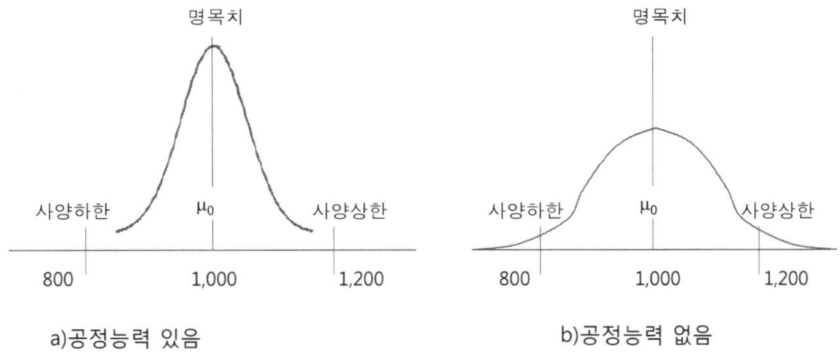

공정분포와 사양의 관계

공정능력 분석은 생산공정의 품질변동 정도를 측정하여 이들 변동폭을 줄이기 위해 규격과 비교, 분석하는 것이다. 예를 들어 전구의 수명에 대한 설계사양이 1,000시간을 목표(명목치)로 하고 허용오차는 200이라 한다면, 이 사양에 의하여 상한 값 1,200시간과 하한 값 800시간 이내에 들어오는 전구는 합격품이 된다.

그림을 보면 왜 제조기업들이 왜 공정의 변동을 줄이는 데 그렇게 큰 노력을 기울이는지 알 수 있다. 변동이 작으면, 즉 표준편차가 작으면 불량의 산출이 줄어드는 것이다. 그림에서 a)의 경우는 공정분포의 대부분이 사양의 상하한 값 사이에 위치하므로 불량이 날 확률이 극히 적다. 이런 공정을 공정능력이 있다고 한다. b)의 경우는 관리한계를 벗어나는 불량이 많이 나오고 있으므로 공정능력이 떨어지는 공정이다.

공정능력비율 C_p

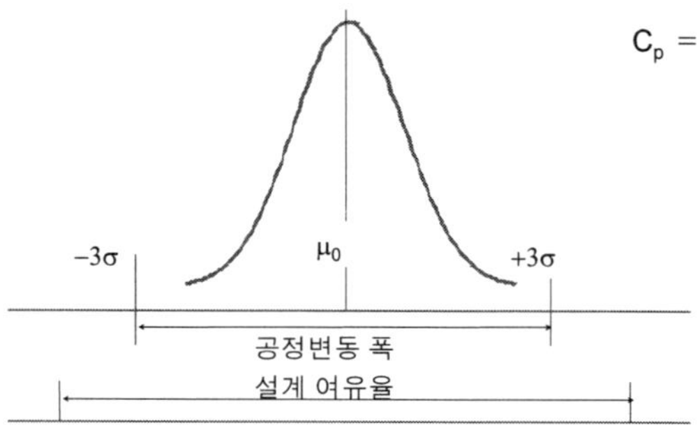

$$C_p = \frac{\text{특성치의 최대 허용 범위}}{\text{공정의 정규 변동}} = \frac{|USL - LSL|}{6\sigma}$$

공정능력비율

공정능력비율은 생산공정이 얼마나 균일한 품질의 제품을 생산할 수 있는지를 반영하는 공정의 고유 능력 척도로서 평균의 상하 3σ 구간인 6σ를 사용한다. 정규분포에서 상하 3σ 내에 분포할 확률은 99/73%이므로 대부분의 값은 이 범위 내에 분포한다. 이를 이용하여 허용범위의 상·하한 값의 차이(규격공차)가 공정의 변동인 6σ보다 크다면 그 공정은 안정된 공정으로서 공정능력이 있다고 할 수 있다. C_p 로 표기하는 공정능력비율은 이러한 관계를 이용하여 그림과 같이 정의한다.

Cp = 규격공차 / 공정변동 = (USL – LSL) / 6σ

USL: 규격 상한(upper standard limit)

LSL: 규격 하한(lower standard limit)

위 식에서 Cp 값이 1.0 이하이면 시방의 상하한에 의한 크기보다 6σ로 나타낸 공정의 변동이 더 큰 것이므로 공정능력이 떨어지는 것이다.

품질관리를 위한 데이터 정리

품질관리와 데이터

통계란 데이터의 과학이다. 데이터는 색상, 남녀의 구분 등 속성데이터(attributes)와 변수데이터(variables)로 구분된다. 변수데이터에는 계량치와 계수치가 있다.

계량치(continuous data, 연속형 데이터). 연속량으로서 측정되는 품질특성의 값, 길이, 질량, 시간 등 일반적으로 측정되는 대부분의 값은 계량치이다. 계측기의 정밀도에 따라 측정값의 정밀도가 연속적으로 늘어난다.

계수치(discrete data, 이산형 데이터). 불량품의 수, 결점의 수 등과 같이 개수를 세어 얻어지는 품질특성의 값 등, 특정한 정수값으로 표현되는 데이터를 말한다.

계량치는 연속량으로 측정되며 연속적인 값을 갖는다. 이에 반하여 계수치는 불량품 수나 결점 수와 같이 불연속적인 값을 갖는 측정치로서 대개 정수로 표시된다. 그래서 계수치의 분포는 이산분포(discrete distribution), 계량치의 분포를 연속분포(continuous distribution)를 따른다.

데이터의 정리

품질의 변동, 즉 산포를 가져오는 원인을 파악하여 이것을 관리하기 위해서는 그 변동의 상태를 우선 쉽게 식별이 되도록 정리할 필요가 있다. 제품이나 제조공정으로부터 얻어진 다수의 데이터를 정리하여 이를 통계적으로 해석하는 원리는 다음과 같다.

협력사로부터 10,000개의 제품이 납품되어 왔다. 이 전체를 모집단이라 한다. 그 중에서 100개를 샘플링 하여 데이터를 얻었다. 이 표본으로부터 평균, 표준편차 등 통계량을 구하면 이를 이용하여 모집단의 성격(모수)에 대한 추정을 할 수 있다.

이렇게 통계학적인 추정 이전에 데이터의 분포로부터 데이터의 분포상태를 눈으로 확인할 수 있도록 정리할 필요가 있다. 데이터를 정리하는 방법은 다음과 같이 두 가지가 있다.

① 눈으로 보기 쉽게 그래프/ 테이블로 정리
② 하나의 숫자로 요약: 평균, 표준편차/ 분산

데이터를 그래프로 정리하는 방법에는 도수분포표, 파레토도, 특성요인도 등이 많이 이용된다.

도수분포표(히스토그램)

어떤 조건아래 취해진 데이터가 여러 개 있을 때, 데이터가 어떤 값을 중심으로 어떤 분포를 하고 있는가 조사하는 데 사용하는 그림이다.

도수분포표(히스토그램)

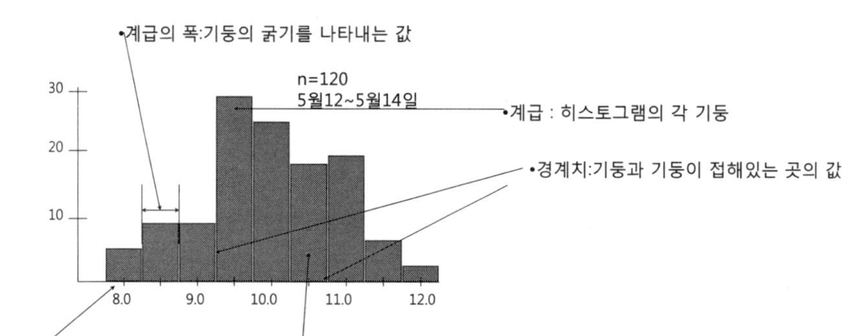

도수분포표 작성 예

그림은 선풍기 모터축의 내경을 측정한 값(n=120)을 이용하여 도수분포표를 만든 예를 보이고 있다.

측정치를 이용하여 히스토그램을 작성하는 순서는 그림에 나타나 있는 바와 같이 다음의 네 단계로 이루어진다.

계급의 폭을 결정

- 데이터의 총수n을 구한다. 본 예에서 n=120이다. 그리고 데이터의 각 구분마다 최대치(L)최소치(S)를 구한다.
- L과 S차를 구하여 10으로 나눈다. (11.1 − 8.5) / 10 = 0.16
- 계급의 폭(h)을 결정한다. 데이터를 보면 측정최소단위가 0.1이므로 0.1의 정수배(0.3, 0.4 등) 중 0.5를 h로 선택했다.

계급의 경계치 결정

- 계급의 경계치 단위를 결정한다. 측정단위가 0.1이므로 0.1의 1/2, 즉 0.05를 선택한다. 이어서 경계치를 결정한다. 경계치는 그 구간 데이터의 최소치가 그 계급의 거의 중앙에 오도록 한다.

조정도수표 작성

- 결정된 계급의 경계를 바탕으로 조정
- 도수표를 작성한다. 조정도수표는 그림과 같이 각 계급 구간 별 데이터를 다시 세어서 작성한다.

히스토그램 작성

- 가로축에 계급경계눈금, 세로축에 돗수f를 기록하고, 그림 여백에 자료조사를 한 날짜 등 이력과 총수n을 기입한다.

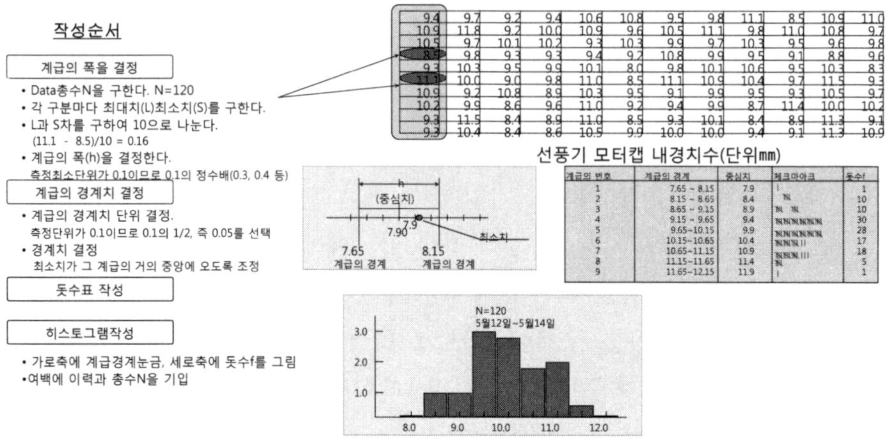

계급의 번호	계급의 경계	중심치	체크마아크	돗수f
1	7.65 ~ 8.15	7.9		1
2	8.15 ~ 8.65	8.4		10
3	8.65 ~ 9.15	8.9		10
4	9.15 ~ 9.65	9.4		30
5	9.65~10.15	9.9		28
6	10.15~10.65	10.4		17
7	10.65~11.15	10.9		18
8	11.15~11.65	11.4		5
9	11.65~12.15	11.9		1

도수분포표 작성 순서

도수분포표를 보면 품질에 관한 데이터의 분포 상태를 쉽게 알 수 있을 뿐 아니라, 공정능력을 파악할 수 있고 공정의 해석이나 관리를 위한 직관을 얻을 수 있다.

파레토도

품질에 문제가 생기면 제조현장에서 원인을 찾아서 대책을 세우고 조처를 취하는 일을 하지 않으면 안 된다. 이때 무엇부터 먼저 착수할 것인가의 선택 문제가 생긴다. 파레토도(Pareto graph)는 문제의 발생 빈도가 높거나 중요도가 큰 것을 쉽게 알도록 해 준다. 불량품의 원인이나 불량상황 별로 층별하여 데이터를 취함으로써 그 영향이 큰 순(빈도수가 높거나 금액이 큰 것)으로 표시한다. 파레토도를 작성하는 순서는 그림과 같다.

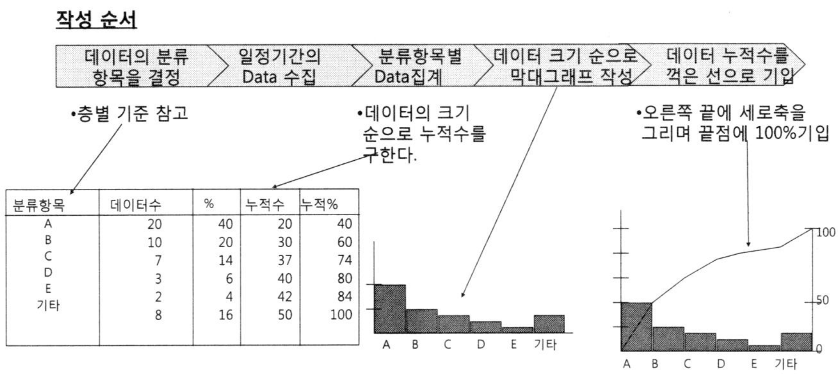

분류항목	데이터수	%	누적수	누적%
A	20	40	20	40
B	10	20	30	60
C	7	14	37	74
D	3	6	40	80
E	2	4	42	84
기타	8	16	50	100

파레토도 작성 순서

파레토도는 우리가 흔히 '2 : 8 의 법칙'이라고 부르는 현상을 알 수 있게 해 준다. 예컨대 공정분량의 가장 큰 부분은 전체 항목 수의 20% 이내에 해당하는 소수의 항목에 기인하는 것을 알 수 있다.

특성요인도

문제가 되는 특성(결과)과 이에 영향을 미치는 요인(원인)과의 관계를 추정하여 알기 쉽게 도표화 한 것을 특성요인도(cause and effect diagram, fishbone chart)라 한다. 특성요인도는 문제점에 대한 원인을 계통적으로 나타내어 원인에 대한 대책, 예방, 불량제거, 작업이나 공정의 관리, 개선 등에 이용될 수 있다.

플라스틱 성형의 불량에 대한 원인분석

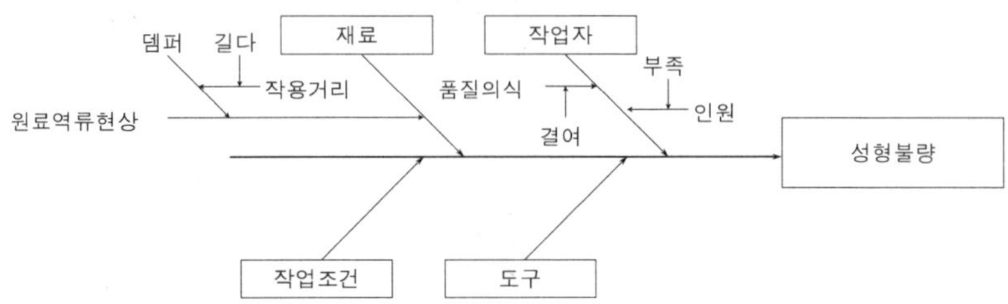

특성요인도(cause & effect diagram)

그림은 플라스틱 성형의 불량에 대한 원인을 4M(man, material, method, machine)을 토대로 분석해 나가는 과정을 보인 것이다. 중요한 원인에 대해서 세부요인이 가지를 치는 형식으로 계통적인 접근을 하는 것이 특성요인도의 특징이다.

공정능력의 분석

공정을 관리하고 개선하려면 공정의 관리상태와 능력을 알아야 한다. 공정의 관리상태와 능력을 파악하는 데 이용되는 것이 관리도와 공정능력(process capability)분석이다. 관리도의 관리한계는 표본분포의 평균과 분산에 기초하여 그 공정이 통계적으로 관리되고 있는지 보여준다. 그러나 관리도는 그 제품이 설계사양에 맞게 생산되고 있는지를 보이는 것은 아니다.

공정능력 분석은 생산공정의 품질변동 정도를 측정하여 이들 변동폭을 줄이기 위해 규격과 비교, 분석하는 것이다. 예를 들어 전구의 수명에 대한 설계사양이 1,000시간을 목표(명목치)로 하고 허용오차는 200이라 한다면, 이 사양에 의하여 상한값 1,200시간과 하한값 800시간 이내에 들어오는 전구는 합격품이 된다.

공정능력

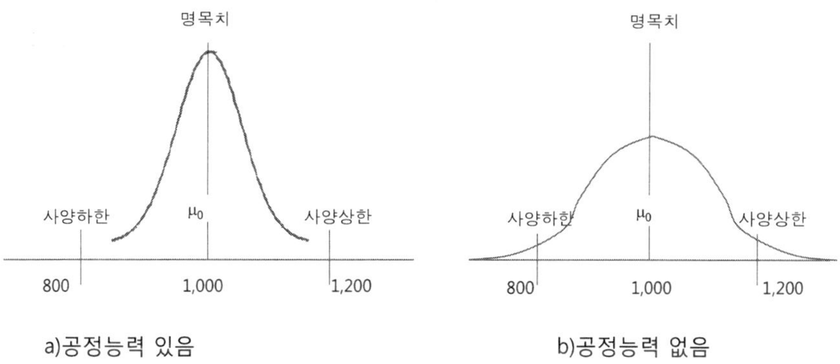

공정분포와 사양의 관계

그림을 보면 왜 제조기업들이 왜 공정의 변동을 줄이는 데 그렇게 큰 노력을 기울이는지 알 수 있다. 산포가 작으면, 즉 표준편차가 작으면 불량의 산출이 줄어드는 것이다. 그림에서 a)의 경우는 공정분포의 대부분이 사양의 상하한 값 사이에 위치하므로 불량이 날 확률이 극히 적다. 이런 공정을 공정능력이 있다고 한다. b)의 경우는 관리한계를 벗어나는 불량이 많이 나오고 있으므로 공정능력이 떨어지는 공정이다.

공정능력비율은 생산공정이 얼마나 균일한 품질의 제품을 생산할 수 있는지를 반영하는 공정의 고유 능력 척도로서 평균의 상하 3σ 구간인 6σ를 사용한다. 정규분포에서 상하 3σ 내에 분포할 확률은 99/73%이므로 대부분의 값은 이 범위 내에 분포한다. 이를 이용하여 허용범위의 상·하한 값의 차이(규격공차)가 공정의 변동인 6σ보다 크다면 그 공정은 안정된 공정으로서 공정능력이 있다고 할 수 있다. C_p 로 표기하는 공정능력비율은 이러한 관계를 이용하여 다음과 같이 정의한다.

공정능력비율 C_p

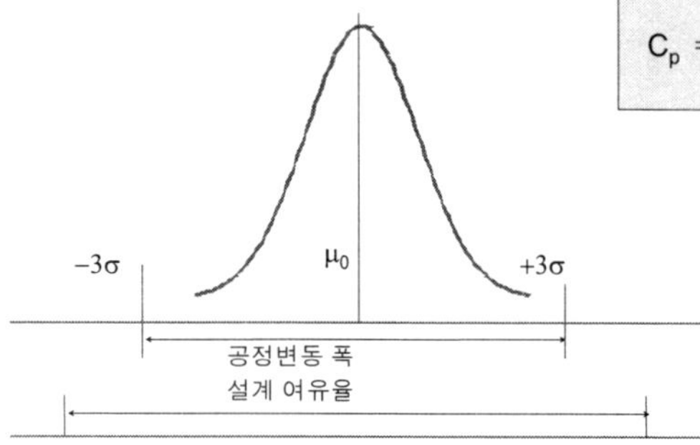

$$C_p = \frac{\text{특성치의 최대 허용 범위}}{\text{공정의 정규 변동}}$$

$$C_p = \frac{|USL - LSL|}{6\sigma}$$

공정능력비율

Cp = 규격공차 / 공정변동 = (USL − LSL) / 6σ

USL : 규격 상한(upper standard limit)

LSL : 규격 하한(lower standard limit)

위 식에서 Cp 값이 1.0 이하이면 규격의 상하한에 의한 크기보다 6σ로 나타낸 공정의 산포가 더 큰 것이므로 공정능력이 떨어지는 것이다.

공정능력지수

공정능력을 확보하였다는 것은 공정능력비율이 그 기업에서 정한 기준값(예를 들어 1.33)보다 커야 할 뿐 아니라 공정의 분포가 설계사양의 명목값을 중심으로 분포하고 있음을 의미한다. 만약 분포의 평균이 규격의 상한값이나 하한값에 가까이 치우쳐 있다면 불량을 낼 가능성이 그만큼 많은 것이므로 공정능력지수에서는 불량품을 생산할 잠재력을 측정하기 위해서 평균의 치우침을 고려한다.

C_{pk}로 표기하는 공정능력지수(process capability index)는 다음과 같이

정의한다.

$$C_{pk} = 최소값[(\bar{\bar{x}} - 하한값) / 3\sigma, (상한값 - \bar{\bar{x}}) / 3\sigma]$$

$\bar{\bar{x}}$: 공정 산출물의 분포의 평균치

위 식에서 두 값의 최소값을 택하는 이유는 공정능력지수를 보수적으로 잡기 위해서다. C_{pk}가 1.0보다 큰 기준값(예 1.33)보다 크고 공정능력비율 역시 기준값보다 크다면 공정능력을 확보했다고 할 수 있다. 그러나 C_{pk}값이 1.0보다 작다면 공정의 평균이 어느 쪽이든 허용한계에 가깝게 치우쳐 있는 분포이므로 불량을 생산할 가능성이 크다.

위에서 정의된 식을 보면 공정분포가 치우침이 없을 경우 외에는 언제나 C_{pk}값이 C_p값보다 작게 나타남을 알 수 있다.

공정능력의 분석은 우선 공정이 안정된 뒤에 이루어져야 한다. 공정이 안정되어 있지만 만약 공정능력이 낮다면 초점은 공통요인의 산포를 줄이는 쪽으로 이동한다.

모든 통계적 예측은 통계적으로 안정된 상태를 가정한다. 따라서 공정능력의 예측도 공정이 관리상태에 있기 전에는 해서는 안 된다. 그러나 실무에서는 특별요인을 해결하지 않은 채(즉, 안정되지 않은 공정에 대해서) 공정능력을 측정하기도 하는데, 이는 공정능력을 측정해서 특별요인을 신속히 잡아 내기 위해서다. 그러나 이 경우 공정능력의 문제가 설계와 생산 중 어디에 있는지 모호할 수 있다.

관리도

관리도란 관찰한 변동이 비정상적인지 판단하기 위하여 품질의 변동상황을 시간대별로 도표에 표시한 것이다. 관리도에는 공정이 달성하고자 하는 목표치가 되는 명목치를 중앙선으로 하고, 상·하에 관리한계를 준다. 관리한계는 조치가 필요한지를 평가하기 위한 것으로 이 중 큰 값을 관리상한(upper control limit : UCL)이라 하고 작은 값을 관리하한(lower control limit : LCL)이라 한다.

관리도를 이용하는 목적은 다음과 같다.

- 공정을 관리상태로 유지한다. 통계량이 관리한계 밖에 나타난다면 변동의 특별요인이 있는 것이므로 이 요인을 찾아 해결해야 한다. 공정에 특별요인이 발생하였을 경우 가능한 빨리 이를 탐지하여 수정조치를 취함으로써 불량제품의 발생을 사전에 억제할 수 있다.
- 특별요인이 제거된 후에 품질이 개선되는가를 확인하기 위해서 다시 관리도를 작성한다.
- 위 절차를 주기적으로 반복하여 지속적 개선을 꾀한다.

1) 변량관리도

변량관리도($\overline{x}$-R 관리도)는 공정분포의 평균과 변동을 감시하기 위한 것이다. 분포가 중심선과 일치하려는 경향의 여부와 변동의 크기를 표시하기 때문에 평균과 범위의 관리도($\overline{x}$-R관리도)라고도 한다. 이 관리도는 제품과 공정의 변동을 일으키는 요인을 찾고 추적하는 데 있어서 가장 강력하고, 많이 사용된다.

그림은 관리도를 그리는 순서를 정리한 것이다. 관리도를 그리기 위해서는 먼저 데이터를 수집하고 자료를 표본 번호별로 조직화해야 한다. 그림의 예에서는 3개의 군에 대해서 각각 10개씩의 표본을 추출하였다.

(1) R-관리도

R-관리도는 범위관리도라고도 하는데 공정의 변동을 관리하기 위한 것이다. R-관리도를 그리기 위해서 각 표본 별로 범위 R을 계산한다. 특정 표본의 범위는 표본 내 관찰값의 가장 큰 값에서 가장 작은 값을 뺀 것이다. 그림에 제시된 예에서 R 는 0.1로 계산되었다.

R-관리도의 관리한계는 다음과 같다.

$UCL_R = D_4R$, $LCL_R = D_3R$

단,

$\overline{R}$ = 표본 군 별 R값의 평균, 관리도의 중앙선

D_3, D_4 = 표본규모가 주어졌을 때 3σ 관리한계를 결정하는 상수

여기서 D3, D4는 표본규모에 따라 달라지는 상수로서 그림의 표에 제시되어 있다.

- $\bar{x}$ - R 관리도

1) Data 수집

2) 군 구분 : n=3, k=10

3) Data 계산

k	x_1	x_2	x_3	$\sum_{i=1}^{n} x_i$	$\bar{x}$	R	비고
1	131.0	130.9	130.9	392.8	130.93	0.1	
2	131.3	131.3	131.3	393.9	131.30	0.0	
3	131.2	131.2	131.2	393.6	131.20	0.0	
4	131.1	131.3	131.2	393.6	131.20	0.2	
5	131.3	131.3	131.3	393.9	131.30	0.0	
6	131.2	131.2	131.2	393.6	131.20	0.0	
7	131.3	131.2	131.2	393.7	131.23	0.1	
8	131.6	131.3	131.2	394.1	131.37	0.4	
9	131.2	131.3	131.2	393.7	131.23	0.1	
10	131.2	131.1	131.2	393.5	131.17	0.1	
Total				3936.4	1312.13	1.0	

4) 각 열의 총합 계산

5) $\bar{\bar{x}} = \bar{x}/k = 131.213$ $\quad \overline{R} = R/k = 0.1$

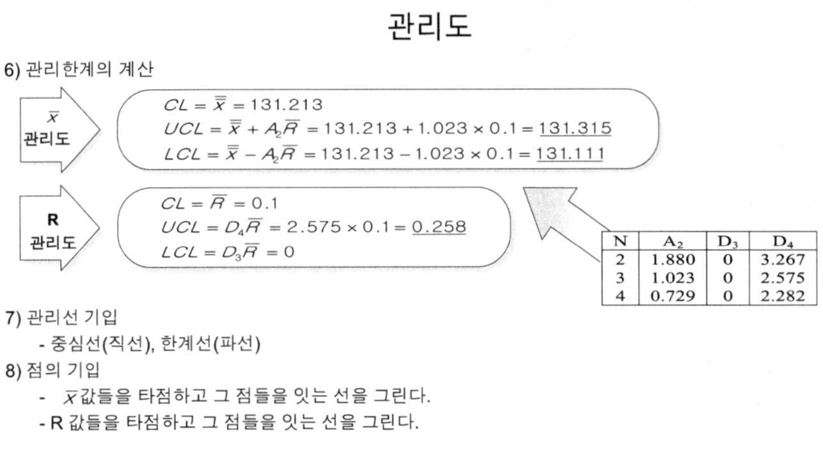

$x - \overline{R}$ 관리도 그리는 순서

(2) $\overline{x}$ 관리도

$\overline{x}$ 관리도는 평균을 관측하기 위한 것이다. 공정변동의 특별요인이 밝혀지고 공정변동이 통계적으로 관리되면 공정의 평균을 관리하기 위해 $\overline{x}$ - 관리도를 작성할 수 있다. $\overline{x}$ - 관리도의 관리한계는 다음과 같다.

$UCL\overline{x} = \overline{x} + A_2\overline{R}$, $LCLx = \overline{x} - A_2\overline{R}$

단,

x = 관리도의 중앙선, 표본평균 또는 목표치

A_2 = 공정평균 3σ를 계산하기 위한 상수, 그림의 표 참조

여기서 $\overline{x}$ - 관리도에는 관리한계를 계산하기 위해서 $\overline{R}$값이 필요함을 유의해야 한다. 그러므로 $\overline{x}$ - 관리도는 $\overline{R}$-관리도를 작성한 후에 작성된다.

이상 계산된 값들을 이용하여 관리도를 작성하는 순서는 그림의 1)부터 8)의 절차에 따른다.

관리도 결과의 해석

관리도 결과를 보고, 공정의 관리 상태를 해석하는 방법을 보기 위해서

그림을 보자. 그림에 표시된 각 번호 영역의 관리상태에 대한 해석의 예는 다음과 같다.

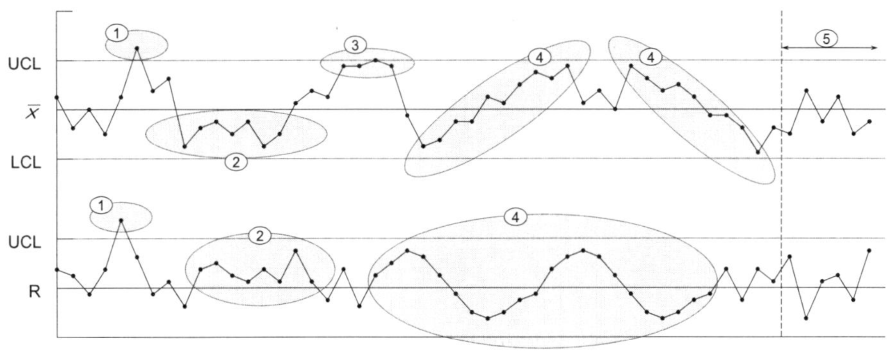

관리도의 해석방법

① 관리이탈 - 관리한계선 상이나 밖으로 점이 벗어 났을 때 : 그대로 보아 넘기기 어려운 특별요인이 있는 것이므로 밀착 모니터링을 해야 하며 그 원인을 조사하여 다시 발생하지 않도록 조치한다.

② 크기 7 이상의 런(run) - 중심선의 한쪽으로만 연속하여 7개 이상의 점이 있을 때 : 공정의 평균 또는 산포가 조금씩 변화하고 있는 것으로 원인을 찾아보면 기술상 유익한 정보가 얻어진다.

③ 한계 가까이의 점 - 점이 관리한계에 들어있고 2σ와 3σ 사이에 연속 3개의 점 중 2점이 있을 때 : 공정의 산포가 증가하고 무엇인가 이상이 있으므로 조치가 필요하다.

④ 경향과 주기성 빈도 - 점이 계속 위로 또는 아래로만 향하고 있을 때, 또는 주기적 변동이 보일 때 : 공정에 그와 같은 경향 또는 주기적 변동의 원인이 있을 것이므로 그것을 찾아내면 공정관리상 유익한 정보가 얻어진다.

⑤ 안정상태 (관리상태) - 연속 25점 이상에서 위와 같은 이상상태

가 없는 상태로서 관리된 공정 상태를 나타낸다.

2) p관리도(불량률 관리도)

p-관리도는 공정에서 사용되는 불량률을 관리하기 위한 것이다. 앞의 x-관리도에서는 품질속성을 측정한 데이터를 이용했었는데, p-관리도에서는 제품이나 서비스가 불량인지 아닌지를 판정한 데이터를 쓴다. 예를 들어 어떤 부품에 대한 수입검사 결과 그림과 같은 군 별 불량률을 구했다고 한다면 이것을 이용하여 p-관리도를 만들 수 있다.

속성의 표본추출은 합격-불합격이라는 값을 가지게 되므로 이항분포를 기초로 하고 있다. 그러나 표본의 수가 큰 경우에는 정규분포를 근사치로 이용할 수 있다.

p 관리도는 그림에 기술되어 있는 순서에 따라 다음과 같이 작성한다.

① 불량률로 나타나는 데이터를 수집하여 군으로 구분한다. 이때 데이터는 검사개수 n과 불량개수 Pn이 알려져 있어야 한다.
② 각 군의 불량률 p를 계산한다.
③ 평균 불량률 $\overline{p}$ 를 계산한다.
④ 관리도 용지에 평균불량률, 관리상한선, 관리하한선을 그린다.
⑤ 관리도에 불량률 p를 검사순으로 타점한다.

위 순서 상 요구되는 계산식은 그림에 제시되어 있다.

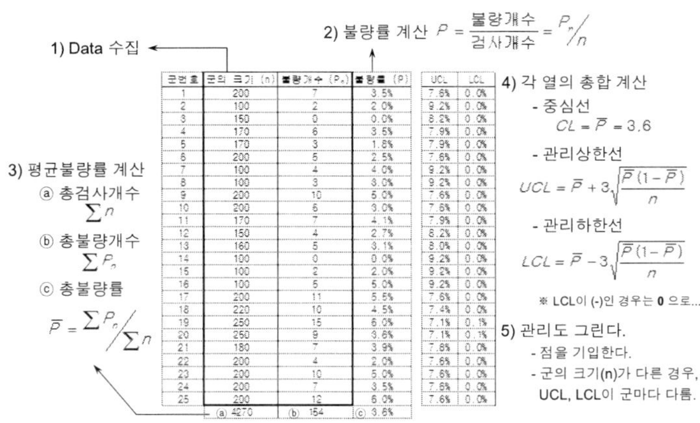

군번호	군의 크기 (n)	불량개수 (P_n)	불량률 (P)	UCL	LCL
1	200	7	3.5%	7.6%	0.0%
2	100	2	2.0%	9.2%	0.0%
3	150	0	0.0%	8.2%	0.0%
4	170	6	3.5%	7.9%	0.0%
5	170	3	1.8%	7.9%	0.0%
6	200	5	2.5%	7.6%	0.0%
7	100	4	4.0%	9.2%	0.0%
8	100	3	3.0%	9.2%	0.0%
9	200	10	5.0%	7.6%	0.0%
10	200	6	3.0%	7.6%	0.0%
11	170	7	4.1%	7.9%	0.0%
12	150	4	2.7%	8.2%	0.0%
13	160	5	3.1%	8.0%	0.0%
14	100	0	0.0%	9.2%	0.0%
15	100	2	2.0%	9.2%	0.0%
16	100	5	5.0%	9.2%	0.0%
17	200	11	5.5%	7.6%	0.0%
18	220	10	4.5%	7.4%	0.0%
19	250	15	6.0%	7.1%	0.1%
20	250	9	3.6%	7.1%	0.1%
21	180	7	3.9%	7.8%	0.0%
22	200	4	2.0%	7.6%	0.0%
23	200	10	5.0%	7.6%	0.0%
24	200	7	3.5%	7.6%	0.0%
25	200	12	6.0%	7.6%	0.0%
	ⓐ 4270	ⓑ 154	ⓒ 3.6%		

불량률 관리도(P-관리도) 작성 순서

p-관리도를 이용하면 불량률 발생이 정상적인지 혹은 이상 요인에 의해 발생한 것인지 판단할 수 있다. P-관리도를 이용하기 위해서는 먼저 규모 n의 무작위 표본을 추출하여 불량품의 수를 센다. 이를 표본규모로 나누면 표본 불량률 p를 얻는다. 이 값이 관리한계선 밖에 위치하면 표본이 추출된 공정의 불량률이 변경되었다고 가정할 수 있다. 이 경우 변동의 특별요인을 찾아 조처해야 한다.

도전 Quiz

※ 문제 1.

어느 생산 공정의 자재 흐름을 분석하기 위해 사용할 수 있는 품질관리 도구로서 가장 적합한 것은?

A) Statistical process control chart
B) Fishbone diagram

C) Process flow chart

D) Pareto diagram

답: C)

해설:

공정흐름도표(a process flow chart)는 자재/공정/정보의 흐름을 분석하는 데 사용된다. 이를 이용하여 그 공정의 모습을 조망할 수 있고, 흐름을 개선할 수 있는 조처를 찾을 수 있다.

※ 문제 2.

다음 중 품질을 개선하기 위해 조직이 취할 활동으로서 적절한 것은 무엇인가?

I. Identify the root cause of the quality problems

II. Use statistical sampling

III. Reduce process variability

A) I and II

B) I and III

C) II and III

D) I, II, and III

답: B)

해설: 원류적으로 불량을 없애는 관리를 하는 것이 TQM이고, 이번 차시에서는 TQM의 자료정리 방법에 대해 공부하였다. 샘플링에 의한 품질검사는 원류적인 품질향상과는 거리가 있다.

※ 문제 3.

다음 중 공정능력지수(process capability index)에 대한 설명으로서 적합하지 않은 것은?

A. 공정능력의 분석은 우선 공정이 안정된 뒤에 이루어져야 한다. 공정이 안정되어 있지만 만약 공정능력이 낮다면 초점은 공통요인의 산포를 줄이는 쪽으로 이동한다.
B. Cp 값이 1.0 이하이면 공정능력이 떨어지는 것이다.
C. 허용범위의 상□하한 값의 차이(규격공차)가 공정의 변동인 6□보다 크다면 그 공정은 안정된 공정으로서 공정능력이 있다고 할 수 있다.
D. 분포도를 그려보면 공정능력이 큰 공정은 상하 3 시그마(전체 6 시그마) 범위보다 넓게 분포한다.

답: D

해설: 공정능력이 크다는 것은 규격 상하한에 비해 좁은 범위인 중심에 몰려 분포하는 공정을 말한다.

핵심정리

품질관리를 위한 데이터 정리

- 도수분포표를 보면 품질에 관한 데이터의 분포 상태를 쉽게 알 수 있다.
- 파레토도(Pareto graph)는 문제의 발생 빈도가 높거나 중요도가 큰 것을 쉽게 알도록 해 준다.
- 문제가 되는 특성(결과)과 이에 영향을 미치는 요인(원인)과의 관계를 추정하여 알기 쉽게 도표화 한 것을 특성요인도(cause and effect diagram)라 한다.
- 공정능력의 분석
- Cp 값이 1.0 이하이면 규격의 상하한에 의한 크기보다 6□로 나타낸 공정의 산포가 더 큰 것이므로 공정능력이 떨어지는 것이다.
- 관리도란 관찰한 변동이 비정상적인지 판단하기 위하여 품질의 변동상황을 시간대별로 도표에 표시한 것이다.

제15장

품질개념의 확장

품질개념의다양성

전사적 품질관리와 품질경영

품질원가 개념

일본적 품질경영 용어

제 15 장 품질개념의 확장

용어 사전

품질기능전개(QFD:quality function deployment)
특정 제품을 생산하기에 앞서 소비자가 요구하는 품질, 자사의 생산 역량, 경쟁사의 제품품질을 종합적으로 확인하고 이를 전개하여 설계품질을 정해 나가는 품질설계의 방법

다구찌 품질공학
'강한 설계(robust design)'를 실현하기 위해서 다구찌(田口)는 품질손실함수(quality loss function)라는 개념을 제시하고, 실험계획법을 사용하여 품질의 신뢰성을 강화하는 방법을 체계화 하였다.

전사적 품질관리(TQC : total quality control)
전사적 품질관리(TQC : total quality control)의 개념은 1956년 파이겐바움(A. V. Feigenbaum)에 의해서 최초로 소개되었다. 그는 검사 방식의 품질관리로는 품질에 대한 근본적인 관리에 한계가 있다고 보고, 조직 전체가 참여하여 원천적으로 공정에서 품질이 관리되는 차원으로 품질관리가 변화되어야 한다고 주장했다.

전사적 품질경영(TQM: total quality management)
전사적 품질경영(TQM: total quality management)은 최고경영자의 리더십 아래 품질을 최우선 과제로 하고, 고객만족을 통하여 기업의 장기적인 성공을 도모한다. 이 단계에서는 전사적인 품질시스템을 구축하는 것이 목적이다.

품질원가(quality cost)

품질원가는 크게 실패비용(cost of failure: F-cost)과 통제비용(cost of controlling)으로 나누어진다. 실패비용은 사양에 맞지 않는 제품을 생산함으로써 생기는 비용이다. 통제비용은 예방비용(prevention costs)과 평가비용(appraisal costs)으로 구성된다.

학습목표

- ✧ 품질개념의 확장단계에 대해 설명할 수 있다.
- ✧ 품질기능전개의 순서를 이해하고 적용할 수 있다.
- ✧ 다구찌 품질공항의 '강한 품질'을 위한 품질설계 개념을 설명할 수 있다.
- ✧ TQM의 발달 경로를 이해하고 설명할 수 있다.
- ✧ 실패비용과 통제비용의 상관관계에 대해 이해할 수 있다.
- ✧ 일본의 품질경영에서 자주 사용되는 용어들에 대해 그 의미를 설명할 수 있다.

품질개념의 다양성

품질의 정의

우리가 '품질'이라고 단순히 말하는 용어는 매우 다양한 뜻을 내포하고 있다. 따라서 이들 품질이라는 용어가 쓰이는 맥락에 따라서 그 의미를 정확하게 정의할 수 있어야 한다.

적합품질과 사용품질

품질을 생산자의 관점에서 보면 설계사양이나 표준에 맞추어 합격·불합격을 판정하는 것, 즉 사양 일치성(conformance to requirements)으로 정의할 수 있는데, 이를 적합품질이라 한다. 그런데 사양과의 일치만으로 고객의 요구나 기대를 충분히 만족시켰는지는 알 수 없다. 쥬란(J. M. Juran)은 소비자 관점에서 품질을 정의하였는데, "품질은 사용 적합성(fitness for use)"이라 하였다. 이를 사용품질이라 한다.

적합품질은 생산부서의 품질, 사용품질은 설계부서를 포함한 품질이라 할 수 있을 것이다.

한편 신뢰성(reliability)은 일정 기간 동안 지정된 기능을 실패 없이 수행할 수 있는 확률을 말한다.

품질의 사이클

한편, 품질이 만들어지는 라이프사이클에 따라 정의해 볼 수 있다. 이는 제품을 설계하여 소비자에 판매될 때까지의 사이클에 따른 것이다. 최초 고객의 요구를 파악하여 정의한 품질을 목표품질이라 하고, 목표품질의 내용을 제품설계에 반영한 단계의 품질을 설계품질, 그리고 설계에 따라 제조를 했는지 여부를 가리는 품질을 제조품질, 마지막으로 고객에 판매되어 사용 시에 용도에 잘 부합했는지의 품질을 사용품질이라 한다.

품질의 성취도에 따른 품질개념

품질은 그 성취도에 따라 몇 가지 개념으로 구성된다. 첫 단계는 품질검사로서 단지 결함을 발견하거나 불합격품을 발견하려는 목적으로 제품을 검사(inspection)하는 수준의 활동이다.

둘째 단계는 프로세스 측정과 개선의 단계로서 주로 통계적 공정관리(SPC)의 방법을 이용하여 문제의 근본원인을 발견하고 수정하기 위한 품질활동으로 이루어진다.

셋째 단계는 품질을 위한 설계(design for quality)로서 이 단계에는 제품 설계에서부터 고객의 요구를 최대한 반영하고, 고품질의 제품을 생산하기 위해 협력설계나 참여설계 방식이 이용되고, 특히 고객의 요구와 필요를 이해하기 위해서 QFD 방법이 사용된다.

이런 단계를 거쳐 마지막에는 전사적 품질경영(TQM)의 단계로 이행하는데, 여기서는 모든 종업원이 품질과 고객을 염두에 두고 생각하고 행동하며, 일을 하는 방식이 품질시스템으로 체계화되어 있다.

설계품질과 품질기능전개(QFD)

특정 제품을 생산하기에 앞서 소비자가 요구하는 품질, 자사의 생산 역량, 경쟁사의 제품품질을 종합적으로 고려하여 설계품질을 정한다. 이 때 이용되는 유용한 방법이 품질기능전개(QFD:quality function deployment)다.

QFD는 고객의 주요 요구사항(requirements)이 확인되고, 이것이 달성 혹은 초과달성 되는 것을 확실히 하는 방법으로 개발되었다. 즉 고객의 요구사항을 조사, 분석하여 제품의 설계특성(품질특성)을 설정하고 이것을 다시 각 기능부품의 품질 및 공정요소에 대한 계획에 이르기까지 전개해 나가는 과정에서 고객의 요구가 반영될 수 있도록 이들의 관련성을 중심으로 전개해나가는 과정이다. QFD 전개를 위해서는 '품질의 집(house of quality)'이라는 틀을 사용하는데, 그림은 품질의 집을 써서 품질기능전개의 흐름을 보이고 있다. 즉 품질의 집은 고객이 정의한 특성을 바탕으로 이를 지원하고 창출하기 위해 필요한 제품의 기술적 특성으로 연관시키는 구조화된 절차(structured process)를 말한다. 고객은 제품에 대해서 늘 자신들의 언어로 그 요구사항을 말하는데, 이 고객의 요구를 설계자의 언어인 품질특성으로 바꾸고 각 특성치의 중요도를 평가하는 등의 절차를 거쳐 설계품질을 설정하는 식으로 QFD는 고객의 세계와 기술의 세계를 서로 연결한다. 품질의 집을 이용한 품질기능전개의 순서는 다음과 같다.

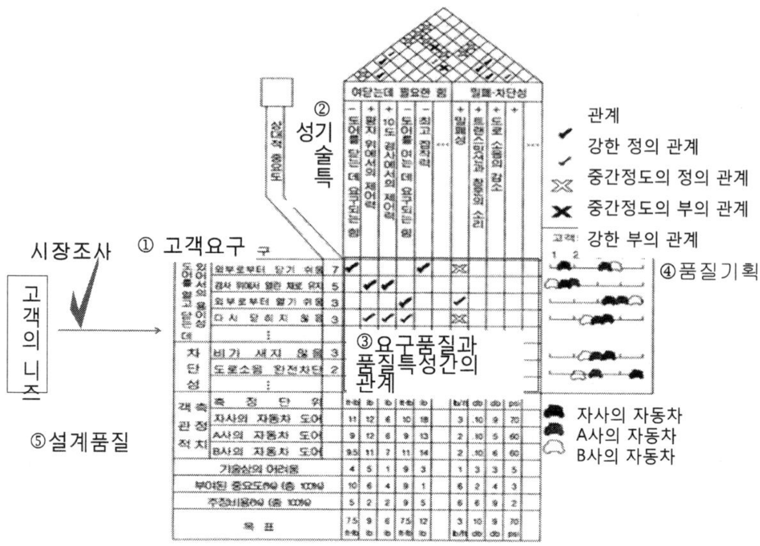

1. 고객요구사항(customer requirements, 요구품질) 정리
2. 기술적 설계 요구조건(design requirements, 품질특성)의 정리
3. 고객요구와 설계요구를 대조하여 관련도(relationship rating)를 부여함
4. 고객 요구사항의 중요도 평가 및 경쟁자 분석(품질기획)
5. 품질특성의 중요도 평가 및 설계품질 설정

다구찌 품질공학(Taguchi method)

전통적으로 생산공장에서는 설계자가 정한 규격에 맞느냐 안 맞느냐에 따라 합격, 불합격을 가렸다. 그러나 합격이라 하여도 이 제품의 품질이 얼마나 높은 수준의 신뢰성을 가지고 있는지는 알 수가 없었다. 다구찌 품질공학은 사용자가 제품을 어떠한 조건에서 사용하든 제품이 제대로 성능을 발휘할 수 있도록 신뢰성이 높은 제품을 설계하는 기법이다.

사용자가 제품을 사용하는 환경은 천차만별이다. 예컨대 자동차를 설계했을 때는 보통 기후의 포장도로에서 이용하는 것으로 생각했는데, 고객 중에는 비포장 사냥터에 그 차를 타고 달리는 사람도 있다. 이런 악조건에도 불구하고 다른 제품에 비해서 고장이 거의 나지 않는 제품이 있다면 이를 '강한 설계(robust design)'가 된 제품이라고 한다.

다구찌(田口)는 품질손실함수(quality loss function)라는 개념을 제시하여 품질의 신뢰성을 정량화 하였다. 품질손실함수(quality loss function : QLF)는 품질이 목표치를 벗어날 때의 경제적 손실을 나타내는 함수로서 다음 식과 같이 표현된다.

$$\text{손실함수} = \text{손실계수} \times (\text{품질특성치}-\text{목표치})^2$$
$$\text{또는, } L(x) = k(x-m)^2$$

손실을 최소로 하기 위해서는 x의 분산을 줄여야 하며(1단계), 또한 x의 평균치를 가능한 한 목표치, m에 접근 시켜야 한다(2단계).

다구찌 품질공학 접근의 주요 절차는 다음과 같다.

1. 품질특성치의 산포를 줄인다.

제품의 성능변동이 잡음에 둔감하도록 설계변수의 최적조건을 도출한다. 잡음에 최소의 영향을 받는 생산 및 공정조건의 설계로 품질의 안정성을 높이기 위해서 산포의 특성치로 손실함수 또는 신호대 잡음비(SN비)를 사용한다.

2. 평균치가 설계 목표치에 접근하도록 한다.

평균치에 유의하게 영향을 주는 설계변수들을 선택하여 평균치가 목표치에 근접하도록 하는 설계변수의 조건을 계산하고 최적값을 설정한다.

3. 비용을 최소화하고 재현성을 검토한다.

최적수준과 큰 영향이 없는 인자에 대해서는 실현하는 비용이 적게 드는 것을 선택하여 전체 비용을 최소화 한다. 또한 위 단계에서 구한 최적치가 재현성이 있는지 확인하는 실험을 한다.

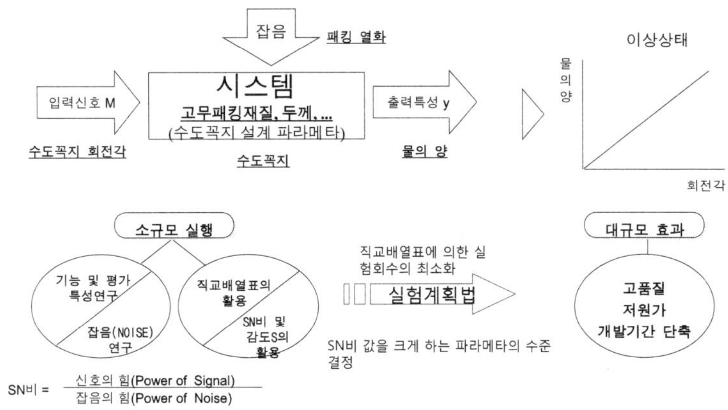

다구찌 품질공학에 의한 품질설계의 개념

다구찌 품질공학에서 품질의 평가는 손실함수를 근간으로 하여 전개되며, 품질의 개선은 SN비를 최대로 하는 파라메타 설계와 허용차 설계를 함으로써 전개된다. 다구찌 접근방법은 품질변동의 영향요인을 제어가 가능한 설계변수와 제어가 불가능한 잡음(noise)으로 나누어 이를 SN비라는 특성치로 모델화하여 이들의 최적조건을 품질손실함수 개념에서 발견해 낸 것이다. SN비를 이용하여 출력특성을 최대화하는 파라메터 값을 구하기 위해서 직교배열법을 이용한 실험계획법이 이용된다.

다구찌 접근법은 기술개발, 제품 및 공정에 대하여 사용자(고객)의 어떠한 환경에서도 제품의 사용품질이 만족되도록 제품을 안정화 시킬 수 있도록 각종 설계 파라메터(Parameter)의 조건을 최적화하고, 가장 경제적이 되도록 허용치를 주는 설계를 가능케 한다.

전사적 품질관리와 품질경영

전사적 품질관리

전사적 품질관리(TQC : total quality control)의 개념은 데밍 등 품질 선구자들의 개념을 이어 받아 1956년 파이겐바움(A. V. Feigenbaum)에 의해서 최초로 소개되었다. 그는 검사 방식의 품질관리로는 품질에 대한 근본적인 관리에 한계가 있다고 보고, 조직 전체가 참여하는 차원으로 품질관리가 변화되어야 한다고 주장했다. 파이겐바움은 전사적 품질관리(TQC)를 "고객에게 최대의 만족을 주는 가장 경제적 품질수준으로 생산하고 서비스할 수 있도록, 품질의 생성, 유지 및 개선의 업무를 기업 내 모든 조직부서의 유기적 노력으로 총괄하는 하나의 효과적 시스템"이라고 정의하고 있다. 그 동안 제조현장의 종업원이나 품질관리 담당관의 일로만 생각되었던 품질관리의 책임을 회사의 전체 구성원으로 확대하여 '참여에 의한 경영' 체제를 이룩하자는 것이다.

경영진의 리더십에 따라 전사적 품질관리의 꽃을 피운 나라는 일본이다. 일본의 품질관리는 두 가지의 특징을 가지고 있는데, 그 하나는 품질관리가 전사적 차원에서 전개된다는 것이고, 또 하나는 현장중심 품질관리 활동의 전개를 들 수 있다. 일본의 기업들은 일찍부터 경영진의 전폭적인 지지 하에 전사적 활동으로 품질관리를 전개해 오고 있다. 이렇게 된 데는 일본 기업의 경영자들이 일찍부터 품질의 중요성을 깨닫고 솔선수범하여 품질운동에 앞장 서 리더십을 발휘한 점이 중요한 요인이 되고 있다. 또 한가지 요인은 미국이 전문가에 의한 QC, 즉 관리중심의 품질관리로 간 데 비하여, 일본은 작업 일선에 있는 사람에 의해서 품질관리가 전개되는 전통이 쌓였다는 점이다. 이는 자신의 전문분야에서 끊임 없는 개선을 추구하는 일본의 문화적 전통과 관계 있는 것으로 보인다.

전사적 품질관리는 생산현장에서의 원천적인 품질보증을 강조한다. 품질은 불량품이 발생한 뒤에 고쳐지는 것이 아니라 생산의 원천인 공정에서 발생한다는 원칙에 따라, "제품을 애초에 잘 만들 것"을 강조하는 것이다.

TQC개념을 전사적인 경영차원으로 확대한 것이 TQM이므로 내용적인 면에서는 동일한 것으로 보아도 될 것이다.

전사적 품질경영

이상의 전사적 품질관리(TQC) 사고는 더 나아가 전사적 품질경영(TQM)으로 발전하였다. 전사적 품질경영(TQM: total quality management)은 최고경영자의 리더십 아래 품질을 최우선 과제로 하고, 고객만족을 통하여 기업의 장기적인 성공을 도모한다. 이 단계에서는 전사적인 품질시스템을 구축하는 것이 목적이다. 즉, 회계는 내부 고객에게 오류가 없는 정보를 제공해야 하며, 인사는 종업원으로 하여금 품질의 중요성을 알도록 동기부여하고, 교육훈련을 제공해야 한다. 마케팅은 고객이 요구하는 품질 수준을 모니터링하고, 자사 제품의 품질을 판촉에 이용한다. 이 단계에서의 품질은 이제 생산현장의 문제가 아니라 기업 전체의 시스템 차원으로 확대 된다.

전사적 품질경영은 1980년대 초반, 미국이 일본 기업에게 제조업의 많은 분야에서 경쟁우위를 빼앗겨 시장점유율을 상실하는 현실에서 태동하였다. 미국산 자동차의 점유율은 1980년 71%에서 91년 62%로 감소하고, 기계, 전자, 철강 등 많은 산업이 황폐화 되는 등 미국 사람들의 위기 의식을 일깨웠다.

미국의 품질혁명을 더욱 부추긴 것은 1980년 NBC방송의 프로그램이다. “일본이 한다면 왜 우리가 못하겠는가?”라는 제목의 이 프로그램은 일본이 데밍(W. E. Deming) 박사의 지도 하에 어떻게 품질관리를 발전시켜 왔는가를 미국 전역에 알리는 계기가 되었다. 미국 기업가들은 그 때 비로소 데밍의 업적을 이해하고, 앞 다투어 데밍 박사를 자사의 품질경영 혁신에 자문을 해 주도록 요청하였다.

이런 분위기에 발 맞추어 미 의회는 1987년 말콤 볼드리지 품질상(Malcolm Baldrige National Quality Award)을 제정하였다. 당시 레이건 행정부와 의회는「미국병」에 빠진 기업들에게 자극을 주려고 이 상을 만들었다. 말콤 볼드리지는 이 상을 제안했던 당시 상무장관의 이름이다.

그는 미국기업의 경쟁력 하락에 위기의식을 느끼고 분발할 수 있도록 품질경영상을 제정해 시상하기 시작했다. 상의 권위를 높이기 위해 백악관에서 대통령이 상을 직접 주고 있다. 미국기업들은 영예로운 이 상을 받기 위해 노력했다. 수많은 기업들이 볼드리지 평가항목에 근거해 자사의 품질경영수준을 점검하고 문제점을 보완했다. 이런 과정을 거쳐 품질의 '관리(control)'는 품질의 '경영(management)'이라는 보다 넓은 차원으로 발전하게 되었다.

전사적 품질경영의 단계에서는 문제해결도구(problem-solving tools), 품질원가(costs of quality), 품질기능전개(quality function deployment), 엠파워먼트(employee empowerment), 지속적 개선(continuous improvement), 식스 시그마(six sigma), 통계적 공정관리에 대한 이해, 벤치마킹(benchmarking) 등 다양한 방법들이 사용된다.

TQM의 결과로서 가장 특징적인 것은 원류적인 품질을 실현하는 것이다. 즉 나중에 검사(inspection)을 통해서 불량을 걸러내는 필요를 원천적으로 제거하기 위해 '원천에서의 품질(quality at the source)'을 실현하는 것이 TQM의 일차적인 모습이다. 원천적 품질관리는 품질 문제의 근본원인을 제거하는 것이므로 그 결과 공정 내 혹은 생산 후에 이루어지는 검사(inspection) 활동을 제거할 수 있게 된다.

따라서 TQM개념 하에서는 내부 고객(Internal customer)도 외부 고객과 마찬가지로 요구를 만족시켜야 할 똑 같은 고객이며, 종업원의 주인정신(ownership)이 필요하다.

지속적 개선과 PDCA사이클

지속적 개선

지속적 개선이란 투입물을 산출물로 변환시키는 생산 과정 전반에 관련된 모든 요소를 향상시켜 궁극적으로 무결점(zero defect)을 실현하려는 활동으로 정의된다. 따라서 지속적 개선의 대상은 장비와 작업방법, 재료 그리고 사람이 모두 포함된다. 일본사람들은 지속적 개선활동을 카이젠

(kaizen: 改善)이란 일본말로 표현하는데, 일본 기업이 세계시장에서 성공을 거두자 다른 나라의 기업들도 일본의 카이젠 접근방법에 대한 재검토를 하게 되었고, 이것이 지속적 개선 접근방법에 대한 관심을 불러일으킨 동기가 되었다.

성공적인 지속적 개선활동 시스템을 위해서는 조직 전 계층, 특히 경영진의 지원과 관심이 반드시 필요하다. 이는 지속적 개선활동은 개선을 향한 장기적 노력을 유지하기 위해서 조직문화의 변화가 요구되며, 조직변화의 주요변화를 파악하고 권장하는 것은 경영자의 책임이기 때문이다. 지속적 개선을 위해 경영자에게 필요한 리더십 행동은 다음과 같다.

- 목표수립, 전략, 하위조직의 지원을 수반하는 전술 등을 개발
- 개방, 신뢰, 협력을 촉진시키는 경영스타일 개발
- 불변의 목표를 유지하는 것, 특히 어려운 시기에 정해진 방침을 고수하는 결정을 내리는 것
- 협력을 이끌어내는 보상체계의 개발
- 장·단기의 균형된 관점을 지닐 것
- 지속적인 교육훈련 프로그램 실시
- 팀 단위의 노력과 같이 개인의 노력도 지원해주는 형태의 공로 인정

PDCA 사이클

품질관리 기능은 일회성 활동이 아니라 지속적으로 전개되어야 한다. 지속적 개선을 위한 유용한 개념적 틀로서 데밍은 PDCA 사이클을 제시하였는데, 이 사이클을 끊임 없이 돌림으로써 품질의 지속적인 개선이 이루어진다. 지속적 개선이 일어나기 위해서는 종업원의 참여가 핵심 요건이다. 그 바탕 위에 지속적 개선활동을 일상화 하는 방법이 PDCA사이클인데, 이는 그림과 같이 네 단계의 순서로 진행된다.

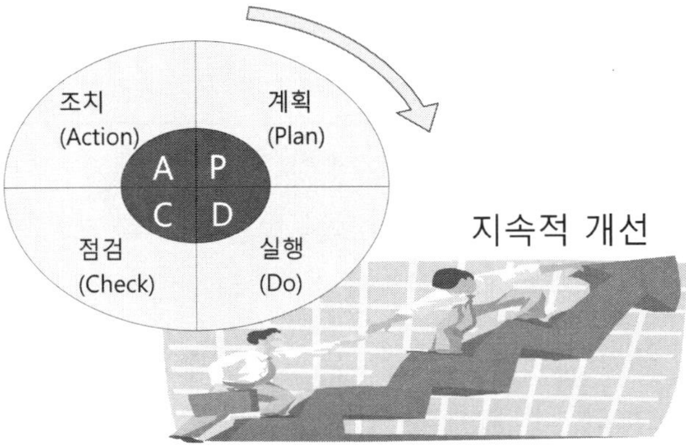

PDCA 사이클

계획(Plan). 개선이 필요한 프로세스를 선정한다. 이를 위해서는 공정을 표준화시키고 문제 인식을 위한 자료를 수집한다. 다음으로는 자료를 분석하고 개선을 위한 계획을 개발한다. 선정된 프로세스에 대해서 계획을 평가하기 위한 척도(measures)를 상세히 정하고, 정성적, 정량적 개선 목표를 설정한다.

실행(Do). 계획을 이행하는 단계로서 가능하면 규모를 적게 하여 실시하는 것이 좋다. 이 단계에서 어떤 변화가 있었는지 문서화하고, 평가를 위해 자료를 체계적으로 수집하며 진척도를 관리한다. 프로세스를 개선하기 위해서는 계속적인 자료수집이 필요하며, 프로세스에 변화를 줄 때마다 이를 기록하고 수정조치를 취하게 된다.

점검(Check). 실행단계에서 수집한 자료를 평가하여 계획단계에 설정한 목표에 얼마나 가까워졌는가를 확인한다. 계획과의 격차가 크다면 계획을 다시 검토하는 일도 필요하다.

조치(Action). 결과가 성공적이라면 새로운 프로세스를 정착시키기 위해서 표준화를 한다. 표준화란 예컨대 개선된 프로세스에 맞게 일할 수 있도록 문서화하고, 필요한 교육을 시키는 일을 포함한다. 필요한 교육이란 외부에 파견해서 실시하는 교육보다는 회사의 실정에 맞게 설계된 자체 교육이 바람직하며, 통계적 공정관리(SPC) 기법 등의 교육을 통해 전 사원이 품질문제에 대응하는 조치 능력을 갖게 해야 한다. 만일 결과가 성공적이지 않다면 계획을 수정하고 공정을 되풀이하거나 계획을 중단한다.

데밍의 PDCA사이클은 실상 경영의 기본 기능인 의사결정 과정을 품질개선의 문제에 적용한 것으로 볼 수 있다.

식스시그마 추진단계

식스시그마 품질경영 프로그램은 장기간의 프로세스 개선을 통해 조직의 품질문제를 해결하기 위해 잘 설계된 절차다. 물론 프로젝트의 세부적인 내용에 들어가면 각 기업의 제품 특성이나 생산시스템 특성에 따라 각기 달라지기 때문에 획일적으로 제시할 수는 없다. 그러나 큰 줄거리로는 그림과 같이 DMAIC이라 불리는 프로세스를 따라 수행하게 되는데, DMAIC은 정의(Define), 측정(Measure), 분석(Analyze), 개선(Improve), 그리고 통제(Control)의 다섯 단계의 영문 머리글자를 표기한 것이다. 기업의 주요 품질문제에 대해서 이렇게 단계에 따라 개선 사이클을 반복함으로써, 결함을 줄이고 총체적인 고객만족을 향상시켜 기업을 최고 수준의 위치에 이르게 한다. 식스시그마 혁신 프로젝트를 수행하는 단계는 다음과 같다.

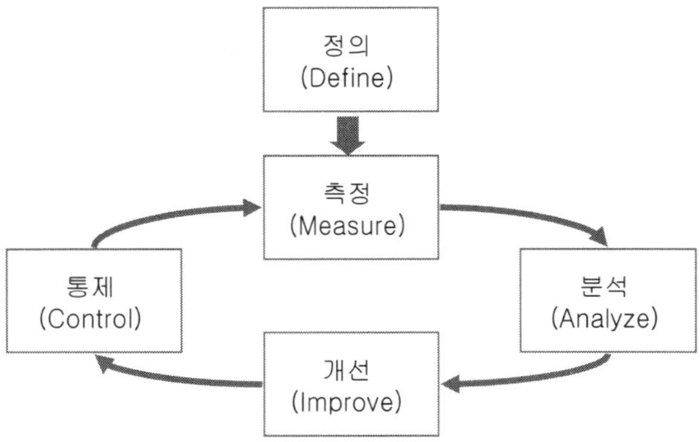

그림 4-8 식스시그마 프로젝트의 추진 사이클

각 단계 별로 수행되는 일은 대략 다음과 같다.

① 정의(Define)

DMAIC의 첫 번째 단계인 정의 단계에서는 식스시그마 프로젝트를 선정하고, 프로젝트의 목표와 범위를 구체적으로 정의한다. 즉 주요 고객을 정의하고, 고객의 관점에서 그들의 요구사항을 정량적으로 표현할 수 있는 핵심적 품질특성인 CTQ(Critical-to-Quality)를 도출한다. 좋은 프로젝트가 되기 위해서는 고객이 혜택을 피부로 느낄 수 있는 의미 있는 것이면서 개선 팀이 실질적으로 다룰 수 있는 규모의 것이라야 한다.

② 측정(Measurement)

CTQ는 고객의 관점에서 겉으로 드러난 증상이며, 그 증상을 일으키는 인자는 여러 가지가 있을 수 있다. 대개 CTQ에 큰 영향을 주는 인자는 8 : 2의 법칙이 적용되므로 문제의 해결은 결국 이들 인자 중에서 중요한 소수를 찾아 내어 이것에 집중하게 된다. 어떤 인자가 중요한지는 분석의 단계에서 알아내게 된다. 그러나 측정 단계에서는 CTQ에 영향을 미치는 중요한 프로세스를 알고 발생한 결함을 측정하는 단계까지 진행된다.

측정단계에서는 먼저 개선활동에 착수할 시점의 품질수준을 파악해야 한다. 측정단계의 수행과정 중 주요 내용으로는 개선대상 프로세스의 CTQ를 나타내는 척도인 Y를 선정하고 이에 영향을 주는 원인 인자인 변수 X를 찾는 것이다. 여기서 Y는 프로세스의 산출(output) 혹은 성과에 대한 척도를 나타내며 고객의 요구사항과 연결된다. X는 프로세스 성과에 영향을 미치는 투입(input)의 척도를 나타내며 $Y=f(x_1, x_2, \cdots, x_n)$ 와 같은 방정식의 형태로 표현된다.

측정 단계에서 CTQ를 결정하기 위해서 먼저 고객의 주된 요구 사항이 무엇인지 파악해야 한다. 즉 무엇이 문제인지 확인 해야 하며, 그 때 판단의 기준은 무엇이고 어떤 척도를 사용해서 측정할 것인지 등이 명확해야 한다. 이런 분석을 위해서 사용되는 도구가 프로세스 매핑(process mapping)이다. 프로세스 매핑은 문제를 일으키는 프로세스를 세분화된 업무 단위로 분해해서 프로세스를 이해하고, 그 속에서 문제 및 측정방법을 확인하는 데 사용되는 유용한 도구이다.

구체적으로 데이터를 수집하기 전에 측정시스템 분석을 행해야 한다. 즉 측정할 시스템을 분석해 보고, 신뢰할 만한 수준일 경우에 그 시스템을 이용하여 데이터를 수집해야 한다. 일반적으로 측정 시스템은 반복성(repeatability)과 재현성(reproducibility)이 있어야 한다. 데이터를 수집하기 전에 데이터를 어떤 방법으로, 얼마나 자주, 얼마나 많이 수집할 것인가에 대한 측정방법을 확립하고, 측정시스템을 검증한 후에 그 계획에 따라 데이터를 수집하는 것이 바람직하다. 수집된 데이터를 시그마수준으로 변환하게 되면 현재 수준을 정확히 파악할 수 있다. 시그마 척도는 서로 다른 프로세스의 성과를 비교하고, 그것들을 고객의 요구사항과 연결시키는 데 유용하다.

③ 분석(Analyze)

분석 단계에서는 결함의 발생 원인과 그 원인을 규명한다. 결함의 원인이 되는 주요 변수를 알아 내기 위해서 특성요인도, 파레토도와 같은 기본적인 분석도구를 먼저 사용한다. CTQ Y에 더 큰 영향을 미치는 핵심인자(vital few X)를 정의하기 위해서 프로젝트 팀은 해당 프로세스의 담당자를 초청하여 브레인스토밍을 하는 등 현업 담당자의 아이디어를 적극적으로 활용해야 한다. 데이터를 수집할 때, CTQ Y에 영향을 주는 잠재요인 X의 수는 대단히 많기 때문에 이들의 파악은 쉽지 않다. 이러한 잠재적인 원인을 충분히 파악하지 않은 채 해결책을 찾으려 시도한다면 후에 결함은 다시 발생할 수 있으므로 결함의 잠재적인 원인들을 완벽하고 관리 가능한 형태로 목록을 작성할 필요가 있다.

이 단계에서 잠재적으로 불량의 원인이 밝혀지면 이것을 가설로 설정하여 검증하는 절차에는 통계적 분석을 이용한다. 대개 블랙벨트 요원들은 전문적 통계분석과 검증 방법을 숙지하여 프로젝트 팀의 문제해결을 돕는다.

④ 개선(Improve)

개선 단계는 문제의 근본원인을 제거하고, 프로세스 개선을 위한 최적 조건을 찾아내어 실행하는 단계다. 개선방안을 찾기 위해서는 실험 계획법이나 각종 아이디어 발상법, 창조적 문제해결 기법, 워크아웃(work-out) 방법 또는 벤치마킹 등과 같은 여러 가지 방법들을 이용하여 해결방안을 모색하고 개선방안을 도출한다. 개선방안들이 도출된 후에는 잠재적 해결방안들 중에서 분석 단계에서 파악한 원인들을 가장 효과적이고, 효율적으로 해결해 줄 수 있는 개선방안을 선택한다.

그리고 가능한 해결방법을 실험적으로 실시하면서 그 효과를 검증하고 추가적으로 개선해야 할 부분을 찾아가면서 문제해결을 위한 통계적 해답을 정의한다.

⑤ 통제(Control)

통제 단계는 개선된 상태를 유지 관리하는 것으로 이는 개선을 이루어 내는 것만큼이나 중요한 단계다.

관리 단계에서는 프로세스가 변경된 후 주요 변수가 실제로 계획된 대로 최대 허용한계 영역에 들어와 있는지 감시하기 위해서 관리도나 체크리스트 등을 써서 확인한다. 일단 계획했던 대로 성과가 확인되었다면 고쳐진 프로세스가 지속 될 수 있게 하기 위해서 개선사항을 표준화하고 새로운 프로세스를 디자인하고 절차를 마련하여 제도화 한다. 제도화 내용 중에는 프로세스의 검토 방법, 검토의 주기, 결과의 계량화, 담당부서와 책임자, 개선된 상태가 유지되지 못할 경우의 대처 방법 등이 체계 있게 정해져야 한다. 이런 조치가 늦어지면 애써 성과가 있었다 해도 프로세스가 곧 원래의 상태로 후퇴하든지 진부화되고 말 것이다.

식스시그마 추진요원의 양성

식스시스마에서 가장 핵심적인 역할을 하는 사람을 블랙벨트(Black Belt)라고 하는데, 블랙벨트는 식스시그마 혁신 프로젝트를 책임지고 수행하는 프로젝트 리더의 역할을 수행한다. 일반적으로 블랙벨트는 DMAIC 각 단계 별로 1주 교육 및 3주 실습을 통해 4 - 5개월 동안의 교육을 통해 양성된다.

마스터 블랙벨트(Master Black Belt)는 프로젝트가 진행되는 전 영역에 걸쳐 챔피언과 블랙벨트 및 개선 팀원들에게 지도, 조언, 자문하는 역할을 담당하는 사람으로서 통계적인 전문 지식뿐만 아니라 대인관계 기술까지 갖추어야 한다. 식스시그마 활동 초기에는 외부의 전문 컨설턴트들이 이 역할을 담당하지만 시간이 지나면 성공적으로 식스시그마 프로젝트를 여러 개 추진한 경험이 있는 기업 내의 블랙벨트 중 적임자를 선발하여 이 역할을 맡긴다.

그린벨트(Green Belt)는 현업을 수행하면서 식스시그마 프로젝트 팀에 합류하여 블랙벨트의 활동을 돕거나 자신의 고유 업무와 직접적으로 관련 있는 소규모 프로젝트의 수행을 책임지는 사람들이다.

이와 같이 식스시그마 혁신 프로젝트는 혁신활동만 전담하는 전담요원과 프로젝트 수행에 요구되는 교육훈련이 체계적으로 제도화 되어 있다는 점이 특징이다.

품질원가 개념

품질원가

품질관리에 있어서 1950년대까지만 하더라도 불량으로 인한 원가가 얼마가 되는지를 알지 못했다. 따라서 품질향상에 수반되는 비용은 얼마까지 허용될 수 있으며, 어느 정도의 품질 수준이면 만족할 수 있는가에 대한 대답을 할 수 없었다.

쥬란은 일정한 수준의 품질을 성취하는 데 소요되는 비용을 가피비용(avoidable cost)과 불가피비용(unavoidable cost)으로 구분했다. 가피비용이란 불량에 관계된 폐기원자재, 재작업이나 수리에 들어가는 공수, 고객불만처리 비용 및 불만족한 고객으로부터 초래되는 재무적 손실을 말하며 불가피비용이란 예방에 관계된 비용, 즉 검사, 샘플링, 분류 및 기타 품질관리 활동에 관계된 비용을 말한다.

품질수준과 품질원가

품질원가는 크게 실패비용(cost of failure: F-cost)과 통제비용(cost of controlling)으로 나누어진다. 실패비용은 사양에 맞지 않는 제품을 생산함으로써 생기는 비용이다. 여기에는 아직 제품이 회사 내에 있을 때 발생하는 내부실패비용(internal failure cost)으로서, 폐기, 재작업, 손상(scrap, rework, and spoilage) 등과, 제품이 인도된 후에 고객을 만족시키기 위해 발생하는 외부실패비용(external failure cost)으로서 품질보증비용(warranty cost) 현장 서비스(field servicing) 비용 등이 있다.

통제비용은 예방비용(prevention costs)과 평가비용(appraisal costs)으로 구성된다. 예방비용은 처음부터 원천적으로 문제가 일어나지 않도록 하기 위한 교육, 통계적 품질관리, 기계의 유지보수, 품질계획(training, statistical process control, machine maintenance, and quality planning) 등에 들어가는 비용을 말한다. 평가비용은 조직 내에서 품질을 검사하고 체크하는 데 들어가는 비용으로 제품검사, 품질감사, 시험, 기기의 조정

(product inspection, quality audits, testing, and calibration) 등에 수반되는 비용이다.

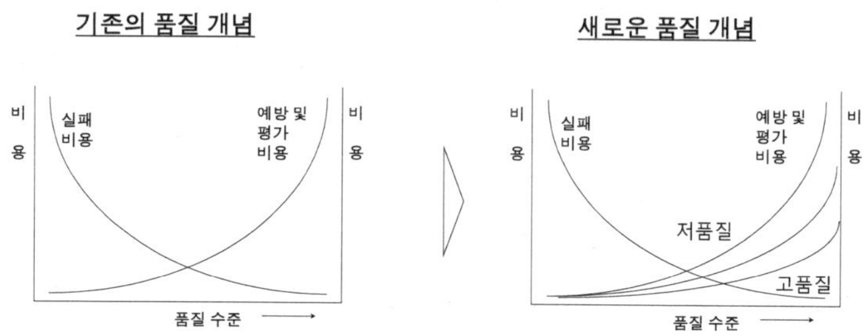

품질비용을 최저로 하는 적정수준을 찾아야 한다.

고품질일수록 예방, 평가비용이 낮아지므로 품질수준은 높을수록 좋다.

품질수준에 대한 새로운 사고

그림은 제조품질을 어떤 수준으로 해야 총비용이 최저가 될 것인지를 보이고 있다. 기본적으로 제조품질을 좋게 하면 불량으로 인한 손실은 적게 되지만 예방 및 평가 비용은 올라간다. 따라서 총 비용이 최저가 되는 품질수준은 그림의 좌측에 나타나 있듯이 두 곡선이 만나는 점에서 결정된다.

그러나 품질경영에 탁월한 성과를 낸 선진 기업들의 경험을 보면 이러한 생각을 바꾸어야 함을 알 수 있다. 이들 기업의 총 품질원가는 그림의 우측에 그려져 있는데, 기업의 품질 수준이 올라갈수록 총 품질원가가 내려간다는 경향을 나타낸다. 이는 원류에서부터의 품질관리가 이루어짐으로써 품질검사의 필요성이 사라지기 때문이다.

물론 개선 활동 직후에는 아직 여러 시스템이 정착되기 전이므로 그림과 같이 오히려 품질비용이 약간 올라갈 수도 있다.

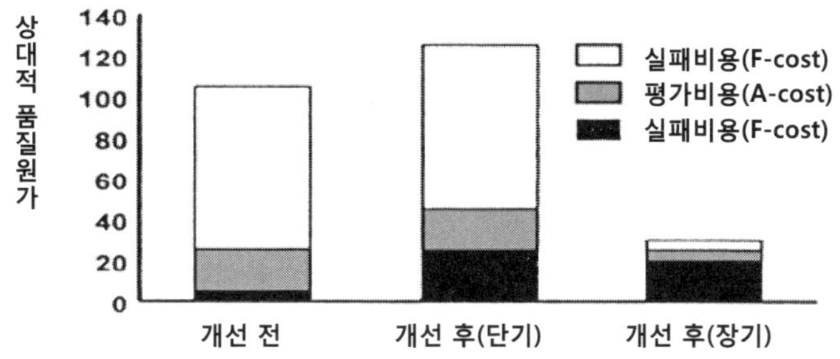

개선 후 총품질비용

일본적 품질경영 용어

TQC를 정착시키는 데 큰 영향력을 보인 일본적 품질경영은 세계적으로도 인정을 받은 만큼, 일본의 품질경영 용어는 생산분야에서 통용되는 용어가 되었다.

1. Andon(アンドン/安灯, Signboard)

현재 작업진행 상황, 예를 들면 비정상적인 조건, 작업 지시, 작업진도 정보 등을 시각적으로 볼 수 있게 하는 통제 방식. 이는 Jidoka의 주요 도구의 하나이다.

안돈(Andon)의 컬러 코드

- 적색: 기계고장 또는 비상 정지 등의 실패 조건이 생김
- 노랑: 고온이나 고압 등 주의 조건이 생김
- 초록: 기계나 공정 운영이 정상임
- 청색: 외부에의 도움 요청, 예를 들면 작업자가 원재료, 작업 스케쥴, 또는 유지보수 담당자를 요청함

2. Heijunka(平準化, Production Smoothing)

생산일정, 볼륨과 믹스 면에서 일정 기간 동안 평준화 생산을 이룸. 평준화는 Just-in-time 인도를 가능하게 하는 필수요건이다.

3. Hoshin Kanri(方针管理)

사업체로 하여금 새로운 차원의 성과를 달성할 수 있도록 사업 상의 우선순위를 정하는 목표와 수단의 관리. 연간 또는 수년 단위로 관리될 수 있으며 경영진에 의해 관리된다.

4. Jidoka(自働化, Autonomation - automation with human intelligence)

TPS(도요타 생산시스템)의 두 기둥 중의 하나. 설비의 이상기능, 품질 문제 또는 작업의 지연 등의 사유가 발생했을 때 기계나 사람에 의해 생산라인을 세울 수 있는 권한을 주는 것을 말한다. 이는 불량이 계속 넘어가지 않고 즉시 수정이 가능하도록 하여 품질이 생산 공정 속에 축적되도록 하는 역할을 한다.

5. Jishuken(自主研)

경영자가 리드하는 카이젠 활동으로서 경영자가 지속적 개선이 필요한 영역을 찾아 주고 카이젠 활동을 자극할 수 있도록 정보를 제공함

6. Kaizen(改善, Continuous Improvement)

낭비(Muda)를 하나씩 가장 적은 비용으로써 제거하는 지속적 개선 체계를 말함. 이는 전문가보다는 모든 작업자에 의해 수행된다.

7. Kanban(看板, かんばん,Sign, Index Card)

Just-In-Time생산에서 핵심 통제도구로 쓰이는 작은 싸인표지로서 생산과 이동의 지시, 과잉생산이나 불규칙적인 공정 속도를 체크할 수 있는 시각적 통제, 카이젠을 실행하기 위한 도구로서의 역할을 한다.

8. Muda(無駄, ムダ, Waste)

낭비에는 7가지 유형이 있다(Overproduction, waiting, conveyance, processing, inventory, motion, correction).

9. Pokayoke

장치 담당자가 실수하는 것을 방지하게 하는 수단이다. 사람의 부주의를 막고, 이를 바로잡고, 주의를 기울이게 해서 품질의 불량을 제거하는 것이 목적이다. 예를 들어 만약 올바른 부품이 사용되지 않았을 경우 감지기가 이를 발견하여 동작이 자동으로 멈춰지게 하는 장치를 고안하는 것이 포카요케다.

10. Genba(現場, or gemba)

엔지니어가 문제를 발견하고 이해할 수 있게 하며 원천적인 정보를 얻을 수 있게 하는 생산 현장을 말함

11. Hansei(反省, self-reflection)

자신의 실수를 인정하고 개선할 것을 맹세함

도전 Quiz

※ 문제 1.

지속적 개선 노력을 해야 할 사람은 다음 중 누구인가?

A. 상위 경영진

B. 생산라인 종업원

C. 상위 경영진과 중간 경영진

D. 모든 구성원

답: D

해설: 오늘날 TQM개념 하에서 지속적 개선은 전사 구성원 모두의 책임이다.

※ 문제 2.

다음 중 낭비(waste)의 정의는?

A. 자원의 효과적인 활용

B. 다기능 종업원(cross-trained employees)의 개발

C. 재고를 제거하는 절차

D. 이론적인 최소값을 초과하는 자원의 사용

답: D

해설: 일본적 품질경영에서 낭비는 7가지 영역에서 세부적으로 정의되어 있으며, 그 기본 개념은 이론적인 최소값을 초과하는 자원의 사용은 모두 낭비로 본다는 것이다.

※ 문제 3.

같은 조로 일하며, 자신들이 생산하는 품목의 품질문제 등을 해결하기 위해 자주 만나서 문제해결을 하는 사람들의 그룹을 무엇이라 하는가?

A. 품질 패러다임(quality paradigm)

B. 품질 분임조(quality circle)

C. 공정개선 대학(process improvement collage)

D. 자주적 작업 위원회(self-directed work committee)

답: B

해설: TQC 품질관리분임조는 현장의 같은 작업실 멤버들이 자주 만나서 자신들이 생산하는 품목의 품질문제 등을 해결하는 서클 활동이다.

핵심정리

품질개념의 확장

- 품질관리는 현재 TQM 즉 전사적 품질경영의 개념으로 확장되었다.
- QFD 는 고객의 요구품질을 설계품질로 전환하여 품질을 설계할 수 있도록 하는 유용한 방법이다.

전사적 품질관리와 품질경영

- 품질원가는 크게 실패비용(cost of failure: F-cost)과 통제비용(cost of controlling)으로 나누어진다.

품질원가 개념

- 품질수준이 올라가면 품질비용은 낮아진다.

일본적 품질경영 용어

- 많은 일본의 품질경영 용어들이 생산분야에서 통용되는 용어가 되었다.

제4부

자원의전략적 관리(SMR)

Strategic Management of Resources

제16장

사업전략의 분석과 개발

외부 환경분석

내부 환경분석

경쟁전략의 개발

글로벌 환경과 지속가능성

기업의 사회적 책임

제 16 장 사업전략의 분석과 개발

용어 사전

5 세력 분석(5 forces analysis)
마이클 포터(M. Porter)에 의해 개발된 산업구조 분석모형. 5 forces 분석모형은 산업구조분석은 대상이 되는 산업환경의 요소들이 경쟁구도에 미치는 영향을 분석하기 위한 틀을 제공한다.

전략적 그룹 매핑(strategic group mapping)
전략 상 중요한 변수를 바탕으로 산업 내 경쟁자들을 통계학적으로 묶어봄으로써 시장 내 전략적 위치를 시각적으로 알 수 있게 하는 것

SWOT(strengths, weaknesses, opportunities, threats)분석
SWOT 분석은 어떤 기업의 내부환경을 분석하여 강점과 약점을 발견하고, 외부환경을 분석하여 기회와 위협을 찾아내어 이를 토대로 강점은 살리고 약점은 최소화하며, 기회는 활용하고 위협은 억제하는 전략적 대안을 수립하는 분석이다.

가치사슬분석(value chain analysis)
가치사슬분석은 가치사슬의 어느 부문에서 가치가 창출되고, 혹은 문제를 야기하는가 찾아냄으로써 기업내부의 강점과 약점을 보다 조직적으로 파악하려는 방법이다.

기업의 사회적 책임(CSR: corporate social responsibility)
CSR은 사회 속의 주요 기관의 하나인 기업이 사회 공동체의 일원으로서 책임을 다해야 한다는 점을 부각한다.

학습 목표

- ✧ 사업전략을 수립하기 위한 외부 환경분석과 내부 환경분석의 내용을 설명할 수 있다.
- ✧ 기본적 경쟁전략의 개념을 설명할 수 있다.
- ✧ 글로벌 환경에서의 전략적 경영과 지속가능성 개념을 설명할 수 있다.
- ✧ 기업의 사회적 책임 문제의 시사점을 설명할 수 있다.

외부 환경분석

사업전략 개요

기업의 생존은 외부 환경 요소에 적응하고 내부 조직을 관리하는 능력에 달려있다. 심사숙고해서 전략을 만들지 않으면 기업은 장기적으로 생존할 수 없다.

"전략"이라는 용어는 "Art of The General"을 의미하는 그리스의 군사용어인 "strategos"에서 유래되었다. 비록 이 단어가 군대에서 유래되었다고 할지라도, 이후 끊임없이 경영관리에 적용되고 있다.

생산전략 또는 오퍼레이션스 전략(Operations Strategy)은 사업전략의 한 기능을 담당하는 기능전략(functional strategy)으로서, "기업의 목표에 부합하여 차별화 된 경쟁력을 얻기 위한 수단으로, 계획된 개선과 변환 프로세스에 전념할 자원의 패턴과 현 도메인" 을 정하는 것이라고 정의할 수 있다. 즉 어떻게 생산부문을 통하여 기업전략을 지원, 정렬할 것인가의 문제를 다룬다.

경영전략의 수립과정

경영전략의 추진과정은 전략목표의 설정과정과 전략의 관리과정의 두 부분으로 단순화시켜 볼 수 있다. 즉 그림에서 보는 바와 같이 먼저 전략목표의 설정과정은 경영전략을 통해 기업이 도달하고자 하는 미래의 상태 또는 모습을 규명(기업사명의 명확화)하고 전략목표를 설정하는 단계(전략목표의 설정)를 말한다. 그리고 전략의 관리과정은 목표를 달성하는 데 제약이 되는 현재의 내·외부적 상황을 분석하는 단계(전략적 상황분석), 주어진 상황하에서 미래와 현재의 갭을 메우기 위해 필요한 최적의 전략을 수립하는 단계(전략대안의 수립), 수립된 전략을 효과적으로 수행하는 단계(전략의 실행과 통제)로 구성된다.

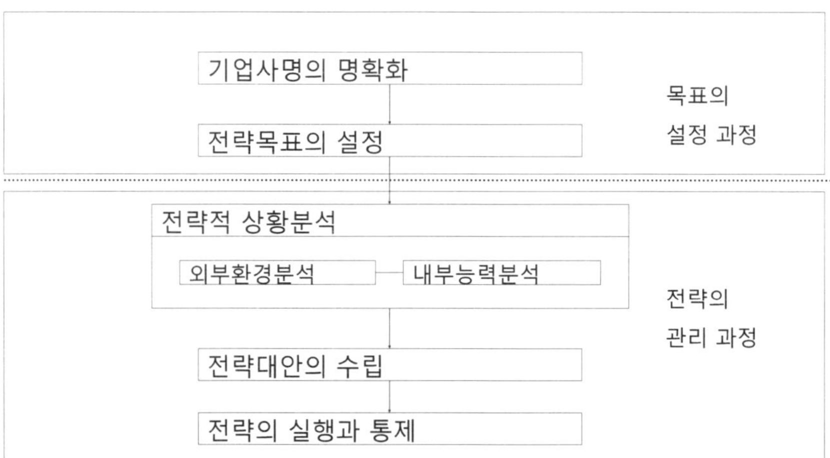

전략목표의 설정과정

요컨대 전략을 수립하려면, 분명한 목표(clear goals)가 있어야 하며, 외부 환경(고객, 경쟁사)과 내부 환경(자사의 강·약점)을 고려해야 한다. 중요한 것은 '왜' 그 대안을 선택하게 되었는지가 나름대로 논리가 있어야 하고 타당해야 한다는 것이다.

단계	개략적인 활동내용
임무(Mission)	기업 비젼의 핵심가치와 목적을 달성하기 위한 기업 임무(Mission)는 무엇인가?
목표(Objectives)	임무에 근거한 성장, 생존, 이익 등 가시적이고 구체적인 목표는?
외부 환경 분석 (Environmental Scanning)	기업 목표를 달성하는데 긍정적이거나 부정적인 외부 환경 요인은? (경쟁요소, 사회환경, 경제상황, 기술동향, 법이나 제도적 환경 등)
내부 강,약점 분석 (Internal Strength & Weekness Analysis)	기업 목표를 달성하는데 기업내부의 강점, 약점, 기회, 위험요인은 무엇인지를 분석한 후 기업전략 수립의 근거가 된다.
기업 전략 (Corporate Strategy)	종합적인 전략으로 기업의 모든 기능전략 수립의 근거가 된다.

주)회사 내에 여러 사업부가 있을 경우는 기업전략(corporate strategy)과 사업전략(Business strategy)를 구별하는데, 기업전략에서는 전체 사업의 구조, 포트폴리오 형성 등에 관한 의사결정을 하며 사업전략은 주로 단일 사업부의 경쟁우위에 관한 사항에 초점을 둠

전략적 상황분석 – 외부 환경

외부 환경에는 산업 내 지배적인 경제 특성, 경쟁에 영향을 주는 요인들, 산업에 변화를 주는 요인들, 산업 내 주요 경쟁자들이 차지하고 있는 지위, 경쟁자들의 움직임, 산업 내 핵심 성공요인, 산업의 매력도와 수익성 등을 들 수 있다. 즉 외적 환경이란 단일 기업이 좌우할 수 없는 경쟁적 여건이다. 외적 상황을 분석할 수 있는 도구로서는 마이클 포터(Michel Porter)의 5 세력 분석(5 forces analysis)가 있다.

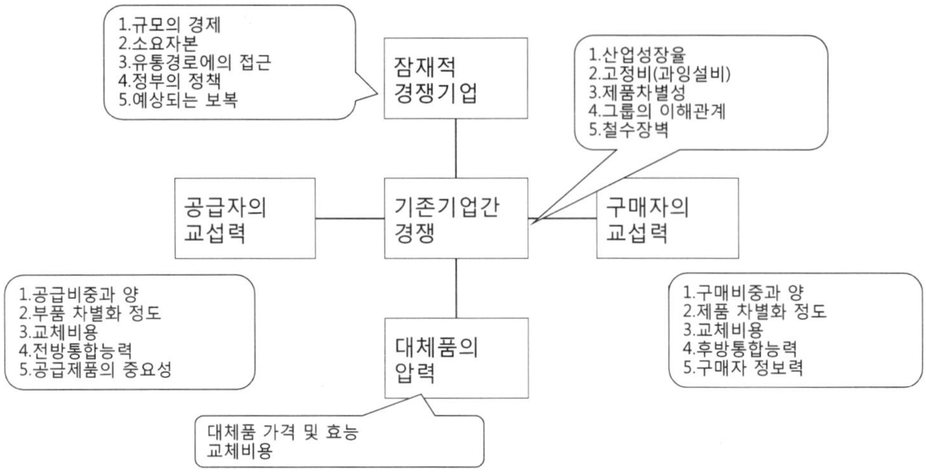

Five-forces 분석모형

마이클 포터의 산업구조분석 모형(5 forces 분석)

기업이 성공하느냐 실패하느냐를 가름하는 것은 바로 경쟁이다. 마이클 포터(M. Porter)에 의하면 경쟁전략이란 경쟁이 일어나는 기본 영역이라 할 수 있는 산업 내에서 유리한 경쟁적 지위를 확보하기 위해서 기업이 추구하는 전략이다. 따라서 경쟁전략의 목표는 산업 내에서 경쟁적 상황을 결정짓는 여러 가지 요인에 대항해서 기업이 지속적으로 이익을 낼 수 있는 지위를 확보하는 것이라 할 수 있다.

5 forces 분석 모형은 산업구조분석은 대상이 되는 산업환경의 요소들이 경쟁구도에 미치는 영향을 분석하기 위한 틀을 제공한다.

신규진입의 위협

새로운 진입자가 들어오게 되면 그 산업 내의 시장을 놓고 이익을 나누어 가져야 한다. 따라서 잠재적 진입자의 진입 가능성은 기존 기업에 위협이 된다.

잠재적인 진입자가 얼마나 위협적인가 하는 정도는 진입장벽이라 한다.

이는 잠재적 진입자가 그 산업에 들어가는 데 예상되는 비용과 위험을 말한다. 진입장벽은 정부의 규제, 기존 경쟁자의 대응능력, 기술수준 등에 의해 결정된다. 진입장벽이란 기존시장의 여러 가지 경제적 특성으로 잠재적인 진입자들이 기존시장에 진입하는데 장애요인이 되는 것을 말하는데, 자본소요량, 규모의 경제, 절대적 비용우위, 제품의 차별화, 유통채널, 정부규제와 제도적 진입규제, 기술과 노하우 등이 진입장벽의 주요 요인이 된다.
기존기업들이 신규 진입자들의 진입을 막기 위한 대응방안은 진입장벽을 이용한 가격인하, 광고 및 마케팅 활동의 증대 등이 있다.

공급자의 교섭력

산업내의 생산자들에게 제품의 원료를 공급하는 공급자가 큰 힘이 있는 경우에 경쟁상황이 산업전체에 불리하게 되고, 이에 따라 산업의 수익률은 감소하게 된다. 공급자가 우세한 경우의 예로서는 공급자들이 공급하는 제품이 표준화 되어있지 않고 특이한 경우 즉 차별화되어 있는 경우, 수요자가 상대적으로 그 공급자에게 중요도가 떨어질 경우, 공급자들의 숫자가 적고 몇 개의 공급자들에게 자원이 집중되어 있는 경우, 즉 공급자가 한 두 기업에 의해 독점되고 있는 경우, 그리고 공급자가 전방수직계열화를 할 수 있는 능력과 의지가 있는 경우 등이다.

소비자의 교섭력

어떤 산업에 있는 기업이든 궁극적으로는 소비자들에게 제품이나 서비스를 공급한다. 소비자집단이 한 두 개로 집중되어 있거나 대량구매를 하는 경우 기업은 제품사양이나 가격교섭에 있어서 기업의 자의성을 충분히 발휘할 수 없게 되어 소비자의 교섭력이 우세하게 된다. 그리고 제품이 차별화되어 있지 않고 표준화된 경우 소비자들의 전환비용(switching cost)이 낮기 때문에 소비자의 힘이 커진다. 또 소비자가 수직적 후방통합을 할 수 있는 능력과 의지가 있는 경우도 역시 소비자의 교섭력이 크다고 할 수 있다.

대체재의 압력

대체재가 많으면 많을수록 기업들이 자신의 제품이나 서비스에 높은 가격을 받을 수 있는 가능성은 줄어든다. 대체재의 존재가 그 산업의 가격결정에 영향을 미치는 정도는 소비자들이 쉽게 대체재로 옮겨갈 수 있는가(전환 비용이 거의 들지 않음), 그리고 대체재가 가진 유용성이 어느 정도인가에 달려 있다. 또한 대체재의 가격이 낮을수록, 품질과 성능이 뛰어날수록, 사용자의 전환비용이 낮을수록, 대체재에 의한 압력은 높아진다.

산업 내 기존 경쟁자의 경쟁강도

대부분의 산업에서 경쟁의 양상과 산업전체의 수익률을 결정하는 가장 중요한 요인은 이미 그 산업 내에서 경쟁하고 있는 기업들간의 경쟁관계이다.

산업 내 기존기업들간의 경쟁양상과 강도를 결정하는 요소로서는 첫째 산업의 집중도를 들 수 있다. 이는 동일산업에 속하는 기업의 수와 그 개별기업의 규모의 함수로서, 그 산업이 경쟁적이고 많은 기업이 경쟁에 참가할 수록 산업의 수익률은 낮아지며, 경쟁자가 적더라도 각 경쟁자의 능력이 비슷할 경우도 역시 수익률은 낮아진다. 둘째, 제품차별화 가능성이 적을수록 역시 산업의 잠재적 수익성은 낮아진다. 셋째, 그 산업의 성장이 정체되어 있는 경우이다.

경쟁자 분석을 시장 포지션

산업마다 나름의 성공요인이 있다. 예를 들어 자동차 산업에서의 중요요소로서는 품질과 가격을 들 수 있다. 이를 두 차원으로 하여 전 세계의 자동차 산업의 경쟁자들을 위치시킬 수 있다. 혹은 회사가 사업을 전개하는 지역적 범위와 모델의 다양성의 차원을 바탕으로 그룹을 묶어 볼 수도 있을 것이다.

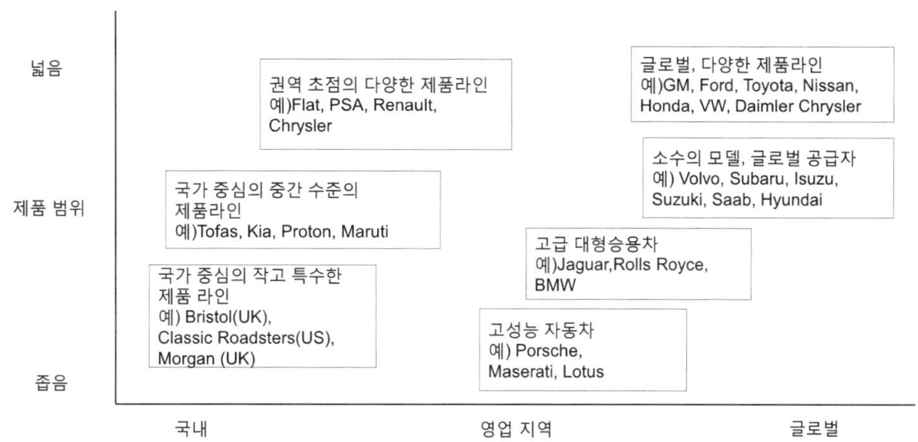

자동차 산업의 전략적 그룹 매핑

이와 같이 전략 상 중요한 변수를 바탕으로 산업 내 경쟁자들을 통계학적으로 묶어본 것을 전략적 그룹 매핑(strategic group mapping)이라 한다. 전략적 그룹을 분석함으로써 어떤 기업이 직접적인 경쟁자인지 알 수 있다. 즉 같은 전략적 그룹 내에 있지 않은 기업은 실질적인 경쟁자라고 볼 수 없다. 만약 어떤 기업이 공격적 행위를 해 왔다고 했을 때 실질적인 경쟁자가 아니라면 굳이 대응할 필요가 없을 것이다.

내부 환경분석

핵심역량

한편 '기업이란 여러 생산적인 경영자원의 집합체'라고 볼 수 있다. 이런 관점에서 보면 기업의 경영자원이야말로 지속가능한 경쟁력의 핵심이 된다. 기업의 핵심역량은 고객에게 가치를 높이거나 그 가치를 전달하는 과정을 더 효율적이게 하는 특정한 능력이며 또한 기업이 신규사업으로 진출할 수 있는 그 기업만의 특이한 능력이다.

핵심역량(core competence)은 어떤 특정 제품이나 서비스 그리고 사업 단위를 초월하여, 기업이 생산·판매하는 모든 제품과 서비스에 내재되어 그들의 경쟁력에 공헌한다. 기업을 나무에 비유한다면 핵심역량은 기업 전체의 경쟁력을 유지시켜 주는 뿌리이며, 개별 제품이나 서비스는 나무의 가지, 그리고 성과는 열매라 할 수 있다. 따라서 핵심역량은 기업이라는 나무가 바람에 넘어지지 않도록 하고, 나무의 가지인 사업들이 실한 열매를 맺을 수 있도록 영양분을 공급하는 역할을 한다.

강점, 약점, 기회, 위협(SWOT)의 분석

SWOT(strengths, weaknesses, opportunities, threats)분석은 어떤 기업의 내부환경을 분석하여 강점과 약점을 발견하고, 외부환경을 분석하여 기회와 위협을 찾아내어 이를 토대로 강점은 살리고 약점은 최소화하며, 기회는 활용하고 위협은 억제하는 전략적 대안을 수립하는 분석이다. 즉 SWOT분석은 전략이 외부상황과 내부능력 간의 강력한 적합관계를 창출할 수 있게 해야 한다는 원칙 하에 전략적 상황요인들간의 관계를 요약하여 경영전략의 대안들을 개발할 수 있는 지침을 제공하는 분석도구이다.

- 기회(O: opportunity): 기업에 유익한 요인으로 작용되는 환경을 말한다. 예를 들면, 특정 기업에 우위성을 확보해 줄 수 있는 요인, 즉 법령의 개정, 기존시장의 성장성, 신시장의 가능성 등을 들 수 있다.
- 위협(T: threat): 기업에 해가 되는 요인으로 작용되는 환경을 말한다. 예를 들면, 원자재 값의 상승, 환 리스크(risk)의 발생, 신규 경쟁자의 시장진입, 새로운 법적 규제, 대체상품의 개발 등을 들 수 있다.
- 강점(S: strength): 외부환경의 기회요인을 이용하고 위협요인을 피할 수 있는 기업의 능력을 말한다. 예를 들면, 우수한 인적 자원, 수평적 구조, 정보의 공유력, 판매조직의 활성화 같은 내부조직의 강점을 말한다.
- 약점(W: weakness): 기업의 업무수행에 걸림돌이 되거나 실패를

할 수 있게 하는 내부적 결함을 말한다. 예를 들면, 노사간의 갈등, 자금동원력 부족, 생산설비의 노후화, 직원 의식구조의 부패 등을 들 수 있다.

가치사슬 분석

가치사슬이란 기업내부로 원재료가 들어와 내부적 변환과정을 거쳐 최종 재화나 용역으로 산출되는 서로 연결된 과정을 말한다. 가치사슬분석(value chain analysis)은 가치사슬의 어느 부문에서 가치가 창출되고, 혹은 문제를 야기하는가 찾아냄으로써 기업내부의 강점과 약점을 보다 조직적으로 파악하려는 방법이다.
가치사슬분석의 단계는 다음과 같다.

- 기업활동을 세분화
- 분리된 세부활동이 총비용에서 차지하는 중요성 파악
- 각 활동 별 비용의 결정요인을 분석
- 각 단계간의 비용의 연관성 파악
- 구체적으로 어떻게 비용을 줄일 것인가 파악

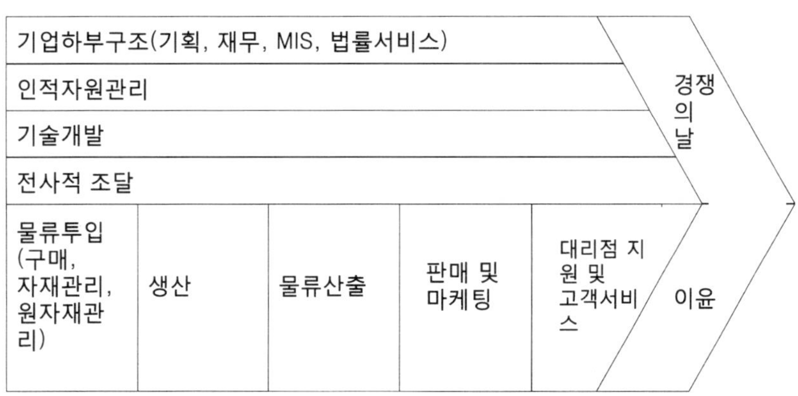

가치사슬(value chain) 분석

가치사슬 분석은 기업의 기능부문의 활동을 중심으로 기업 내부의 가치활동(부가가치를 창출하는 행위)들을 평가하게 되는데, 물류투입, 생산, 물류산출, 판매 및 마케팅, 서비스와 같이 제품·서비스에 직접적인 가치를 부여하는 주 활동(primary activities)과, 전사적 조달, 기술개발, 인적자원관리, 기업하부구조와 같이 주 활동을 지원해 주는 보조활동(supporting activities)으로 나뉘어 진다.

각각의 가치활동들은 경쟁우위를 창출하는 구성요소들로서, 결코 독립적으로 존재하는 것이 아니라 비용과 성과 면에서 서로 밀접한 관련성을 갖고 움직인다. 그래서 이러한 모든 활동의 결과로 축적된 가치는 기업의 '경쟁의 날(competitive edge)', 나아가 기업의 수익성을 형성하게 된다.

가치사슬 분석은 기업으로 하여금 개별적인 주 활동 및 자원활동이 어떠한 방식으로 기업의 전체이익에 기여하고 있는지를 이해하는데 도움을 준다. 그러한 분석을 통하여, 기업의 전체이익에 크게 기여하는 활동은 강화하고, 반대로 그렇지 않은 활동은 제거하는 방식으로 기업의 프로세스 및 조직에 변형을 가하거나 리스트럭처링 등의 구조조정을 시도할 수도 있다.

경쟁전략의 개발

다음 단계는 앞서 분석한 산업에 대한 관점과 전망, 자사의 경쟁적 지위를 경쟁자와 비교한 여러 자료를 종합하여 사업전략을 개발하는 것이다. 사업전략은 산업, 시장 내에서 어떻게 고객을 만족시키며, 경쟁자에 대응하고, 시장 조건에 적응하면서 경쟁적 이점을 가꾸어 나가는 것이다.

기본적 경쟁전략

전술한 바와 같이 사업부 수준의 전략이란 회사가 어떤 전략적 위치를 차지할 것인가에 관한 것이다. 개별사업단위들이 경쟁우위를 확보하기 위한 경쟁전략에는 크게 5 가지 유형이 있다.

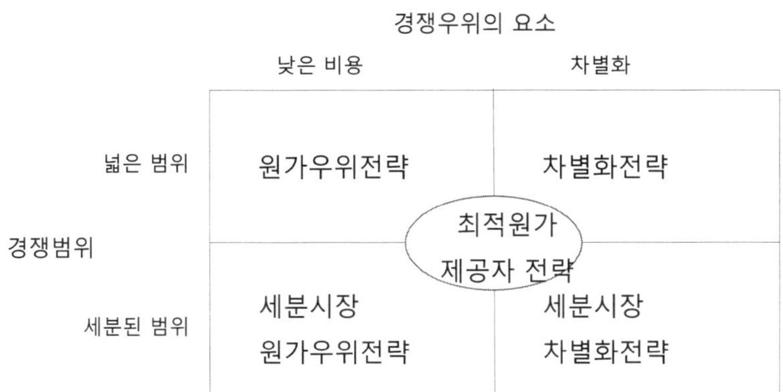

기본적 경쟁전략

원가우위(cost leadership) 전략

낮은 비용은 경쟁우위의 중요한 원천의 하나이며 원가우위전략에서는 비용 면에서 "경쟁회사보다도 낮은 비용을 실현한다."는 것이 기본 테마가 된다. 물론 낮은 비용이라고 해서 품질이나 서비스와는 상관이 없다는 것은 아니다. 원가우위전략은 적정한 수준의 품질과 서비스 수준을 유지하면서 기본적으로 비용을 중심으로 경쟁우위를 확립한다.

원가우위전략에 의해 압도적인 저비용의 지위를 차지하기 위해서는 다음과 같은 실천방안에 의해 선 순환 구조를 구축해야 한다.

- 대규모 생산설비에 대한 적극적인 투자를 재빨리 행하고 대량 생산체제를 정비한다.
- 시장진입초기의 적자를 각오하고 공격적인 저가격에 의한 침투가격전략(penetration pricing strategy)을 실행한다. 신속한 시장점유율 획득으로 규모의 경제성 실현과 경험곡선을 급속하게 떨어뜨리는 것이 가능해진다.
- 일단 높은 점유율이 확보된다면 원자재의 대량 구입이 가능하게

되고 규모의 경제성, 경험곡선과 함께 더 많은 비용절감을 할 수 있게 된다.

- 저비용구조를 구축하는 데 성공하면 높은 이익률을 확보할 수 있다.
- 축적된 이익에 의해서 더욱 더 비용우위를 유지하기 위한 여러 가지 투자가 가능해진다. 이 선 순환에 들어가면 경쟁사가 근접하지 못할 정도로 경쟁에 대한 장벽은 높아지게 된다.

차별화 전략(differentiation)

차별화 전략은 자사의 제품을 차별화하고 업계 내에서도 특이하다고 보여지는 무엇인가를 창조하고자 하는 전략이다. 그리고 그 특이성이 고객에게 가치로 인식되어 충성고객을 창출해야 하고, 또 그것이 간단하게 경쟁자에 의해 모방되어 판매되는 물건이어서는 안 된다.

차별화를 위한 방법으로는 여러 가지 형태가 있다. 즉 브랜드 이미지에 의한 차별화, 기술에 의한 차별화, 제품(성능, 디자인)에 의한 차별화, 고객 서비스에 의한 차별화, 판매채널에 의한 차별화 등이 있다.

차별화 전략은 다음의 두 가지 점에서 비용우위 전략과 크게 다르다. 우선 시장점유율의 확대와 연결되지 않는 경우가 있다는 점이다. 차별화라는 것은 특이성을 호소하는 것이며, 그것이 극단화되면 열렬한 팬을 얻을지는 모르지만, 다른 한편으로는 대중으로부터 받아들여지지 않을 가능성도 높다. 또한 저비용을 실현하는 것이 곤란하다는 점이 문제다. 차별화를 실현하기 위해서는 대규모 기초연구, 제품설계, 고품질소재, 고도의 서비스 등, 일반적인 것보다 비용이 더 드는 경우가 많다. 따라서 고객에게 그러한 비용 이상의 가치를 인식시켜야 한다.

그러나 차별화에 성공해서 상대적으로 고가격을 실현하게 되면 높은 마진에 의한 이익을 새로운 차별화를 위한 재투자에 충당할 수 있게 된다. 그 결과 시간이 흘러 경쟁자가 모방하거나 고객의 의향이 변해 특이성이 희박해지더라도 새로운 차별화 요인이 발생되어 계속적인 경쟁우위 구축이 가능해진다.

세분시장에 대한 집중화 전략

집중화 전략(focused strategy)은 특정 고객층, 특정제품, 특정지역 시장 등 한정된 영역으로 기업의 경영 자원을 집중하는 전략이다. 즉, 집중화 전략은 세분시장을 선정하여 적소 내지 틈새시장(niche)을 찾아 배타적이고 집중적으로 시장을 공략함으로써 경쟁우위를 확보하려는 전략이다.
기업이 집중화 전략을 추구하는 이유는 틈새시장에 집중함으로써 경쟁자에 비해서 더 효과적으로 고객의 니드를 만족시킬 수 있고, 작은 세분시장만을 노리기 때문에 산업 내 주요 경쟁자가 참여하기에는 적합하지 않거나 적절히 대처하지 못하는 세분 시장을 노릴 수 있다는 점이다.
비용우위 전략과 차별화 전략은 거의 모든 업계에 걸쳐서 목적을 달성하고자 하지만 집중전략은 애초부터 특정 표적시장만을 노린다. 집중전략 집약적인 특정 시장 부문에 있어서 비용우위를 실현하는 세분시장 비용우위 전략과 세분 시장에서 차별화를 실현하는 세분시장 차별화 전략으로 분류할 수 있다.

최적원가 제공전략(best-cost provider strategy)

이 전략은 탁월한 제품특성을 보이면서도 경쟁자가 상대하기 어려운 저원가를 실현하는 혼합전략이다. 이것이 가능하려면 효율적인 생산 역량을 바탕으로 일반적인 저원가 제품과 비교하여 제품 특성이 탁월하면서도 보통의 차별화 제품의 가격보다 월등히 낮은 가격을 형성할 수 있어야 한다. 즉 원가우위와 차별화 능력을 동시에 달성할 수 있어야만 가능한 전략이다.

글로벌 환경과 지속가능성

오늘날은 비즈니스 환경은 국내에만 국한되지 않고 국경을 넘어 글로벌적으로 확대되고 있다. 기업들이 해외시장에 진출하여 수행하는 경영활동을 흔히 국제경영 또는 글로벌 경영이라 한다.

글로벌 경영의 단계

글로벌 경영 활동의 유형은 다음과 같이 네 단계가 있다.

- 1 단계 - 국내지향(국내기업) : 창업 초기 기업활동이 주로 국내 시장에서만 이루어지게 되는 단계를 '국내지향 단계'라 한다.
- 2 단계 - 해외지향(수출기업) : 대부분 중소기업 수준에서 국내시장을 위주로 하면서도 한계를 인식하고 국내의 생산요소를 결합하여 해외시장에 수출함으로써 시장의 범위를 해외로 확대하는 단계를 말한다.
- 3단계 - 현지지향(다국적 기업) : 계약에 의한 해외 진출 및 해외 직접투자를 통하여 현지 생산 등의 운영이 이루어지는 단계로서 대부분 대기업 수준에서 나타난다. 수출활동의 진전에 따라 상대국의 수입규제(무역장벽 등)가 강화되고, 생산요소의 가격차이가 점차 축소되어 이점이 사라짐에 따라 현지에 공장을 설립하는 단계다. 해외투자활동, 기술이전활동(라이선스), 프랜차이즈, 경영관리계약 등의 형태로 이루어진다. 예를 들면 우리나라 기업들이 중국에 공장을 설립하고 국내에서 경쟁력이 없는 라인을 뜯어다가 현지에 설치하여 생산활동을 영위하는 것을 볼 수 있다.
- 4단계 - 세계지향(세계기업 또는 글로벌기업) : 운송, 정보 수단의 발달에 따라 기업의 생산, 판매 활동이 세계적으로 확산된다. 이 단계가 진전되면 기업은 특정국가의 국적을 버리고 글로벌 기업으로 활동하게 된다. 예컨대 본사는 뉴욕에 있고, 공장은 중국에 있고, 마케팅 거점은 각 대륙 별 거점에 존재하는 식이다.

글로벌 경영을 위한 고려사항

글로벌 경영의 실행을 위해서는 무엇보다도 현지국의 환경에 대한 이해가 필요하며, 따라서 흔히 말하는 현지 전문가를 키울 필요가 있다. 현지국의 환경요인으로서 우선 고려되어야 할 사항은 현지국의 시장요인과 기업환경 요인이다. 시장요인으로는 시장의 규모, 경쟁구조, 마케팅 하부구조 등을 들 수 있다. 현지국의 시장규모가 작다면 간접수출, 라이선싱 같이 본사의 통제수준이 낮은 국제경영활동이 유리하다. 반면에 시장규모가 큰 경우에는 현지 판매지사나 법인을 통한 직접수출이나 직접투자에 의한 현지생산이 적합할 것이다. 현지국 시장의 경쟁구조에 있어서, 불완전 경쟁구조일 경우는 많은 투자와 적극적 시장개입이 유리하지만 완전경쟁 시장인 경우에는 수출에 의한 진입을 노리는 것이 바람직하다. 마지막으로 현지시장의 마케팅 하부구조의 가용성과 질적 수준을 들 수 있다. 마케팅 하부구조의 가용성이 낮을 때는 자사의 현지 판매법인이나 지사를 통한 직접수출이 적합하다.

글로벌 경영전략의 내용은 결국 현지 국가의 매력도(현지시장규모, 현지시장성장률, 정부규제, 정치적 안정성)과 사업경쟁력(시장점유율, 제품의 현지시장 적합성, 마케팅 지원능력)을 기준으로 적합한 진출전략을 어떻게 선택해야 할 것인가로 요약할 수 있다. 또한 현지 시장이 시장수명주기(market life cycle) 상 어느 위치에 있는가를 파악하는 것이 중요하다. 시장수명주기는 제품수명주기와 유사하게 Emerging, Rapidly Growing, maturing, declining phase 로 구분된다.

제품 수명주기와 시장 수명주기

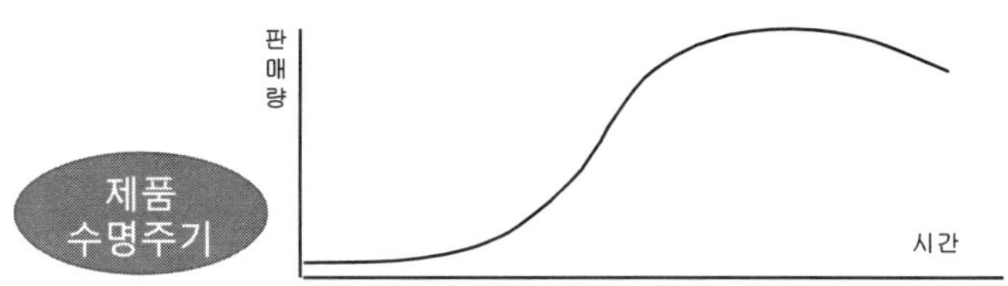

	도입기	성장기	성숙기	쇠퇴기
생산·판매량	•하	• 빠른 성장	• 상	• 감소
고객	•혁신층	• 조기 수용층	• 중간 다수층	• 최후 수용층
경쟁자	•약간	• 점차 증대	• 점차 감소	• 감소
제품설계의 다양성	•높은 고객 맞춤 빈번한 설계변경	• 표준화 증대	• 주종 제품형태 출현	• 보통재, 표준화
주요 경쟁우선순위	• 제품특성 성능,진기함	• 품질 • 가득성	• 가격 적시 공급	• 가격
주요 자격요건(Qualifiers)	• 품질 다양성	• 가격 다양성	• 다양성 품질	• 적시 공급
주된 운영목표	• 유연성 품질	• 스피드 납기, 품질	• 원가 납기 준수	• 원가
시장 수명주기	Emerging	Rapidly Growing	maturing	declining phase

기업의 사회적 책임

기업의 사회적 책임(CSR: corporate social responsibility)은 사회 속의 주요 기관의 하나인 기업이 사회 공동체의 일원으로서 책임을 다해야 한다는 점을 부각한다. 이는 기업의 지속가능성(sustainability)에 대한 인식을 토대로 건전한 경영, 환경을 생각하는 경영, 후세를 생각하는 경영, 이해관계자에 대한 의무를 다하는 경영 등의 개념을 말하는데, 구체적으로 기업의 사회적 책임에는 기업의 존속과 유지, 종업원의 복지향상, 이해관계자 집단의 이해조정, 공해발생의 방지에 대한 책임 등이 포함된다.

기업을 비롯한 조직의 사회적 책임은 두 가지 영역에서 발생한다. 그 첫 번째 영역은 '조직이 사회에 미치는 영향'에 관한 영역이고, 두 번째는 '사회 자체의 문제'에 관한 영역이다. 조직은 필연적으로 사회 속에 존재하는 기관이기 때문에 경영자는 이 두 가지 영역에 관심을 기울여야 한다. 결국 현대조직은 각자 사회에 특정의 공헌을 하기 위해 존재하는 것이다.

사회적 영향에 대한 책임

조직은 자신이 사회에 미치는 영향에 대해서 책임을 져야 한다. 조직이 사회에 어떤 영향을 미치는지 분명하게 파악한 다음, 그 영향들 가운데 조직의 목적과 사명을 달성하는 과정에서 불가피하게 발생하는 것이 아닌 이상 가능한 한 최소화하거나 완전히 제거해야 한다. 그러나 대부분의 경우 조직활동을 완전히 중단하지 않고서는 그로부터 발생하는 영향을 완전히 제거하기는 어렵다. 그러므로 가장 이상적인 접근방법은 영향을 제거하는 작업을 이익을 올릴 수 있는 사업기회로 전환하는 것이다.

그 한 예로 미국의 다우 케미컬은 제 2 차 세계대전 직후, 아직 대중적인 환경여론이 일어나기 전임에도 불구하고 자사의 운영 상 발생하는 대기 및 수질오염 문제를 완전히 제거하기로 결정했다. 다우는 환경오염을 방지하는 방안뿐 아니라 한걸음 더 나아가 가스나 폐수에서 제거한 오염

물질을 연구하여 판매 가능한 제품으로 개발하고 그것들의 용도와 시장을 창출하기 위해 체계적으로 접근하였다. 비슷한 예로 듀퐁은 자사의 제품 중 상당수가 유독성 부작용을 일으킬 수 있음을 파악하고는 독성을 시험하고 제거하는 프로세스를 개발하기 위한 연구소를 설립하였다. 그 후 듀퐁은 공업제품의 독성을 제거하는 일을 별도의 사업으로 발전시킬 수 있었다.

경영자는 언제나 조직이 일으키는 사회적 영향으로 인한 문제를 제거하는 자체가 사업기회가 될 수 있도록 만들기 위한 시도를 해야 한다. 하지만 늘 이것이 가능한 것은 아니다. 대개는 사회적 영향을 제거한다는 것은 곧 비용의 증가를 초래함을 의미한다. 그 동안 사회가 부담해 왔던 외부비용이 기업의 비용이 되는 것이다. 따라서 동일업계의 모든 기업이 같은 규칙을 받아들이지 않는 한 해당기업은 경쟁상 불리한 처지에 놓이게 된다. 동일 업계의 모든 기업이 같은 규칙을 받아들이게 하려면 대부분의 경우 규제의 힘을 필요로 한다. 즉 경영자는 사회와 업계 모두에게 최소의 비용과 최대의 이익을 제공하면서 문제를 해결할 가능성이 큰 올바른 규제를 입법화하기 위한 노력을 선도적으로 해야 한다.

도전 Quiz

※ 문제 1.

다음 중 제품수명주기의 초기 단계에 '오더획득기준'이 될 가능성이 가장 큰 항은?

A. Design capability.

B. High quality.

C. Supportability.

D. Lowest price.

답: A

해설: 수명주기 상 도입기의 제품은 고객 니드에 맞추기 위한 잦은 설계 변경 능력이 관건이다.

※ 문제 2.

신생 벤처나 전략에 대한 마케팅이나 사업 전반에서 자주 사용되는 기법으로서, 새로 제안된 활동으로 야기될 긍정적, 부정적 요소를 찾아보는 데 유용한 도구는 다음 중 무엇인가?

A. Leadership continuum.

B. SWOT analysis.

C. Market analysis.

D. Environmental scanning.

답: B

해설: SWOT(strengths, weaknesses, opportunities, threats)분석은 어떤 기업의 내부환경을 분석하여 강점과 약점을 발견하고, 외부환경을 분석하여 기회와 위협을 찾아내어 이를 토대로 강점은 살리고 약점은 최소화하며, 기회는 활용하고 위협은 억제하는 전략적 대안을 수립하는 분석이다.

※ 문제 3.

시장수명주기의 빠른 성장기 중의 적절한 전략적 옵션이라고 보기 어려운 것은?

A. Continue to differentiate.

B. Build the brand.

C. Create product awareness.

D. Expand the product line.

답: D

해설: 'Expand the product line'은 Rapidly growing phase에서의 제품전략임

핵심정리

외부 환경분석

- 사업전략은 외부 및 내부 환경에 대한 분석을 통해 개발된다.
- 외부 환경분석을 위한 도구로서 Five-forces 분석모형이 이용된다.
- 시장 위치를 비교해 보기 위해 전략적 그룹 매핑이 이용된다.

내부 환경분석

- 내부 환경분석의 도구로서 SWOT 분석이 흔히 쓰인다.
- 가치사슬분석은 가치사슬의 어느 부문에서 가치가 창출되고, 혹은 문제를 야기하는가 분석하는 도구이다.

경쟁전략의 개발

- 기본적 경쟁전략에는 원가우위, 차별화, 세분시장 원가우위, 세분시장 차별화, 최적원가 제공자 전략 등 5 가지가 있다.

글로벌 환경과 지속가능성

- 글로벌 경영 단계는 국내지향, 수출, 다국적 기업, 글로벌 기업의 네 단계로 전개된다.

기업의 사회적 책임

- 기업의 사회적 책임(CSR: corporate social responsibility)은 사회 속의 주요 기관의 하나인 기업이 사회 공동체의 일원으로서 책임을 다해야 한다는 점을 부각한다.

제17장

오퍼레이션스 전략의 분석과 개발

생산(운영)전략의 개발

제품, 서비스 프로세스 설계

구조 결정(structure choice)

제 17 장 오퍼레이션스 전략의 분석과 개발

용어 사전

생산(운영) 전략(operations strategy)
회사의 생산(운영) 부문이 전반 사업계획을 충실히 지지하기 위해 어떤 비전, 목표, 능력을 세우고 개발해야 할지를 의사결정하고 실행하는 것을 생산(운영) 전략(operations strategy)이라 한다.

경쟁우위요소(competitive advantage factors)
회사가 추구하는 경쟁력 우위의 방향으로서 품질(quality), 원가(cost), 유연성(flexibility), 시간 또는 속도(time, speed), 약속 지키기(dependability)로 대별된다.

공장 내 공장(plant-within-plant)
초점이 서로 다른 제품을 한 공장에서 생산해야 하는 경우, 공장 내에 초점이 맞는 작은 별도의 공장을 설치하는 방식을 '공장 내 공장(plant-within-plant)'이라 한다.

제품 프로파일링(product profiling)
제품 프로파일링이란 목표시장에서 제품의 현재와 장래에 예상되는 제품 형태(type of product), 생산량과 다양성(volume and variety), 변경요구(amount of change), 유연성 요구(need for flexibility), 경쟁우위 조건(order winner)과 같은 이슈에 대해 기업이 생산전략 및 운영시스템으로 선택한 조합(configuration)을 말한다.

직무확대(job enlargement)
직무단순화가 갖는 단점을 극복하기 위해 보다 다양한 과업으로 직무를 구성하는 것을 말한다.

직무충실화(job enrichment)
종업원들의 근로의욕과 직무만족을 더 높은 수준으로 끌어올리기 위해서 과업의 다양성뿐만 아니라 업무수행과 관련된 재량권도 높여 주는 것을 말한다.

학습 목표

- ✧ 생산(운영)전략의 개발에 연관된 주요 개념을 설명할 수 있다.
- ✧ 제품, 서비스 프로세스 설계의 개념과 주요 과정을 설명할 수 있다.
- ✧ 구조 결정의 요소와 과정에 대해 설명할 수 있다.

생산(운영)전략의 개발

회사의 생산(운영) 부문이 전반 사업계획을 충실히 지지하기 위해 어떤 비전, 목표, 능력을 세우고 개발해야 할지를 의사결정하고 실행하는 것을 생산(운영) 전략(operations strategy)이라 한다.

일치성과 정렬(alignment)

생산전략은 기업전략으로부터 유도된 생산과업(manufacturing task)을 탁월하게 수행하도록 하는 일관된 의사결정들로서, 사업전략의 방향과 일치하고 정렬되는 것이 중요하다.

기업전략에 대해서 생산기능의 역할을 분명하게 정의하지 못하고, 생산과업이 전략적 의미를 결여한 채 일관성 없이 관리되는 '연결고리의 끊김(missing link)' 현상이라 한다. 예를 들어 사업전략이 차별화 우위를 지향하고 있다면 생산전략은 이에 맞게 자원을 구축하고 실행해야 한다.

성과측정 목표

생산이 사업전략을 지지하기 위해서는 전략적 성과측정 지표가 개발되고 관리되어야 한다. 생산의 기본적인 전략적 성과 목표는 다음과 같이 5대 영역으로 구성된다.

- **품질**(quality): 품질은 고객만족을 실현하기 위한 가치로서 가장 중요한 생산과업이라 할 만큼 조직의 이미지와 신용도에 크게 영향을 미치는 요인이다. 품질은 궁극적으로 고객의 요구를 만족시키는 정도에 의해 평가되며, 이를 위해 설계 과정과 생산 과정에서의 품질이 적합하게 유지되어야 한다.
- **원가**(cost): 생산부문은 생산원가를 절감하여 제품 및 서비스를 경제적인 가격으로 공급할 수 있어야 한다. 원가 절감은 생산활동의 합리화 내지 개선을 통해서 재료비, 노무비, 간접비의 모든 비용항목에서 추구될 수 있다.
- **유연성**(flexibility): 유연성은 변화에 대한 대응능력을 말한다. 유연성은 크게 외부의 수요 변화에 의한 생산 수량의 변화, 그리고 제품믹스(product mix)의 변화에 대한 대응 능력으로 나누어진다. 생산할 수 있는 품목이 다양하면서도 새로운 제품을 신속하게 생산할 수 있으며, 생산량을 쉽게 증감할 수 있으면 그 시스템은 유연성이 높다고 할 수 있다.
- **시간 또는 속도**(time, speed): 시간 요소는 생산리드타임, 제품개발시간, 그리고 납기에서의 경쟁력을 말한다. 시간 요소는 신속성과 확실성의 두 차원으로 구분되는데, 이는 고객이 원하는 제품과 서비스를 신속하게, 또한 정해진 날짜에 맞게 공급할 수 있는 능력을 말한다.
- **약속 지키기**(dependability): 고객에게 약속된 납품 일자를 정확하게 지키는 능력을 말한다. 이는 생산공정의 실행능력, 공급체인 등 물적유통 능력과 관련이 있다.

생산을 통한 경쟁우위의 실현(예)

생산전략은 기능전략의 하나로서 기업의 장기적인 경쟁전략을 최대로 지원하고 기업의 전략적 테두리 속에서 전체적으로 조화되는 생산능력을 개발하고 전개하고자 하는 데 목적이 있다. 생산전략은 기업의 생산자원을 사용하기 위한 광범위한 정책 및 계획을 설정하는 것과 관련되며, 생산전략이 기업전략 또는 사업전략과 일관성 있게 수립되고 구현될 때 저렴한 제조비, 고품질 제품, 제조상 유연성 같은 경쟁우위를 확보할 수 있다. 아래 제시된 예와 같이 생산전략은 기업의 특성을 살린 경쟁우위를 창출하는 데 있어서 핵심적인 역할을 한다.

- Wal-mart: 월마트는 유통기업으로서 생필품을 낮은 가격에 공급하는 것을 사명으로 설정하여, 적시에 적량을 각 지점에 보내는 물류관리 능력을 통해 원가우위 경쟁력을 확보함
- Dell: 개인용 PC와 노트북 생산업체인 델은 인터넷이나 전화를 통해 접수한 주문을 대량고객화 방식으로 생산하며, 이를 대리점을 통하지 않고 직접배달 함으로써 재고를 획기적으로 줄일 수 있는 새로운 개념의 비즈니스 모델을 창안하였음
- UPS and Federal Express: 적정한 비용으로 항공화물을 처리하는 능력, 고객 물건을 추적(tracking)하는 물류 능력을 바탕으로 경쟁우위를 창출함
- Toyota: TPS라 하는 도요타생산시스템은 꾸준한 개선과 유연성을 통해 높은 품질과 성과를 달성함으로써 세계적인 모범 사례를 창출함
- HP: 프린터 디자인 시 모듈러 생산과 차별화의 개념을 통해서 전세계의 다양한 언어를 사용하는 시장에 차별적으로 대처하면서도 경제적으로 표준화된 제품을 공급함

제품, 서비스 프로세스 설계

경쟁우위요소의 전략적 실행

생산 목표를 바탕으로 경쟁하려면 우선 자격기준을 만족시켜야만 시장에서 받아들여질 수 있다. 자격기준은 시장 참여를 위한 최소 요건이라 할 수 있다. 주문획득기준은 회사가 한정된 자원을 집중하여 고객의 주문획득을 위해 집중해야 할 요소다. 개념적으로는 주문획득기준은 반드시 목표 수준을 달성해야 하며, 그 밖의 요소들에 대해서는 자격기준을 만족하는 정도의 수준이면 될 것이다. 다음으로 전략적 위치 선정이 필요하다. 이는 생산기능의 수행에 있어 어떻게 차별화시킬 것인가에 대한 선택을 통해서 장기적으로 회사가 무엇을 바탕으로 경쟁할 것인지를 정하는 것을 말한다. 전략적 위치가 선정된 후에는 지속적 개선을 통하여 운영효율 성과를 향상시켜야 한다. 운영효율 성과는 특정 활동을 경쟁자보다 더 잘하는 능력이다.

그림은 고객가치를 만족시키기 위한 생산관리 과정의 계층구조를 보이고 있다.

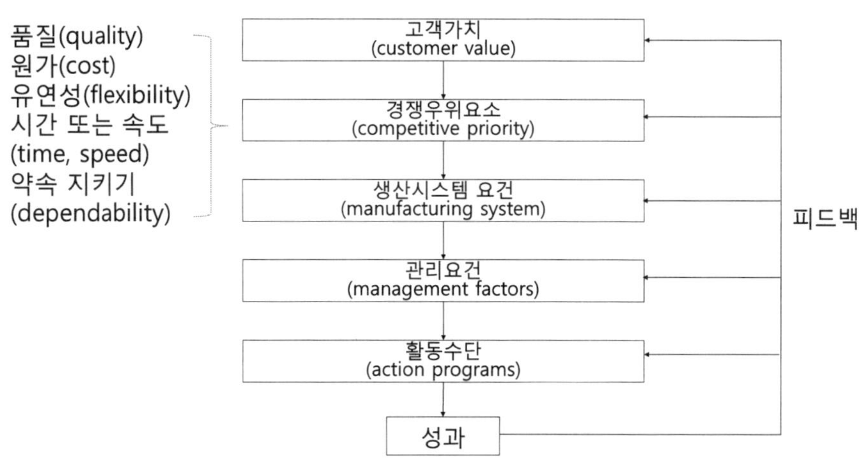

생산시스템의 목표와 그 설계 과정

고객이 가치 있다고 보는 것은 무엇인가? 이런 질문에서부터 출발하여 생산시스템의 경쟁우위요소(competitive advantage factors) 목표가 나온다. 이어서 생산시스템의 목표를 달성하기 위하여 관리적 수준의 목표가 수립되고 의사결정이 행해진다. 관리목표의 실행을 위해서는 구체적인 실행프로그램과 같은 활동수단이 선정되어 운영될 것이다.

경쟁우위요소에 따른 설계 개념

시간/속도(time, speed)

제품 출시(time-to-market) 속도

- 고객요구를 신속하게 설계에 반영할 수 있는 능력은 설계 시작시점을 최대한 늦출 수 있게 함
- 도입기와 성장기에 있는 제품에서 특히 설계변경 및 신제품 도입능력이 중요
- 시간 경쟁력과 아울러 품질은 기본 능력임(자격기준)
- 외부 경쟁우위요건을 내부 공정설계 속도로 연결할 수 있는 능력

약속 지키기(dependability)

- 프로젝트 관리는 내부적 지연을 방지하게 함
- 공급자 및 고객과의 긴밀한 관계는 불확실성을 줄임
- 신축성 있는 설계 과정은 신제품 소개에서 불확실성을 줄임
- 공정의 신뢰성은 직접적으로 시간과 품질 경쟁력을 향상함

신축성(flexibility)

- 경쟁자의 움직임을 예견하는 능력
- 고객의 요구, 선호 변화에 대응하는 능력
- 내부에서 개발된 기술적 해법을 시장에 신속히 적용하는 능력
- 시장 출시능력을 지원함

- 내부적 요구에 부응하기 위해 설계과정을 적응하는 능력
- 공정의 신축성 설계능력을 위해 생산능력은 어느 정도 여유가 있어야 함

품질(quality)

- 부합품질은 간혹 제품 리콜(recall)을 야기하는 설계오류를 내지 않는 능력임
- 시장에서 경쟁하기 위해 사양의 품질(specification quality)수준은 높아야 함
- 품질기능전개(QFD) 같은 도구를 정착시킴으로써 사양의 품질을 충실히 할 수 있음

원가(cost)

- 설계 활동과 연관된 원가요소에는 구매자재, 공정의 인건비 소요량 등이 있다.
- 설계 산출물이 지연되고 신축적이지 못하며 오류를 포함함
- 설계일정 지연에 따른 재무적 손실은 판매기회 손실 등에서 발생
-

구조 결정(structure choice)

이번 절에는 앞서 지적한 경쟁우위 요소들을 품질에 내재화하기 위해서 어떻게 제조공정의 설계에 반영되어야 하는가를 토의한다. 그림은 생산공정의 설계를 위한 의사결정 모형이다.

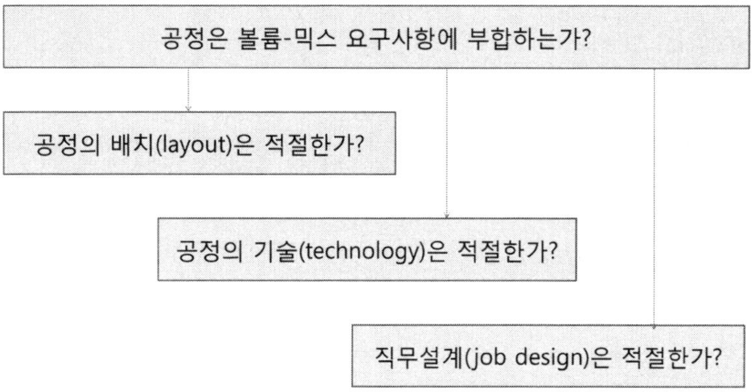

구조(structure) 의사결정 로직

볼륨-믹스 매트릭스

공정선택 시 가장 기본으로 고려되는 제품의 특성은 표준화 정도(또는 다양성, variety, mix)와 생산량(volume)이다. 제품의 생산량은 현재 표적으로 삼고 있는 시장에서 특정한 제품 또는 제품군 전체의 생산 수량을 말하는 것으로, 요구되는 생산량에 의해 잡샵(job shop)으로 할 것인지, 흐름공정(flow shop)으로 할 것인지에 큰 영향을 미친다. 제품의 다양성은 제품 또는 제품군에 해당하는 최종제품의 종류를 말한다. 고객의 주문에 따라 제품사양을 달리해 줄 수 있는지, 그리고 모듈화된 표준품으로부터 다양한 조립이 가능한지 여부에 따라 다양성이 커지게 되며, 이것도 역시 적합한 제조 환경의 형태에 영향을 미친다.

기업이 생산방식을 선정할 때 그림의 관계를 이용할 수 있다. 일반적으로 생산량은 적지만 표준화 되지 않아 다양성이 높은 제품에 대해서는 프로젝트 내지 잡샵(job shop) 공정을 선택하며, 반대로 대용량의 표준화된 제품을 생산하는 경우는 연속생산(continuous)의 형태를 선택해야 한다. 이런 원칙에 벗어 나는 생산방식을 선택한다면 비용·효과 면에서 불리하다. 예를 들어 생산량과 표준화 정도가 서로 상이한 수준인 제품들을 단일 공장에서 혼합하여 생산한다면 큰 혼란에 빠질 수 있다. 왜냐 하면 대용량의 표준화 제품과 소량의 주문형 제품은 공정과 장비, 인력의 훈련, 원자재의 조달방법, 품질관리 방법 등이 서로 달라야 하기 때문이다.

만약 초점이 서로 다른 제품을 한 공장에서 생산해야 하는 경우에는 공장 내에 초점이 맞는 작은 별도의 공장을 설치하는 방식, 즉 '공장 내 공장(plant-within-plant)'을 두는 것을 고려해 보아야 한다.

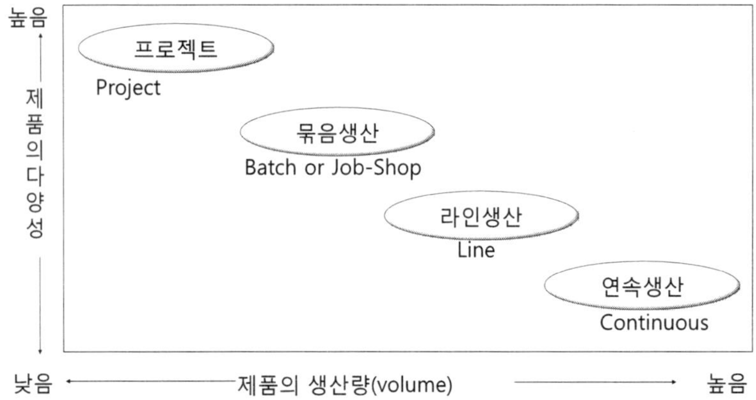

볼륨-믹스(volume-mix)와 공정의 선택

제품의 표준화 정도와 생산량 특성에 따라 선택할 수 있는 공정의 유형은 다음과 같은 유형으로 대별된다.

- 프로젝트 공정 (project process)
- 잡샵 공정(or job-shop Process)
- 묶음생산(batch production) 또는 반복생산(repetitive production)
- 대량생산(mass process) 또는 라인 공정 (line process)
- 연속생산 공정 (continuous production process)

원가와 품질

매트릭스의 우하단부에 위치한 생산시스템이 원가와 품질을 보다 잘 제공할 수 있다. 전문화의 이점으로 제품의 사양을 맞추는 것이 가능하다. 또 생산량이 충분하므로 장비의 가동률을 높여 원가를 최소화할 수 있다. 매트릭스의 좌상부에 위치한 생산시스템은 상대적으로 품질이 떨어 질 수 있다. 생산량이 적으므로 학습효과가 충분히 발휘되지 않는다. 같은 이유로 제품의 원가도 상대적으로 높다.

신축성과 혁신성

매트릭스의 좌상부에 있는 생산시스템은 신축성과 혁신성을 보다 잘 제공할 수 있다. 다품종소량생산을 하며, 주로 범용 장비를 쓰고, 고숙련 작업자가 요구된다. 결과적으로 매트릭스의 좌·상부에 있는 생산시스템은 생산량이나 설계를 변경하기가 쉽고 신제품을 소개하는 일이 융통성 있게 처리될 수 있다. 반면에 매트릭스의 우·하부에 위치한 생산시스템의 경우는 전용장치로 구성된 장치 중심의 라인으로서 신축성과 혁신성이 떨어진다. 이러한 구조에서는 제품에 대한 설계변경이 필요한 경우 치·공구를 다시 설계해야 하는 등 어려움이 따른다.

제품 프로파일링(product profiling)

제품 프로파일링이란 목표시장에서 제품의 현재와 장래에 예상되는 제품 형태(type of product), 생산량과 다양성(volume and variety), 변경요구(amount of change), 유연성 요구(need for flexibility), 경쟁우위 조건(order winner)과 같은 이슈에 대해 기업이 생산전략 및 운영시스템으로 선택한 조합(configuration)을 말한다. 그림의 예는 제품형태, 다양성, 설계변경 요구 정도, 신축성 측면에서는 뱃치(batch) 공정이 적합하며, 생산량과 경쟁우위요소는 라인생산이 요구되는 양상을 보이고 있다. 이와 같이 제품 프로파일링은 일부 생산전략 의사결정 요소 간 불일치가 있음을 보이고 있다.

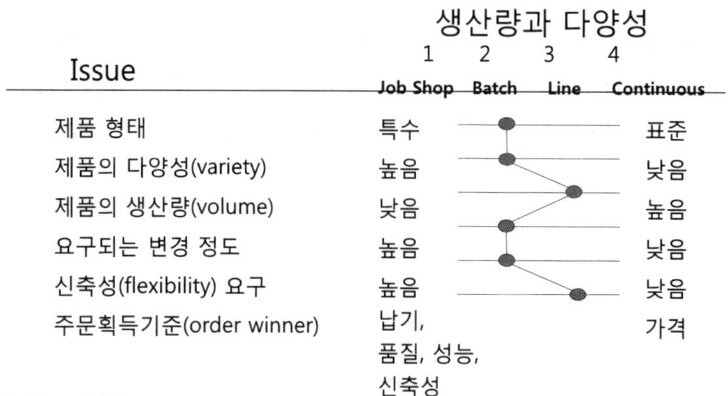

제품 프로파일링

일반적으로 요구되는 생산량에 적합한 생산공정은 제품-공정 매트릭스의 대각선 상에 위치한 공정을 선택해야 한다. 그러나 프로파일 상의 불일치로 인하여 자사의 생산시스템을 제품-공정 매트릭스 대각선 상의 어떤 위치에 자리잡아야 할지는 전략적으로 결정할 문제가 된다. 예를 들어 그림은 같은 제품으로 경쟁하는 두 공장을 보이고 있는데, 공장 A는 공장B에 비해 제품의 표준화와 대량생산을 추구하여 라인공정을 선택하고, 공장B는 다품종 소량 생산을 추구하여 뱃치공정을 선택하고 있음을 볼 수 있다. 두 공장 중 어느 쪽이 경쟁력이 있을지는 전략 수행의 결과로서 각종 운영수단 의사결정의 수행에 의해 결정될 것이다.

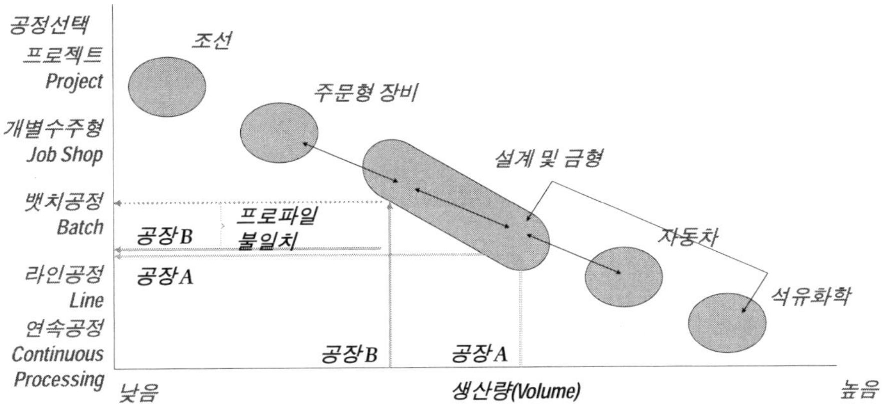

공정선택 프로파일

위 예에서 만약 공장 B가 추구하는 제품 수명주기는 다품종 소량이면서 라인 공정을 선택했다면 그림에 표시되어 있듯이 '프로파일 불일치'가 생기게 되어 경쟁자에 비해 원가가 상승하고, 결과적으로 다시 대각선 상의 위치로 돌아오게 될 것으로 보인다. 그러나 이상의 논의는 전통적인 생산 시스템을 바탕으로 경쟁하는 기업에 관한 것이다.

기업 중에는 일본의 도요타 자동차와 같이 JIT생산시스템으로 무장하여 생산량과 신축성을 동시에 추구하는 기업도 있으며, 대량생산과 고객화를 동시에 추구하는 대량고객화(mass customization)에 성공한 기업들이 나타나고 있다.

레이아웃(layout)과 공정

공정이 결정되면 그에 맞는 레이아웃은 거의 정해지지만 공정 유형과 레이아웃 유형은 개념 상으로는 같지 않다. 각 프로세스에 대개 두 가지 정도의 레이아웃이 선택될 수 있다.

제품 레이아웃과 공정

공정의 레이아웃(layouts)는 제품 흐름의 특성을 결정하는데, 그 유형은 그림과 같이 세 가지로 나누어진다.

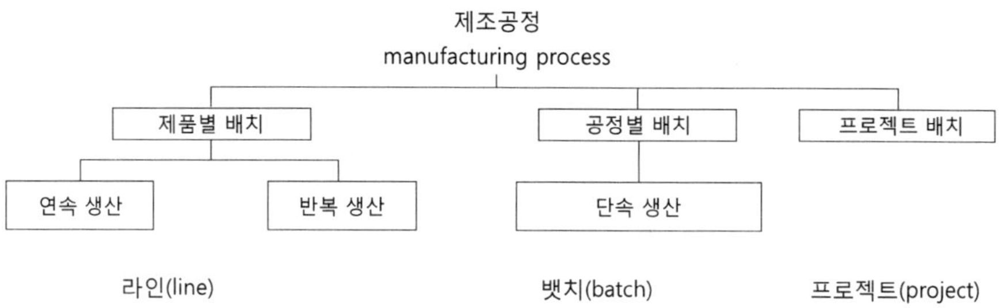

레이아웃과 제조공정의 결합관계

제품별 레이아웃 – 라인공정

제품별 레이아웃(product layout)는 조립라인(assembly line) 형태의 공정으로서 제품은 그림과 같이 순서대로 한 단계에서 다음 단계로 이동한다. 자동차, 냉장고, 컴퓨터, 프린터 등 대량생산 소비재들이 이런 형태의 라인에서 생산된다. 라인 생산에서는 대개 제품이 전용기계에 의해서 생산되며, 수요가 충분해서 자본집약적인 기계를 충분히 가동할 수 있는 경우에 이용될 수 있는 생산방식이다.

라인생산은 생산리드타임은 길지 않고 재공품도 많이 쌓이지 않으며 작업 효율이 높지만, 제품은 고도로 표준화되어 있어 변경이 쉽지 않으며, 생산량도 대량으로 유지해야 하는 등 유연성이 떨어지는 특징이 있다. 예를 들어 자동차 조립라인의 경우 새 모델이 착수되어 정해진 생산 속도로 맞추어지는 데는 여러 주가 소요되기도 한다. 자동차 라인의 경우 생산량의 변화는 공장의 작업 시간을 변경함으로써만 가능하다. 따라서 이 유형의 라인을 설치하는 데는 큰 규모의 자금이 소요되며, 시장 수요가 확보되어야 한다.

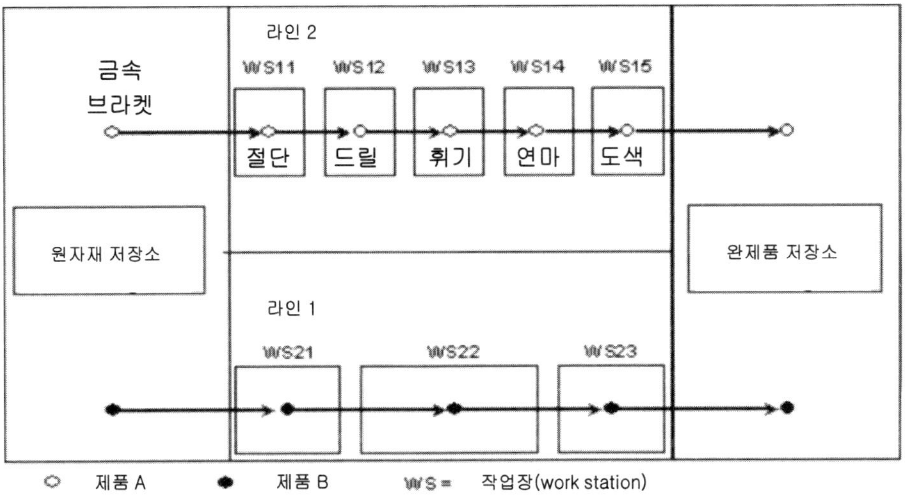

제품별 배치(product layout)

제품별 레이아웃의 대표적인 예는 조립라인에 의한 대량생산(mass production) 또는 반복생산(repetitive production), 그리고 프로세스 산업에서의 연속생산(continuous production)을 들 수 있다.

대량생산공정(Mass Production Process)

대량생산공정은 대규모 시장을 대상으로 표준화된 제품을 대량으로, 그리고 반복적으로 생산하는 공정의 형태다. 이 공정에서는 제품의 생산활동이 선형(linear)의 순서로 이루어지는 것이 특징이다. 대량생산공정의 예로서는 자동차산업의 조립라인이 대표적이며, 서비스 산업에서는 카페

테리어 등을 들 수 있다. 대량생산공정은 정교하게 튜닝 되고 많은 투자를 요하는 공정으로서 제품의 수요가 안정적이고 생산량이 많은 산업에 채택되며, 전용설비로 구성된다.

대량생산공정의 각 개별 과업은 서로 밀접하게 연결되며, 한 작업을 수행하는 시간이 비슷하게 균형이 이루어져야만 한 과업이 다음 과업을 지연시키지 않게 되어 생산 효율이 올라간다.

연속생산공정(Continuous Production Process)

연속생산공정은 고도로 표준화된 일용품을 대량으로 생산하기 위해서 사용되는 공정형태로서 흔히 장치산업이라고도 하다. 장치산업은 고도로 자동화 되어 있기 때문에 작업자의 주된 역할은 장비의 감시를 통하여 연속적인 산출에 문제가 없도록 유지하는 일이 중심이 된다. 연속생산공정의 예로서는 화학, 제지, 맥주, 철강 등이 있다. 이 공정은 효율이 매우 높은 장점이 있는 반면 시스템의 유연성은 낮다.

공정별 레이아웃 – 뱃치공정

공정별 레이아웃(process layout)는 로트(lot) 또는 뱃치(batch) 별로 단속적으로 생산되는 형태로서, 주로 범용기계가 쓰인다. 유사한 스킬(skills) 또는 장치 별로 부서가 지정되어 작업장(work center)을 형성하며, 각 부서는 동일한 작업만을 수행한다. 그림을 보면 4 가지의 각기 다른 로트가 서로 다른 작업장을 거쳐 생산되고 있음을 볼 수 있다. 단속생산(intermittent production), 묶음생산(batch), 또는 잡샵(job shop) 생산 등의 용어가 공정별 레이아웃과 유사한 의미로 사용된다. 이들 용어는 각기 강조하는 측면이 다른데, 예를 들어 잡샵은 흔히 고객의 주문에 따라 제품을 맞춤 식으로 납품하는 개별수주형 공정이라는 의미이다.

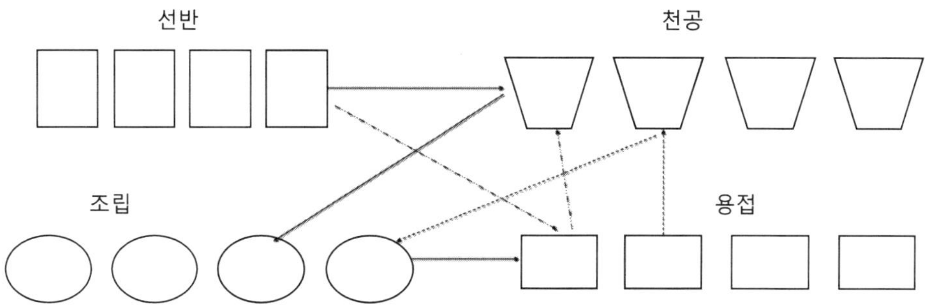

공정별 레이아웃(process layout)

공정별 레이아웃에서는 서로 상이한 다양한 종류의 제품을 생산하며, 생산 제품이나 생산량을 변경하는 것이 비교적 용이하지만, 재공품이 많이 쌓이고 리드타임이 길어질 수 있다. 작업자는 다양한 제품을 작업할 수 있기 위해서 숙련도가 높아야 한다. 대개 로크 크기는 소량의 주문도 생산할 수 있을 만큼 작아질 수 있다. 이런 공정의 예로서는 인쇄업, 제과점, 기계제작소 등이 있다.

스루풋 율

공정별 레이아웃에서 작업은 "대기(queue) → 준비(setup) → 런(run) → 지체(wait) → 이동(move)"의 절차를 거쳐 완성된다. 공정별 레이아웃에서 공정의 생산능력에 가깝게 높은 부하가 걸리게 되면 일정관리의 어려움으로 많은 재공품이 발생하며, 작업들은 공장 내에서 제 차례가 될 때까지 장시간의 대기시간을 소요하게 된다. 뱃치 공정의 효율을 측정하는 한 가지 방법으로서 스루풋율(throughput ratio, TR)이 유용한데, 각 로트에 대해 스루풋율은 다음 식과 같이 계산된다.

TR = 총 공정시간(processing or run time) / 작업에 걸린 총 소요시간

대부분의 뱃치 공정에서 스루풋율은 10% 내지 20% 수준이며, 40%를 넘는 경우는 드물다. 반대로 라인 공정에서는 90% 내지 100%의 스루풋율을 보인다.

프로젝트 레이아웃-프로젝트 공정

프로젝트공정은 완성하는 데 오랜 시간이 소요되고, 대규모의 자본과 자원이 투자되며, 고객의 주문에 따라 일정 기간 동안에 단일품목만을 생산하는 공정이다. 프로젝트 레이아웃(project layout)에서는 대형 빌딩의 건축이나 선박 건조와 같이 제품이 한 장소에 고정되어 생산이 이루어진다. 즉 프로젝트 공정의 경우 제품은 이동하지 않고 대신 작업자와 원재료가 프로젝트 위치로 이동하여 작업이 이루어진다. 프로젝트는 수행해야 할 과업과 자원을 효율적으로 연결시키기 위해 매우 복잡한 계획과 일정관리가 요구되며, 자동화 하기 어렵다는 특징이 있다. 작업자는 다루는 제품 또는 서비스가 표준화 되어 있지 않고 독특하기 때문에 높은 숙련도를 갖추어야 한다.

공정기술

공정기술(process technology)은 기계, 장비, 소프트웨어 등 제조공정이 자재를 변환해 가는 과정을 수행하는 기술요소를 말한다.

볼륨과 믹스

볼륨과 믹스는 공정기술의 사용에 결정적인 영향력을 갖는다. 소량 다품종 공정은 범용 공정기술을 사용하여 광범위한 제품을 다룰 수 있도록 한다. 반면에 대량 소품종 공정은 제조원가가 많은 량의 제품에 배분되므로 고가의 전용장비를 사용한다.

자동화 정도

소량 다품종 공정은 전형적으로 낮은 수준의 자동화 공정기술을 채택한다. 대량 소품종 공정은 비용효과가 높은 고도의 자동화 기계를 사용한다.

규모 변화능력(scalability)

시장수요 변화에 대응하여 생산규모를 신속히 변화시킬 수 있는 능력을 말한다. 하나의 고급 장비를 갖출 것인지 여러 개의 저렴한 장비로 신축성을 갖출 것인지의 문제는 회사의 성과 목표에 따라 달라질 것이다.

직무설계의 원칙들

직무단순화와 직무전문화

직무를 작고 간단한 과업들로 구성하는 직무단순화는 구성원들에게 일을 나누어 주는 기본적인 원칙으로 오랫동안 사용되어 왔다. 산업혁명이 일어나자 농업에 종사하던 미숙련 노동자들이 도시의 공장으로 몰려들었다. 그러나 교육을 거의 받지 못했으며 유사한 일을 해 본 경험도 없는 이들에게 단순한 일을 맡기는 것이 당시로는 최상의 방법이었다. 이후 이런 원칙은 전문적인 지식이나 능력이 요구되는 한두 개의 업무를 각 구성원에게 전달시킴으로써 생산성 향상을 꾀하려는 직무전문화로 발전하였다.

일의 작고 한정된 부분만을 맡아 처리하게 하면 필요한 기능을 빠르고 쉽게 습득하여 능숙해짐으로써 보다 능률적으로 일할 수 있게 된다. 뿐만 아니라 자신에게 맞는 일을 쉽게 찾을 수 있으며 필요한 기능 습득을 위한 훈련비용도 적게 드는 장점이 있다. 그러나 각 구성원이 조직 전체의 일 중에서 아주 적은 부분만을 책임지게 되어 일에 대한 만족과 주인의식이 낮아져 산업사회에서 흔히 나타나는 소외감을 느끼게 되는 단점이 있다. 또한 구성원들이 한정된 일을 계속 반복하게 됨으로써 쉽게 지루함을 느껴 생산성이 떨어질 수도 있다. 교육과 경제 수준의 향상으로 사람들이 일로부터 의미나 보람을 기대하게 됨에 따라 직무단순화나 직무전문화가 갖는 단점을 극복하고 장점을 살릴 수 있는 새로운 직무설계 원칙이 필요하게 되었다.

직무확대와 직무충실화

직무단순화가 갖는 단점을 극복하기 위해 보다 다양한 과업으로 직무를 구성하는 직무확대(job enlargement)가 시도되었다. 이에 따라 전에는 담당하지 않았던 다른 종류의 과업을 추가시켜 주었는데 처음에는 흥미와 근로의욕을 높일 수 있었지만 그 효과가 오래 지속되지는 못했다. 그 이유는 종류가 늘었을 뿐이지 여전히 단순한 과업들로 이루어져 있고, 일을 처리하면서 스스로 결정할 수 있는 재량권은 전과 같이 제한되어 있었기 때문이다. 즉 맡은 일이 다양해져도 단순하고 반복적인 것들이어서 일을 처리할 때마다 정해진 방법이나 절차를 따르거나 상급자의 지시를 받아야 한다면 일에 대해 주인의식을 갖기 힘들 것이다.

종업원들의 근로의욕과 직무만족을 더 높은 수준으로 끌어올리기 위해서는 과업의 다양성뿐만 아니라 업무수행과 관련된 재량권도 높여 주어야 하는데, 이런 직무설계원칙을 직무충실화(job enrichment)라고 한다. 직무충실화에 의한 직무설계는 담당자에게 직무에 관한 권한을 보다 많이 허용하여 자율성과 책임감을 갖게 하고, 종업원들이 직무에 관해 더 많은 것을 배우고 자신의 성장을 위해 노력할 수 있도록 해 준다.

직무충실화를 위한 5가지 특성

1. 다양한 기능 - 직무담당자가 다양한 기술이나 기능을 사용할 수 있도록 직무가 서로 다른 여러 가지 일들로 이루어진 정도
2. 과업 정체성 - 직무담당자가 일의 시작부터 끝마무리까지 맡아 자신의 일이 갖는 의미와 결과를 확인할 수 있는 정도
3. 과업 중요성 - 직무수행 결과가 다른 사람의 직무나 생활에 얼마나 중요한 영향을 미치는지를 의미
4. 자율성 - 담당자가 자신의 직무활동에 대해 갖는 결정권 정도
5. 피드백 - 직무수행을 통해 자신이 얼마나 일을 잘 처리하고 있는

지에 대해 알 수 있는 정도

도전 Quiz

※ 문제 1.
고객의 주문을 받아서 제품을 생산하는 회사의 자격기준(order qualifier)로서 적절한 것은?

A. Quality B. Design Engineering C. Price D. Delivery Speed

답 A.
해설) 'Order Qualifier'는 제품을 시장에 공급할 때, 갖추고 있어야 할 기본적인 특징을 의미한다. 이 기본적인 특징을 갖추고 있어야 만, 시장에서 생존할 수 있다. 이와 비교되는 'Order Winner'는 다른 제품과 비교하여, 한 제품이 갖추고 있는 가장 뛰어난 경쟁력, 즉 시장에서의 해당제품의 '핵심 경쟁력'을 의미한다. 위 문제에서는 고객주문을 받아 제품을 생산하는 기업이 갖추고 있어야 할 '기본적인 경쟁력'을 묻는 문제이며, 정답은 문항 A) Quality이다. 품질은 어느 생산환경에서건, 시장에 공급되는 제품이 갖추고 있어야 할 기본적인 제품특성이며, 이 특성을 갖추지 않으면 시장에서 경쟁을 할 수 없다. 품질과 더불어, 이 기업이 Design Engineering 분야나 Price 분야에서 다른 기업을 능가하는 경쟁력을 갖추게 되면, 이 부분에서 'Order Winner'의 자격을 갖추게 된다.

※ 문제 2.
어느 회사는 제품수명주기 상 성숙기 단계에 들어가고 있는 제품 라인을 갖고 있다. 판매 수량은 꾸준하지만 그 기업의 시장 점유율은 그리 크지 않다. 제품은 기능 별 레이아웃으로 조직된 범용 기계를 이용하여 생산된 후 재고로 저장된다. 생산 장비는 세 가지의 다른 제품 라인 간에 공유되고 있다. 각 제품라인은 대체로 비슷한 정도로 생산 설비 시간을 사용한다.

이 회사는 현재 다음과 같은 조처를 취하려고 생각하고 있다. 이들 조처 중 제품수명주기와 시장 점유율 측면에서 가장 적합하지 않은 것은 어느 것인가?

A. Discontinuing the product line.
B. Establishing dedicated capability for the line within the current facility.
C. Adding a large number of options to the product line.
D. Acquiring a distributor of the line to increase market share.

답: D
해설)
위 문제의 문장에서 다음의 내용을 확인할 수 있다.

- 제품의 PLC가 성숙기에 접어 들었다. 따라서 이 제품은 가격경쟁력을 갖추어야 한다.
- 이 제품은 시장에서 점유율은 크지 않다. 즉 기업에서 중요도가 높은 제품은 아니다.
- 이 제품은 현재 Job Shop 방식으로 생산되고 있다. 따라서, Delivery Speed와 Price에 문제가 있을 수 있다.

위 문제는 "이 제품에 대한 의사결정 중 가장 적합하지 않은 의사결정은 무엇인가?"이며, 문항 D가 가장 부적합하다.

문항 A는 이 제품을 더 이상 생산하지 않는다 인데, 현재의 PLC에 제품의 경쟁력이 부족하기 때문에 가능한 의사결정이다. 문항 B는 현재의 시설에 이 제품만을 위한 'plant-within-plant' 설치하겠다는 것이다. 추가적인 투자가 필요하지만 가능한 대안 중의 하나이다. 문항 C는 제품에 보다 많은 특성을 갖게 한다는 것으로, job shop으로 되어 있는 기존 레이아웃의 특징을 최대한 활용하는 전략이다. 문항 D는 유통망을 확충하겠다는 것인데, 무리한 투자만을 유발할 가능성이 있어 현재의 제품수명주기 상의 전략으로는 적합하지 않다.

※ 문제 3.

프로세스 별 레이아웃(process-focused layout)은 다음 중 어떤 것을 생산하기에 가장 적합한가?

A. Custom window coverings.

B. Personal computers.

C. Office furniture.

D. Telephones.

답: A

해설)

위 문제는 결국 job-shop 형태의 생산방식에 적합한 제품은 어떠한 것인가를 묻는 문제이다. 아래 제품 중 이에 가장 적합한 것은 주문형 창 덮개(Custom window coverings)이다. 문항 B, D는 모두 대량생산되는 제품이다. 문항 C는 표준품을 대량생산하거나 또는 고객 요구에 따라 주문생산을 할 수 있는 제품이다. 이것도 정답으로 생각할 수 있지만, '주문품' 임을 명시한 항목은 A 문항이다.

핵심정리

생산(운영)전략의 개발

- 생산전략은 사업전략의 방향과 일치하고 정렬되는 것이 중요하다.
- 생산이 사업전략을 지지하기 위해서는 전략적 성과측정 지표가 개발되고 관리되어야 한다.

제품, 서비스 프로세스 설계

- 품질(quality), 원가(cost), 유연성(flexibility)' 시간 또는 속도(time, speed), 약속 지키기(dependability) 등 경쟁우위 요소는 제품 서비스 설계의 출발점이 된다.

구조 결정(structure choice)

- 구조결정 의사결정의 4 단계는 공정은 볼륨-믹스 요구사항에 부합하는가?, 공정의 배치(layout)은 적절한가?, 공정의 기술(technology)은 적절한가?, 직무설계(job design)은 적절한가? 이다.

제18장

하부구조 시스템과 변화관리

변화관리 단계 모형

리더십과 관리자의 역할

프로젝트 관리

제 18 장 하부구조 시스템과 변화관리

용어 사전

변화관리(change management)
변화관리란 구성원의 저항을 극복하고 변화가 일어날 수 있도록 변화의지를 불러 일으키고, 적절한 변화 안이 마련될 수 있도록 유도(비전 설계, 변화 실행 및 내재화)하며, 이러한 일련의 과정이 장애 없이 진행될 수 있도록 행하는 총체적 관리를 말한다.

결함 트리 분석(FTA: fault tree analysis)
결함 트리 분석은 어떤 결함으로부터 역 방향으로 모든 가능한 실패의 원인을 추적해가는 분석으로서 품질관리 도구의 특성요인도(cause-and-effect diagram)와 비슷하다.

프로젝트 작업분해구조(WBS: work breakdown structure)
프로젝트 작업분해구조는 복잡한 프로젝트를 분해해서 전체 프로젝트가 어떻게 구성되어 있는지 알 수 있게 하는 그림이다.

학습 목표

- ✧ 변화관리 단계 모형에 대해 설명할 수 있다.
- ✧ 변화 및 변화관리의 필요성을 설명할 수 있다.
- ✧ 변화를 리드하는 데 있어서 리더십과 관리자의 역할에 대해 설명할 수 있다.
- ✧ 조직 문화 창달이 왜 중요한지 설명할 수 있다.
- ✧ 위험의 평가와 경감 방법에 대해 설명할 수 있다.
- ✧ 프로젝트 관리에 있어서 프로젝트관리의 특성, 성격, 평가에 관해

설명할 수 있다.

✧ 프로젝트 성공을 위한 정성적인 질문과 방법들을 설명할 수 있다.
✧ 프로젝트 작업분해구조에 대해 예를 들어 설명할 수 있다.
✧ 주경로 분석(Critical Path Analysis)의 표시법에 대해 설명할 수 있다.

변화관리 단계 모형

변화의 필요성

조직은 자신의 전략을 실행하고 전략목표를 달성하기 위해 노력하는 과정에서 변화(change)를 요하는 국면들을 만나게 된다. 그렇다면 조직은 왜 변화를 필요로 하는가?

- 경쟁우위의 달성 – 만약 조직이 변화하지 않는다면 경쟁자에 비해 뒤처질 것이다.
- 장기간의 생명력 유지 – 변화는 조직이 재무적 성과를 유지하면서 장기간 존속하게 하는 생명력을 유지하는 데 필요하다.
- 지속적인 기술 개발에서 최신에 섬 – 기술 상의 변화는 조직이 그에 따라 변화할 압력으로 작용한다. 예)컴퓨터와 인터넷 기술의 발전
- 조직의 기대와 현재 성과 간의 갭을 극복함 – 이 차이가 장래의 불확실성을 보전할 정도보다 크지 않도록 변화해야 한다.
- 규정 변화에 대응 – 환경, 정부, 재무 등에 대한 규제나 규정은 지속적으로 변한다. 예)자동차의 배기가스 규제

변화관리의 필요성

오늘날 기업을 비롯한 조직들이 겪는 변화에의 압력은 대세이고 피할 수 없는 것임에도 불구하고 구성원들은 여러 가지 이유에서 조직변화에 저항한다. 경영자는 이 점을 이해하고 변화를 추진해야 한다.

구성원들이 변화에 저항하는 이유는 다양하며, 이것은 논리 이전에 감정적인 것이고 어쩌면 당연한 것이다.

그러나 오늘날의 경영환경에서 변화는 조직의 발전을 위해 선택이 아니라 필수 사항이다. 조직 내 구성원이 즐겁게 받아들일 수 없다 하더라도 변화하지 않으면 안 되는 시대가 된 것이다. 그런 만큼 이왕에 필요한 변화를 앞서 계획하고 긍정적인 방향으로 촉진시킬 줄 아는 조직은 오늘날의 경쟁에서 분명 유리한 고지에 설 수 있다.

변화관리 개요

변화관리(change management)란 구성원의 저항을 극복하고 변화가 일어날 수 있도록 변화의지를 불러 일으키고, 적절한 변화 안이 마련될 수 있도록 유도(비전 설계, 변화 실행 및 내재화)하며, 이러한 일련의 과정이 장애 없이 진행될 수 있도록 행하는 총체적 관리를 말한다.

실패한 변화 프로젝트의 원인 중 많은 부분은 변화에 수반되는 조직적, 인적 요소를 충분히 고려하지 않았기 때문으로 알려져 있다. 따라서 변화 프로젝트를 성공적으로 완수하기 위해서는 반드시 인적 요소를 포함한 체계적인 변화관리 활동이 되어야 한다.

조직 수명주기와 변화관리

조직변화는 점진적인 변화와 변혁적인 변화가 반복적으로 연결되면서 일어난다. 대개 조직의 수명주기의 흐름을 바꿀 정도의 변화는 변혁적인 조직변화에 의해서 가능하다.

일반적으로 조직은 '태동기→성장기→성숙기→쇠퇴기'라는 수명주기에 따라 순환한다. 그러나 조직 성과가 하강곡선을 그리기 이전에 새로운 성장을 일으킬 변화를 준비한다면 조직은 지속적인 발전을 할 수 있다. 여기에 변혁적인 조직변화의 필요성이 있는 것이다.

그림에서 'a→b→c→d'의 변화는 점진적 변화를 표시하고 있는데, 어떤 조직이 점진적 변화에만 의존하면 태동기, 성장기, 성숙기, 쇠퇴기라는 일반적인 수명주기를 따를 수 밖에 없다는 것이다. 따라서 조직은 스스로 변혁적 변화를 통하여 수명주기가 쇠퇴기로 꺾이기 이전에 새로운 성장곡선을 만들어 'A→B→C' 라는 계속기업으로서의 성장곡선을 만들어야 한다.

점진적 변화와 변혁적 변화

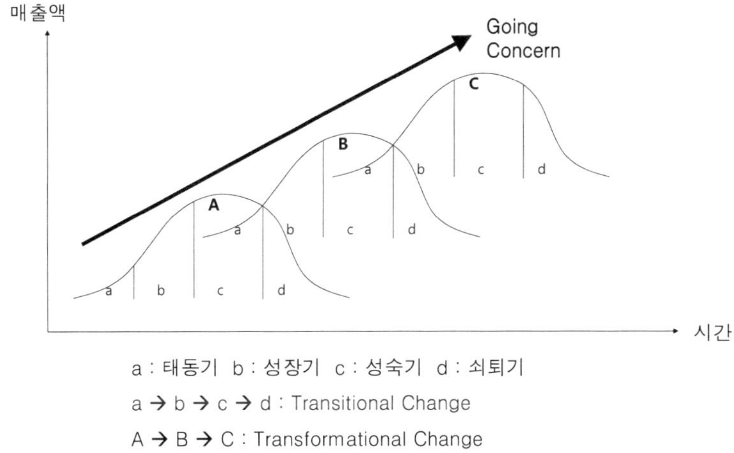

조직 변혁의 연속 과정

점진적인 변화는 대체로 운영효율을 개선하기 위한 혁신을 말한다.

존 코터의 8단계 변화관리 모형

존 코터(John P. Kotter)는 "Leading Change"라는 논문에서 변화관리의 8 단계 모형을 다음과 같이 제시했다.

제1 단계	위기감 조성 환경 및 경쟁상황을 조사한다. 위기와 주요 기회 등을 인식하고 토론한다.
제2 단계	강력한 변화 추진팀 구축 변화노력을 이끌기에 충분한 힘을 가진 집단을 구성한다. 그 집단이 하나의 팀으로 협동할 수 있도록 격려한다.
제3 단계	비전 창조 변화 노력을 이끄는 데 도움이 되는 비전을 창조한다. 비전 달성을 위한 전략을 개발한다.
제4 단계	비전 전달 새로운 비전과 전략을 전달하기 위해 가능한 모든 수단을 사용한다. 변화 추진팀의 예증을 통해 새로운 행동을 교육한다.

제5 단계	구성원이 비전에 따라 행동하도록 엠파워먼트 추진 변화에 대한 장애물을 제거한다. 비전에 악영향을 미치는 시스템이나 구조를 변경한다. 위험감수 행동, 틀에서 벗어난 아이디어·활동·행동 등을 격려한다.
제6 단계	단기적인 성과를 위한 계획수립 및 실현 가시적인 성과향상을 위한 계획을 수립한다. 성과 향상을 실현한다. 성과 향상에 참여한 종업원들을 인정하고 보상한다.
제7 단계	달성된 성과향상의 통합과 후속 변화의 창출 증진된 신뢰를 이용해서 비전에 맞지 않는 시스템, 구조, 정책을 변경한다. 비전을 수행할 수 있는 인력을 고용, 승진, 개발한다. 새로운 프로젝트, 주제, 변화의 동인을 이용, 변화 프로세스를 재 활성화한다.
제8 단계	새로운 접근방법의 제도화 기업의 성공과 새로운 행동 간의 연관성을 명문화한다. 리더십의 개발과 그 계승을 확실히 하는 수단을 개발한다.

5단계 모형과 3 단계 모형

변화 단계는 다음과 같이 5단계로 설명할 수도 있다. 킬만(Kilman)은 앞의 8단계 프로세스와는 다르게 효과적인 변화관리 과정을 다음과 같이 5 단계 프로세스로 제시하고 있다.

1 단계 – 변화 공감 및 비전제시
2 단계 – 개인능력 증진(능력 개발)
3 단계 – 조직능력 증진(능력 확산)
4 단계 – 조직변화 정착(전략과 구조)
5 단계 – 개인변화 정착(보상 제도)

변화에 필요한 Motivation 증진

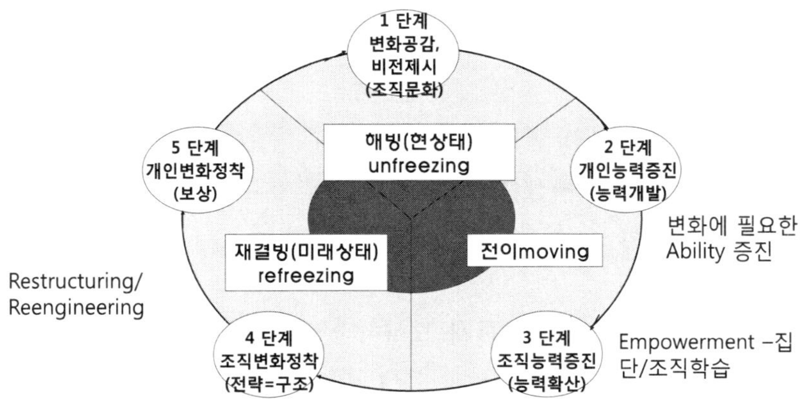

Kilman의 5 단계 & Lewin의 3단계 변화모형

5 단계의 변화과정은 그림과 같이 르윈(Kurt Lewin)의 '해빙-변화-재결빙'이라는 3 단계 변화과정을 좀 더 상세히 전개한 것이다.

킬만이 제시한 5 단계 조직변화의 세부 내용은 아래 표와 같다.

단계	주요 내용	비고(르윈의 단계)
조직문화	변화의 필요성 인식 및 공감대 조성 (변혁에 대한 비전 및 신념 부여) chaos-making을 통한 새로움 추구 (cognitive learning)	해빙 (unfreezing)
능력개발	변혁에 필요한 구성원의 능력 배양 종합적 능력(전문적+사회적+도구적 능력)의 체계적 육성(individual learning)	변화 (moving)
능력확산	개인능력의 조직화 엠파워먼트를 통한 구성원 능력의 시너지 효과 추구	

	(group & organizational learning)	
제도·구조	제도적 뒷받침을 통한 변혁의 공식화 변화 및 가속화 업무 및 조직구조의 재설계 (조직차원의 변화 굳히기)	재결빙 (refreezing)
보상 (강화)	긍정적(및 부정적) 강화를 통한 변혁의 내재화 추구(개인차원의 변화 굳히기)	

이상의 단계 모형은 간단하게 묘사하자면 (현 상태 분석(current state) → 미래 상태 그리기(future state) → 변이 단계 설계(transition state))의 순이 될 것이다.

현 상태의 진단

조직의 현 상태를 진단하기 위해서는 다음과 같은 영역을 분석해야 한다.

- 구성원
- 공정과 업무절차
- 기술
- 내부의 강점과 약점
- 외부의 기회와 위협

현 상태의 진단에서 조직 구성원에 대한 진단은 변화 준비도(readiness for change)에 대한 평가가 포함되어야 한다. 변화의 필요성을 공감하기 위해 조직의 현 상태에 대한 진단 결과는 서면화 되어 조직 내에 공유될 필요가 있다.

미래 상태에 대한 정의

미래 상태에 대한 정의는 조직이 서비스를 제공하고자 하는 시장과 고객의 요구사항에 기반하여 이루어진다. 이들 요인이 잘 이해되었을 때 조직은 자신의 미래 비전과 전략을 기술할 수 있게 된다.

미래 상태의 기술에는 다음 사항이 포함된다.

- 고객의 요구사항
- 성과의 목표수준
- 이들 목표수준을 어떻게 충족할 것인가?

비전을 수립하는 과정에 구성원들이 참여했다면 그 실행 단계에서 더욱 잘 지원할 가능성이 많다. 이를 위해 비전을 만들 때 '비전 팀'에 종업원들을 참여 시켜 brainstorming을 하는 것이 바람직하다.

변이 단계의 정의

변이 단계는 현 상태에서 미래 상태로 움직여 가는 여정표(milestones)를 포함한다. 이 여정표를 보면 현 상태에서 미래 상태로 움직여 가는 진도를 시각적으로 볼 수 있다.

리더십과 관리자의 역할

변화 리드하기

리드(lead)한다는 것은 어떤 방향이나 행동, 의견에 대해 영향력을 해사하고 지도하는 것이다. 리더는 조직으로 하여금 비전을 갖고 그 비전을 현실로 만들어 잴 수 있도록 하는 능력을 가진 사람이다. 리더십은 조직문화, 설계, 구조, 의사결정 등을 포함하며, 정보를 전파하고 넓은 범위의 경영을 포함한다.

문화 창달

조직이 변화 과정을 수행하는 동안 기존 기술이나 방법이 폐기되는 등

경영 철학, 절차에 있어 많은 것이 달라진다. 조직 문화 상의 변화를 이끄는 일은 조직의 현 상태를 이해하고 미래의 비전과 전략을 명확히 하는데서 출발한다. 모든 조직구성원이 새로운 비전과 전략을 수용할 때 구성원들의 행동은 요구되는 변화에 일치될 수 있다. 조직 문화를 창달하기 위해 리더가 사용할 수 있는 방법들은 다음과 같다.

- 변화가 필요함을 구성원들에게 커뮤니케이션 함
- 구성원들로 하여금 참여토록 북돋움
- 전체 조직을 하나의 팀으로 봄
- 제안을 신속하게 실행함
- 커뮤니케이션을 가로막는 장벽을 제거함
- 구성원들에게 사명감을 갖게 함
- 긍정적 또는 부정적인 사업 결과를 커뮤니케이션 함

변화 준비

리더십은 반드시 최고경영자만의 역할이 아니라 일단의 리더십 커뮤니티에 의해서 발휘된다고 볼 수 있다. 최고경영자는 적절한 권한위임을 통하여 변화관리를 위한 리더십을 간접적으로 수행할 수 있다.

관리자가 수행해야 할 리더십 역할

많은 관리자들이 변화관리의 전면에 서서 리더십을 행사해야 한다. 변화를 수행하는 데 있어서 관리자가 해야 할 일은 다음과 같다.

- 조직문화의 변화를 촉진함
- 감독자를 임명하여 코치 역할을 하게 함
- 관찰을 통한 경영(manage by observation)
- 정보 공유
- 인센티브 제공과 인정
- 대화와 문제해결을 위한 추가적인 일정의 반영

종업원이 해야 할 일

변화 과정이 원활하게 수행되기 위해서 종업원은 목표와 전략에 일치되어 있어야 한다. 이렇게 되기 위해서 미래 상태를 실현하는 데 요구되는 능력과 일하는 방법을 습득하기 위한 교육과 훈련이 필요하다.

- 교육과 훈련은 조직의 상층부에서부터 실시되어야 한다.
- 교육과 훈련은 변화의 영향을 받는 모든 종업원을 포함해야 한다.
- 변화 과정에 참여시킴으로써 종업원의 엠파워먼트가 증진되며 변화에 동참할 가능성이 커진다.
- 종업원의 각자 전문성과 창의력이 변화 과정에 반영될 수 있다.

모든 이해당사자(stakeholders)들의 참여

변화과정이 성공적이기 위해서는 조직 내 모든 이해당사자들을 참여시켜야 한다. 예를 들어 지역사회에 회사가 어떤 시설을 건설하려는지 등의 계획을 미리 커뮤니케이션 함으로써 변화의 과정 중간에 있을지 모르는 지역사회의 반대 여론을 우호적으로 유지할 수 있을 것이다.

위험의 평가와 경감

위험의 평가와 경감(risk assessment and mitigation)은 실패의 영향 내지 빈도를 줄이는 것으로서 전략적 변화의 실행이나 의사결정에 중요한 부분의 하나다. 이는 조직의 복원력을 증진시켜 성공 가능성을 높여준다.

운영활동 중에 어떤 확률의 실패는 늘 일어나기 마련이다. 하지만 실패들을 분석하여 유형에 따라 필요한 행동을 취하고 특히 가장 치명적인 실패를 막는 것은 조직의 장기적인 지속 가능성을 위해 매우 중요한 일이다. 여기서 가장 치명적인 실패란 일어날 가능성도 높으면서 그런 일이 일어났을 때 조직에 미치는 영향이 큰 실패를 말한다. 이런 유형의 실패에 대해서는 예방의 노력을 충분히 기울여 실패의 가능성을 최소화 해야 한다.

잠재적 실패의 평가

실패의 근본 원인을 이해하고 이런 실패가 났을 때의 결과를 이해하는 것이 조직의 복원력을 증진하는 첫 걸음이다. 어떤 실패는 무작위적인 사건에 의해서 발생하지만 대부분은 미리 잠재적인 실패임을 찾아냈다면 피할 수 있는 것인 경우가 많다. 다음은 몇 가지 실패의 원천들이다.

- 공급 측면 – 타이밍과 품질이 필요한 작업에 맞추어 인도되지 못함
- 작업 내의 실패들:
- 인적 실패 – 결원이 생기든지 업무를 잘 못해서 생기는 실패
- 조직적 실패 – 잘못된 공정, 조직 구조 또는 문화의 실패
- 기술 또는 설비 – IT 시스템, 장치 등의 실패
- 제품 또는 서비스 설계 – 설계 단계에서 제대로 설계해 내지 못하여 발생한 실패
- 고객 – 고객이 잘 못 사용해서 생기는 실패
- 환경 교란 – 조직 내 운영 통제 외적인 환경에 의해 발생된 실패. 예를 들어 천재지변, 테러 등

결함 트리 분석

결함 트리 분석(FTA: fault tree analysis)는 어떤 결함으로부터 역 방향으로 모든 가능한 실패의 원인을 추적해가는 분석으로서 품질관리 도구의 특성요인도(cause-and-effect diagram)와 비슷하다. 한 가지 차이는 원인을 찾아가는 가지(branch)에는 AND node와 OR node의 두 가지가 있다는 점이다.

- AND node – 이 노드의 아래에 있는 모든 가지의 사건이 모두 일어나야만 노드 위의 일이 일어난다.
- OR node – 이 노드 아래에 있는 가지들 중 어느 하나만 발생해도 노드 위의 일이 일어난다.

프로젝트 관리

프로젝트관리의 특성

프로젝트는 특정한 기간 내에 제한된 자원을 가지고 기업의 목표를 달성하기 위한, 서로 관련된 여러 종류의 활동으로 이루어져 있다. 잘 계획된 프로젝트는 언제, 무엇이 행해져야 하는지, 그리고 그때 필요한 자원은 무엇인지 명시할 수 있어야 한다.

프로젝트의 목적은 성과결과물로 평가된다.

- 유형: 재무보고서, 리모델링된 집
- 무형: 소프트웨어 프로그램, 사용자 훈련, 회사합병

목적지는 명확할지라도 과정은 유동적이고 동적이다. 프로젝트는 대개 유일무이한 일회성 사업이다.

- 대개 이전에 접해본 적이 없는 일회성 거래로서 늘 새로운 도전이 됨
- 예) 소프트웨어 개발 프로젝트, 회사 간의 합병

프로젝트 진행 상에 예기치 못한 불확실성이 내재되어 있다.

- 프로젝트 관련하여 기술, 자원 등에서 예기치 않은 사건 발생

다수의 이해관계자가 관계되어 있다.

- 고객, 기업, 팀 멤버, 상장된 회사의 경우 주주

한시적인 프로젝트 기한과 한정된 자원 하에서 수행된다.

- 정해진 기간 중에 일어나는 실수, 지체, 조정, 서투른 의사소통 등

명백한 권한이 합의되어 있지 않은 경우가 많다.

- 공식적인 조직의 관리체계와 상충될 수 있음(예: 매트릭스 조직)

프로젝트관리의 성격

프로젝트관리의 절차는 계획수립(planning - work breakdown structure), 일정수립(scheduling), 통제(controlling)의 단계로 이루어진다. 이런 과정을 관리할 유능한 프로젝트 관리자를 선발하는 것이 중요하다. 프로젝트 관리자는 신뢰성(credibility), 민감성(sensitivity), 스트레스 관리능력(ability to handle stress), 리더십(leadership) 측면에서 강점을 가진 사람이라야 한다.

프로젝트의 효율적 관리를 위한 원칙으로서 다음 사항이 포함된다.

- 사람들을 개인으로서, 그리고 동시에 팀으로서 대할 것, 늘 동기부여를 생각할 것, 모두에게 정보를 공유할 것, 건전한 갈등의 관리에 유념할 것, 엠파워먼트할 것, 그리고 참여자의 도전성과 창의성을 유발할 것 등이다.

프로젝트 성공을 평가하기

프로젝트의 성공을 평가하는 데 적용해야 할 원칙에는 다음과 같은 사항이 있다.

- 계획대로 완성된 프로젝트는 거의 없다.
- 목적지는 명확할지라도 과정은 유동적이고 동적이다.
  - 프로젝트의 성공에 대한 평가는 이해관계자 평가에 의해 결정된다. 그러나 이해관계자 집단이 서로 다른 이해, 가치, 목적을 가지고 있다면 평가는 복잡해진다.
  - 컨설팅 계약의 예: 운영비용의 절약, 계약에 의해 창출된 수입, 이들 척도 간의 우선순위 등. 따라서 이해관계자가 규명되고 그들 사이의 우선순위가 매겨지는 것이 절대적으로 중요하다.

성공을 위한 정성적인 방법들

성공의 가능성을 높이기 위해 과거 실패의 경험으로부터 배울 줄 알아야 한다. 성공을 위한 마음가짐으로서 중요한 사항은 다음과 같다. 불확실한 세상에서 사는 것을 당연한 일로 여겨야 한다. 이를 위한 방안은 다음과 같다.

- 보수적인 계획을 세울 것(예: 자원 이용률을 100%로 보면 안 된다.)
- 문제가 발생했을 때 이해관계자와의 의사소통 문제로 더 높은 비용, 연장된 기한, 그 밖의 여러 문제가 생긴다.

프로젝트에 관한 이해관계자의 기대를 늘 모니터링하고 이를 관리해야 한다.

- 시간에 따라 변해가는 기대를 관찰하고 통제해야 한다.
- 프로젝트 매니저는 프로젝트 수행 시 접촉하는 모든 사람에게 효과적으로 의사소통하고 긍정적으로 영향을 미칠 수 있는 인간관계 기술을 보여야 한다.

프로젝트의 의도되지 않은 확대를 경계해야 한다.

- 이는 잘못 관리된 기대가 시발점이 되어 잘못되고 일관되지 않은 커뮤니케이션에 의해서 발생한다.
- 프로젝트 범위를 명확하게 담은 문서적 커뮤니케이션과 계약이 중요하다.

프로젝트 관리 상의 질문

프로젝트 관리를 위한 관리 상의 질문은 다음과 같은 것들을 포함한다.

- 프로젝트를 완성하려면 어떤 활동이 요구되는가? 그리고 어떤 순서로 이루어져야 하는가?

- 언제 각 활동이 시작되고 끝나야 하는가?
- 프로젝트를 제 일정에 마치기 위해서 어떤 활동들이 중요한 활동인가?
- 프로젝트의 완성 기일을 맞출 가능성은 얼마나 되는가?
- 자원은 활동에 어떻게 할당되어야 하는가?

프로젝트 작업분해구조

프로젝트 작업분해구조(WBS: work breakdown structure)는 복잡한 프로젝트를 분해해서 전체 프로젝트가 어떻게 구성되어 있는지 알 수 있게 하는 그림이다. 예) 아래 그림과 같은 형태를 WBS라 한다. 이것이 완성되면 아래 표시되어 있듯이 인덴트된 형식으로 WBS를 기술할 수 있다.

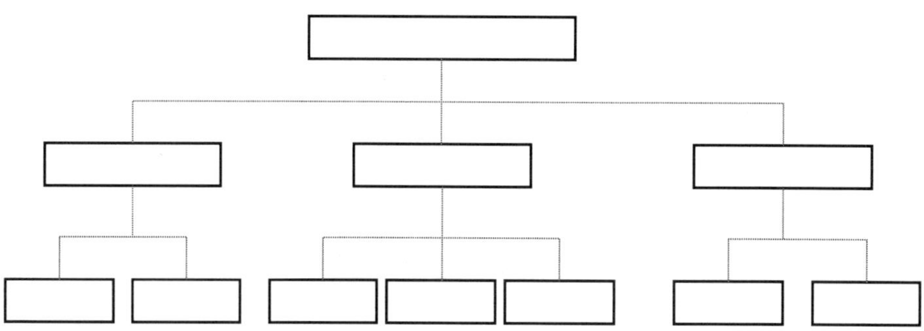

1.0 병원 이전 (Project)

1.1 환자 이송 (Task)

　　1.1.1 앰뷸런스 배치(Subtask)

　　　　1.1.1.1 환자 이송 준비

　　　　1.1.1.2 환자의 충격 파악하기

1.2 설비 이동

　　1.2.1. 이삿짐 센터와 계약

예 - 테니스대회 프로젝트를 위한 활동정보

어느 테니스 대회를 개최하기 위해 요구되는 활동들을 WBS로 분석한 결과 다음 그림과 같이 A~J 까지 10 가지 활동들로 이루어져 있음을 알 수 있었다. 각 활동들은 네트워크 상 어느 위치에 있어야 하는가를 알 수 있게 하는 '선행활동'이 나타나 있고 각 활동의 소요 일수가 제시되어 있다.

활동	활동	선행되는 활동	소요일수 (days)
장소 협약	A	-	2
참가 선수단 접촉	B	-	8
홍보계획 수립	C	A	3
진행자 선임	D	C	2
초청장 발송	E	C	10
참가선수와의 계약	F	B,C	4
볼 및 트로피 구입	G	D	4
식사 계약	H	E,F	1
구장 시설물 설치	I	E,G	3
경기 실행	J	H,I	2

테니스대회 프로젝트의 네트워크 다이어그램

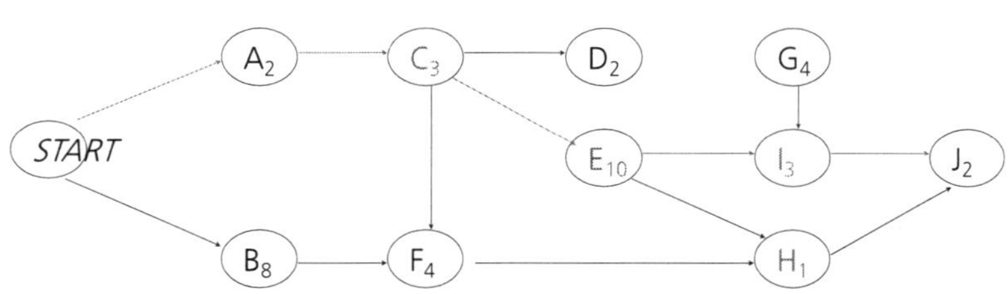

주경로 분석(Critical Path Analysis) 표시법

Activity duration *t* 해당 활동에 소요되는 시간

Early start *ES* 모든 선행활동들이 가장 일찍 시작되었을 경우 어느 활동이 착수될 수 있는 최단 시간(선행활동의
최단 종료시간 중 가장 긴 시간)

Early finish *EF* 어느 활동이 최단 시작 시각에 착수되었을 경우 그 활동이 종료될 최단 시각

Late start *LS* 프로젝트의 지연 없이 어느 활동이 최대한 늦게 시작 될 수 있는 시각

Late finish *LF* 어느 활동이 최장 시작 시각에 시작되었을 경우 그 활동이 완성될 수 있는 최장 시각(후행활동의 최장 시작시간 중 최소값)

Total slack *TS* 전체 프로젝트의 지연을 초래하지 않고 어느 활동이 착수를 지연시킬 수 있는 시간

이상의 정의에 따라 각 활동들에 대해서 ES, EF, LS, LF, TS 등 각 요소를 표시하면 다음 '일정계획 공식'과 같으며, 이 공식에 따라 네트워크 다이아그램을 완성하였다.

일정계획 공식:

TS	
ES	EF
LS	LF

$$ES = EFpredecessor\ (max) \quad (1)$$

$$EF = ES + t \quad (2)$$

$$LF = LSsuccessor\ (min) \quad (3)$$

$$LS = LF - t \quad (4)$$

$$TS = LF - EF\ ,\ or \quad (5)$$

$$TS = LS - ES \quad (6)$$

테니스대회 프로젝트의 네트워크 다이어그램

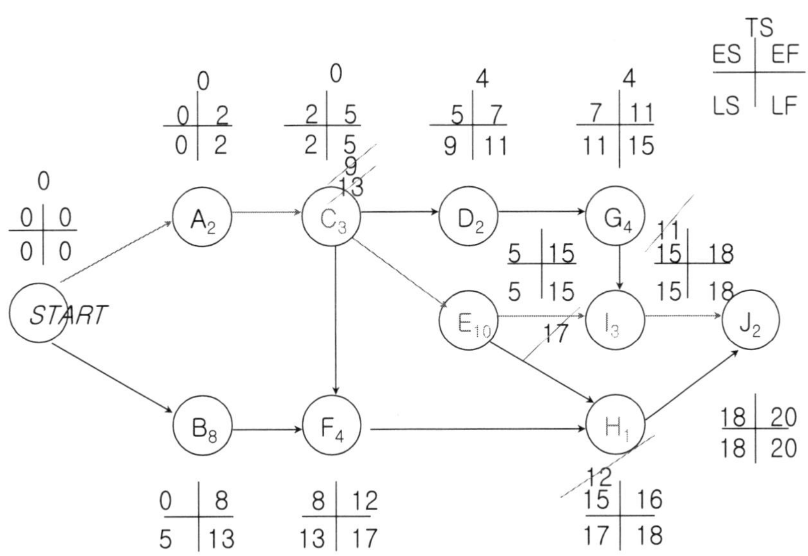

ES와 LS 가 같은 활동(또는 EF와 LF가 같은 활동)은 여유시간(slack time)이 없다는 것이므로 이 활동들을 연결하면 주경로(critical path)가 된다. 네트워크 다이어그램이 완성되면 다음 그림과 같이 테니스 대회 프로젝트에 대한 간트 차트로서 일정계획을 표시할 수 있게 된다.

Early Start Gantt Chart (테니스 시합)

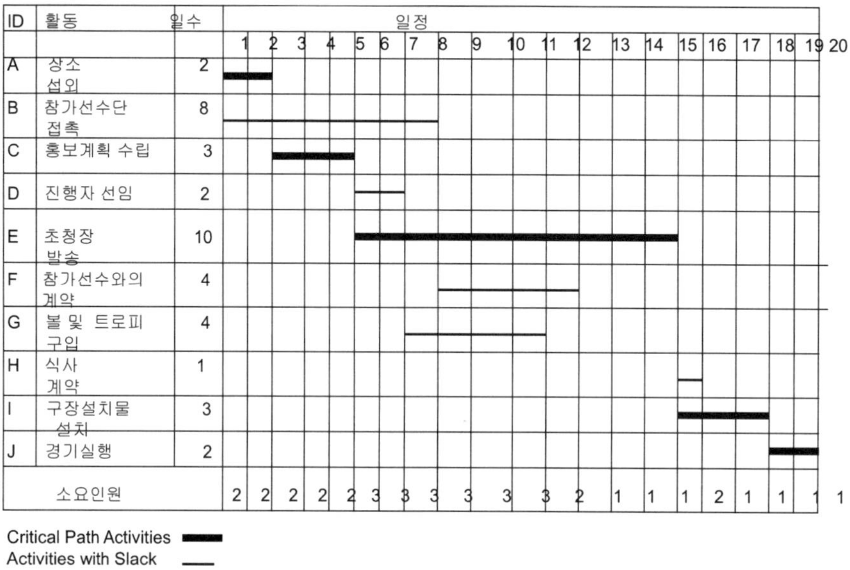

프로젝트 요구가 변할 때의 옵션

프로젝트의 요구사항은 흔히 변하기 마련이다. 이때 프로젝트 관리자가 취해야 할 선택안은 다음과 같다.

- 좀 더 많은 자원(인원, 자금, 장비)들을 가지고 더 짧은 시간에 프로젝트를 완성시키기 위해서 자원을 추가한다.
- 더 적은 요구사항들을 가지면 프로젝트의 소요기간이 짧아질 것이라는 생각에 성과결과물의 명세를 줄여서 더 적은 작업이 필요하도록 한다.
- 성과명세를 더욱 늘리거나 다른 방법으로 할 경우의 문제를 부각시켜 경영진의 기대를 바꾸어 프로젝트 기한을 연장한다.
- 위의 몇 가지 방법을 혼합한다.

도전 Quiz

※ 문제 1.

다음 중 대규모 변화를 시작하기 위한 첫걸음으로서 적절한 활동은?

A) develop a project plan
B) hire project manager
C) establish sense of urgency
D) establish the project budget

답: C

해설) 대규모 변화 프로그램의 첫 단계는 변화의 필요성과 시급성을 공감하는 것이다.

※ 문제 2.

다음 중 결함트리 분석과 가장 유사한 도구는 어느 것인가?

A) Cause-and-effect diagram
B) Project network diagram
C) Gantt chart
D) work breakdown structure

답: A

해설) 결함트리 분석은 특성요인도와 비슷한 형태로서 어떤 결함으로부터 역 방향으로 모든 가능한 실패의 원인을 추적해가는 변화관리 분석도구이다. 다른 항목들은 모두 프로젝트 관리의 도구들이다.

※ 문제 3.

project 를 수행할 때 평상시보다 많은 인원이 free slack 에 투입된다면 다음 중 옳은 것은?

A) 계획보다 빨리 끝난다.
B) 변화 없다.
C) 계획보다 늦게 끝난다.
D) 비용이 많이 들게 된다.

답: B
해설) 주경로가 아닌 곳에 인원을 투입하는 것은 전체 프로젝트 일정에 도움을 주지 못한다.

핵심정리

변화관리 단계 모형

- 조직은 자신의 전략을 실행하고 전략목표를 달성하기 위해 노력하는 과정에서 변화(change)를 요한다.
- 존 코터(John P. Kotter)는 변화관리의 8 단계 모형을 제시했다.
- 변화과정은 르윈(Kurt Lewin)의 '해빙-변화-재결빙'이라는 3 단계 변화과정을 좀 더 상세히 전개한 것이다.

리더십과 관리자의 역할

- 조직 문화 상의 변화를 이끄는 일은 조직의 현 상태를 이해하고 미래의 비전과 전략을 명확히 하는 데서 출발한다.
- 많은 관리자들이 변화관리의 전면에 서서 리더십을 행사해야 한다.
- 미래 상태를 실현하는 데 요구되는 능력과 일하는 방법을 습득하기 위해 종업원에 대한 교육과 훈련이 필요하다.
- 위험의 평가와 경감은 실패의 영향 내지 빈도를 줄이는 것으로서 전략적 변화의 실행이나 의사결정에 중요한 부분의 하나다.

프로젝트 관리

- 프로젝트는 특정한 기간 내에 제한된 자원을 가지고 기업의 목표를 달성하기 위한, 서로 관련된 여러 종류의 활동으로 이루어져 있다.
- 프로젝트 관리의 절차는 계획수립(planning - work breakdown structure), 일정수립(scheduling), 통제(controlling)의 단계로 이루어진다.
- 프로젝트 작업분해구조는 복잡한 프로젝트를 분해해서 전체 프로젝트가 어떻게 구성되어 있는지 알 수 있게 하는 그림이다.

제19장

유통시스템의 설계와 유통계획

유통 시스템의 설계와 전략적 이슈들

유통계획 시스템

제 19 장 유통시스템의 설계와 유통계획

용어 사전

CPFR(collaborative planning, forecasting, and replenishment)
CPFR은 공급체인 내 거래 파트너들 간에 원자재의 조달에서 고객에의 인도에 이르는 핵심활동에 대한 정보를 공유하며 결합된 계획과 예측을 하는 협력적 비즈니스 모형임

재 발주점(ROP) 방식
ROP 방식은 각 유통 센터의 재고를 관리하면서, 미리 설정한 수량 아래로 재고가 떨어질 때마다 보충 주문을 발생시키는 기법이다.

끌기 시스템(pull system)
끌기 시스템은 각 저장소에서 자체의 보충주문을 만들고, 상위의 유통센터를 거쳐, 결과적으로 최종 제품을 공급하는 공장까지 수요를 배분한다.

기간대별 발주점(TPOP: time-phased order point)
TPOP은 자재 소요 계획(MRP) 논리의 기반이 된 것으로서 기간대별로 예상가용재고가 안전재고 이하로 떨어지면 Lot Size가 감안된 계획오더를 만든다는 것이 기본 논리이다.

유통소요량 계획(DRP: distribution requirements system)
DRP는 유통 재고 관리에 중앙 집중 식 밀기 시스템의 구축을 위한 기본 틀을 제공하며, MRP가 자재 소요량을 계산할 때와 같은 논리로 계산한다.

학습목표

✧ 유통시스템 설계 상의 이슈들을 설명할 수 있다.

✧ 유통 네트워크 설계를 위한 위치, 안전재고, 부지의 문제를 설명할 수 있다.
✧ 재주문 발주점 방식의 끌기 시스템의 특징을 설명할 수 있다.
✧ 중앙집중식 밀기 시스템의 특징을 설명할 수 있다.
✧ VMI와 협업적 계획, 예측 및 보충시스템(CPFR)에 대해 설명할 수 있다.

유통 시스템의 설계와 전략적 이슈들

유통을 위한 전략적 쟁점

유통 계획을 수립하기 전에, 관리자들은 조직 내 다른 기능의 목적을 이해해야 한다. 유통계획 결정은 제품, 납기, 가격, 판촉, 자산 투자, 마케팅과 판매와 조달에 의한 원가, 회계에 관련되며 제품이나 서비스의 유통 전략 수립에 직접적인 영향을 미치게 될 것이다. 유통 계획을 수립하는데 있어서 고려해야 할 전략적 요인들은 다음과 같다.

- 제품이 소비자에게 공급하는 과정에 있어서 얼마나 많은 유통 단계를 거치는가?
- 각 유통 단계에 얼마나 많은 저장소가 있어야 하며, 지리상으로 어디에 위치해야 하는가?
- 각 단계의 저장소에서 어떤 기능(해체, 포장과 같은)이 수행되어야 하는가?
- 제조업자가 저장소를 소유하고 있어야 하는가 아니면 별도의 물류 회사들에게 하청을 주어야 하는가?
- 유통 네트워크의 한 단계에서 다른 단계로 상품을 선적하기 위한 가장 좋은 운송 수단은 무엇인가?
- 회사는 자체 소유의 유통 시스템을 가져야 하는가 아니면 일반 운송수단을 사용해야 하는가?

- 유통 네트워크의 운송, 저장, 상품 관리에서 원가를 절감할 수 있는 방안은 무엇인가?
- 보충 및 공급을 관리하기 위해서 어떤 시스템들이 구축되어야 하는가?

특히 마지막 질문은 재 주문량, 안전 재고 및 예상 재고와 관련된 결정을 포함해, 재고 통제 시스템의 개발에 관계된다. 통제 시스템은 유통 재고 관리에 있어서 "무엇을, 얼마나, 언제, 어디로"에 관련된 질문에 답할 수 있어야 한다.

제품의 유통을 위해 대개 저장소의 단계를 구축하는데, 여기에는 제조센터, 유통 센터, 도매업자 및 소매업자가 포함된다. 이런 지점들이 최초 생산자로부터 최종 고객까지의 공급망을 구성한다. 상품의 유통을 보통 로지스틱스(logistics)라 부르는데, 이것은 물자의 계획과 내, 외부로의 조달을 의미하는 용어다.

유통시스템의 목표

유통 시스템의 전반적인 목표는 원하는 시기에, 저렴한 가격으로 다수의 고객들에게 제품 및 서비스를 제공하는 것이며, 이 목표는 다음 목표들과 연관될 수 있다.

높은 수준의 고객 서비스 다양한 제품 제공

- 고객 기대에 부응하는 적절한 납품 소요 시간
- 고객 수요의 변동에 대비하기 위한 재고
- 전시품, 견본품을 포함한

높은 수준의 유통 효율성

- 최적의 유통 효율성을 위한 운송 및 저장 비용 최소화
- 공급자의 생산계획 혼란을 최소화하는 보급 주문의 평준화
- 저장소의 크기와 위치를 최적화

- 정확하고 시기 적절한 재고 데이터 제공

재고 투자 최소화

- 최소의 필수 안전 재고
- 과잉 재고를 피하는 최적의 주문 양

유통 모델

그림은 단일 제조지점, 지역 유통 센터, 지방 유통 센터나 도매업자, 최종 유통 센터나 소매상인을 포함하는 전형적인 유통 시스템을 보여주고 있다. 유통망의 각 단계는 재고가 관리되는 저장소를 나타낸다.

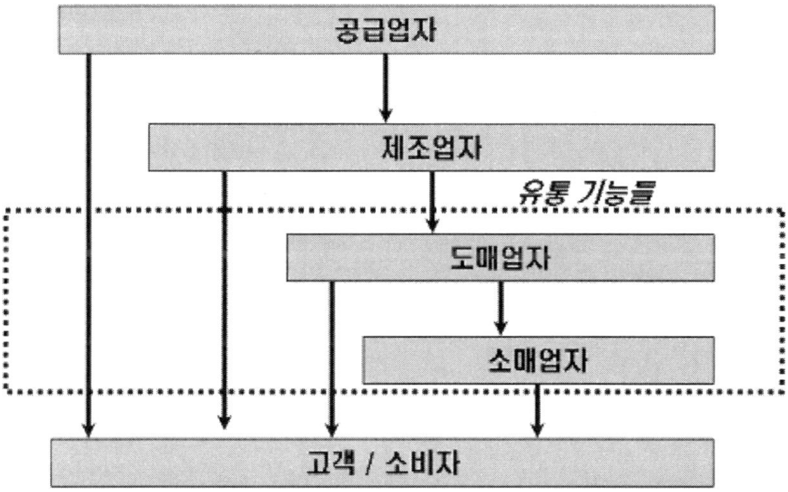

위 그림은 단일 제조지점, 지역 유통 센터, 지방 유통 센터나 도매업자, 최종 유통 센터나 소매상인을 포함하는 전형적인 유통 시스템을 보여주고 있다. 유통망의 각 단계는 재고가 관리되는 저장소를 나타낸다. 많은 회사들의 경우, 제품은 기업 소유의 유통 조직, 도매업자, 상인, 브로커, 소매상인과 같은 하나 혹은 그 이상의 중개자를 통해 최종 소비자에게 전달된다.

이런 관계 속에서 나타나는 마케팅 경로는 생산자로부터 소비자에 이르기까지 제품이 이동하는 흐름과 소유권 이동에 의해 만들어지며, 유통 경로에서 제품의 이동에 관여하는 파트너가 수행하는 기능에 의해 정의될 수도 있다.

유통모형

아래 그림은 다 단계로 구성된 유통 모델을 보여주고 있다. 여기서 제조회사나 유통회사는 마케팅, 제품 및 서비스, 운송과 저장에 관련된 모든 일들을 수행한다.

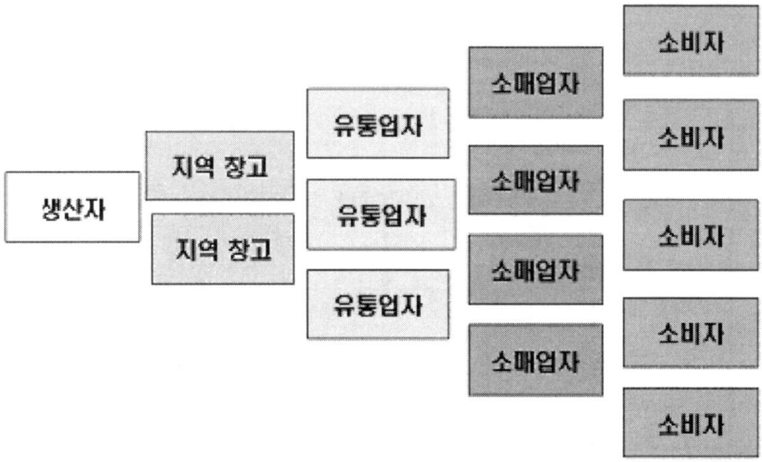

실제 각각의 유통 단계는 다시 여러 단계의 공급회사, 제조회사, 도매업자 및 소매상인으로 구성될 수 있으며, 각각은 마케팅, 물류기능, 운영원가의 일부나 전부를 수행할 수 있다.

계획 보충량 예측방법

합산에 의한 예측

예측 수행의 한 방법은 최종 유통 센터나 상점에서 과거의 자료를 근거로 미래의 수요를 추정하는 것이다. 이때 지수평활, 상관관계, 회귀, 시장조사 등의 기법들이 이용될 수 있다.

일단 최종 유통 센터들의 수요가 예측되면, 그것들의 합은 지방 유통센터의 수요 예측량이 된다. 아래 그림에서는 합산에 의한 예측의 한 예를 보여주고 있다. 이는 피라미드 예측의 roll-up 과 같은 개념이다.

			Forecast Periods							
			1	2	3	4	5	6	7	8
Region 1	Area 1	Store 1	150	150	150	160	160	160	170	170
		Store 2	80	80	80	80	80	80	80	80
		Store 3	250	255	260	265	270	275	280	285
		Store 4	25	25	30	40	30	25	25	25
	Area 1	Total	505	510	520	545	540	540	555	560
Region 1	Area 2	Store 1	100	100	100	110	110	110	110	120
		Store 2	75	75	75	75	75	75	75	75
		Store 3	210	200	190	190	190	200	200	210
	Area 2 Total		385	375	365	375	375	385	385	405
Region 1	Area 3	Store 1	40	40	40	40	40	40	40	40
		Store 2	110	120	130	140	150	160	170	180
		Store 3	90	90	100	100	110	100	100	90
		Store 4	500	480	470	470	470	480	480	480
		Store 5	60	60	60	60	60	80	80	60
	Area 3	Total	800	790	800	810	830	860	870	850
Region 1 Total			1690	1675	1685	1730	1745	1785	1810	1815
Region 2	Area 1	Store 1	340	340	320	320	310	310	310	310
			⋮	⋮	⋮	⋮	⋮	⋮	⋮	⋮

할당에 의한 예측

최종 유통 센터의 수요를 예측하는 또 다른 방법은, 전국 또는 전세계의 제품 판매량을 수량 단위로 예측하는 것이다. 총 판매량의 예측은 상대적으로 정확성이 높은데, 이것은 적은 수량을 소수의 고객에게 전개하는 것보다 많은 수량을 다수의 고객에게 전개하는 것이 예측의 오류가 적기 때문이다.

그리고 나서 각 지역 센터 별 과거 판매 비율을 근거로, 각 지역 유통센터의 수요를 예측한다. 지역 센터의 수요 예측량은 다시, 과거 판매 비율을 근거로 각 지방 센터의 수요 예측에 사용된다. 아래 그림에서는 할당에 의한 예측의 한 예를 보여주고 있다. 이는 피라미드 예측의 forceddown과 같은 개념이다.

		Forecast Periods					
		1	2	3	4	5	6
National forecast	100%	15000	15000	18000	18000	19000	19000
Region forecast							
Region 1	12%	1800	1800	2160	2160	2280	2280
Region 2	28%	4200	4200	5040	5040	5320	5320
Region 3	38%	5700	5700	6840	6840	7220	7220
Region 4	22%	3300	3300	3960	3960	4180	4180
	100%						
Region area forecast							
Area 1	40%	720	720	864	864	912	912
Area 2	25%	450	450	540	540	570	570
Area 3	15%	270	270	324	324	342	342
Area 4	20%	360	360	432	432	456	456
	100%						
Region 1 Area 1 Store forecast							
Store 1	30%	216	216	259	259	274	274
Store 2	15%	108	108	130	130	136	136
Store 3	50%	360	360	432	432	456	456
Store 4	5%	36	36	43	43	46	46
	100%						
	.	.	.	.	.	.	.

단계별 유통위치의 선정

그림은 공급 망의 기본 요소들을 나타내며, 유통 전략의 개발에 관한 주요 사항을 설명하는데 유용하다.

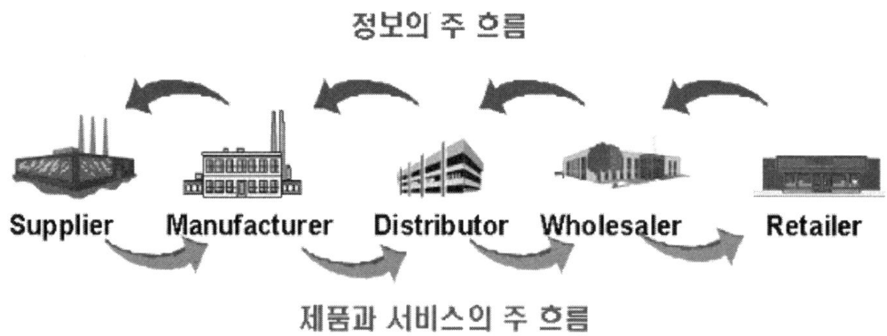

– 최하위 유통 센터 - 소매상인은 운송 원가를 낮추고 고객 서비스 수준을 높이기 위해, 가능한 한 최종 고객에 가깝게 위치해야 하며, 주차장 및 교통시설을 원활하게 이용할 수 있어야 한다.

- 지방 유통 센터 - 도매업자나 지방 유통업자들은 더 낮은 단계의 유통 지점에 제품을 직접 공급한다. 이들에게는 최종 고객이 편리하게 접근할 수 있는 위치보다는, 기차나 선박과 같은 운송 설비를 잘 이용할 수 있는 곳이 더 중요하다. 낮은 단계의 유통 센터에 빨리 접근해야 하기 때문에, 이들은 대체로 대도시 안이나 시장의 중심지에 위치해야 한다.
- 지역 유통 센터 - 지방 유통 지점에 제품을 공급하기 위해 지역 유통 설비가 필요하다. 세계적으로 많은 유통 네트워크들이 낮은 운송원가로 빠른 서비스를 시장에 제공하기 위해 북미, 유럽 및 아시아에 지역 유통 센터를 설치하고 있는 추세이다.
- 제조 공장 - 많은 회사들은 지역 및 지방 유통 센터에 더 나은 서비스를 제공하기 위해 지리적으로 그들의 공장을 분산시키고 있다. 어떤 경우에는, 동일한 제품을 시장에 더 빨리 내 놓기 위해 여러 공장에서 생산하기도 한다.

제조 공장 분산과 더불어, 각 공장은 주로 공급하는 지역 유통 센터를 가질 수도 있으며, 각 공장은 필요하다면 다른 지역 센터에 부족한 양을 채워줄 수도 있다. 또한 높은 수준의 고객 서비스를 제공하기 위해 지역 센터나 지방 센터가 다른 센터에 제품을 보낼 수도 있다.

유통 네트워크에서 필요한 안전재고량

일반적으로 네트워크의 각 단계에서, 유통 센터의 수와 규모는 반비례한다. 어떤 단계에서 큰 규모의 유통 센터를 적은 수로 운영한다면 부동산과 건설 원가는 적게 들지만 운송원가는 많이 들 것이며, 넓은 지역의 고객들에게 높은 수준의 서비스를 제공하는데 어려움을 겪을 것이다. 또한 단계내의 유통센터 수와 안전재고의 양에도 중요한 관계가 있다. 아래 내용은 단계내의 전체 안전 재고와 유통 센터의 수 사이의 관계를 보여주고 있다.

각 유통센터의 안전재고 = 전체 유통센터 재고 / (유통센터의 수)$^{1/2}$

위의 [공식]을 사용하여 각 유통센터의 안전재고를 구할 수 있다. 예를 들어, 어떤 회사에서 하나의 유통 센터에 500개의 안전 재고를 유지하면서 추가로 3개의 유통 센터를 더 가져 가려고 한다면, 각 유통 센터에서 요구되는 안전재고는 다음과 같다.

$$\text{Safety Stock} = \frac{500}{\sqrt{4}} = \frac{500}{2} = 250$$

따라서, 이 회사에서 갖고 가야 할 총 안전재고는 250 × 4=1000이 된다.

유통부지 선택

정성적 요소

유통 부지를 선정하는데 있어서 정성적인 요소들은 다음과 같다.

- 훈련된 노동 공급 능력
- 노동 관계/노동 조합
- 정부 규제
- 운송 시스템 가용성
- 기후 조건
- 학교, 의료, 복지 시설

아래 표에서는 유통 부지를 선정하는데 있어서 고려될 수 있는 몇 가지 요소들을 열거하고 있다. 정성적인 요소들은 다소 막연하고 측정하기가 어렵지만, 그럼에도 불구하고 중요하다.

주관적인 득점 평가표*

	Factor and weight**						
	Labor supply 8	Labor relations 6	Government regulations 3	Transportation 10	Climate 2	Schools, medical and recreation 4	Sum of weighted scores
Site #1	60	90	80	80	100	60	2500
Site #2	75	75	80	75	80	80	2520
Site #3	80	70	90	90	50	90	2690
Site #4	80	50	100	80	60	70	2440

* Score on a scale of 1 to 100
** Weight on a scale of 1 to 10 1 = least significant
10 = most significant

이런 무형의 요소들을 측정하는 한가지 방법은, 위의 표와 같이 각각의 요소에 다른 것들에 대한 상대적 중요성을 나타내는 가중치를 부여하는 것이다.

그런 다음, 각 후보지 별로 항목별 점수를 부여하며, 점수와 가중치를 곱한 값의 총 합계가 각 지역의 전반적인 정성적 가치를 나타낸다. 가장 낮은 가치로 평가된 지역은 제외될 것이며, 높은 정성적 가치가 있는 지역만을 대상으로 심도 있는 검토를 하게 될 것이다.

정량적 요소

유통 부지를 선정하는데 있어서 정량적인 요소들은 다음과 같다.

- 국내 운송 원가
- 해외 운송 원가
- 건물 및 토지 원가
- 지방세 구조
- 지방 노동력 원가

운송 원가와 이용 가능한 운송 설비는 유통 센터 위치 선택에 있어서 매우 중요한 요소이다. 운송 원가를 최소화할 수 있는 위치를 선정할 때, 많은 선형 계획 프로그램과 시뮬레이션 접근 방법이 사용되고 있다. 이러한 모델들은 많은 가정과 제약사항의 영향을 받는데, 그 가정과 제약사항은 결정과정에 도움을 주는 것은 사실이지만, 관련된 정성적 요소에 대한 진지한 고찰과 판단을 대신하지는 못한다. 이에 따라 부지를 선정할 때는 정량적인 요소와 더불어 정성적인 요소도 함께 사용되어야 최적의 부지를 선정할 수 있을 것이다.

유통계획 시스템

재 발주점 방식

유통 계획을 위해 처음 사용된 시스템은 재 발주점(ROP: reorder point) 방식이다. 기본적으로 이것은 각 유통 센터의 재고를 관리하면서, 미리 설정한 수량 아래로 재고가 떨어질 때마다 보충 주문을 발생시키는 기법이다. 다음은 잘 운영되는 재 발주점 시스템에 관련된 원칙들이다.

- 수요는 상당히 지속적이고 예측 가능하다.
- 발주점은 보충 소요시간 동안의 수요 예상량에 안전 재고량을 더해서 계산된다.
- 안전 재고는 보충 소요시간 동안의 예상되는 수요 변화를 감당하기 위해 설정된다.
- 재주문 발주 시스템은 기본적으로 이전 사용량이 앞으로도 같은 수량만큼 소비될 것으로 가정한다.
- 재주문 발주 시스템에는 공급자를 예상하지 못하는 요소가 있다. 그 결과로 발주점 아래로 재고가 떨어지거나 과잉 재고가 발생할 수 있다. 공급자에게는 어떤 사전 통지도 없이 독립적으로 각 주문이 만들어진다.

재 발주점 방식을 사용한 끌기(pull) 시스템

끌기 방식의 계획 및 통제 시스템에 적용되는 가장 중요한 원칙은, 각각의 유통 센터가 전통적 재고관리 방법으로 자신들의 재고를 관리한다는 것이다. 끌기 시스템은, 각 저장소에서 자체의 보충주문을 만들고, 상위의 유통센터를 거쳐, 결과적으로 최종 제품을 공급하는 공장까지 수요를 배분한다. 즉, 고객에게 제품을 직접 공급하는 저장소에서 보충 주문을 발주하면, 제품은 공장에서 시작해 유통 네트워크 조직을 거쳐 끌려온다는 것이다.

전통적인 발주점 논리를 사용하여 각각의 상점이나 유통업자들은 제품의 수요를 예측한다. 발주점은 보충 소요 시간(도매나 지방, 도매점으로부터 재 공급 되는데 걸리는 시간) 동안의 예상수요에 안전 재고를 더한 수량인데, 보통 재고 관리 단위(SKU)로 설정된다. 지방 유통센터, 지역 유통센터와 같은 중간 저장소 역시 전통적인 발주점 방식을 적용할 수 있다. 마지막으로, 생산공장의 최종 제품 재고는 주 생산일정(MPS)과 동일한 방식으로 관리될 수 있는데, 각 제품에 대한 총 수요 예측과 실제로 받은 보충 주문을 기반으로 관리한다는 것이다.

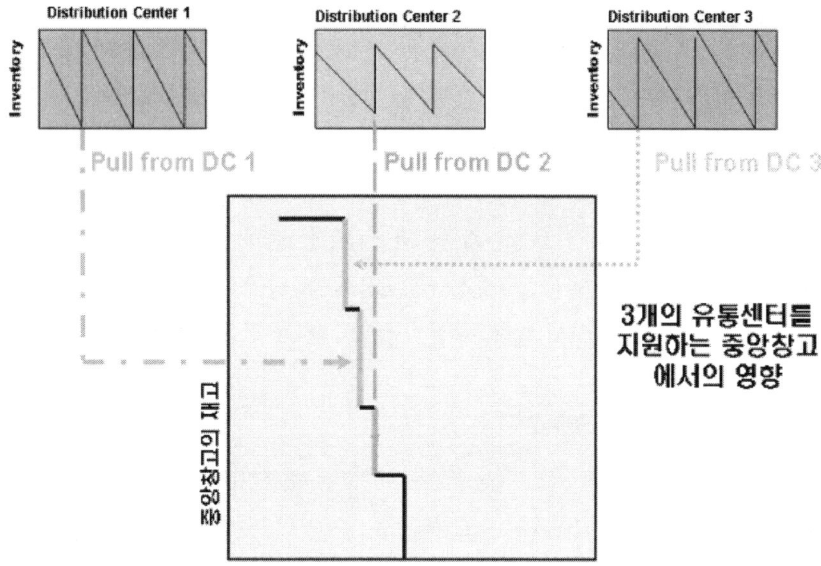

위의 그림에서는 발주점 방식의 끌기 시스템은 발주점을 이용했을 때의 단계적인 효과를 보여주고 있다. 이런 재 발주점 방식의 가장 큰 문제점은 각 중간 저장소와 공장에서 주문의 시기를 예측하기 어렵다는 것인데, 이는 각 저장소가 독립적으로 운영되기 때문이다.

중앙집중식 밀기(push) 시스템

밀기 방식의 재고 계획 및 통제 시스템은, 모든 재고 지점으로부터 자료를 수집해 집중화 된 방식으로 유통네트워크를 관리하는 것을 의미한다. 무엇을, 얼마나, 언제, 어디로 선적할 것인가의 결정이 하나의 중앙 위치에서 결정된다.

이러한 밀기 시스템이 어떻게 운영되는가를 살펴보기 전에, 몇 가지 기본적 개념을 우선 소개 한 후, 밀기 시스템으로 응용할 수 있는 유통 계획 시스템을 설명하도록 한다.

기간대 별 발주점(TPOP) 방식

이전까지 최 하위의 유통센터를 제외한 각 유통센터(생산 공장은 포함)에 놓이는 수요가 비연속적이고, 수량편차가 많다는 것을 설명했다. 이러한 문제를 보완해 줄 수 있는 기법으로, 자재 소요 계획(MRP) 논리의 기반이 되는 기간대별 발주점(TPOP: time-phased order point)은 분명히 발주점 시스템보다 더 나은 계획을 제공하고 있다. 이 계획 시스템은 기간대별로 예상 가용재고가 안전재고 이하로 떨어지면 Lot Size가 감안된 계획오더를 만든다는 것이 기본 논리이다.

유통소요계획(DRP)

DRP(distribution requirements planning)는 유통재고 관리에 중앙 집중 식 밀기 시스템의 구축을 위한 기본 틀을 제공하며, MRP가 자재 소요량을 계산할 때와 같은 논리로 계산한다. 각 SKU 별로 표준 TPOP의 표가 이용되며, TPOP를 이용해 품목별 소요량이 별개로 관리된다. MRP에서 BOM을 이용해 품목간의 연결을 기록하듯, DRP에서는 유통 목록표(bill of distribution: BOD)를 이용해 재고 저장소간의 상호 의존성을 관리한다. 최종 유통센터의 계획 발주량은 전통적인 TPOP방식으로 결정되고, 그것이 전개되어 상위 유통센터의 총 소요량이 된다.

VMI(vendor managed inventory)

APICS 용어집에서는 VMI를 다음과 같이 정의하고 있다. "공급자가 고객의 재고 데이터에 대한 접근권을 가지고 있으며, 고객이 요구한 재고 수준을 유지하는 책임을 가지고 공급망 수행을 최적화하는 수단"

VMI하에서는 보충 주문을 일으키기 위한 판매와 재고 관리를 고객 대신에 공급자가 수행한다. 이와 비슷한 유형으로서 VOI(Vendor Owned Inventory)는 미리 정해진 시간까지 소유권 이전을 하지 않고 고객 영역에 공급자가 물자를 배치하는 것을 말한다. VOI하에서 물자의 소유권은 판매 시간까지는 공급자에게 있으며, 이를 위탁판매라 한다.

협업적 계획, 예측 및 보충시스템(CPFR)

많은 유통 회사들은 그들의 완제품 재고를 관리하는데 어려움을 겪고 있는데, 일반적으로 이러한 재고는 부정확한 판매 예측으로 인하여 만들어진다. 부정확한 예측으로 팔리지 않는 품목은 과잉 재고로 쌓이고, 예측보다 많이 판매되는 품목은 이월 주문이 쌓이게 된다. 이런 예측의 부정확성은 필연적으로 유통업자와 최종 소비자에게 원가 인상 요인이 된다. 모든 소비재 유통 회사와 많은 생산재 회사는 전자 상거래의 출현으로 그들의 공급망을 재검토하고 있다. 대표적인 예로 Dell Computer는 "직접판매" 라는 철학으로, 유통 네트워크에서 중간 요소들을 제거하는 것의 사업 이득을 명백히 입증해 보였다.

CPFR(collaborative planning, forecasting, and replenishment) 시스템은 현재의 예측, 계획, 보충 절차를 대폭 재설계하는 것을 의미하며, 실행 초기에는 분산된 활동, 빈약한 시스템, 지원도구의 부족 등 여러 가지 이유로 어려움을 겪었다. 제조업자들은 종종 일부의 구성원들과 생산계획을 세웠고, 소매 상인들은 별개의 집단을 구성하였으며, 이로 인해 고객 서비스는 처음부터 좋지 않은 영향을 받았다. 하지만 향후 Wal-Mart를 시작으로 이러한 시스템을 성공적으로 구현하는 공급 망들이 많아짐에 따라 최근 들어, 공급 망 관리를 효과적으로 관리해 줄 수 있는 기법으로 각광받게 되었다. CPFR 시스템은 공동으로 관리되어야 하는 업무 절차, 정보 공유를 위한 표준들, 협력적인 노력의 결과들을 운영 시스템으로 통합하는 (형식) 방법 및 핵심적인 성과 측정 방법들을 의미한다.

CPFR의 최초 사용자는 Wal-Mart였으며, 그들은 CPFR 시스템을 지원할 정보 시스템 및 업무 흐름들을 발전시키기 위해, 공급망 소프트웨어 공급자인 Manugistics와 함께 제1차 공급자인 Procter and Gamble과 협업적으로 업무를 수행하였다. QR(quick response)는 협력적 계획, 예측 시스템의 일종으로 이는 소매업자가 자신의 point-of-sale system과 공급 체인 내의 모든 공급자를 연결하여 정보를 공유함으로써 대응 속도를 높이고자 하는 접근법이다.

유통 목록표(BOD)

여러 유통 환경을 대상으로 DRP를 적용하기 전에, 유통 목록표((bill of distribution: BOD)와 같은 기본적인 기술적 요구 사항들을 상세히 논의하는 것이 필요하다. 밀기나 끌기 시스템을 적용하더라도, 유통 경로에서 재공급에 필요한 커뮤니케이션은 대부분 비정규적이며 종종 임시 변통적인 절차에 의존하고 있다. 이런 환경에서는, 나머지 경로에 미칠 영향에 대해 명확히 이해하지 못한다면, 보충량 결정이 제대로 이루어질 수가 없다. DRP는 BOD를 사용해 경로 내 재고 저장소간의 통합 및 협력의 부족을 해결할 수 있다는 장점이 있다.

BOD는 자재 목록표(BOM)의 개념 및 구조에서 응용되었으며, BOM이 자 품목과 모 품목을 연결하는 것처럼 BOD 또한 공급 도매점와 지역 도매점를 연결한다. 이 둘 사이의 차이점은 미묘하지만 중요하다. 한 모 품목에 수요가 발생했을 때, MRP는 모 품목의 BOM을 참조해 소요량을 전개하고, 자 품목의 수요를 계산한다. 반면, BOD의 구조는 하위(지역 도매점)로부터 상위(공급 도매점)까지 요구량의 이동이 용이하도록 설계되었다. 종종 역 BOM이라고 불리는 이 구조는, 요구량이 아래보다는 위로 전달되는 역 전개 방식으로 실행하는 특징을 가지고 있다.

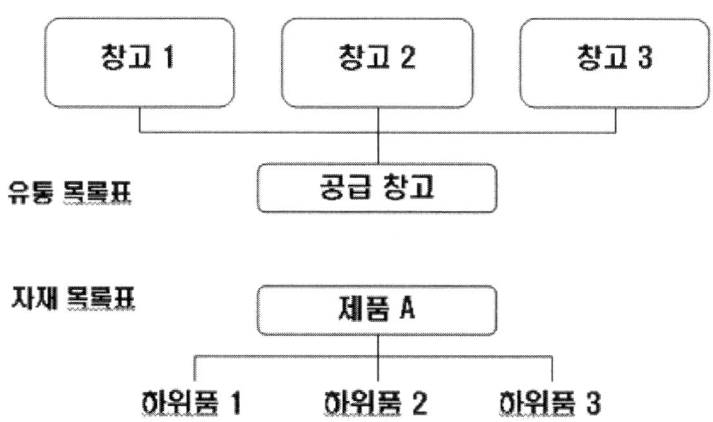

BOD는 다양한 경로 재고 흐름을 정확하게 배열하도록 구성할 수 있다. 예를 들어, 모든 품목이 모든 도매점에 저장되지는 않을 것이며, 혼합제품이 중앙 도매점이나 여러 개의 지역 또는 지방 유통 지점으로부터 고객에게 팔릴 수도 있을 것이다. 어떤 경우에라도, DRP를 효율적으로 수행하기 위해, 유통 경로에서 각 제품의 흐름을 상술하기 위한 BOD가 적절하게 구성되어야 한다.

BOD 사용의 장점은 다음과 같이 요약될 수 있다.

- 포괄적인 유통 경로가 구성될 수 있고, 그것으로 재고 계획자들에게 공급과 수요에 대한 경로의 상하 관계를 완전히 꿰뚫어 볼 수 있다.
- 공급 도매점과 지역 도매점과의 상호 연관관계가 분명히 설정되어 있다.
- 각 재고 저장소에서 각 품목의 재공급 경로가 분명히 정의되어 있다.
- DRP 수립 시 경로의 마지막 도매점에서 시작하여, 각 단계의 적절한 공급 도매점으로 상향 전진할 수 있도록 도와준다.
- 네트워크의 유통업자로부터 상인까지 전체 물류 관리를 위한 기본 틀을 수립한다.

이 두 시스템은 주 일정 단계(MPS)에서 연결된다. 이전 연습문제에서 풀었던 것과 같이, 중앙 공급지점에 대한 계획 주문은 주 일정을 전개하는 과정에서 기본적인 입력 중의 하나로 사용된다. 주 일정 계획은 공장간 주문이나 내부 주문과 같은 다른 필요량들을 고려할 수도 있지만, 유통 계획을 통해 여과된 제품의 수요 예측을 가장 큰 입력 요소로 사용한다.

DRP/MRP 연결

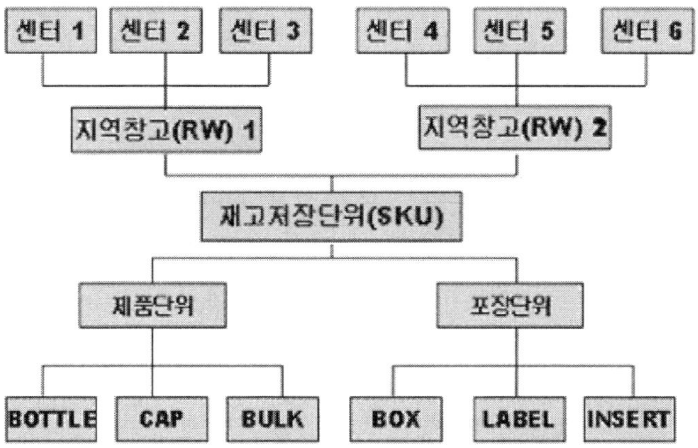

이 연결은 BOD과 BOM 사이의 연결 지점일 뿐만 아니라, 생산 능력이 연결되는 지점이기도 한다. 다시 말하면, 주 일정 계획은 개략 생산능력 계획(RCCP)의 일부분으로서 유통 능력을 확인할 수 있다. 그림에서 BOM은 완제품의 경로를 나타내고, SKU 단위는 제품 및 포장으로 구성 되어 있다.

도전 Quiz

※ 문제 1.

회사의 distribution center 수가 증가하였지만 고객 서비스 수준은 향상되지 못하고 그대로였다. 이 결과가 말하는 것은?

A. 운송비용의 증가
B. 납품 리드 타임의 증가
C. 부동산에 대한 투자 감소
D. 총 재고의 감소

답: A

해설)

동일한 수요지역에 Distribution Center를 추가하게 되면 다음과 같은 현상이 발생한다.

- 중앙창고(Central Warehouse)로부터 각 수요지역으로의 수송빈도가 증가한다. 따라서 기존과 동일한 수송체계로는 수송비가 증가하게 된다.
- 이를 극복하기 위해 전문수송업체(Third Party)를 이용할 수 있고, 이를 통해 수송비용을 급격히 감소시킬 수 있다.
- 해당 지역 유통센터(Distribution Center) 입장에서는 새로운 유통센터의 추가로 수요의 불확실성이 감소하게 되고, 이로 인해 동일한 고객서비스 수준이라 해도 기존 유통센터의 안전재고(Safety Stock)는 줄일 수가 있다.
- 각 유통센터의 안전재고의 수는 줄어드나, 전체 수요 지역 내 유통센터수의 증가로 안전재고 및 기간별 보유재고의 수는 증가한다.

※ 문제 2

DRP 시스템은 다음 중 어떤 측면을 지원하도록 설계되어 있는가?

A) Manage the factory floor

B) Manage finished goods in a distribution network

C) Maintain flexibility in the manufacturing process

D) None of the above

.

답: B

해설)

DRP는 유통 재고 관리 즉 완제품 유통재고에 대해 중앙 집중 식 밀기 시스템의 구축을 위한 기본 틀을 제공하며, MRP가 자재 소요량을 계산할 때와 같은 논리로 계산한다. 각 SKU 별로 표준 TPOP의 표가 이용되며, TPOP를 이용해 품목별 소요량이 별개로 관리된다. MRP에서 BOM을 이용해 품목간의 연결을 기록하듯, DRP에서는 유통 목록표(Bill of

Distribution: BOD)를 이용해 재고 저장소간의 상호 의존성을 관리한다.

※ 문제 3

최종 소매 매출을 생산 및 출하 일정과 연결하는 식으로 공급망을 거슬러 올라가서 정보를 연계하는 시스템을 무엇이라 하는가?

A) Vendor managed inventory
B) Virtual corporation
C) Quick response program
D) Point-of-use inventory

답: C

해설) Quick response programs(QR)은 소매업자가 자신의 POS(point-of-sale) 시스템 정보를 공급체인의 뒤 쪽에 있는 공급업자, 생산업자에게 연결해 줌으로써 판매에 대한 대응을 신속히 할 수 있게 하는 시스템이다. QR을 이용하면 유통망을 거치지 않고 공장에서 즉시 판매점으로 출하하는 것이 가능해진다.

핵심정리

유통 시스템의 설계와 전략적 이슈들

- 유통계획 결정은 제품, 납기, 가격, 판촉, 자산 투자, 마케팅과 판매와 조달에 의한 원가, 회계에 관련되며 제품이나 서비스의 유통 전략 수립에 직접적인 영향을 미치게 된다.
- 유통 시스템의 전반적인 목표는 원하는 시기에, 저렴한 가격으로 다수의 고객들에게 제품 및 서비스를 제공하는 것이다.
- 각 유통센터의 안전재고 = 전체 유통센터 재고 / (유통센터의 수)$^{1/2}$
- 유통센터의 선정 시 주관적인 득점 평가표가 흔히 이용된다.

유통계획 시스템

- 재 발주점(ROP) 방식은 각 유통 센터의 재고를 관리하면서, 미리 설정한 수량 아래로 재고가 떨어질 때마다 보충 주문을 발생시키는 기법이다.
- 끌기 시스템은, 각 저장소에서 자체의 보충주문을 만들고, 상위의 유통센터를 거쳐, 결과적으로 최종 제품을 공급하는 공장까지 수요를 배분한다.
- 기간대별 발주점(TPOP)은 자재 소요 계획(MRP) 논리의 기반이 된 것으로서 기간대별로 예상가용재고가 안전재고 이하로 떨어지면 Lot Size가 감안된 계획오더를 만든다는 것이 기본 논리이다.
- DRP는 유통 재고 관리에 중앙 집중 식 밀기 시스템의 구축을 위한 기본 틀을 제공하며, MRP가 자재 소요량을 계산할 때와 같은 논리로 계산한다.
- VMI하에서는 보충 주문을 일으키기 위한 판매와 재고 관리를 고객 대신에 공급자가 수행한다.
- CPFR 시스템은 공동으로 관리되어야 하는 업무 절차, 정보 공유를 위한 표준들, 협력적인 노력의 결과들을 운영 시스템으로 통합하는 (형식) 방법 및 핵심적인 성과 측정 방법들을 의미한다.
- 여러 유통 환경을 대상으로 DRP를 적용하기 전에, 유통 목록표(BOD)와 같은 기본적인 기술적 요구 사항들을 상세히 논의하는 것이 필요하다.

제20장

제조기업의 성과측정

성과측정 개요

성과측정의 유형

생산성 및 재무적 성과측정의 예

비재무적 측정의 예

제 20 장 제조기업의 성과측정

용어 사전

단일요인 생산성 척도(single-factor productivity measures)
단일요인 생산성 척도는 사용된 특정 자원의 단위 당 발생한 산출물의 총량이다.

종합요인 생산성 척도(total-factor productivity measure)
종합요인 생산성 척도는 자원 생산성의 단일 지표에서의 결과 및 산출물의 단일 단위를 생산하는데 필요한 모든 자원에게 가중치를 매긴다.

할인된 현재가치(discounted present value)
추정 손익의 미래 금액을 단순히 합산하면 프로젝트나 사업의 현금흐름이 과대 계상될 수 있다. 따라서 미래 예상금액은 현재 가치로 할인(discount)하여 합산해야 한다.

학습목표

- ✧ 성과측정 시스템이 추구해야 할 특성을 설명할 수 있다.
- ✧ 성과측정 시스템의 유형들을 설명할 수 있다.
- ✧ 생산성 및 재무적 성과측정의 특징을 예를 들어 설명할 수 있다.
- ✧ 운영적 성과 측정의 특징을 예를 들어 설명할 수 있다.

성과측정 개요

정의

기업 경영에 있어서 "측정하지 않으면 관리하지 못한다."는 것은 정설로 받아들여진다. 활동은 성과를 낳는다. 성과측정은 바로 경영활동의 결과인 성과(performance)를 정량화하는 프로세스다. 이 때 성과측정의 잣대를 무엇으로 할 것인가에 따라 다양한 성과척도(performance measure)가 이용될 수 있다. 성과측정 시스템(performance measurement system)은 경영의 목적과 목표 달성을 위해서 선택된 적합한 성과척도의 집합으로 정의될 수 있다.

이번 장에서는 일반적인 측정 시스템과 특히 운영 계획 및 조정 과정과 관련하여 측정을 다룬다. 이것은 다양한 척도와 측정의 카테고리를 다루며, 성과 개선을 촉진하기 위해 어떻게 사용하는가, 그리고 어떻게 조직의 활동들을 직접적으로 돕는지를 설명한다. 이는 공정 측정과 인원 측정으로 구분한다. 마지막으로 이번 세션은 전략적 목적으로 기업의 측정 과정의 중요성에 초점을 맞춘다.

성과측정의 두 차원

조직의 목표달성은 고객을 경쟁자보다 더 효율적, 효과적으로 만족시킴으로써 이루어진다. 여기서 효과성(effectiveness)이란 고객의 요구를 만족시키는 것을 뜻하며, 효율성은 기업이 주어진 수준의 고객만족을 위해서 자원을 얼마나 경제적으로 사용하는가의 척도이다. 이와 같이 성과는 항상 내부와 외부의 두 차원으로 구성된다. 예를 들어 품질과 관련된 성과척도의 하나인 제품 신뢰성을 보자. 효과성의 면에서 볼 때, 높은 수준의 제품신뢰성 수준을 달성하면 높은 고객만족으로 이어질 수 있다. 효율성 측면에서 제품신뢰성은 제품의 고장을 줄이고 보증 비용을 줄여서 기업의 원가를 낮게 할 것이다. 이렇게 볼 때, 기업성과의 수준은 기업이 행하는 활동으로부터 나오는 효율성과 효과성의 함수다.

생산 성과측정 모형

그림은 수행 측정 시스템에 대한 여러 중요한 함축적 의미를 나타낸다. 이 모델은 품질이 경쟁력 확보의 중요한 능력이며, 직접적으로 다른 경쟁력에 영향을 미치고 있음을 시사한다.

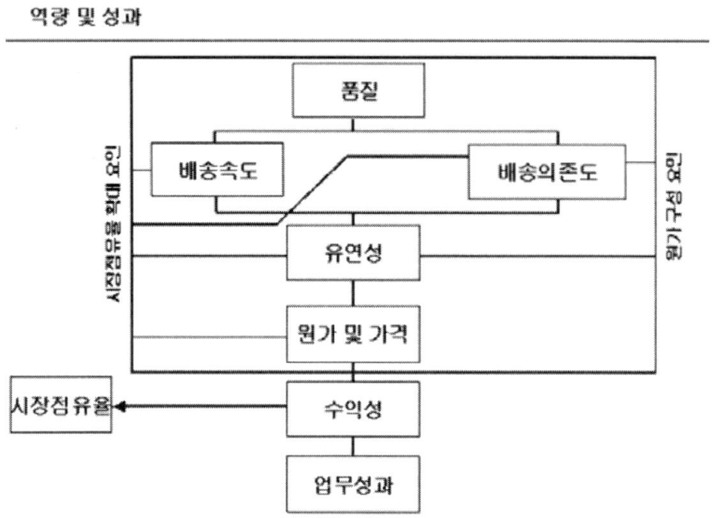

오늘날의 성공적인 조직들은 반드시 원가 하나보다는 다른 요소에 관해서 수행을 측정하기 시작해야 한다는 것을 보여주었다. 관리는 기업의 목적을 충족시키기 위해 측정 가능한 요소 중에서 수행 목표의 운영 계획을 수립할 필요가 있다. 고객의 요구 조건과 조직의 목적을 충족시키는 비결은 포괄적이고 균형이 잡힌 측정을 하는 것이다. 많은 기업들은 자신의 성과를 자신의 산업이나 다른 산업 부분에서 가장 성공적인 기업의 성과와 benchmarking을 통하여 비교한다. 기업은 성과측정 시스템을 통해 기업이 자사 제품에 가치를 부여하는 것과 고객 만족도를 향상시키기 위한 경쟁 우위를 유지하고, 확보하는 활동을 지지할 수 있어야 한다.

효과적인 측정 시스템의 특징

효과적인 성과 측정 시스템은 전통적인 재무 및 원가 회계 기준만 아니라 기업 경쟁력의 현 수준을 평가하는데 사용되는 전략적 성과 기준으로 구성되어야 한다. 효과적인 측정 시스템의 특징은 다음과 같다.

경영성과와의 연계성

- 성과지표들의 집합은 경영성과가 되며, 성과를 달성했다는 것은 사업전략 및 비전을 달성하고 있다는 것을 의미함

정량화 및 측정 가능성

- 측정을 통하여 문제(목표와의 갭)를 발견할 수 있고 의사결정을 위한 정보를 제공함

활동의 대표성

- 지표의 대표성이 있어서 공정 혁신의 결과가 성과측정 향상으로 나타나야 함

역할의 명확성

- 누가 그 일에 책임을 지는지 명확한 ownership이 정의되어 있어야 함

전략적 영향을 측정할 것

성과측정은 이를 통해 궁극적으로 조직의 비전과 전략을 달성하도록 돕는 것이기 때문에 성과척도는 전략성이 있어야 한다. 종래 관심의 초점이었던 원가절감과 가격만이 유일한 성과척도가 아님을 잊지 말아야 한다. 전략적인 성과측정은 다음과 같은 특징을 갖는다.

- 성과측정 및 관리는 한 두 가지 측면이 아니라 고객에게 중요한 모든 면에서 균형을 갖추어야 한다.
- 성과측정 및 관리는 고객에게 진정한 차이를 줄 수 있는 전략적 중요도의 범위를 명확하게 규정해야 한다.

- 조직의 목표에 따라 일관성 있는 측정이 되어야 한다.
- 성과측정의 추이는 성과측정의 값 만큼이나 중요하다.
- 현실성을 더 잘 반영하기 위해서는 원가 기반의 시스템을 시도하는 것이 중요하다.

성과측정의 유형

성과측정 시스템은 사업목표와 연계되면서 다양한 차원에 걸쳐 균형 잡힌 측정이 되어야 한다.

로컬 성과측정

로컬 성과측정(local performance measurement)은 활동의 부서 단위에 알맞은 측정이다. 과거에 이것은 종종 원가 회계 시스템과 관련된 측정으로 여겨졌다. 이런 측정은 전체 조직에 미치는 영향을 고려하지 않고 특정 지역 단위의 성과 최대화를 촉진한다.

로컬 측정은 종종 일관성이 없거나 다른 측정방법과 충돌한다. 이것은 자주 대다수 기업 목표 달성에 반대의 결과를 초래한다. 로컬 측정의 사례는 노동 생산성, 기계 주기 시간, 기계 가동률, 제품의 특정한 배치 생산에서의 결점 수, 코드의 천 개 라인 당 오류, 페이지당 고정 오류의 수, 병원당 감염의 수, 불평의 건수를 포함한다.

글로벌 성과측정

글로벌 성과측정(global performance measurement)은 일반적으로 조직의 전반적인 성과에 초점을 맞춘다. 글로벌 측정의 사례는 결점이 고객의 불만족을 유발하는 경우 단위 당 결점의 수이며 단위는 작업의 결과, 수익성, ROI, ROA, 전반적인 영업, 전반적인 고객 만족 지표 등 이 될 수 있다. 한 시각에서의 지역 측정이 다른 시각에서는 글로벌 측정이 될 수 있다.

부서 생산성의 측정을 예로 들자면, 이것은 공장장의 시각에서는 지역 측정이지만, 부서 직원의 시각에서는 글로벌 측정이다.

재무적 성과측정

재무 측정은 회계 시스템이나 조직의 재무 보고와 관련이 있다. 대부분의 기업의 재무 측정은 재무 부서에 일반적인 회계 시스템을 기반으로 한다. 일반적으로 외부 보고를 위한 회계 작성의 목적은 주주, 채권자, 조직의 외부 고객에게 기업의 재무적 상태에 대한 일관적이고, 공정하며, 정확한 보고이다.

그러나 대부분의 기업의 원가 회계 시스템은 매우 유사하며, 60여 년 이상 동안 잘 규정되고 적절했던 회계 과정에 기반을 두고 있다. 이런 측정은 종종 기업에 의해 수립된 예산 상의 혹은 다른 기준에서 원가의 미치는 긍정적, 부정적 차이에 초점을 맞춘다.

재무 측정의 사례는 다음을 포함한다.

- 매출액
- 수익성
- 차이분석
- 예산집행
- 생산원가

생산(운영)적 성과측정

운영 데이터 측정은 조직의 전략적 목표를 달성키 위하여 진행된다. 비재무적(nonfinancial) 측정은 기업이 단순한 재무적 관점에서는 정의될 수 없는 전략적 우위에 초점을 맞춤에 따라서 점점 더 많이 사용되게 되었다. 운영 측정은 재무적 관점에서 나타날 수 있다. 그러나 이런 측정은 일반적으로 운영 관점에서 나타난다. 운영 측정의 사례는 다음을 포함한다.

- 시장점유율

- 결점 비율
- 납기 준수율
- 데이터 오류의 수
- 서비스 만족 지표

프로세스 성과측정

이런 측정의 형태는 조직의 목표를 달성하는데 있어서 프로세스(공정)의 효율성을 추적한다. 많은 경우 개인이나 조직 단위는 일반적으로 이런 측정에 영향을 미친다. 프로세스의 어느 단계에서든 지연 또는 결점은 프로세스 성과측정에 부정적 영향을 미친다. 그러나 프로세스 성과측정은 그 차이가 왜, 어디서 일어났는지를 나타내지는 않는다. 프로세스 성과 측정의 예는 다음과 같다.

- 기계 설비의 사이클 타임
- 단위 당 결점의 수
- 납기 준수율
- 설비 중단 시간
- 서비스 반응 효율
- 유연성
- 운영원가
- 재고 회전률

개인 성과측정

개인의 성과 측정은 작업자의 생산성을 반영한다. 작업자는 공정 개선에 있어서 주요 자산이며, 공헌에 대하여 인정 받을 필요가 있다. 개인이나 사업 단위의 성과 측정은 일반적으로 포상이나 보상을 위한 기준으로 사용된다. 측정되는 개인이나 사업 단위는 직접적으로 측정되는 결과에 영향을 미칠 수 있음이 틀림없다. 그렇지 않으면 이에 근거한 측정 및 행동은 임의적이거나, 부당하다고 생각될 수 있다. 결국 이것은 예상했던 행동의 패턴을 촉진하지 않을 것이다.

개인 측정의 사례의 예를 들면 다음과 같다.

- 작업자의 생산성
- 영업 할당량 성과
- 기계 가동률

그러나 모든 요소가 공정 개선에서 작업자가 관리할 수 있는 것은 아니다. 종종 작업자가 공정 작업에 관여하는 경우 작업자들이 공정의 변화를 초래할 수 없으며, 이보다는 공정 문제와 연관이 되어 있는 경우가 있다. 예를 들어 조직이 제품을 제조하기 위해서 소수의 기계 설비를 사용한다고 가정하자. 이 중의 한 기계는 최종 제품에 사용되는 소형 스페이서를 제조하는데 사용된다. 스페이서의 외부 직경(outside diameter)은 중요하고 엄격하게 허용오차가 지켜져야 한다. 그러나 기계 설비가 낡았고 허용오차 범위 내에서 외부 직경을 반복적으로 생산할 능력이 없다. 이와 같이 이런 기계 설비에서 생산된 부품은 반품 비율이 높다.

만약 기업이 작업자의 수행능력에 관해 반품 비율을 측정 지표로 사용한다고 결정하면, 실제로 기계 설비가 시간이 지남에 따라 완벽한 제품을 만들 수 없음에도 작업자가 직무를 서두르게 한 것으로 결론지을 수 있다. 그러므로 기업은 조정절차와 작업자 성과를 혼동한 것이다.

기준

모든 측정은 목표값을 가져야 한다. 측정이 처음으로 결정되었을 때 공정에 성과기준(baseline)이 수립되어야 한다. 기준 측정은 공정, 기능, 제품과 관련한 기업의 현재, 혹은 초기 성과수준을 수립한다. 기준 측정은 일반적으로 개선활동을 시행하기 이전에 수립된다. 공정이 개선됨에 따라서 측정은 공정에서 공정을 "소유"한 작업자에게 피드백을 제공한다. 그러나 만약 개선을 위한 목표가 없다면, 어느 개선이나 개선으로 인정하게 된다.

벤치마킹

벤치마킹은 "분야에서 최고" 달성을 발휘하는 기업이나 경쟁사의 제품, 서비스 원가, 실행에 대해 기업의 제품, 서비스, 원가, 실행력을 측정하는 과정이다. 그것은 계획 활동이라기 보다는 일종의 평가 활동이다. 분명히, 이러한 형태의 평가 활동이 시스템 외부적으로 개선의 기회를 보다 잘 피드백 함으로써 회사의 성과를 초과해 얻어낼 수 있다.

Robert Venetucci는 생산 재고 관리 저널에서 재 발행된 "벤치마킹:전략 및 성과 목적을 위한 사실 체크"에서 벤치마킹 평가에 다음의 두 가지 형태가 있다고 말한다.

전략적 벤치마킹

이런 형태의 벤치마킹은 그들의 장.단점을 결정하는데 둘 혹은 그 이상의 경쟁자 혹은 비경쟁자들의 전략을 비교한다. 이런 방법으로 예상 가능한 결점 및 단점이 전략을 실행하기 전에 도출된다. 이 정보를 염두에 두고, 활동은 전략을 수정하거나 운영의 시정활동이 착수되고, 그것에 의해 그 분야를 강화하는 것이 불충분하다는 것을 알게 된다.

공정 벤치마킹

이 형태의 벤치마킹은 성공의 수준 및 공정 수행시의 원가를 비교함으로써 두 개 혹은 그 이상 사업의 공정 효율성을 측정하는 것이다. 이 형태의 벤치마킹은 두 가지의 기본적인 목적이 있다. 즉, 수행 시 약점을 도출해 내고 프로세스 개선 활동(reengineering activities)을 위한 성과 목표를 설정한다.

벤치마킹의 기본 질문과 원칙

벤치마킹 절차를 시작하기에 앞서 물어야 하는 세 가지 기본적인 질문이 있다.

- 벤치마킹을 해야 할 필요가 있는 사업적인 측면은 무엇인가?
- 비교되어야 할 전략이나 공정은 무엇인가?
- 무엇에 대해 비교해야 하는가?

다음 단계는 벤치마킹 연구를 하는데 유익할 것이다.

- 성과기준 지표를 확인하기 위한 내부 평가를 실시하라.
- 산업 내 최고수준이라고 생각하는 대상 기업을 선정하라.
- 목표의 명확한 비교표를 개발하라.
- 조직에 걸쳐 적용계획을 전개하라.

생산성 및 재무적 성과측정의 예

생산성

경쟁적 환경에서 생산성 개선에 대한 측정이 없으면 운영은 신속하게 시대에 뒤처지게 된다. 생산성이란 변환 공정에서 부가되는 가치의 총량을 측정하는 것이기 때문에 이는 조직의 장기적 강점을 나타내는 일반적인 척도로 사용된다.

생산성은 "생산/서비스 납기 효율성의 전반적인 측정"이라고 정의된다. 이것은 개인, 작업 그룹, 공장, 산업, 국가에도 적용될 수 있다. 더 구체적으로 생산성은 결과를 성취하는데 필요한 자원에 대해 생산이나 서비스의 결과의 비율로 측정된다. 생산성 계산의 기본 공식은 다음과 같다.

생산성 = 산출물량 / 투입량 = 산출 제품원가 / 투입 자원 원가

운영 변환 과정에서 운영의 input과 output의 활동의 차이는 부가가치

의 차이 이다.

제조 및 서비스 활동에서의 생산성 측정

종종 좋은 의도로 계산되었을지라도 생산성에 대한 측정은 상대적이다. 생산성 측정은 일정하지 않으며 다수의 생산성 측정은 외부 요소에 의해 변화한다. 예를 들어 1950년대의 자동차는 1990년대의 자동차와는 매우 다르다. 배기 통제, 연비, 이용할 수 있는 물자, 공학적 기술이 모두 확실히 변화했다. 또한 저렴한 자동차의 트랜스미션은 스포츠카의 것과는 다르다.

절대적인 관점에서 좋거나 나쁜 생산성 측정과 같은 것은 없다. 또한 화폐 단위가 input이나 output에 사용되었을 때 생산성측정은 생산성에서의 실질적인 변화 없이도 변할 수 있다. 만약 다른 모든 것이 변하지 않는다면 판매 가격 상승은 생산성을 향상시킬 것이다. 만약 다른 모든 조건이 변하지 않고 단위 당 input원가의 상승은 생산성을 감소시킬 것이다.

단일 요인 생산성

단일요인 생산성 척도(SFP, single-factor productivity measures)는 사용된 특정 자원의 단위 당 발생한 산출물의 총량이다. 이런 측정은 지역적으로나 세계적으로 적용될 수 있다. 단일 요인 생산성 측정 계산법의 예는 다음과 같다.

데이터

- 산출물 = 50 단위
- 자재 소요량 = 40 파운드
- 투입 노동시간 = 65 시간
- 투입 기계가동시간 = 20 시간

단일 요인 생산성

- 자재 1 파운드 당 산출물 = 50 / 40 = 1.25

- 단위 노동시간 당 산출물 = 50/65 = 0.77
- 기계가동시간 당 산출물 = 50/20 = 2.5

이러한 생산성 측정 방법을 사용하여 생산성이 오래 지속되지 않거나, 지엽적인 효과 혹은 일시적 생산성 감소가 보일 때 또는 기술이나 제품 설계가 변화할 때 경영상의 조치가 취해진다. 그러므로 생산성 변화의 근본원인을 이해하고, 이를 적절하게 해석하기 위해 생산성 변화를 주의 깊게 연구하여야 한다.

기업이 재무적 관점에서 단일 요소 생산성 측정방법을 사용할 경우 부차적인 문제들이 발생시킨다. 가격의 변화, 임금 변화, 기계의 시간당 작업량 평가가 모두 생산성 분석을 복잡하게 한다.

종합 요인 생산성 척도

종합요인 생산성 척도(TFP, Total-Factor Productivity Measures)는 자원 생산성의 단일 지표에서의 결과 및 산출물의 단일 단위를 생산하는데 필요한 모든 자원에게 가중치를 매긴다. TFP에서의 변화를 감시하는 것은 기업이 정확하게 기간대별로 활동을 해석하도록 하며, 다른 공장 운영에서 진행을 평가하기 위해 데이터를 사용하도록 한다. TFP및 TFP-변화 계산의 예는 다음에 나타나있다.

종합 요인 생산성 측정 기본 규칙

- 금액으로 환산
- 요인 별 가중치 적용

데이터

- 자재 = 생산원가의 60%
- 노동 = 생산원가의 10%
- 기계 = 노동원가의 30%

종합 요인 생산성 변화는 다음 값의 합

- (자재 가중치)(자재 생산성 변화)
- (노동 가중치)(노동 생산성 변화)
- (기계 가중치)(기계 생산성 변화)

예시

TFP = (0.6)(0.2) + (0.1)(-0.0637) + (0.3)(-0.04) = 0.1016 (10.16% 생산성 증가)

각 기간별 TFP정보로부터 생산성에서의 변화가 결정될 수 있다. 이것은 기업에 매우 의미 있는 숫자가 되는데 이는 이것이 모든 자원으로부터 기업에 미치는 영향을 나타내기 때문이다.

TFP는 운전의 input 변화는 물론, 내부적 변화가 사업의 전반적인 성과에 어떻게 영향을 미치는지를 나타내는데 유용하다. 인플레이션 및 다른 요인을 조절함으로써 기업은 시간에 대한 단위성과를 잘 평가할 수 있다. 물론 이러한 조정이 문제를 유발 하는 것도 명확하다. 산출물이 다양해지거나 제품 혼합이 동적일수록, 활동은 더 어려워지고 시간을 많이 소모하게 된다. 만약 기업이 TFP의 평가에 의미를 둔다면 이는 복잡한 계산 및 주의를 요한다

집합적 생산성

집합적 생산성 측정은 두 개의 독특한 형태로 나타난다. 첫 번째 형태는 상부 조직 단위에 대한 측정 집합이다. 작업장에서 모든 기계설비의 생산성은 작업장의 생산성을 측정하기 위해서 결합되고, 공장에서 모든 작업장의 생산성은 공장의 생산성을 측정하게 위해 결합된다. 두 번째 형태는 조직 단위의 생산성이나. 제품 라인의 생산성 측정을 시도한다. 일반적으로 이런 측정은 화폐 단위의 산출물을 말한다. 집합적 생산성 측정의 예는 다음과 같다.

- 인당 생산성
- 인당 경상이익
- 단위 시간 당 생산
- 단위 원자재당 생산
- 단위 생산량 당 불량

재무적 측정

종래 성과측정에서 사용된 재무지표들은 회계정보에만 치중한 결과, 경쟁역량의 향상과 연결되지 않는다는 지적이 많았다. 이를 보완하기 위해서는 기업의 수익성을 생산활동과 관련하여 살펴보아야 한다. 생산활동과 관련된 재무지표의 유형은 활동성, 수익성, 성장성의 세 영역으로 나눌 수 있다.

1) 활동성

생산 활동이 활발히 일어나고 있는가를 측정하는 것으로 이를 통해 효율적인 생산 활동이 이루어지고 있는가를 알 수 있다. 활동성을 나타내는 지표로는 자산의 회전율, 노동 및 자산의 생산성, 각 부문의 운영비용 등이다. 회전율 지표에는 재고회전율, 재공재고 회전율, 고정자산 회전율, 생산성지표(노동생산성, 자산생산성, 설비이용률, 공수회수율, 자재비 손실률 등이 포함된다.

2) 수익성

기업의 이익창출능력을 측정하는 지표로서 기업의 역량이 가치로 표현되는 것이라 할 수 있다. 수익성 지표의 예로는 종업원당 순이익율, 투자수익율(ROI), 자산수익율(ROA)이 포함된다.

3) 성장성

기업의 성과지표가 전기에 비해 얼마나 나아졌는가를 측정하는 것으로

위의 활동성 지표와 수익성지표의 개선 정도를 통해 기업의 미래를 예측한다. 기존의 재무적 성과측정에서는 주로 수익성 지표에 대해서만 성장성을 평가하였으나 활동성에 관한 지표에 대해서도 성장률을 측정할 필요가 있다.

경제적 부가가치(EVA)

경제적 부가가치 측정은 내부적으로나 외부적으로 사용될 수 있다. 이 측정은 여러 이름으로 불려지며, 계산법에 차이가 있지만, 모두 같은 관점에 초점을 맞춘다. 이 측정의 일반적인 두 이름은 잉여 수익과 경제적 부가 가치이다. 이런 시도는 총 자본 비용을 고려한 조직의 실제 수익성을 결정하려는 것이다.

Economic Value Added

EVA는 특정년도 중에 사업활동에서 가치가 창출된 금액이고, 사업가치는 미래의 가치창출 예상액을 현재가치화한 금액임.

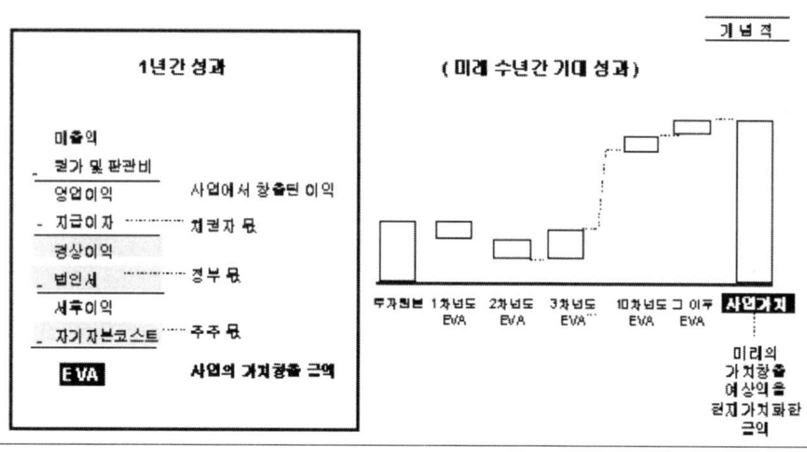

이 측정이 사용될 때의 목적은 ROA보다는 자본 비용을 고려한 후에 잉여 수입을 최대화하는 것이다. 이것은 현재 ROA보다 낮은 회수를 갖지만 수익성 있는 투자를 유도한다. 이것은 조직의 장기간에 걸친 가치를 상승에 초점을 맞춘다. 이 방법의 주요 한계는 서로 상이한 자산 기초를 가진 회사나 사업 단위 성과를 비교하는데 사용될 수 없다는 것이다.

할인된 현재가치(discounted present value): 위 그림과 같이 추정 손익의 미래 금액을 단순히 합산하면 프로젝트나 사업의 현금흐름이 과대 계상될 수 있다. 따라서 미래 예상금액은 현재 가치로 할인(discount)하여 합산해야 한다.

원가변동에 관한 척도들

대부분의 기업의 원가 회계 시스템은 사실상 동일하며, 지난 60여 년 이상 잘 규정되고 적절히 배치되었던, 다양한 회계절차에 초점을 맞추고 있다. 종종 이런 측정은 기업에 의해 수립된 예산상의 혹은 다른 기준으로부터의 원가 차이에 초점을 맞추고 있다. 이러한 측정의 예는 다음과 같다.

- 작업률 또는 인건비 편차(labor rate or labor price variance)
- 종업원 수 편차(labor quantity variance)
- 자재비용 편차(material price variance)
- 자재수량 편차(material quantity variance)
- 제조 간접비용 편차(factory overhead variance)
- 고정 간접비(fixed overhead cost)
- 변동 간접비(variable overhead cost)
- 간접비 효율 변동(overhead efficiency variance)
- 고정 작업(fixed tasks)
- 가변 작업(variable tasks)

재고 관련 척도

재고자산은 규모 상으로도 큰 금액일 뿐 아니라 제품원가 계산에도 영향을 미친다. 예를 들어 재고 평가방법을 선입선출(FIFO) 방식으로 할 것인지 후입선출(LIFO) 방식으로 할 것인지에 따라 원가가 달라질 것이다.

- 재고 수준(inventory levels)

- 원자재 및 부품(raw material and components)
- 재공품(work in process)
- 완제품(finished goods)
- 재고회전율(inventory turns)

품질비용 척도

품질은 대부분의 조직에서 최고의 우선 순위가 되었다. TQM 프로그램은 기업 문화를 수립하고 관리 및 통계적 도구를 적용함으로써 고객을 위한 품질에 기업 전반의 관심을 얻도록 돕는다. 정규 시스템이 일상적인 활동을 위한 표준, 전략적 경쟁을 위한 기본으로서 품질에 대한 명확한 사양서를 준비하지 않으면, 일상의 세부 사항은 TQM 본래의 목적을 더 흐리게 한다.

품질비용 척도는 품질 운영의 성과를 회계적 금액으로 나타낼 수 있게 하는 편리함이 있다. 품질관련 성과 척도 중 품질비용의 예로서는 다음과 같다.

- 내부실패비용(internal failure costs) : 불량, 재작업, 실패 분석, 분류 검사, 재조사
- 외부실패비용(external failure costs) : 선적 후 발견된 결함 비용, 보증 비용, 불만 조정 비용, 반품 비용, 할인
- 평가 비용(appraisal costs) : 생산의 모든 단계에서의 검사와 평가 비용, 품질 검사 비용, 검사 장비 유지 비용
- 예방 비용(prevention costs) : 품질 계획, 공정 계획, 공정 제어, 품질 관련 교육훈련

비재무적 측정의 예

생산운영의 경쟁력 차원

품 질	납 기	원 가	신 축 성
- 성능 - 특성 - 신뢰성 - 적합품질 - 내구성 - 심미적 수준 - 인지된 품질 - 가치	- 제조 리드타임 - 신제품 소개율 - 인도 리드타임 - 납기 준수율 - 인도 주기	- 제조원가 - 부가가치 원가 - 판가 - 운전비용 - 서비스 원가	-자재 품질 -신제품출시능력 - 제품변경능력 - 납품 신축성 - 양적 신축성 -제품구색신축성 - 자원 신축성

생산과업의 다양한 차원

기업의 성과측정 시스템은 재무적 척도와 함께 경쟁력 강화를 위한 비재무적, 운영적 척도를 균형 있게 구성해야 한다. 특히 회사의 전략이 추구하는 방향에 일관되도록 성과척도를 구체적으로 정의해야 한다.

1) 품질에 관한 성과측정

제품의 품질은 사용상의 적합성(모양, 특성적합, 기능), 신뢰성, 일관성, 요구(requirements)에의 합치 등 다차원의 구성 개념을 총칭하는 용어다. 또한 품질은 해당 기업의 역량 축적 수준에 따라 개념이 서로 다르다. 예컨대 표준으로부터 이탈되지 않으면 되는 적합품질이 관심사인 기업도 있는 반면에 설계상의 제품 성능이 관심사인 기업의 경우, 서로 같은 품질을 논하는 것이 아니다. 품질의 단계별 유형은 다음과 같이 개념화 할 수 있다.

2) 납기에 관한 성과측정

오늘날의 핵심 경쟁우위는 과거의 원가우위와 품질을 기반으로 하던 시대에서 이제는 시간을 기반으로 한 경쟁으로 관점이 변하고 있다. 시간과 관련한 성과측정은 제조리드타임, 원재료의 구매에 대한 리드타임, 생산계획과 통제에 있어서의 생산계획 준수율, 신제품 출시 사이클타임 등이 중요한 대상이 된다.

3) 원가에 관한 성과측정

원가회계 시스템은 단위 영업기간 동안의 노무비, 재료비, 간접비 등 자원의 소요에 대한 피드백을 제공하는 운영통제(operational control) 기능과 개별 제품원가를 산출해내는 기능이 있어야 한다. 그러나 대부분의 원가회계는 재무보고나 세무보고의 요건에 맞추어 기간별 총생산원가를 매출원가와 재고에 배분하는 재고자산 평가에 중심을 두고 있다. 그 결과, 자원사용에 대한 피드백이 지체되고 너무 총괄적이어서 운영통제에 도움이 되지 않는다.

적시생산체계(JIT)에서는 가치를 부가하는 데 절대로 필요한 최소한의 장비, 원재료, 부품, 공간, 정보, 사람, 시간을 초과하는 모든 것을 비 부가가치 낭비로 정의한다. 이렇게 볼 때, 불량에 의한 폐기, 원재료의 취급비용, 검사비용, 품절에 의한 손실, 설계변경에 대한 수정작업, 불량발생에 따른 재 작업 등 부가가치를 내지 못하는 모든 활동을 제거하는 것이 진정한 원가절감이다.

4) 신축성에 관련된 성과측정

신축성은 생산시스템이 제품의 종류나 양을 얼마나 신속하게 변화시킬 수 있는가의 척도이다. 좀더 구체적으로 신축성은 생산량, 제품믹스(mix), 고객사양에 따른 제품의 설계변경, 신제품 출시, 신기술의 채택에 있어서 신속하게 응답하는 능력으로 정의된다.

기타 운영적 척도의 예

사이클타임(cycle time) 비용 척도

- 주문 접수 시간(order entry time)
- 주 생산일정 준비 시간(master schedule preparation time)
- 설비 교환 시간(machine change over time)
- 포장 및 선적 시간(packaging-to-ship time)
- 신제품 개발 시간(new product development time)
- 공급자 선정 시간(supplier selection time)
- 연간 예산 작업 시간(time to prepare annual budgets)
- 재고기록 갱신 시간(time to update inventory files)
- 자재 수령 시간(time to receive materials)
- 회의 시간(time to hold meetings)

낭비 줄이기 척도

JIT는 시스템은 지속적인 개선과 낭비를 줄이는 것에 초점을 맞춘다. 낭비를 줄이기 위해 자주 사용되는 척도에는 다음과 같은 것들이 있다.

- 시간 낭비(waste of time)
- 공간 낭비(waste of space)
- 에너지 낭비(waste of energy)
- 설비 낭비(waste of equipment)
- 자재 낭비(waste of materials)

판매에 관한 품질 측정

- 주문 처리 오류(order-entry errors)
- 현 생산일정에 대한 변화요구(changes demanded of current production schedules)
- 고객에게 응답되지 않은 전화문의(phone calls not returned to customers)
- 약속일자의 지연(late appointments)
- 견적 오류(errors in quotes)
- 적절하지 않은 판매 교육(inadequate sales training)

- 지키지 못한 인도 약속(poor delivery promise)
- 주 일정에 대한 입력 오류(errors in inputs to the master schedule)
- 고객에 대한 조처 미 이행(missed follow-up problems with customers)

제품 설계와 설계 엔지니어링에 대한 품질 측정

- 요구된 설계변경(engineering changes)의 수와 형태
- 설계 공차(engineering tolerances)와 제조 공차(manufacturing tolerances)의 관계(C_{pk}).
- 사양이 결정된 신규 부품의 수
- 설계에 고객의 니드와 요구사항이 반영되어 있는 정도
- 설계의 신뢰도(the reliability of the design)
- 설계의 제조성(manufacturability of the design)

유연성 척도

생산량 유연성(volume Flexibility)

- 공급자 리드타임(supplier lead times)
- 초과 생산능력(excess capacity)
- 다기능 작업자(cross-trained workers)
- 산출률(yields)
- 구매 부품의 품질(quality of purchased parts)
- 현금 가용성(cash availability)
- 현 재고수준(current inventory position)

품종 유연성(variety flexibility)

- 생산 주기(product cycle times)
- 신제품 출시 속도(new product introduction speed)
- 일정 변경 소요시간(time required to plan schedule changes)
- 다기능 작업자(cross-trained workers)

- 주문처리 시간(order-entry time)
- 기계당 다른 종류의 부품 수(number of different part per machine)
- 엔지니어링 변화 속도(speed of engineering change)

도전 Quiz

※ 문제 1.

아래 표는 어느 기업에서는 각 품목에 대해 공급자가 납품을 한 내역이다.

구매품목	A	B	C	D	E	F
구매수량	10	30	60	100	100	100
구매단가	$10	$30	$ 1	$ 0.5	$ 0.5	$ 0.5
실제 조달수량	10	30	50	0	0	0

일정에 맞게 출하된 금액 비율(Dollar Volume Shipped on Schedule), 일정에 맞게 출하된 주문 비율(Dollar Volume Shipped on Schedule, No of Customer Orders Shipped on Schedule)을 구하시오.

답: Dollar Volume Shipped on Schedule = 87.6%

No of Customer Orders Shipped on Schedule = 100/400 = 25 %

해설) 위 Table을 보면, 특정 기간 동안 공급자에게 요구한 전체 수량은 수량단위로는 400 units 이고, 화폐단위로는 $1210 (10×$10 + 30×$30 + 60×$1 + 300×$0.5)이다.

반면에, 공급자에 의해 제대로 공급된(On-time delivery) 물량은 수량단위로는 100 units, 화폐단위로는 $1060이다. 이러한 결과를 이용하여 위 공급자의 Customer Service를 계산하면 다음과 같다.

· Dollar Volume Shipped on Schedule = $\frac{\$1060}{\$1210}$ = 87.6%

· No of Customer Orders Shipped on Schedule = $\frac{100\text{ units}}{400\text{ units}}$ = 25 %

- 위 예에서 알 수 있듯이 Customer Service는 한 가지 측면만을 고려하여 측정하면 실제 활동을 왜곡할 가능성이 있다.

※ 문제 2.
미래의 현금흐름을 추정하여 자본투자를 산정하고 이를 현재 가치로 변환하는 분석을 무엇이라 하는가?

A. Average return on investment analysis B. Payback analysis
C. Internal rate of return analysis D. Discounted cash flow analysis

답: D.
해설)
위 문제는 할인된 현금흐름 분석(Discounted Cash Flow Analysis)에 대한 설명이다. 이 분석방법에 대한 APICS 사전의 정의는 다음과 같다. "A method of investment analysis in which future cash flows are converted, or discounted, to their value at the present time."

1. ROA(Return On Asset, 총자산 이익률)나 ROI(Return On Investment, 투자이익률)
이들 지표는 자산 및 투자에 대한 이익률을 나타내는 재무성과지표이며, 일반적으로 기업의 운영 시 파악하는 일반화된 측정치이다. ROA와 ROI에 대한 식은 다음과 같다.

ROA = Net Profit / Asset

ROI = Net Profit / Investment

이 지표는 여러 투자 대안의 평가에도 사용된다. 단점은 평가 기간 내 순이익에 대해 평가할 뿐 기간별 현금흐름을 파악하지 않는다는 점이다.

2. 회수기간법(Payback Period)

이에 비해 회수기간법(Payback Period)는 대안의 비교에서 가장 많이 사용되는 방법중의 하나로서, 이 기법은 총 투자액이 완전히 회수될 때까지의 기간을 측정하는 방법이다. Payback period을 계산하는 방법은 다음과 같다.

Payback Period = Investment Required / Net Annual Cash Inflow

이 기법은 회수기간을 최소화하는 대안을 우선적으로 선택하게 하기 때문에, 회수되는 화폐량을 무시하는 오류를 범할 수 있다. 즉 회수기간은 조금 길지만, 투자이익률이 높은 대안이 선택되지 않을 수 있다.

3. Discounted Cash Flow (현금흐름분석법)

이 방법은 투자 및 이와 관련한 이익을 모두 현시점의 금액으로 계산한 후 수입의 현가와 지출의 현가를 비교하는 방법이다. 이때, 미래에 발생하는 현금흐름은 현재시점으로 파악되면서 금액이 이자률에 의해 할인(discounted) 된다. 이 방법은 비교적 정확하고 결과를 쉽게 이해할 수 있게 한다는 점에서 장점이 있으나, 분석기간이 길 경우 현금흐름에 대한 불확실성이 증가한다는 단점을 갖는다.

※ 문제 3.

생산량을 성과측정 지표로 하여 성과 측정을 할 때 예상되는 문제는 다음 중 어느 것인가?

1) counting이 제대로 이루어지지 않고, 보고를 작업자 자신이 한다.

2) WIP의 value가 줄어든다.
3) 불량(defect)도 산출(yield)로 보고된다.
4) 예방정비(PM) 시간이 줄어든다.
A) 1, 2　B)2,3　C)3,4　D)4,1

답: C
해설)
생산량 만으로 성과를 파악할 경우에는, 작업자는 해당하는 기간에 할당된 생산량을 달성하는데 활동의 목표로 삼을 것이다. 따라서, 생산량이 많은 경우에는 가능한 많은 생산시간을 확보하기 위해, 정기적인 설비의 정비활동(Preventive Maintenance)를 나중으로 연기하는 경우가 발생하거나, Material Handling 시간을 절약하기 위해 Staging을 증가시킬 수 있다. 이는 작업장에 WIP을 증가시키는 요인이 된다. 그리고, 품질규격 및 검사활동을 가능한 완만하게 적용하여, Sample 검사의 경우에도, 일반검사 수준(Normal Level)보다는 완화된 수준(Reduced Level)을 택할 가능성이 높다. 이는 불량품이 산출량으로 통과될 확률을 증가시킬 것이다. 반면에 Counting 활동은 성과측정자가 담당하기 때문에, 생산량을 성과측정치로 사용할 경우에는 더욱 강화됩니다. 따라서 위 문제의 답은 C 이다.

핵심정리

성과측정 개요

- 성과측정은 바로 경영활동의 결과인 성과(performance)를 정량화하는 프로세스다.
- 기업성과의 수준은 기업이 행하는 활동으로부터 나오는 효율성과 효과성의 함수다.
- 효과적인 측정 시스템의 특징은 경영성과와의 연계성, 정량화 및 측정 가능성, 활동의 대표성, 역할의 명확성 등이다.

성과측정의 유형

- 성과측정 시스템은 사업목표와 연계되면서 다양한 차원에 걸쳐 균형 잡힌 측정이 되어야 한다.
- 성과측정의 유형에는 지역적 성과측정, 글로벌 성과측정, 재무적 성과측정, 생산(운영적) 성과측정, 프로세스 성과측정, 개인 성과측정 등으로 구분된다.

생산성 및 재무적 성과측정의 예

- 생산성 척도는 단일 요소생산성, 종합 요인 생산성이 측정되어야 한다.
- 재무적 측정에는 다양한 지표들이 회계시스템과 연계되어 측정된다.

비재무적 측정의 예

- 비재무적 성과척도에는 품질, 납기, 원가, 신축성 관련 척도들이 있다.

참고문헌

APICS, 2015 CPIM Exam Content Manual

APICS, APICS CPIM Participant Work Book(Guide Book) - BSCM, Version 4.1, 2013

APICS, APICS Dictionary 14th Edition, Amer Production & Inventory, 2014

APICS, Basics of Supply Chain Management - Participant Guide, Version 4.1, 2013

APICS, Basics of Supply Chain Management - Practice Questions Booklet, 2008

APICS, CPIM Practice Questions Series - Complete Set of Practice Questions Booklet, 2008

APICS, Detailed Scheduling and Planning - Participant Guide, Version 5.1, 2013

APICS, Detailed Scheduling and Planning - Practice Questions Booklet, 2008

APICS, Execution and Control of Operations - Participant Guide, Version 3.2, 2013

APICS, Execution and Control of Operations - Practice Questions Booklet, 2008

APICS, Master Planning of Resources - Participant Guide, Version 4.2, 2013

APICS, Master Planning of Resources - Practice Questions Booklet, 2008

APICS, Strategic Management of Resources - Participant Guide, Version 2.3, 2013

APICS, Strategic Management of Resources - Practice Questions Booklet, 2008

Cachon, Terwiesch 저 ; 이진표 [외]역, 생산 서비스 운영관리 : 수요와 공급의 균형, 지필미디어 2013

Dennis, Pascal / Shook, John, Lean Production Simplified : A Plain Language Guide to the World's Most Powerful Production System, Productivity Press, 2007

F. Robert Jacobs 외, Manufacturing Planning and Control for Supply Chain Management, McGraw-Hill Professional Publishing, 2011

F. Robert Jacobs, Richard B. Chase [지음] ; 김연성 [외]역, 생산운영관리, 한경사, 2014

J. R. Tony Anold , Stephen N. Chapman, Lolyd M. Clive 지음 강두원 옮김, 공급망관리 입문 [7판], 영출판사 2013

Lee J. Krajewski, Larry P. Ritzman, Manoj K. Malhotra 지음 ; 백승규 [외] 옮김, 생산운영관리 : 공급사슬 및 프로세스, 피어슨에듀케이션코리아, 2012

Martin Christopher 저, 임세헌, 조윤재, 박근수 역, 물류와 SCM, 청람, 2011

Proud, John F. 지음, Master Scheduling : A Practical Guide to Competitive Manufacturing, John Wiley & Sons, 2013

Roger G. Schroeder, Susan Meyer Goldstein, M. Johnny Rungtusanatham 지음 ; 민동권 [외] 옮김, 생산운영관리, 시그마프레스 2013

William J. Stevenson 저 ; 강종열 [외]역, 생산운영관리, McGraw-Hill Korea, 2009

강두원, MCRP : material & capacity requirements planning, KPICS 한국생산재고관리협회 1999

김용철 외, (대학생과 실무자를 위한) 생산운영관리, 대경, 2014

문근찬 저, CPIM 개론, 한티미디어, 2012

문근찬 저, 현대 생산관리, KPICS, 2008

박명섭 외, 오퍼레이션스 경영 = 생산 서비스 SCM, 제 4 판, 홍문사

2014
스가마 쇼지 지음 ; 정선우 옮김, (QCD 실현에 성공한 기업들이 선택한) 생산 관리 테크닉 99, 개정판, 비즈니스맵, 2012
안동규, 송기석, 엄기수 공저, (경쟁력 강화를 위한) 생산운영관리, Global, 2013
우치다 우사무 지음 ; 정원웅 옮김, (불량률 제로 기업들이 선택한) 품질경영 테크닉 75, 비즈니스맵 2012
이상범, 류춘호, (현대) 생산 운영관리, 제4판, 명경사, 2012
이순룡, 현대품질경영, 제2판, 법문사, 2012
장봉기, 이승호 공저, (제조기술 기반) 원가절감 실무, 복두출판사, 2013
정남기 지음, TOC 골든 룰 : 납기가 빨라진다, 성과는 투명하다, 갈등이 해소된다, 한언, 2002

색인

저자약력

서울대 사범대학 졸업(이학사), 경북대(경영학 석사),

아주대 대학원(경영학 박사), 미 Indiana대학교 교환교수

미 APICS 생산재고관리협회 CPIM 인증

LG그룹(LG정보통신, LG-EDS, LG인화원, LG전자)

현, 숭실사이버대학교 경영학과 교수, e-mail : kcmoon@mail.kcu.ac

저서 : 창업론(한티미디어, 2009), 리더십 산책(2007),

경영학(한티미디어, 2012), 혁신과 변화관리(2006)

현대생산관리(KPICS, 2008), CPIM 개론(한티미디어, 2013)

CPIM 총론

2015년 12월 25일 초판 1쇄 발행

저 자 문 근 찬

발행인 김 준 호

발행처 한티미디어

121-869 서울시 마포구 언남동 570-20

전화: 02-332-7993~4 팩스: 02-332-7995

정가 25,000원 ISBN 978-89-6421-242-4 93320